|华|通|精|益|生|产|力|丛|书|

精益管理技术

中国企业升级换代决战未来的核心武器

华通咨询 ◉ 著

广東省出版集團
广东经济出版社

—— 广州 ——

图书在版编目（CIP）数据

精益管理技术/ 华通资询编著. —广州：广东经济出版社，2014.2
（华通精益生产力丛书）
ISBN 978－7－5454－3251－0

Ⅰ.①精… Ⅱ.①华… Ⅲ.①企业管理 Ⅳ.①F270

中国版本图书馆 CIP 数据核字(2014)第 003690 号

出版发行	广东经济出版社(广州市环市东路水荫路 11 号 11～12 楼)
经销	全国新华书店
印刷	广东新华印刷有限公司 (广东省佛山市南海区盐步河东中心路)
开本	787 毫米×1092 毫米　1/16
印张	21
字数	484 000 字
版次	2014 年 2 月第 1 版
印次	2014 年 2 月第 1 次
印数	1～5 000 册
书号	ISBN 978－7－5454－3251－0
定价	45.00 元

如发现印装质量问题，影响阅读，请与承印厂联系调换。
发行部地址：广州市环市东路水荫路 11 号 11 楼
电话：(020) 38306055　38306107　邮政编码：510075
邮购地址：广州市环市东路水荫路 11 号 11 楼
电话：(020) 37601950　营销网址：**http://www.gebook.com**
广东经济出版社新浪官方微博：**http://e.weibo.com/gebook**
广东经济出版社常年法律顾问：何剑桥律师

丛书主创人员

	孙科柳:北京华通咨询公司咨询师。先后在珠三角多家企业工作,担任过行政经理、生产厂长等职务,具有多年一线现场管理和人员管理经验。精于中基层人员的培训课程设计和培训实施等工作,对高绩效团队组建、领导和教练技巧、中基层人员的执行力提升以及企业学习与发展体系构建等有深入、独到的研究,善于解决团队发展以及业务过程中的实质性问题。
	沈方楠:北京华通咨询公司咨询顾问。国际注册审核员,多年任职于外资大型企业高管,长期致力于解决企业流程改造、现场管理和精益化控制,是企业精细管理实战专家。曾为美泰玩具、光宝集团、索尼、康舒电子、力士集团、王氏港建等 200 多家企业及上市公司提供合理化改善、卓越绩效管理训练等服务。
	李京静:北京华通咨询公司咨询师,企业管理课题研究专员。曾在世界 500 强公司富士康从事精益生产、生产现场管理及改善、流程建设等管理工作。现长期致力于工业管理、工业工程教育等研究和咨询服务,对企业经营中的现场改善、生产流程建设等有深入、独到的研究,并对推行成本管理、目标管理、全面质量管理等拥有丰富的操作经验。
	孙丽:北京华通咨询公司咨询师,企业管理课题研究专员。长期致力于团队建设、职业教育、工业管理等研究和咨询服务工作。擅长企业经营中的员工教育、制度规范、流程建设等培训课程设计和培训实施工作,对解决团队发展以及业务过程中的实质性问题有深入、独到的研究。
	石强:北京华通咨询公司咨询师,生产现场管理、质量管理课题研究专员。长期致力于全面质量管理、现场 5S 管理、流程建设、团队建设等研究和咨询服务。对制造企业经营过程中的制度规范、作业规范、沟通协调、现场改善、质量改善等具有创造性解决问题的能力与经验,擅长解决方案的设计与过程指导。

序

中国企业从改革开放以来经历了30多年的发展,现在正处于经济或产业结构的调整期。当下的经济形势严峻,全球性竞争格局正在进一步加剧,而中国企业不管是从研发、管理,还是从品牌、服务上来说,竞争力都有所欠缺,这是大部分管理人员都承认的一个现实,且多数管理人员也都能深刻地感受到当下这个调整期的艰难。

素以“狼性管理”著称的华为掌门人任正非说过:“华为没有成功,只是在成长。”在这位掌舵着世界排名前三的通信企业的经营者眼中,企业的成功必须如德国、美国、日本等国家的那些优秀企业一样,历经市场检验,仍然能够做到严守企业的经营理念和生存信条,与时俱进地提供高品质的产品和优质的服务。

而纵观国内的大多数企业,除了经历过浮躁的市场拓展和粗放式的发展历程以外,真正用于锻炼内力、修炼品质的时间还很少。“中国制造”仍然是加工厂和低端产品的代名词,中国大多数企业仍然很难经得起风雨。

这是因为我们的底子较弱、管理水平较低所致。

毫无疑问,我们将会迎来一个新的未来,这是社会和经济发展的必然。经由结构性调整所产生的未来经济或产业格局中,也必将成就一批优秀的企业。但是,谁是未来的幸运者?我们能否安然无恙地踏上通向未来的发展之路,并且在未来的市场和经营格局中占据一席之地?或者,哪些企业最有可能在这种变化中,被逐步边缘化,以至于失去对未来市场的适应力?这些问题很重要,但这并没有现成的答案,需要我们在实践中敏锐地察觉变化,总结出科学的经营模式和管理方法。

我们要做很多工作,才可能避免企业被边缘化。但有一条核心原则是不变的,那就是必须改变过去普遍存在的粗放管理现状,寻求企业在各个关键资源、关键业务上的价值产出。过去,我们可能认为管理好客户或者做好产品研发是第一要务,今天,这两者同等重要;过去,我们可能认为在成本的基础上控制质量是关键,今天,质量、成本,以及产品创新等,都需要齐头并进。我们能够感受到的一个基本事实就是:在一个社会快速发展的时期,把管理的重心压到任何单一经营管理要素上,都是行不通的,都不可能保障企业通向未来。我们需要以一种“全面管理”的视野来经营企业——市场位置的瞄定、竞争优势的形成与维系、应对变化的思路、业务流程的科学性、人与业务的整合、人才价值的深度挖掘等等——这些关键要素都应该纳入到系统整合、优化的范围。最终,我们需要用“全面管理”的原则和实践赋予企业强健的魂魄。

对管理进行全面优化涉及的不只是经营和管理理念，它更需要落实到具体的行动中去，落实到实际管理行为中去，这是对管理实践活动提出的最基本的要求。正因为如此，我们每一个管理人员都必须有意识地发现有效的、更好的管理方法，有意识地去改变企业经营中落后的因素。

鉴于过去近十年时间里，华通咨询（全称“北京华通正元管理咨询有限公司”）一直在从事企业管理咨询和研究工作，我们有机会接触到各类型企业经营管理中常见的问题，也能够较深刻、全面地了解各类企业的管理需求。与此同时，华通咨询在过去近十年时间里，已经形成了较优秀的咨询与研究互补结合的能力。因此，华通咨询希望与更多具备前瞻力的企业经营者和管理人员一起推动这项变革。基于这样的信念和目标，华通咨询确立了一项基本使命，那就是推进管理思想和管理技术的实践应用与研究。

在过去一些年里，我们的研究人员、咨询师队伍满怀着改善中国企业管理水平的使命感努力地工作。未来我们也将如此。您现在看到的这些图书产品，是我们依据管理实践的需求和企业普遍存在的问题，进行系统分析和总结的成果，也是我们对中国企业普遍存在的管理问题的系统解答。

站在变革时代的风口浪尖上，我们满怀希望——我们希望中国的每一个企业都能够在剧变的经营环境中安然无恙，都能够找到自己的产业坐标。我们推进咨询与研究一体化的工作，并总结咨询研究成果汇集出版，其目的正如上述。

但是，除非管理人员认识到企业的管理不足以及自身的不足，意识到这些不足是迫切需要解决的问题，否则再正确的经营思路、再有效的管理方法都不可能产生实际的经营成效。企业管理水平的提升，首先面临的问题就是企业管理人员思维方法和能动性的提升。麻木不仁或者满足于现状的管理人员，是不适合当下以及未来的经营管理需求的。管理人员必须更努力地学习新知识、新方法，必须更努力地通过管理的优化为企业创造出更好的局面，这是管理人员的使命。

当下是未来的序幕，我们今天的努力将决定我们的未来。

谨此，与读者朋友和管理同仁们共勉！

孙科炎

2013年11月

前　言

随着市场竞争的日益激烈,越来越多的企业在考虑导入精益生产模式,期望以此提升企业运作水平。然而,在推行精益化的道路上却遭遇了重重障碍,甚至劳民伤财地做了很多“无用功”。我们深知,精益化管理是一种先进而有效的管理方式,而实践不力的现实使我们不得不再一次重新审视和思考:如何才能让精益化管理得以彻底而有效的推行。

思考的结果是:除了受到目前我国企业整体管理水平的限制和有关利益团体的排斥和抵触之外,导致精益化管理不力还有一个重要原因,就是缺少行之有效的管理技术。在不能获得预期的管理效果或绞尽脑汁也不会使用这门技术时,人们往往选择放弃精益化管理。换言之,我们必须熟练掌握精益化管理的实用技术,才能让精益化管理目标真正实现。

在过去一年的咨询培训经历中,许多企业对我们在咨询培训中能否将工作方法、管理手段说透有着较高的要求,基于这样的触动,我们的咨询师团队和研发人员着力策划了本书。

在策划本书时,我们放弃了“做一本大而全的工具箱”的想法。因为,一直以来,以实操性为主的管理图书要么被做成操作手册,要么被做成流程、制度、表格相结合的工具或手册,在创新或内容挖掘上没有太大变化。为了给读者更有效的指导,我们依照“从精益基础建设,到作业分析,再到准时运作,最后至持续改善”这一精益化管理推行的基本逻辑顺序,提炼了30个必用或常用的技术,以期使读者在推行过程中有案可依。

同时,为了兼顾技术讲解的实用性和透彻性,确保读者朋友们能够更熟练地应用这些技术,以快速、有效地推进企业精益化管理,我们专门为每个技术的讲解过程设计了四个板块。这四个板块的内容及特点如下:

(1)构建理论知识系统。在第一板块中,我们对每一个技术的概念、理论提出、功用进行了言简意赅的介绍,使读者能够从中初步了解该技术的由来,明确该技术的应用环境以及预期可以取得的效果。

(2)标准应用示范。在第二板块中,我们对技术的应用原理、操作步骤、操作方法进行理论知识解读,使读者能够对这一技术的基本使用方法有所了解。

(3)实际案例演练。为了更便于读者熟练地掌握每一个技术,并将其有效应用到企业管理实践中，我们针对每一种技术，从以往的咨询服务案例和知名企业精益化改善实例中精选了一些典型案例，专业、细致地呈现了技术应用过程中的每一处细节，包括图表绘制、数据演算过程的每一步操作，全面诠释了该技术的细化操作方法。

（4）精益化思维拓展。虑及一些管理人员因考虑不周或遇到突发状况而遭遇操作失败的情况，我们结合以往咨询服务的经验，专门总结了一些技术应用的约束条件、应用过程中的常见问题、注意事项或变通法则，希望能够借此帮助读者朋友们轻松解决问题，拓宽精益技术应用的思路，取得更理想的精益化管理成果。

衷心希望本书能够给广大读者朋友带来帮助。如果您发现本书中仍有不足之处，还请提出宝贵的意见和建议。

华通咨询编委会

2013 年 11 月

目　　录

第一部分　精益基础

第二部分　作业分析

第一部分

精益基础

如同搭建一栋房子时，首先要从打好地基和支架开始一样，精益化管理的第一步也应从基础建设开始。虽然精益基础管理看似处于静态，而实际上却隐藏着最基本的精益化管理思想和其对外部变化的灵活应对策略，而且唯有在这类基础管理方面为精益做好了准备，后续的精益化管理才能得以顺利展开。

提示：本部分管理内容、难点和策略

■ 繁杂、琐碎的管理内容

□ 从空间、面积、经济性考虑布局
□ 生产现场的细节规划与安排
□ 现场设备数量的控制
□ WIP（在制品）与订货工作的管理
□ 资源管理：人力、物力、信息……

■ 基础管理工作的困境

□ 布局僵化，与柔性生产相冲突
□ 现场布置杂乱，找寻困难
□ 产能浪费严重，闲置、超荷难平衡
□ WIP和库存过多，占用空间和资金
□ 资源管理混乱而不均衡

解决方案

实现从柔性布局规划到协调资源管控的精益基础建设

管理思路	管理切入点	管理解决方案
动线型 SLP 法	□ 明确企业布局的目标 □ 预留可变的布局空间	□ 现场作业关系分析表 □ 柔性化的生产空间规划
＋ 现场布局	□ 整体到局部的逐级布置 □ 从优化的角度考虑布置	□ 从区域至工位逐级布置说明 □ 基于人机工程学的设计图
＋ 定置管理	□ 研究定置原理与流程 □ 协调现场定置物的关系	□ 人、物在场所中的位置规划 □ 绘制现场定置图
＋ 设备定量控制	□ 平衡需求与产能的关系 □ 平衡产能剩与亏的矛盾	□ 准确分析设备需求量和成本 □ 权衡并启用最经济的设备量
＋ 标准 WIP控制	□ 预先设定标准 WIP量 □ 协调全线的 WIP量	□ 标准 WIP计算：利特尔法则 □ 不同情况下的标准 WIP控制
＋ 库存订货模型	□ 了解精益库存管理原理 □ 明确订货模式的特征	□ 根据物料等级订货：ABC法 □ 订货量的计算过程展示
＋ 资源统筹管理	□ 了解资源统筹的思路 □ 掌握资源统筹的关键点	□ 展示不同资源的统筹方法 □ 设计资源统筹的媒介物

技术 1：动线型 SLP 法

为拉动式生产建立柔性化布局，使整体布局更科学、更易应对变化。

1. 技术定义

SLP（Systematic Layout Planning，系统布置设计）法是理查德·缪瑟于 1961 年提出的系统布置的经典管理技术。该技术采用严密的系统分析手段和规范的系统设计步骤进行系统化布局设计，几乎可以应用于各种层面的系统布置实践中，具有很强的实践性。不过，直接应用 SLP 法的不足在现代企业布局设计中存在以下问题：

（1）不适合现代企业的生产特点。

（2）缺少物流战略规划。

（3）缺少动态柔性。

（4）缺少动线分析过程。

针对这些问题，人们对 SLP 法进行了改进，形成了动线型 SLP 法。这一技术是基于市场订单需求，为拉动式生产而设置的，能紧随市场变化及时地、适度地作出调整，是目前较为先进的一种精益布局技术。在企业管理中，动线型 SLP 法的应用可以发挥以下作用：

（1）避免在整个企业范围内发生货物和人员的流动阻断迂回、绕行和相互干扰等现象。

（2）便于在厂区内部进行快速变动和调整。

（3）便于作业单元之间的信息交换。

（4）使整体空间得到更合理的分配，提高空间利用率。

2. 标准应用

动线型 SLP 法是对传统的 SLP 法的发展与完善。与传统 SLP 法相比，它使企业整体布局更加完善，全线运作效率更快捷，应对临时性布局变化也更加快速、灵活，为拉动式生产的开展打下了基础。而要建立具有柔性的整体布局，必须严格依照标准的设计流程来操作。下面详细介绍动线型 SLP 法的应用步骤。

2.1 实施空间分配

一家生产型企业的空间通常由以下几部分组成，如表 1－1 所示。

表1-1 企业的空间分配

空间分配	说明
原材料半成品库	用来存放外协件、标准件等，可根据需要和使用标准来确定仓库空间的大小
机加工车间	车间布置一般有直线式、S形等，可以根据实际需要，选择不同的产品流动路线，进而确定车间的空间大小
热处理车间	热处理车间属于污染性车间，在布置时要考虑环保、风向、地势等因素
动力设施部门	锅炉房、内部电厂等，一般需要放置在比较偏僻的位置
成品库	根据企业的生产能力大小来确定仓库的规模
办公楼	根据人员的多少来确定办公楼的占地面积
道路等相关设施	满足卡车、挂车及叉车的使用需要，人行道与车行道同时进行规划
绿化带	根据企业污染的严重程度以及完成必要部门的规划以后，将剩余的空间用来规划绿化带
大门	根据生产运输需要设定大门的数量及大小

在实际的系统化布局设计过程中，要达到对空间最大限度的利用，一般可以采用以下方法来确定各个部门占地空间的大小。

（1）计算法。将设备运作、人员操作、材料存储、物流通行、辅助设施布置等所需的面积相加，得到该单位所需的总面积。

（2）概略布置法。应用模板或设备模型进行布置，并确定大致的面积。

（3）比率趋向预测法。根据以往的生产经验，对当前生产过程所需的面积大小进行预测。

（4）标准面积法。从工业标准中查找所需的面积，如仓库的跨度标准，如表1-2所示。

表1-2 仓库的跨度标准

仓库类型	跨度要求（m）
带天车仓库	18、24
带悬挂吊车仓库	12、15、18
多层仓库	6、9、12
带悬梁吊车仓库	12、15、18
带桥式堆垛起重机仓库	12、15、18、24
无吊车仓库	6、9、12、15、18、24

对于不同类型企业的空间规划，有不同的标准，但采用的方法无外乎上述几种。在完成企业空间分配后，就可以进行作业单位规划了。

2.2 作业单位规划

作业单位的规划一般要经历以下步骤：输入基础数据、确定设施布置类型、作业单位相互关系分析、绘制作业单位物流与非物流综合关系表。下面依照上述步骤逐步进行分析与规划。

（1）输入数据。

动线型SLP法主要依赖于E（接收的订单）、I（种类）、Q（数量）、R（流程）、S（辅助部门和物流服务水平）、T（时间安排）以及C（建造预算）等要素。作业单位规划的第一步，就是要将这些数据准确、全面地输入系统。

（2）确定设施布置的类型。

企业生产的产品种类以及每种产品产量的高低，决定了企业的生产类型，直接影响着企业的总体布局及生产设施的布置形式。在分析作业单位之间的相互关系之前，必须先全面掌握产品品种、设施布局的类型及特点。这也是动线型SLP法相对于传统SLP法的不同之处。

（3）作业单位相互关系分析。

在对前述基础数据和背景资料进行分析的基础上，再对现代企业主要的业务活动、作业的关联性及物流动线进行分析，特别是分析物流动线。其模式主要有直线式、U形、S形、O形、L形等。实际流动模式通常由5种基本流动模式组合而成。在分析作业单位的相互关系时，要特别注意当前的流动模式，或未来可以选择的流动模式，进而划分出作业区域和作业单位。

在此过程中，布局人员需要先绘制主要作业单位物流相关表。

分析作业单位之间物流的密切程度时，需借助物流强度等级。SLP中将物流强度划分为5个等级，分别用符号A、E、I、O、U表示。物流强度的等级划分，如表1－3所示。

表1－3　物流强度等级的划分

符号	物流强度等级	物流路线比例（%）	承担物流量比例（%）
A	超大物流强度等级	10	40
E	特大物流强度等级	20	20
I	较大物流强度等级	30	30
O	一般物流强度等级	40	40
U	可忽略物流强度等级	—	—

接下来，绘制作业单位非物流相互关系表。这里可以根据经验，确定作业单位之间的非物流相互关系的密切程度，用与物流相互关系表相同的表格形式，编制作业单位之间的非物流相互关系表，如表1－4所示。

表1－4　作业单位之间的非物流相互关系

序号	理由	序号	理由
1	工作流程	6	监督和管理
2	公用设施	7	使用场地情况
3	文件信息往来	8	安全、卫生
4	使用设备情况	9	联系频繁程度
5	作业性质	10	噪声、振动

然后，确定作业单位的非物流强度等级，如表1－5所示。

表1－5　非物流强度等级的划分

符号	含义	比例
A	极其密切	2%～5%
E	特别密切	3%～10%
I	密切	5%～15%
O	一般密切	10%～25%
U	不密切	45%～80%
X	不希望接近	依情况而定

最后，建立非物流作业单位相互关系表。在这一步中，需要列出作业单位非物流相互关系密切理由（见表1－6），将理由与作业单位之间的非物流强度等级结合在一起。

表1－6　非物流相互关系密切理由

编号	理由	编号	理由
1	工作的连续性	5	安全、卫生
2	服务支持	6	噪声、振动
3	物料搬运	7	人员往来
4	管理方便	8	公共设施

（4）绘制作业单位物流与非物流综合关系表。

作业单位物流与非物流综合关系表的绘制，要经过以下步骤：

①通过赋予不同的权重来确定物流（m）与非物流（n）相互关系的相对重要性。一般情况下，$m:n$ 不应超过1:3或3:1。当二者的比例大于3时，如 $m:n=4:1$，就可以只考虑物流因素而忽略非物流因素。

②综合相互关系的计算。根据作业单位之间的物流与非物流关系等级的高低进行

数量化——A：4分；E：3分；I：2分；O：1分；U：0分。加权求和，得到量化的综合相互关系。

③综合相互关系的等级划分。综合计算得到的是数量值，根据一定原则划分等级，建立综合相互关系表。

通过上面的分析结果，得出作业单位之间的物流和非物流的相互关系，将这些结果统一运用到表1-7中，绘制综合关系计算表。

表1-7　综合关系计算表

序号	作业单位对	关系密切程度				综合得分	
		非物流关系：3		物流关系：1			
		等级	分值	等级	分值	等级	分值
1	1-2	E	3	U	0	I	3
2	1-3	E	3	U	0	I	3
3	1-4	I	2	I	2	E	4
4	1-5	I	2	E	3	E	5
5	1-6	E	3	E	3	E	6
6	1-7	U	0	U	0	U	0
7	1-8	U	0	U	0	U	0
8	1-9	I	2	O	1	I	3
9	1-10	U	0	U	0	U	0
10	1-11	U	0	U	0	U	0
11	1-12	U	0	U	0	U	0
12	1-13	U	0	U	0	U	0
13	1-14	I	2	U	0	I	2
14	2-3	E	3	U	0	I	3
15	2-4	U	0	U	0	U	0
16	2-5	X	-1	U	0	X	-1
17	2-6	X	-1	U	0	X	-1
18	2-7	U	0	U	0	U	0
19	2-8	U	0	U	0	U	0
20	2-9	U	0	U	0	U	0
21	2-10	E	3	O	1	E	4
22	2-11	U	0	O	1	O	1
23	2-12	U	0	U	0	U	0
24	2-13	X	-1	U	0	X	-1

续表

<table>
<tr><th rowspan="3">序号</th><th rowspan="3">作业单位对</th><th colspan="4">关系密切程度</th><th colspan="2" rowspan="2">综合得分</th></tr>
<tr><th colspan="2">非物流关系：3</th><th colspan="2">物流关系：1</th></tr>
<tr><th>等级</th><th>分值</th><th>等级</th><th>分值</th><th>等级</th><th>分值</th></tr>
<tr><td>25</td><td>2-14</td><td>I</td><td>2</td><td>U</td><td>0</td><td>I</td><td>2</td></tr>
<tr><td>26</td><td>3-4</td><td>U</td><td>0</td><td>U</td><td>0</td><td>U</td><td>0</td></tr>
<tr><td>27</td><td>3-5</td><td>U</td><td>0</td><td>U</td><td>0</td><td>U</td><td>0</td></tr>
<tr><td>28</td><td>3-6</td><td>U</td><td>0</td><td>U</td><td>0</td><td>U</td><td>0</td></tr>
<tr><td>29</td><td>3-7</td><td>I</td><td>2</td><td>O</td><td>1</td><td>I</td><td>3</td></tr>
<tr><td>30</td><td>3-8</td><td>I</td><td>2</td><td>E</td><td>3</td><td>E</td><td>5</td></tr>
<tr><td>31</td><td>3-9</td><td>U</td><td>0</td><td>U</td><td>0</td><td>U</td><td>0</td></tr>
<tr><td>32</td><td>3-10</td><td>U</td><td>0</td><td>U</td><td>0</td><td>U</td><td>0</td></tr>
<tr><td>33</td><td>3-11</td><td>U</td><td>0</td><td>U</td><td>0</td><td>U</td><td>0</td></tr>
<tr><td>34</td><td>3-12</td><td>U</td><td>0</td><td>U</td><td>0</td><td>U</td><td>0</td></tr>
<tr><td>35</td><td>3-13</td><td>U</td><td>0</td><td>U</td><td>0</td><td>U</td><td>0</td></tr>
<tr><td>36</td><td>3-14</td><td>I</td><td>2</td><td>U</td><td>0</td><td>I</td><td>2</td></tr>
<tr><td>37</td><td>4-5</td><td>A</td><td>4</td><td>E</td><td>3</td><td>A</td><td>7</td></tr>
<tr><td>38</td><td>4-6</td><td>O</td><td>1</td><td>U</td><td>0</td><td>O</td><td>1</td></tr>
<tr><td>39</td><td>4-7</td><td>A</td><td>4</td><td>I</td><td>2</td><td>E</td><td>6</td></tr>
<tr><td>40</td><td>4-8</td><td>I</td><td>2</td><td>O</td><td>1</td><td>I</td><td>3</td></tr>
</table>

表1-7的综合得分等级划分原则，如表1-8所示。

表1-8　综合得分等级划分原则

等级	分数	作业对数	所占百分比（%）
A	78	3	3.3
E	46	9	9.9
I	23	18	19.8
O	1	8	8.8
U	0	46	50.5
X	-1	7	7.7

由上述分析结果，可绘制出综合相关表。随后即可着手进行设施布置图的绘制工作了。

2.3 绘制设施布置图

设施布置图的绘制不是一蹴而就的，要先绘制出位置相关图和面积相关图，最后才得到设施布置图。设施布置图一般要设计三个以上的候选方案，以供决策者选择。

（1）绘制作业单位位置相关图。

位置相关图并不能表示出各个作业单位之间的准确位置，它仅仅是把各作业单位之间距离的远近大致确定下来。

绘制作业单位位置相关图时，首先要计算综合接近程度。综合接近程度反映了该作业单位在布置图中是应该处于边缘位置还是应该处于中心位置，是该作业单位与其他所有作业单位之间关系密切等级量化后的总和。

接下来，绘制作业单位位置相关图。作业单位位置相关图主要用来粗略地表示各作业单位之间的位置关系以及物流强度的大小。作业单位位置相关图的绘制主要包括以下三个步骤：

①找出综合接近程度最高的布置在中心位置。

②处理关系密级为 A（E、I、O、U）的作业单位对。

③重点调整 X 级作业单位对的相互位置。

（2）绘制面积相关图。

面积相关图就是在位置相关图的基础上，将作业单位的面积大致表示出来。例如，用 1cm^2 的方框表示 100 ㎡。

（3）绘制设施布置图。

设施布置图是企业布置方案的一种简明图解形式，主要用来表示建筑物、设施等的平面位置。在绘制设施布置图时，要清楚地说明各符号的含义及比例尺。

2.4 评选最佳布置方案

设施布置方案的评价常常从经济和非经济两个方面展开。对非经济因素的评价，可以采用优缺点比较法和加权因素法等；对经济性因素的评价，可以采用工程经济评价法等。

（1）非经济因素评价法。

每个布置方案都有一些不能用费用精确衡量的非经济因素，如表 1－9 所示。评价布置方案时，可通过赋予这些因素不同的权重，对备选方案进行打分，从而找到最优方案。

表 1－9 非经济因素

因素	因素分析
发展性	是否有利于未来发展，是否具有可拓展性
柔性	是否满足不同类型产品的生产需求
物流效率	当前布置是否容易出现交通不畅

续表

因素	因素分析
存储效率	是否可以以最快的速度将原材料或成品存入仓库
空间利用率	是否最大限度地利用了土地资源
安全性	具有污染性的车间是否远离办公楼、餐厅等
环境保护	企业内部的绿化措施是否做到位

其中，物流效率是评价分析的一大重点。在分析时，要将空间的布置设计和物料搬运系统相协调。因为设施布置设计只有通过完善的搬运系统，才能显示出其合理性。

（2）经济因素评价法。

这种方法主要是运用工程经济学的理论知识进行分析，评价费用节省、投资额及投资回报期等，并将这些因素作为比较选择的标准。至于以哪些指标作为比较对象最好，则需要具体情况具体分析。

3. 实践指南

大多数生产型企业的空间分配是相似的。以某电瓶叉车总装厂的空间分配为例，其作业单位将整体空间划分成为 14 块，如表 1－10 所示。

表 1－10　电瓶叉车总装厂的作业单位

编号	作业单位名称	编号	作业单位名称
1	原材料库	8	总装车间
2	油料库	9	工具车间
3	外购件库	10	油漆车间
4	机加车间	11	试车车间
5	热处理车间	12	成品库
6	焊接车间	13	办公楼
7	变速器车间	14	车库

对作业单位的大体空间规划，通常可以依据实际需要来进行，甚至可以依照工业标准来查找所需的面积，操作起来相对简单。故这里将重点介绍作业单位规划和设施布置方法。

3.1　输入数据

这一环节的任务是将相关数据全部输入系统，要确保数据的全面性、真实性和准确性。整体布局的设计要根据作业单位之间在工艺流程上的密切程度来确定相对位置。因而，在输入数据后的第一项工作就是分析作业单位之间的相互关系。

3.2 确认设施布置类型

本企业计划采取拉动式生产模式，但生产规模庞大，另有一些体积较大的设备，故应选择混合布置类型。如能将产品导向布置与定位布置等布置类型相结合，会更利于发挥布局优势。

3.3 作业单位相互关系分析

首先，要划分物流强度等级。表 1－11 为已知各作业单位之间物流强度的信息汇总。

表 1－11 物流强度信息汇总

序号	作业单位对	物流强度（t）	距离（m）
1	1－4	0.3	222
2	1－5	0.7	100
3	1－6	1.2	100
4	1－9	0.05	194
5	2－10	0.01	44
6	2－11	0.06	94
7	3－7	0.01	228
8	3－8	1.82	122
9	4－5	1.15	128
10	4－7	0.3	83
11	4－8	0.2	117
12	5－9	0.31	94
13	6－10	0.8	200
14	7－8	0.31	111
15	8－9	0.1	122
16	8－10	0.81	94
17	8－11	3.24	111
18	11－12	3.3	83

由表 1－11 所给的已知信息，根据物流强度等级的划分原则，绘制出物流强度分析表，如表 1－12 所示。

表 1－12　物流强度等级的划分

序号	作业单位对	物流强度（1 2 3 4）	物流强度等级
1	11－12	————————————————	A
2	8－11	——————————————	A
3	3－8	————————————	E
4	1－6	———————————	E
5	4－5	——————————	E
6	8－10	—————————	E
7	6－10	————————	E
8	1－5	———————	E
9	5－9	——————	I
10	7－8	——————	I
11	1－4	—————	I
12	4－7	—————	I
13	4－8	————	O
14	8－9	———	O
15	2－11	———	O
16	1－9	——	O
17	2－10	——	O
18	3－7	—	O

注意：实际情况计算得到的不同强度等级的单位对的物流量占物流总量的比例，不一定正好为40%、30%、20%、10%。这种划分只表示物流强度之间的差异。在本次实践中，A 级单位对应的物流量占44.5%；E 级单位对应的物流量占44.1%；I 级单位对应的物流量占7.7%；O 级单位对应的物流量占3.7%。

由划分好的物流强度等级表，可以简单绘制出作业单位之间的物流相关图，如图1－1所示。

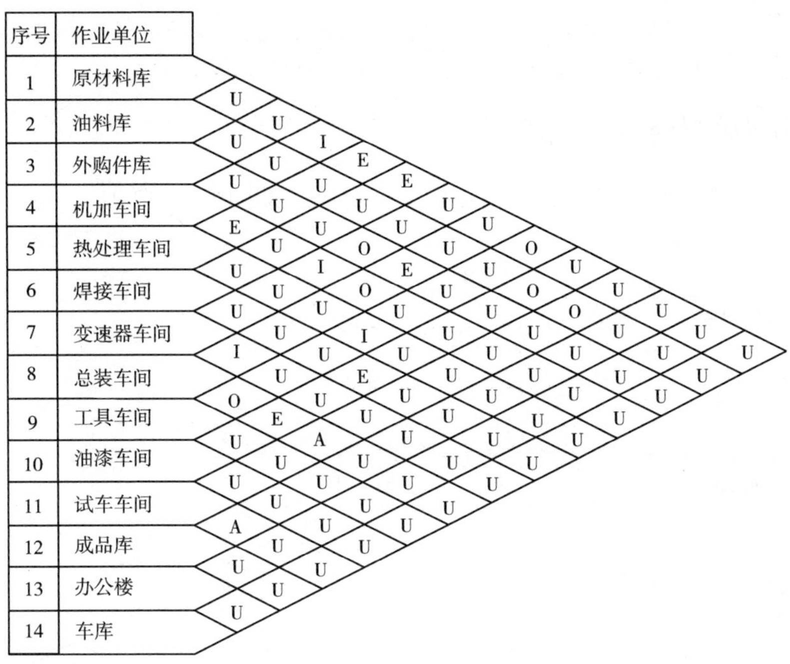

图1－1　作业单位物流相关图

接下来，列出作业单位非物流相互关系密切理由，编制非物流作业单位相互关系图，如图1－2所示。

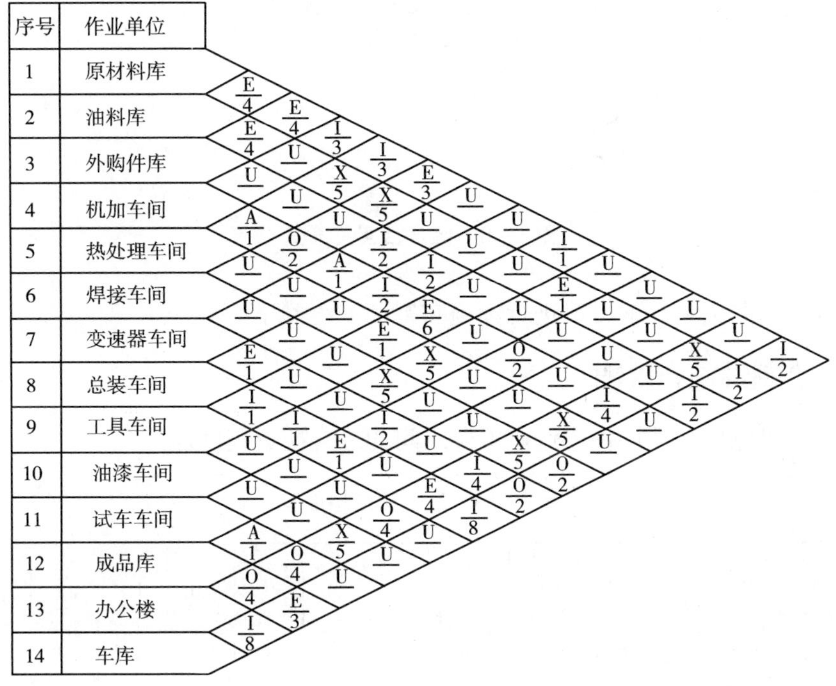

图1－2　非物流作业单位相互关系图

该图中的强度等级是根据经验进行判断得到的。E/4 的含义为：根据表 1 – 7 中给出的理由 4，判断出原材料库和质检的非物流关系强度等级为 E。

3.4 编制综合相互关系图

然后，由上述分析结果编制出综合相互关系图，如图 1 – 3 所示。

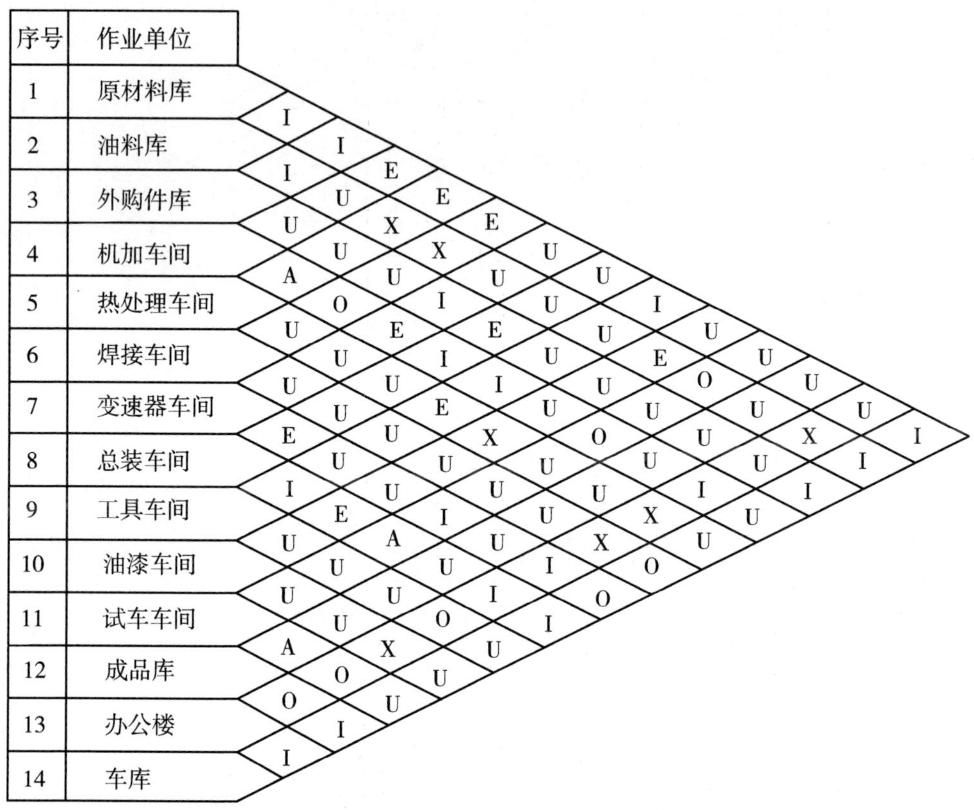

图 1 – 3 综合相互关系图

有了以上这些信息，就可以进行设施布置图的绘制了。

3.5 绘制设施布置图

表 1 – 13 是电瓶叉车厂各个作业单位之间的综合接近程度。

表 1 – 13 综合接近程度表

作业单位	1	2	3	4	5	6	7	8	9	10	11	12	13	14
1		I/2	I/2	E/3	E/3	E/3	U	U	I/2	U	U	U	U	I/2
2	I/2		I/2	U	X/ – 1	X/ – 1	U	U	U	E/3	O/1	U	X/ – 1	I/2

续表

作业单位	1	2	3	4	5	6	7	8	9	10	11	12	13	14
3	I/2	I/2		U	U	U	I/2	E/3	U	U	U	U	U	I/2
4	E/3	U	U		A/4	O/1	E/3	I/2	I/2	U	O/1	U	I/2	U
5	E/3	X/ -1	U	A/4		U	U	U	E/3	X/ -1	U	U	X/ -1	U
6	E/3	X/ -1	U	O/1	U		U	U	U	U	U	U	X/ -1	O/1
7	U	U	I/2	E/3	U	U		E/3	U	U	I/2	U	I/2	O/1
8	U	U	E/3	I/2	U	U	E/3		I/2	E/3	A/4	U	I/2	I/2
9	I/2	U	U	I/2	E/3	U	U	I/2		U	U	U	O/1	U
10	U	E/3	U	U	X/ -1	U	U	E/3	U		U	U	X/ -1	U
11	U	O/1	U	O/1	U	U	I/2	A/4	U	U		A/4	O/1	U
12	U	U	U	U	U	U	U	U	U	U	A/4		O/1	I/2
13	U	X/ -1	U	I/2	X/ -1	X/ -1	I/2	I/2	O/1	X/ -1	O/1	O/1		I/2
14	I/2	I/2	I/2	U	U	O/1	O/1	I/2	U	U	U	I/2	I/2	
综合接近程度	17	7	11	18	7	2	13	21	10	4	13	7	7	14
排序	3	8	7	2	9	14	6	1	12	13	5	10	11	4

从表 1 -13 中可以直接看出，总装车间 8 与其余作业单位之间的密切程度最高，应该位于布置图的中心位置；焊接车间 6 与其余作业单位之间的关系最不密切，应该位于布置图的边缘位置。

3.6 绘制位置相关图

依照上述步骤绘制出作业单位位置相关图，如图 1 -4 所示。

在位置相关图的基础上，将作业单位的面积大致表示出来。例如，用 1cm^2 的方框表示 100 ㎡。

然后，再进一步绘制位置相关图，如图 1 -5 所示。

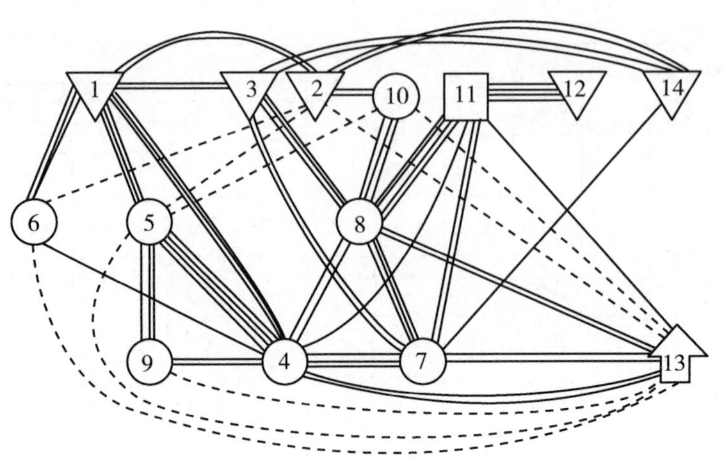

图1－4　位置布置图

A级：▬▬；E级：▬▬；I级：▬▬；O级：▬▬；X级：－－－－－

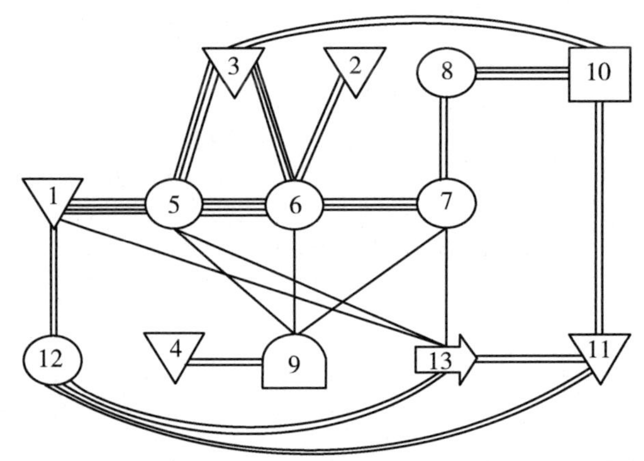

图1－5　设施布置位置相关图

1. 原材料库；2. 铸造车间；3. 热处理车间；4. 机加车间；5. 精密车间；6. 标准件库；7. 组装车间；8. 试验车间；9. 成品库；10. 办公室；11. 停车场；12. 维修车间；13. 办公楼

A级：▬▬；E级：▬▬；I级：▬▬；O级：▬▬；X级：－－－－－

3.7　设计并选取布置方案

依照位置相关图，即可绘制具体的布置方案了，如图1－6所示。

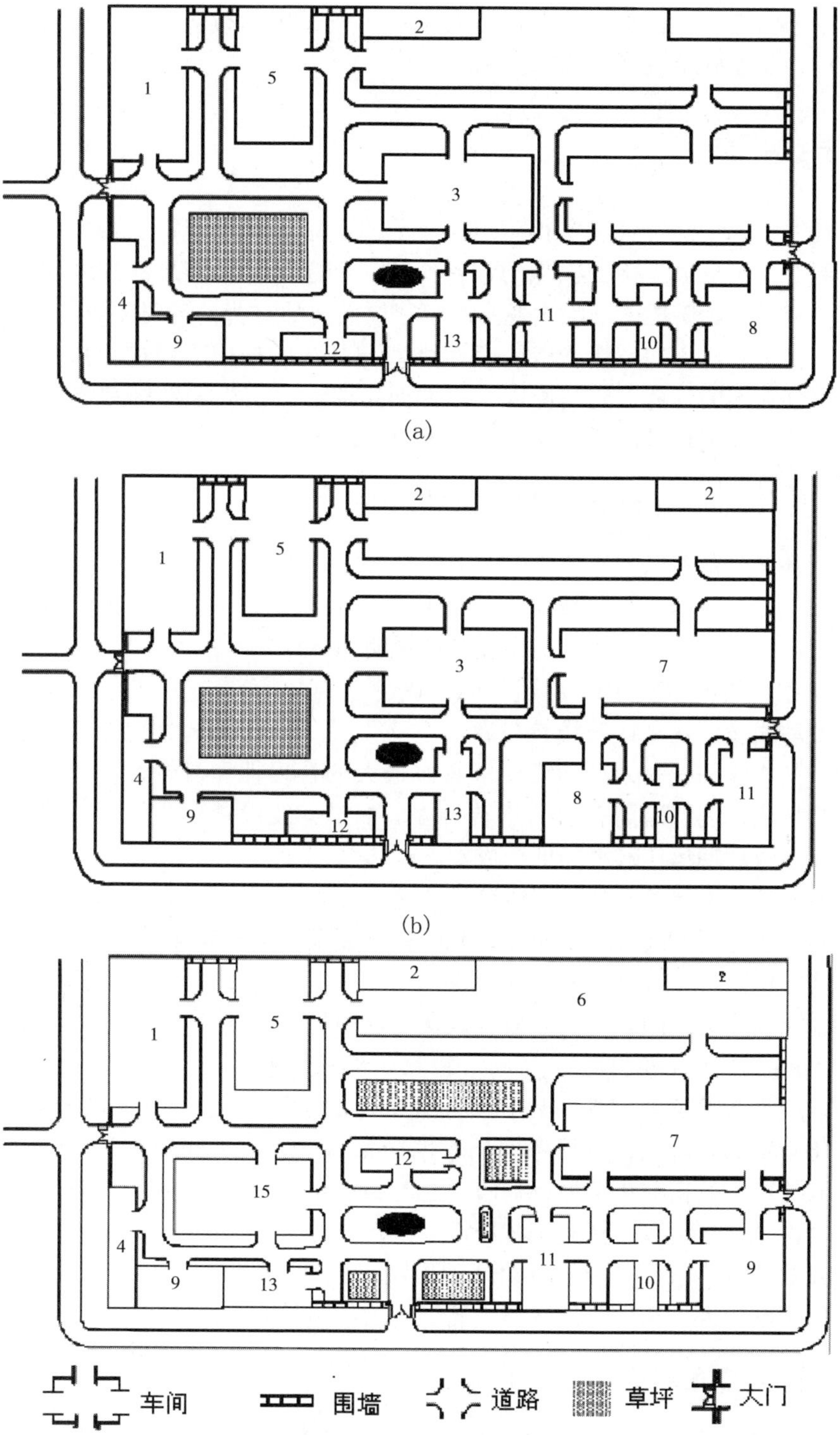

(a)

(b)

车间　围墙　道路　草坪　大门

(c)

图 1－6　设施规划备选方案

（a）布置方案一；（b）布置方案二；（c）布置方案三

最后，采取综合对比法，从上述方案中选出较适用的布置方案，再通过动线分析法加以验证，从而确定最终布置方案。

4. 思维拓展

如果动线型 SLP 法能够切实得到应用，那么，企业就很容易获得精益化的系统布局，这样更有助于形成支持目视化的精益文化，创建材料和信息的连续流动及生产流程的精简，从最初始阶段去消除企业基本组建层面上的浪费，实现过载最小化。

不过，很多时候人们虽然严格按照动线型 SLP 法的操作程序进行操作，但却未能使其功能得到切实的发挥。究其原因，一方面是由于人们尚未熟练掌握动线型 SLP 法的精髓，另一方面则是其尚缺乏应用该技术的诀窍。

4.1 应用动线型 SLP 法的约束性条件

动线型 SLP 法的有效推行，是建立在两大约束性条件下的。如果未能满足这两大要求，那么布局活动本身就仍然属于传统布局，继续暴露出传统布局的弊端，而无法发挥精益布局技术的优势。两大约束性条件说明如下：

（1）动线分析的准确性和动线设计的有效性。

最好的动线设计就是让动线参与者（物流人员、操作人员等）能够按照设计的思路去行动，其物流动线和人行动线要求具有最大的合理性和流畅性，并使搬运方法和搬运手段合理化，能够提高企业的运转效率。如果动线设计较为混乱，那么企业将因布局问题而导致后期运作效率降低，成本大幅增加。

而动线设计之前最关键的是动线分析。这就要求人们全面收集最真实可靠的资料，采用科学的方法进行动线分析、作业单元的相互关系分析，确保分析结果的准确性。

需要注意的是，动线分析不止于动线设计之前，在动线设计之后仍然要反复进行动线分析，以核查动线的有效性，最终确认最可用的动线设计。

（2）布局人员的精益思考力。

应用动线型 SLP 法的布局人员必须具有精益的思维方式，否则，很难找到一个有助于精益化管理的切入点，也思考不出有助于精益化管理的布局手法、设计方案。因此，布局人员应秉持精益化精神，坚信“总有可改善的空间”，着力培养自身的精益思考力，主动尝试寻找更多的精益化布局视角。

下面介绍几种让系统布局更具柔性的方法，以期启发读者如何去寻找精益化布局的角度，并不断深入、拓展，最终形成属于自己的精益布局思考模式。

4.2 让系统布局更具柔性的方法

在系统布置设计过程中，必须从布置设计、建筑方法、机械制造等多方面，来考虑采取多种规划方法，以期实现整体布局的柔性。

（1）考虑到将来可能发生的变化，在布置设计时要适当地留下可变空间，对于暂时未加利用的区域可以进行绿化处理。

（2）将未来极有可能进行扩充的作业区，布置在足以扩展的纵深方向上。

（3）尽可能多地利用大跨度车间厂房，一则可以提高空间利用率，二则便于作业区在此厂房内作出局部调整。

（4）利用组合式厂房，可拆卸墙体。必要时，可重新组装搭建，更利于快速变动和调整布局。

（5）在布置设备时，多采用成组技术、可重构的方法。

布局人员在实践中，可结合本企业的特点、当前实际需求以及未来变化趋势等因素进行综合考虑，选择最适用的布局方法，或灵活设计更多的应变性布局方案。

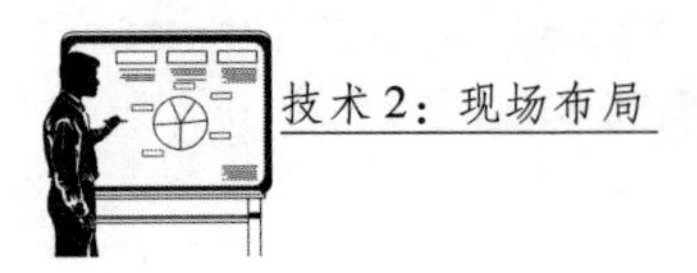

技术2：现场布局

> 细化现场布置，协调现场细节管理，提高现场空间利用率。

1. 技术定义

现场布局是指在精益思想的指导下，在整体布局已然确定的情况下，对生产现场中的物料、设备、废料、运输设备、人员作业位置等进行合理的布置，以期最大限度地降低生产成本。精益现场布局的原则如下：

（1）经济化：消除浪费、提高效率、降低成本。

（2）系统化：将人、设备、材料、作业方法等综合考虑，统一进行布局，在既定的布局下，尽量使这四者达到和谐。

（3）反复性：先进行总体布置，再进行细节布置；核查细节布置是否满足整体要求，及时对整体布局进行调整或改进。

如能实现科学的现场布局，那么便很容易实现以下效果：

（1）确保现场管理的可视化和现场规划的科学性。

（2）减少物料周转次数和积压量，控制物料或人员移动上的浪费。

（3）理顺现场物料移动路径，清除物料移动时的障碍。

（4）减少人员工作的疲劳感，保证其工作的舒适度。

（5）实现空间利用率最大化。

2. 标准应用

现场布局应按照“从大到小，从宏观到微观”的原则，按照把握整体布局、选定生产线布局模式，细致规划每个操作台面的步骤，循序渐进地进行。同时，对每个细节都关注到位、毫不遗漏，确保现场布局工作的全面性、精益化。下面对现场布局的基本步骤和操作细节加以说明。

2.1 搜集现场信息

在现场布局之前，要搜集生产环境、空间、工艺等信息，除了考察产品种类和型号外，改善小组还要搜集关于生产信息的基础信息，如员工 vs 作业站比率、分配工作的方法、物料周转次数、各生产区域（车间、生产线）的具体位置、各种图例的解释、

绘图比例、部门、制作日期、主要设施设备、物品的位置和名称、观图者所处的位置、通道的位置等。然后，对生产空间和设备存放空间等进行实地测量，以便于合理地进行现场布局。

2.2 现场区域规划

作业现场区域规划是根据工艺流程对生产现场进行区域划分，确定作业区、物品放置区、通道等的具体位置的过程。生产现场的区域划分及各区域的功能如表2－1所示。

表2－1　生产现场的区域及功能

区域	区域的基本功能
通道	主要用于物品搬运、员工走动、干部巡线等
作业区	操作人员加工产品的场所
原料区	原材料的放置区域
半成品区	半成品的放置区域
成品区	成品的放置区域
检验区	品检员检验产品的场所
返修区	需返修的产品的放置区域
废品区	不合格产品的放置区域
易燃、易爆、污染物停放区	易燃、易爆、污染物等危险物品的放置区域
工卡、量具放置区	卡具、量具、工具的放置区域
废弃物放置区	废弃物、垃圾桶等的放置区域

在作业现场的区域规划过程中，应当遵循两个原则，即距离最短原则和物流畅通原则。作业现场区域规划的图示，如图2－1所示。

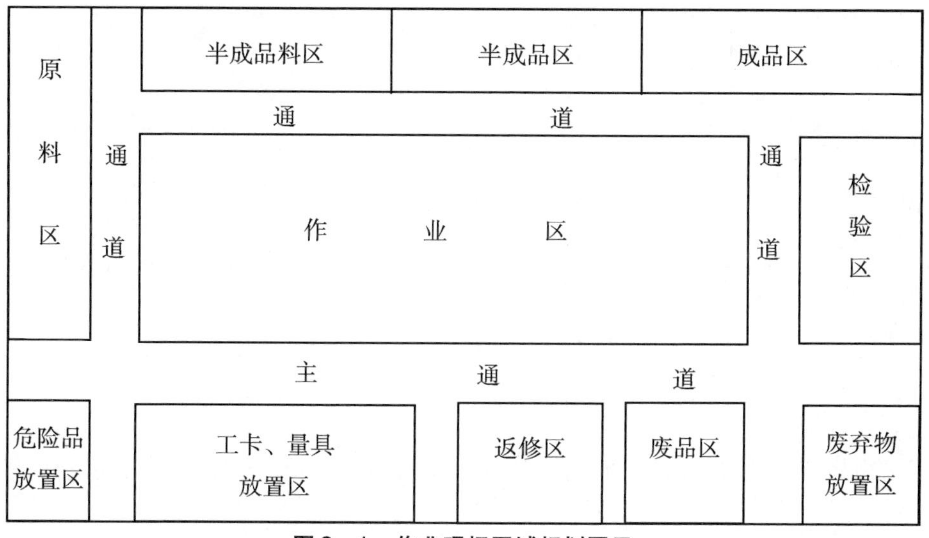

图2－1　作业现场区域规划图示

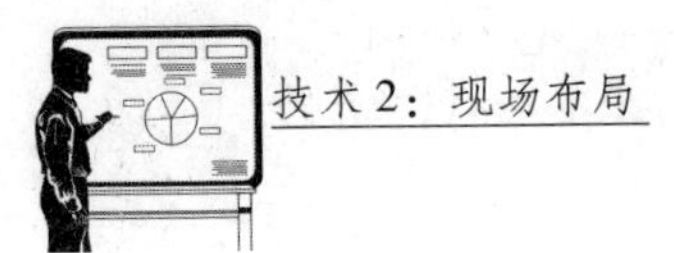

2.3 定位生产现场

信息搜集完毕后，即可进行现场定位。这一工作主要是划分现场的每个生产区域，依照图纸上的每台设备、工作台的位置在现场用线标示出来。

在划分定位时，最好先找到地标，也就是参照物（参照物可以是车间的墙壁、柱子或者轨道等）。然后，再围绕地标，展开现场布局。

基本定位完成后，即可进行现场画线。

（1）现场区域画线。

生产现场常用区域线的颜色和规格参考如表2－2所示。

表2－2 生产现场常用的区域线

<table>
<tr><th>类型</th><th>宽度（mm）</th><th>线形</th><th>颜色</th><th>画线方法</th></tr>
<tr><td>主通道线</td><td>100</td><td>实线</td><td rowspan="8">黄色</td><td rowspan="14">地面上沿直线贴透明胶带，两行胶带之间距离为线宽。在胶带间隔区域涂上相应颜色的油漆，油漆干后撤除胶带</td></tr>
<tr><td>辅助通道线</td><td>50</td><td>实线</td></tr>
<tr><td>作业区区域线</td><td>50</td><td>实线</td></tr>
<tr><td>检验区区域线</td><td>50</td><td>实线</td></tr>
<tr><td>原材料区域线</td><td>50</td><td>实线</td></tr>
<tr><td>半成品区域线</td><td>50</td><td>实线</td></tr>
<tr><td>成品区域线</td><td>50</td><td>实线</td></tr>
<tr><td>机台定位线</td><td>50</td><td>四角定位线</td></tr>
<tr><td>小物品定位线</td><td>50</td><td>四角定位线</td><td rowspan="2">白色</td></tr>
<tr><td>垃圾桶</td><td>50</td><td>四角定位线</td></tr>
<tr><td>不合格品区域线</td><td>50</td><td>实线</td><td rowspan="4">红色</td></tr>
<tr><td>危险化学品区域线</td><td>50</td><td>实线</td></tr>
<tr><td>废品区域线</td><td>50</td><td>实线</td></tr>
<tr><td>回风口</td><td>10</td><td>实线</td></tr>
<tr><td>警戒线</td><td>50</td><td>虎纹线</td><td rowspan="5">黄、黑相间</td><td rowspan="5">先涂上黄色油漆，再在表面间隔50mm的位置贴上胶带，并涂上黑色油漆</td></tr>
<tr><td>配电柜区域线</td><td>50</td><td>虎纹线</td></tr>
<tr><td>突出物标识线</td><td>50</td><td>虎纹线</td></tr>
<tr><td>坑道周围区域线</td><td>50</td><td>虎纹线</td></tr>
<tr><td>危险区域线</td><td>50</td><td>虎纹线</td></tr>
</table>

（2）物品画线。

不同物品，其画线标准也不同。各种线形相对应的形状以及与物品的距离如图2－2所示。

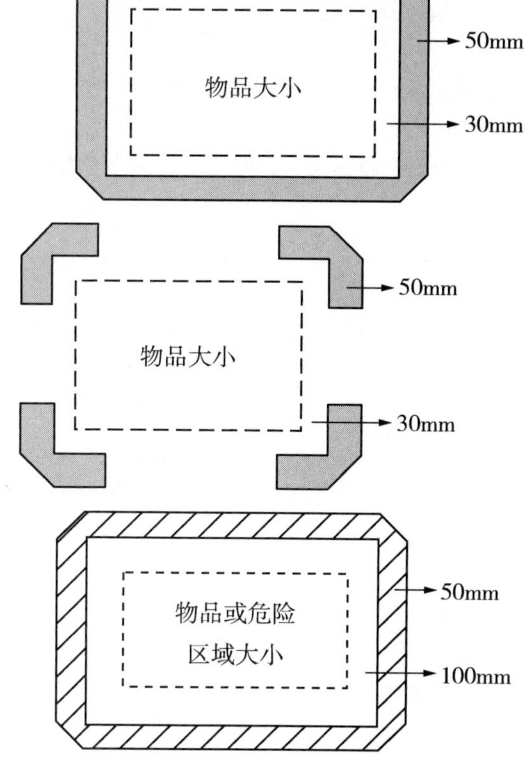

实线：

1. 颜色：黄色、白色、红色
2. 线宽：50mm
3. 与物品的距离：30~40mm
4. 适用范围：通道线、物品区域线

四角定位线：

1. 颜色：黄色、白色
2. 线宽：50mm
3. 与物品的距离：30~40mm
4. 适用范围：机台、小物品、垃圾桶等的定位

警戒线：

1. 颜色：黄、黑相间
2. 线宽：50mm
3. 与物品的距离：100mm
4. 适用范围：配电柜、突出物标识、坑道周围等危险区域

图2－2　区域线、定位线图示

2.4　设计车间系统

车间系统包括生产设备系统、照明系统、噪声控制系统、采暖系统、道路以及能源动力系统等。具体设计说明如表2－3所示。

表2－3　车间系统设计说明

车间系统部分	设计说明
照明系统	作业现场照明设计的照度值应根据国家标准的规定选取，同时要吻合工作场所的具体需求
作业噪声控制系统	在作业过程中，可以通过维护设备、使用高科技加工设备、安装隔音设施（墙体等）、佩戴防护用具等方式来控制作业噪声
场所温度系统	如场所温度过热或过冷，应该通过改变空气条件、作业强度等方式，来保持舒适的温度

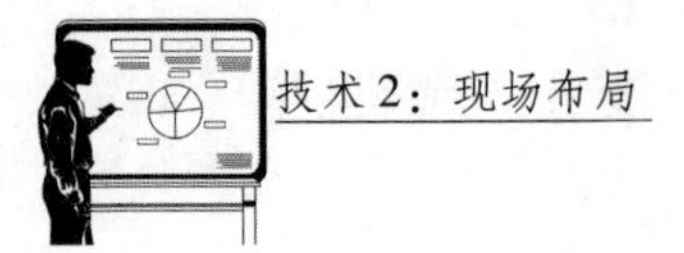

续表

车间系统部分	设计说明
管道和道路系统	根据车间类型和需求，设计道路宽度；地面上的管道应注意尽量不要与道路交叉，如需与道路交叉，在设计管道的宽度以及高度时应以方便人员和机械设备通过为基准设计准则；地下管道沿道路铺设，管道之间要保持适当的距离，以方便安装与维修等

这一环节的工作要在上述基础上进一步细化。以车间道路设计为例，可设计如下标准（示例），如表2－4所示。

表2－4　车间道路设计标准（示例）

车间类型	道路	宽度（m）
一般机加车间	电瓶车单向行驶通道	1.8
	电瓶车双向行驶通道	3.0
	叉车或汽车通道	3.5
	行人通道	1.0
冲压车间	车间主干道	2.0～3.5
	车间过道	2.0
	通道边界到设备	0.4
	大型压力机之间的通道	4.0
	中型压力机之间的通道	3.0
	小型压力机之间的通道	2.5
锻造车间	铁路轨道	5.0
	3t以上搬运设备通道	3.0～4.0
	3t以上搬运设备通道	5.0
	行人通道	1.5
铸造车间	非机动车通道	1.5
	汽车通道	3.5
	叉车、电瓶车通道	2.0
	机器造型人行通道	0.8～1.5
	手工造型人行通道	1.5～2.0

注意，在进行道路规划时，所设计的通道宽度要大于或者等于上述规定值。

在制造型企业，车间内的叉车等机动车辆、手推车以及人流，必须有系统的道路标识，否则，很容易导致人行通道和车行通道混乱。图2－3为企业道路标识图例。

图2－3　企业道路标识

另外，在车间内部要有明显的安全通道标识。

2.5　设计生产线布局

常规的生产线布局有以下几种：一字形布局、S形布局、T形布局、U形布局、O形布局。

（1）一字形布局。

设备配置按物流路线直线配置，扩大时只需增加列数即可，回收材料和垃圾可用皮带传送。一字形布局如图2－4所示。

（2）S形布局。

当需要从侧面装卸工具与物料时，使用S形布局对于有组装与焊接的生产线比较有效。S形布局如图2－5所示。

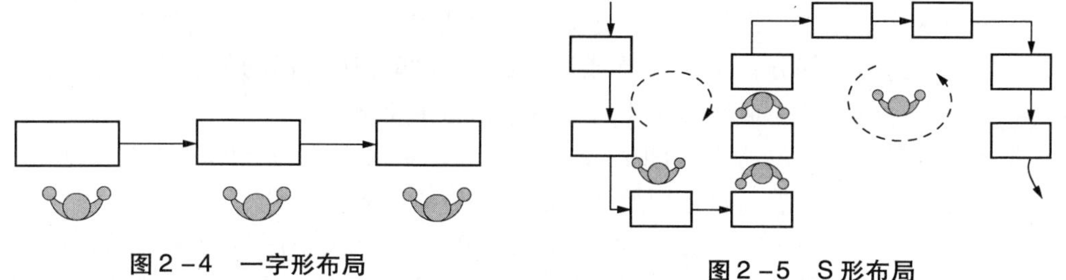

图2－4　一字形布局

图2－5　S形布局

（3）T形布局。

基本上是L形的变局，因空间原因，中央以物料主线为主，两端引入物料。此布局常用于多零件的产品组装。T形布局如图2－6所示。

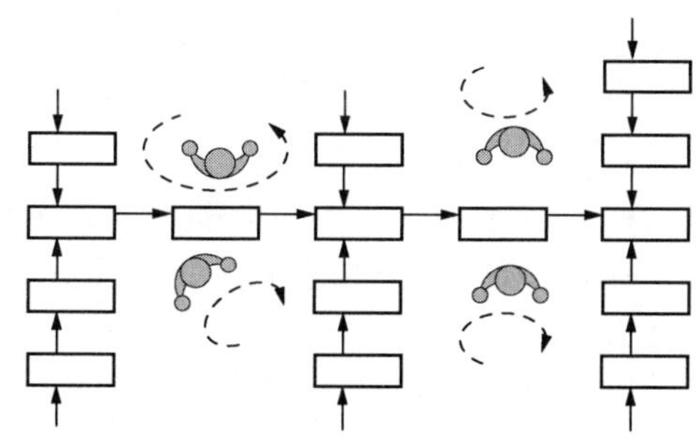

图2－6　T形布局

(4) U 形布局。

U 形布局亦叫巡回式布局，物料与人的作业路线一致，目的是加强品质责任和提高作业效率。U 形布局如图 2-7 所示。

(5) O 形布局。

坐式作业，中央空间用于维护，并可以集中工装夹具。O 形布局如图 2-8 所示。

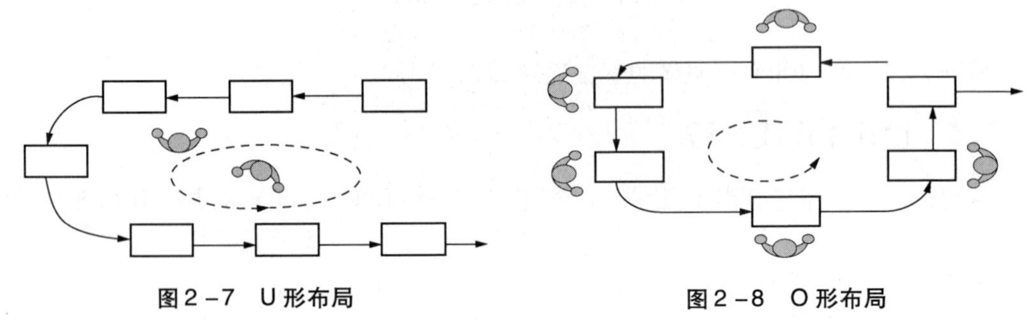

图 2-7 U 形布局　　图 2-8 O 形布局

每一种布局方案都有其特色，在进行生产线布局时，要遵循统一布局、最短距离、物流顺畅、空间优化的原则，选择最适宜的布局方式。

2.6 衡量工位空间

工位是指为了完成一定的工序，在完成一次装夹工件动作后，工件（或装配单元）与夹具或设备的可动部分，相对刀具或设备的固定部分所占据的每一个位置。而工位空间则是指在工位设计完成以后，工位布置所占据的空间。

要准确衡量一个工位所占空间的大小，首先要测量设备的长度和宽度，确定工位的数量并计算总面积；然后根据原始总面积，乘以 150%，便初步得到一个工位所需空间的大小。额外的 50% 空间包括通道、车架移动距离以及小区域的在制品存放区等。如果试图设计比较宽敞、舒适的工作空间，可以在原始面积的基础上乘以 200% 获得。

2.7 物料流向设计

人因学建议尽量运用重力原则进行物料的输入和输出，因为这种输入输出方式最节省人力。对于一般作业，可以在上一道工序和下一道工序之间用滚子链或者滑轮传送带进行连接；在作业接收时，物料依靠重力直接滑到机床的安装区域；在工件加工完之后，从工作台上卸下，直接依靠重力就滑落到下一个工位。依靠重力进行物料传送的示意图，如图 2-9 所示。

不过，对不能接受撞击或易造成人员伤害的零部件加工工位进行输入输出设计时，应在考虑零部件的可靠性、完整性与安全性的同时，兼顾实现人力节省和效率提高的目标。

图2－9 依靠重力进行物料的传送

2.8 工作台设计

工作台的设计，主要以人因学实验得出的关于人体尺寸的相关数据作为依据。作业台的设计主要包括坐姿工作台、立姿工作台，以及坐、立姿交替的工作台的设计等。

（1）坐姿工作台的设计。

坐姿工作台的设计主要涉及工作台的高度、宽度、容膝空间和作业范围等方面。

①工作台的高度设计。

工作台和座位高度及人的身高之间的关系，如图2－10所示。

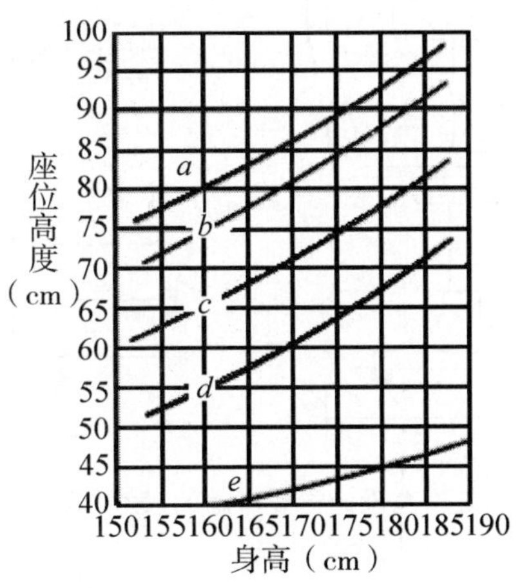

图2－10 工作台和座位高度及人的身高之间的关系

图2－10中a、b、c、d、e线代表的含义如表2－5所示。在进行实际的工作台设计时，可以参考下述标准进行适当调整。

表2-5 a线、b线、c线、d线、e线的含义

线条	作业台面高度 mm	眼睛距离作业台的高度 mm	眼睛的区分直径 mm	作业性质
a	880 ± 20	120～250	0.5	精度高、灵活性高
b	840 ± 20	250～350	1.0	视力强度要求较高
c	740 ± 20	≤500	10	一般办公作业
d	680 ± 20	≥500	—	精度不高、需要力气
e	—	—	—	体力作业

②工作面的宽度设计。

工作面的宽度根据作业功能的要求进行设计。如果仅仅需要肘的倚靠，最小宽度为100mm，最佳宽度为200mm；兼具写字台使用的工作面，最小宽度为305mm，最佳宽度为405mm；作为办公桌使用的工作面，最佳宽度为910mm。桌子的厚度一般不超过50mm。

③容膝空间的设计。

工作台下的空间应该使工作人员无论如何放置腿和脚都感觉舒适。在进行设计时，尺寸的参数及范围，如图2-11所示。

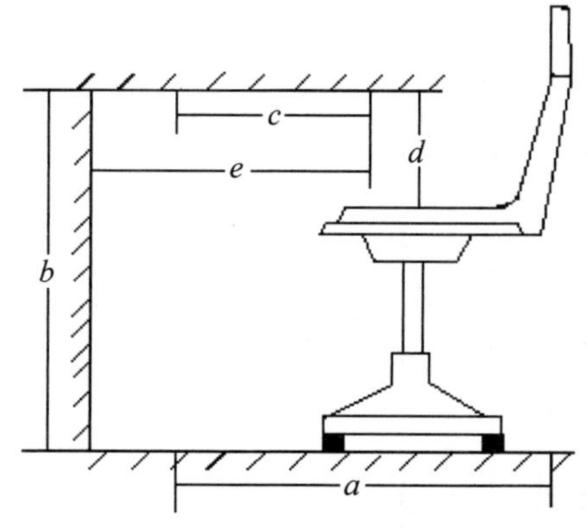

尺寸范围

尺寸区域	最大（mm）	最小（mm）
a	1000	510
b	680	640
c	660	460
d	240	200
e	1000	660

图2-11 工作台设计需要考虑的尺寸参数及尺寸范围

④作业范围的设计。

坐姿作业的水平工作区域，如图2-12所示。

（2）立姿作业工作台的设计。

立姿作业工作台面的高度不仅与人体的身高有关，还与工作的性质有关。为了满足大多数工作人员的需求，可以设计为可调式工作台，也可以通过增加脚垫来调整作业人员与工作台面之间的距离。

立姿作业工作台的高度范围，如图2-13所示。

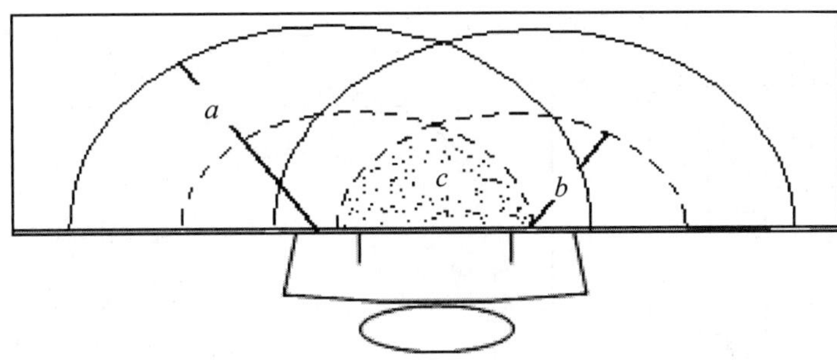

a：最大工作范围为62cm

b：正常工作范围为40cm

c：装配区域

图2－12　坐姿作业的水平工作区域

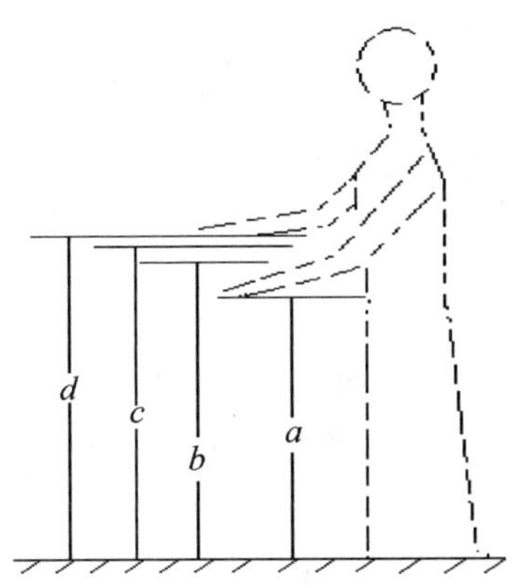

a：工作台高度为80～950mm，适用于需要用力的工作

b：工作台高度为950～1000mm，适用于要求手比较灵巧的作业

c：工作台高度为1130mm

d：工作台高度为1050～1150mm，适用于精密作业

图2－13　立姿作业工作台的高度范围

（3）坐、立姿交替作业工作台的设计。

坐、立姿交替作业工作台的高度与立姿作业工作台的高度要求是一样的。座椅的设计要根据要求，设计成高度、方向均可调的座椅，以方便进行高度调整和前后左右移动。

2.9　工作台面的布置

工作台面的布置主要有两种类型可供选择，一是平面布置，二是立体布置。

（1）平面布置。

平面布置通常采用将台面分区的方式，依据物料、工具的使用频率与顺序，划定物料、工具、零件等的摆放区域，使物品整齐摆放。常见的作业台平面布置方法有以材料为中心布置和以作业动作为中心布置两种，如图2－14所示。

确定了台面各类物品的摆放区域之后，还应当用区域线进行划分，防止物品堆放杂乱。质量检验作业台的区域划分示意图如图2－15所示。

通过分区的方式实现作业台的平面布置，可以规范作业台面物品的摆放，防止作业台凌乱等现象，改善操作人员的作业场所，营造令人舒适的工作环境。

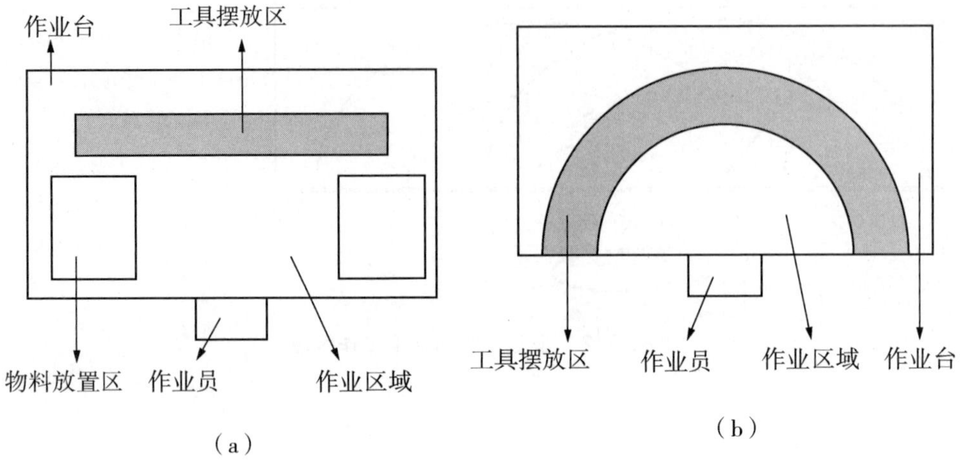

（a）以材料为中心布置；（b）以作业动作为中心布置

图 2－14 作业台的平面布置

1. 线宽：10mm
2. 线形：实线
3. 颜色：蓝色（不良品区为红色）
4. 区域说明

上左：已检区

上中：不良品区

上右：待检区

下左：合格品记录表单

下中：作业区域

下右：不合格品记录单

图 2－15 质量检验作业台的区域划分

（2）立体布置。

立体布置首先要注意作业台的选用，对于需要使用较多工具的工序，可以选用带有工具抽屉和工具架的作业台，如图 2－16（a）所示；对于需要同时使用不同规格、型号的材料或零件的工序，可以选用带有多层零件盒或物料盒的作业台，如图 2－16（b）所示。

作业台的立体布置要注意充分利用台面的立体空间，除了将工具、物料、零件等放在立体架上以外，还可以将作业指导书等垂直摆放于台面，避免占据作业空间，如图 2－17 所示。

需要注意的是，当作业台上摆放了不同规格、型号的材料、工具、零件时，需要在工具架或物料架上标明所存放的物品的名称、型号等信息，避免作业人员误用。

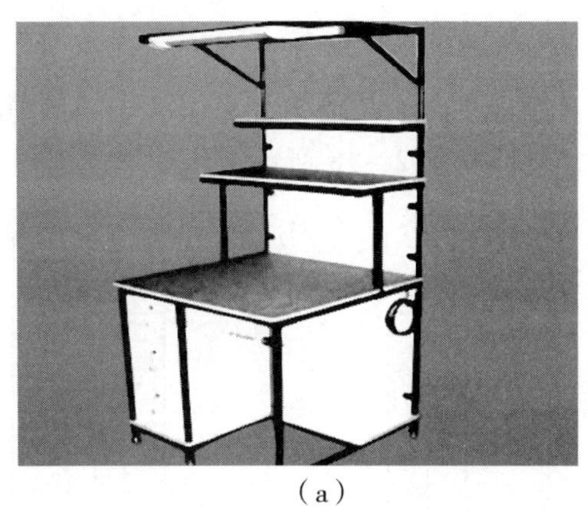

（a）

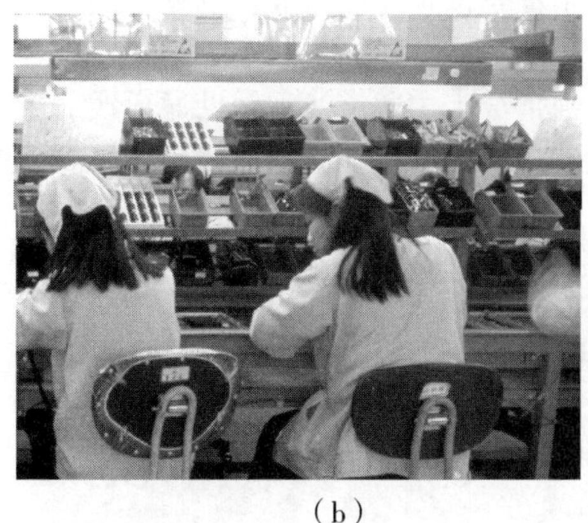

（b）

（a）带有工具抽屉和工具架的作业台；（b）带有多层零件盒或物料盒的作业台

图2－16　立体布置的作业台选择

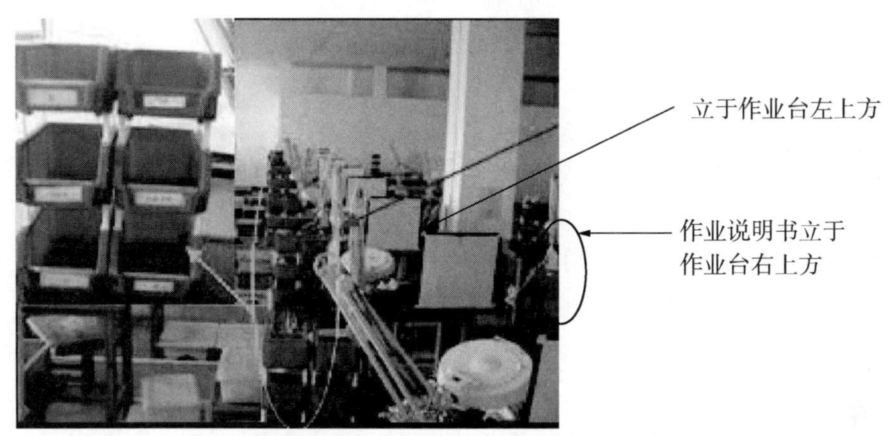

图2－17　作业台的立体布置

大到现场内各区域系统的定位，小到作业台面的布置，都需要依序精细规划，这样才能充分利用作业空间，减少作业人员的动作量，实现现场布局的精益化。

3. 实践指南

与整体布局相比，现场布局工作更为细致。它要求现场布局人员既严格遵循整体布局要求，又能综合考虑现场实际需求，科学地划分出空间节省又便于运作的现场布局来。下面以某玩具厂的现场布局为例，来说明如何进行精益化现场布局。

3.1　现场定位及区域画线

现场定位时，布局人员应严格按照整体布局图，结合现场信息对生产现场作出大致规划，并用不同颜色的线，将现场区分为不同的生产区域。

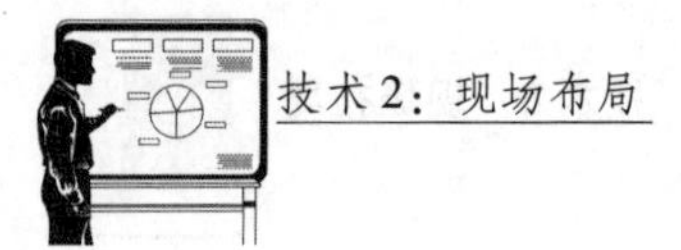

下面是该企业在作业现场划定的区域线。

（1）通道。

通道分为主通道线和辅助通道线。主通道线是车间内主通道的界限标识，用10cm的黄线进行标识；辅助通道线用5cm的黄线标识，如图2－18所示。

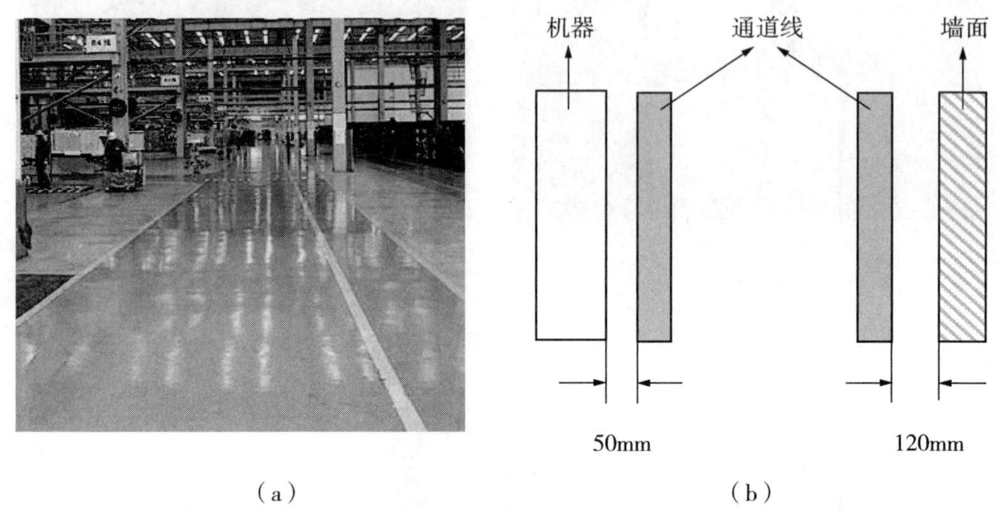

（a）主通道线；（b）辅助通道线

图2－18　通道线

在画通道线时，画线人员尽可能地采用了直线过道，确保视线前方畅通无阻。在十字交叉通道，还采用了地面导向标识来标明方位，如图2－19所示。

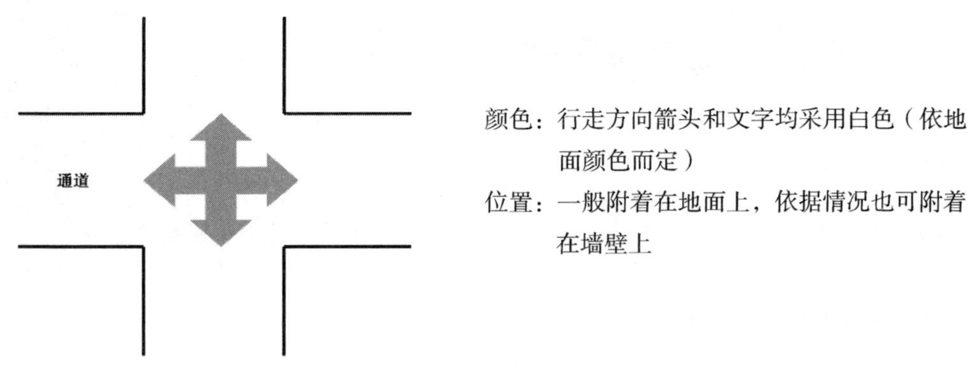

颜色：行走方向箭头和文字均采用白色（依地面颜色而定）

位置：一般附着在地面上，依据情况也可附着在墙壁上

图2－19　地面导向标识

（2）作业区。

作业区采用50cm宽的黄线进行标识，与机器设备保持50mm的距离，如图2－20所示。

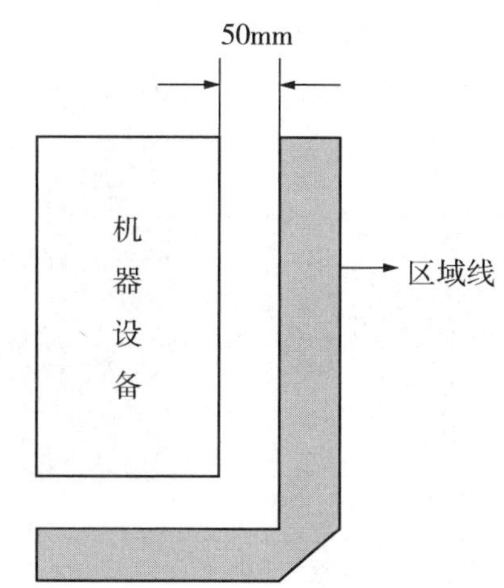

图2-20　作业区区域线

（3）材料放置区。

物品放置区均采用了50cm宽的实线标识。其中，原料区、半成品区、成品区、检验区采用的是黄线标识；废品区、危险品放置区采用的是红线标识，以示警醒，如图2-21所示。

（a）待检区区域线

（b）废品区区域线

（a）待检区区域线；（b）废品区区域线

图2-21　物品放置区区域线

（4）警戒线。

警戒线采用了虎纹线形式，利用黄色和黑色相间带来的警醒效果，时时提醒员工注意。警戒线主要被用作配电柜、突出物、坑道周围等危险区域的标识，如图2-22所示。

图 2－22　配电柜区域线

经过区域画线后，该企业的物品摆放区域变得规范起来，生产现场的物品摆放也变得整齐、清晰。而采用不同颜色的线条，则使工作人员能够迅速辨别物品类别，缩短物品辨认的时间。

3.2　精益化的生产线布局

不同的生产线布局对应着不同的结果。在生产线布局之前，布局人员遵循精益布局原则，对不同的布局方案进行了分析，从中选出了最优布局方案。

该玩具厂厂房是 8 个相连的大小相同（40m×40m）的车间，整个建筑物长 160m，宽 80m。针对这一现状，布局人员设计了两套生产线布局方案。

方案一：

生产线布局图（一）如图 2－23 所示。

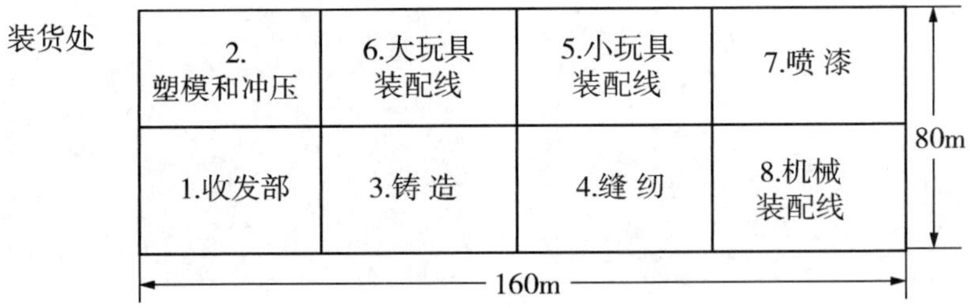

装货处

2. 塑模和冲压	6.大玩具 装配线	5.小玩具 装配线	7.喷 漆
1.收发部	3.铸 造	4.缝 纫	8.机械 装配线

80m

160m

图 2－23　生产线布局图（一）

采用这一布局方案时，所有物料在搬运过程中都会被装进一个标准的木箱里，用叉车运输。叉车每次只能运输一箱物料。经测算，相邻车间物料运输的成本为 1 元，每隔一个车间就增加 1 元。可按照对角线允许移动，所以车间 2 和车间 3、车间 3 和车间 5 可以认为是相邻车间。

接下来，按照以往的生产量进行年搬运费用的计算，统计表如表 2－6 所示。

表2－6　布局方案一的搬运费用统计表

单位	1	2	3	4	5	6	7	8	成本小计
1	—	175 1	50 1	0 2	30 2	200 1	20 3	25 3	620
2	—	—	0 1	100 2	75 2	90 1	80 3	90 3	950
3	—	—	—	17 1	88 1	125 1	99 2	180 2	788
4	—	—	—	—	20 1	5 1	0 1	25 1	50
5	—	—	—	—	—	0 1	180 1	187 1	367
6	—	—	—	—	—	—	374 2	103 2	954
7	—	—	—	—	—	—	—	7 1	7
8	—	—	—	—	—	—	—	—	总计： 3736

说明：

175 → 单位时间内的搬运次数

1 → 各单位之间每次搬运的成本

其中，横轴和竖轴分别代表厂房，中间标示的数量为搬运的次数，如：1厂房、2厂房之间共搬运175次，因为1、2厂房相邻，故不用运费。2厂房、4厂房之间共搬运100次，而2厂房、4厂房的运费为1元/次，故厂房2、4厂房年运费为100次×1元/次＝100元……依此类推，最后算出A玩具厂的年搬运费用为3736元。

方案二：

生产线布局图（二）如图2－24所示。

经测算，年搬运费用统计表如表2－7所示。

5. 小玩具装配线	8. 机械装配线	1. 收发部	6. 大玩具装配线
3. 铸造	2. 塑模和冲压	4. 缝纫	7. 喷漆

图2－24　生产线布局图（二）

表2－7　布局方案二的搬运成本矩阵图

单位	1	2	3	4	5	6	7	8	成本小计
1	—	175 / 1	50 / 2	0 / 1	30 / 2	200 / 1	20 / 1	25 / 1	580
2	—	—	0 / 1	100 / 1	75 / 1	90 / 2	80 / 2	90 / 1	605
3	—	—	—	17 / 2	88 / 1	125 / 3	99 / 3	180 / 1	974
4	—	—	—	—	20 / 2	5 / 1	0 / 1	25 / 1	70
5	—	—	—	—	—	0 / 3	180 / 3	187 / 1	727
6	—	—	—	—	—	—	374 / 1	103 / 2	580
7	—	—	—	—	—	—	—	7 / 2	14
8	—	—	—	—	—	—	—	—	总计：3550

说明：

175 → 单位时间内的搬运次数

1 → 各单位之间每次搬运的成本

方案二的年搬运费用为3550元，较方案一节约了186元。可见，科学的生产线布局有助于减少搬运的时间以及费用，实现精益化的现场布局管理。

3.3 工位设计

每一种工位的设计都是不同的。现以该厂冲孔机工位的设计为例加以说明。由于冲孔机工位的作业单一、材料种类少，属于选择采用平面布置类型。

工位设计之初，先用设备占据的总面积乘以150%，计算出其工位空间。冲孔工位布置的基础数据，如表2-8所示。

表2-8 冲孔机工位布置基础数据

工种	长度/m	宽度/m	面积/㎡	工位数量	总面积/㎡
冲床	3.35	2.44	8.17	1	8.17

将总面积8.17㎡乘以150%，可得该工位的总面积12.26㎡。

然后，对工位空间、物料流向、工位器具进行了初步设计。冲孔机工位设计图如图2-25所示。

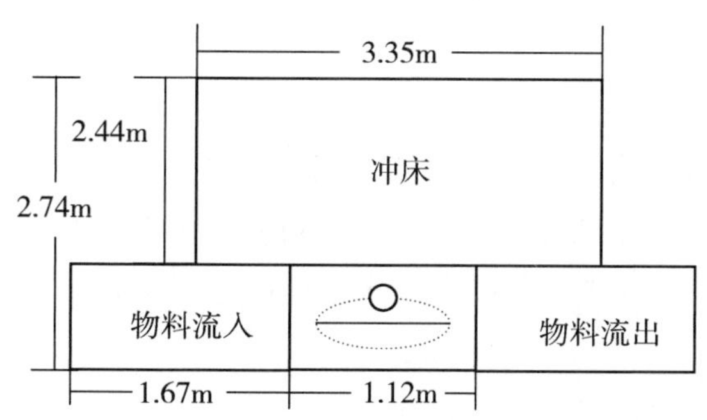

图2-25 冲孔机工位设计图

当基本工位确定后，布局人员即根据一般性工作台设计标准，设计了工作台高度、宽度、容膝空间和作业空间等。

确定了台面各类物品的摆放区域之后，还用区域线进行了划分，对台面上的物品进行了定置管理，防止物品堆放杂乱，不便取用。

4. 思维拓展

在现场布局时，并不是所有企业都设计了极为理想的布局。也许是出于精益、经济上的考虑，人们很容易陷入一些不必要的误区，导致布局不合理，这样既浪费布局时间和各方面的人力物力，又给后期生产作业的正式展开带来极大的不便。

下面我们总结了一些常见的布局误区，希望给现场布局人员以提醒；同时，也提供一些启发性布局思路，以帮助现场布局人员设计出更精益的布局，切实提高空间利用率。

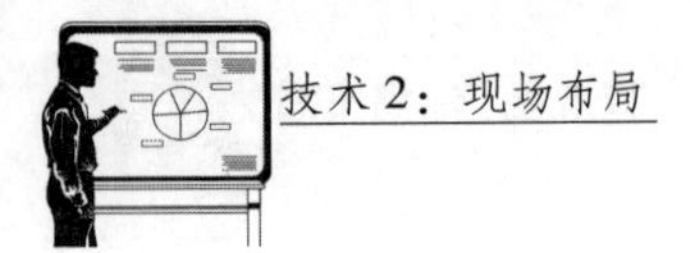

4.1 现场布局的常见误区

生产现场布局时，人们常会陷入以下误区：

（1）只考虑如何快速结束布局阶段，尽快投入生产，而缺少对布局方案细节上的仔细斟酌，导致布局方案不合理，给正式运作带来很大的麻烦。

（2）生产线布局过于死板，一旦后期生产需求出现变化，往往难以快速调整、应对。

（3）为了最大限度地使用空间，而不顾各区域、工位的空间需求，导致可用空间逼仄，遇特殊情况时可调整幅度较小。

（4）器具和辅助设施的位置安排不合理，既浪费空间，又不便于操作人员进行作业。

（5）缺少对人因工程的考虑，虽然在硬件方面节省了成本，但是很容易导致员工身体疲劳，工作效率不高，甚至引发安全事故。

（6）盲目抄袭成功企业的布局方案，而那些方案并不适合本企业使用，因而造成现场资源极大的浪费。

……

其实，之所以出现这些误区，主要是因为人们没有正确看待质量、效率以及成本之间的关系。如果过于关注经济因素，就容易导致布局不利于质量、效率等因素的达成；而如果过于追求质量、效率等因素，就有可能出现企业经济方面供应不足。因此，如何对各方面因素加以综合考虑，如何找到其间的平衡点，是现场成功布局的关键所在。

4.2 精益现场布局的思考点

在不陷入误区的基础上，即可考虑让现场布局更精益的良策了。对此，布局人员不妨以以下方面作为基本的思考点。

（1）仔细分析现场作业效率资料，确认各项操作的节拍大小，设计合理的工作节奏。

（2）根据不同操作的时间长度，将各项操作加以组合，确保工作单元之间的同步作业。

（3）注意机械设备、建筑设施等的标准化、模块化。

（4）设备的安装固定，多采用弹性固定、可移动性支撑构件等。

（5）让员工的工作空间既舒适，又有助于提起工作精神。

当然，这些思考点仅仅是启发性思考点而已。如要找出更多、更新颖的现场布局方案，企业应维系和传播一种精益布局的文化，抓住布局改进的机会，开展布局设计竞赛，鼓励所有员工提出改进建议，真正做到集思广益。

技术3：定置管理

科学安排人、物、场所的关系，实现三者最佳的结合状态。

1. 技术定义

“定置管理”这一概念起源于日本，由日本青木能率（工业工程）研究所的艾明生产创导者青木龟男先生于20世纪50年代率先提出。后来，日本企业管理专家清水千里在应用实践的基础上，发展了定置管理，把定置管理总结和提炼为一种科学的管理技术。

定置管理主要根据物流运动的规律性，研究分析现场人、物、场所的关系，科学地实现三者最佳的结合状态。具体地说，就是从三者的内在联系入手，对生产、设备、物品放置进行调整和重新设计，实现人员定岗、物料定位、成品定区域。

定置管理的作用体现在以下几点：

（1）提高生产率。定置管理通过系统分析和合理安排，可以大大减轻员工操作中的工作量，缩减物品流动时间，从而提高生产效率。

（2）使产品质量和工作质量得到提高。通过定置管理，人们处于得心应手的工作环境中，现场物品的流转、存放井然有序，有利于改进和提高其工作质量和产品质量。

（3）优化现场环境。生产现场物料、工具、半成品、成品等种类多、数量大，实施定置管理能够有效避免混乱，有利于建立良好的作业秩序，改善现场环境。

（4）提高员工素质。定置管理将员工的操作和物品放置标准化、制度化，有助于培养员工良好的作业习惯和素养。

定置管理技术的有效运用，可以使现场中的人、物紧密结合，人尽其力，物归其位，从而直接提高生产效率，大大消除空间浪费、操作浪费与安全隐患，因而被作为精益化管理过程中必不可少的一项前置性管理技术。

2. 标准应用

定置管理中的“定置”不是一般意义上的“把物品固定地放置”，它要求人们能够根据生产活动的根本目的，综合考虑生产活动的效率、质量等约束条件和对产品在时间、质量、数量、流程等方面的特殊要求，划定适当的放置场所，确定物品在场所中的放置状态，促使人、物有机结合，以更有效地进行生产活动。

为实现定置管理的目标，在实施过程中应遵循一定的程序，具体说明如下：

2.1 工艺研究

工艺研究是定置管理开展的起始点。它的主要任务是对生产现场当前使用的加工方法、设备、工艺流程进行详细研究，确定工艺在方法水平上的先进性和经济上的合理性，分析是否需要使用更为先进的工艺手段及加工方法，从而确定生产现场产品制造的工艺路线和搬运路线。

工艺研究是一个提出问题、分析问题和解决问题的过程，主要包括以下三个步骤：

（1）实施现场调查，对现行方法详加记录。

由有经验的定置管理人员对生产现场情况进行调查。调查内容应包括现有工序运行状况、操作人员操作情况、设备运转情况、原材料存储状况以及产品流动状况等。定置管理人员要将存在的问题如实、详尽、准确地记录下来，并逐条加以归纳。

由于现代工业中的生产工序繁多，具体操作也比较复杂，如单纯使用文字来记录现行方法和工艺流程，势必显得冗长烦琐，既不易记录，又难以阅读理解。因此，在调查过程中可运用一些标准符号和图表来记录，使调查记录工作量减少，记录查阅者亦一目了然。

（2）分析记录的事实，寻找存在的问题。

结合调查结果，运用工业工程学中的工作研究技术，对现有的工艺流程及搬运路线等进行分析，找出其中存在的问题及其影响因素，确定进一步改进的方向。

（3）拟订改进方案。

确定改进方向后，定置管理人员要对改进方案进行方法经济分析，并与旧的工作方法、工艺流程和搬运线路加以对比。在确认改进方案是比较理想的方案后，方可作为标准化方法付诸实施。

2.2 现场状态分析

在生产过程中必不可少的是人与物，工作效果通常由人与物的结合状态来决定。因此，实现人与物的结合是定置管理的本质和主体，人、物结合状态分析也成为定置管理中最关键的一个环节。

具体而言，生产现场定置主要表现为以下几种基本状态，如表3-1所示。

表3-1　现场定置状态说明

结构	状态	说明
人与物的结合状态	A状态：人和物能够立即结合并发挥能效	如操作人员使用的工具摆放在合适的位置，当需要使用时可以迅速、直接地拿取
	B状态：人和物处于寻找状态或尚不能发挥效能	工具摆放凌乱，操作人员一时无法寻找到直接所需要的工具；再如，由于零部件摆放过低，造成操作人员每次都要弯腰，既增加了劳动强度，又影响了工作效率
	C状态：物品与生产没有直接关系，需要及时清理	生产中产生的铁屑、报废的螺丝等放在生产现场中，既影响作业的效率，又会占用空间、影响整洁
人与物的结合成本	A状态：人与物的结合成本为零	人与物能马上结合，且该物是完全符合要求的，其作用能立即发挥
	B状态：出现结合成本	人与物不能马上结合，需寻找；或能马上结合但物不符合要求，需检修，其作用也不能立即得到发挥。而找物的时间长短及设备工具检修工作的难易程度，都直接决定着结合成本的大小
物与场所	A状态：良好的作业环境和作业条件	场所中的生产面积、通风设施、光照、温室度等状态符合安全、卫生等方面的要求
	B状态：作业环境和作业条件还需要改进	包括工作场所布局中不合理的地方、较差的工作环境等方面，都有待改善
	C状态：需要彻底改善	这种状态完全不能满足作业环境和安全要求

开展定置管理，就是对现场作业仔细分析，消灭B、C状态，保持A状态，保证生产现场中的人与物处于良好的结合状态，将结合成本降到最低极限。

2.3　信息流分析

为了便于在品种多、规格杂的物品中寻找所需物品、避免混放物，或掌握物品在流动中的流向和数量，就需要有一定的信息来指引、控制和确认。通常有四种信息媒介物，具体如表3-2所示。

表3-2　四种信息媒介物

类别	说明	作用	属性
位置台账	说明物品应摆放的位置	找到目的场所	引导媒介物
平面布置图	标明该物应放置于现场中的哪个位置		

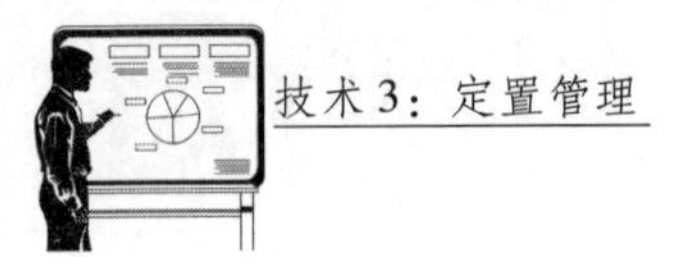

续表

类别	说明	作用	属性
场所标志	用编号、名称等表明该物应置于何处	确认需要结合的物品	确认媒介物
物品标识	用标志牌等标明物品类别、名称、注意事项等		

这四个信息媒介组合在一起，便形成了人与物之间的连接信息流。通过对信息流的分析，便可准确评估当前放置状态的优劣，了解当前人、物、场所之间的结合程度，为定置设计打下基础。

2.4 定置设计

定置设计一般分为两大类，即定置图设计和信息媒介物设计。

定置图设计指对现场的场地（车间、仓库等）及物品（设备、货架等）的合理定置。一般包括车间定置图、作业区域定置图、设备定置图等。其实质是企业布置的细化。

定置图设计的原则如下：

（1）做到最大的灵活性与协调性。即在进行定置设计时，要做到当前与长远相结合，各个场所的设备要与物流系统的整体布局相协调。

（2）最大限度地利用空间和可见性。即定置管理的设计是立体设计，各类物品停放、贮存和保管的地面以及地面以上的空间都要加以充分利用；同时，各种物品应尽量定置在可见的地方，增加可见性。

（3）做到最大的操作方便。即各种与生产结合紧密的物品所停放的位置应与操作人员保持适当的距离和高度，工作环境的温度、湿度、噪声、照明都要满足操作人员的生理需要，使操作人员保持旺盛的精力，愉快地工作。

（4）定置图绘制以简明、扼要、完整为原则，物形为大概轮廓、尺寸按比例设计，相对位置要准确，区域划分要清晰。

信息媒介物设计，包括信息符号设计和示板图、标牌设计。

（1）设计信息符号时，如已有国家规定的（如安全、环保、搬运、消防、交通等方面）信息符号，则直接予以采用；如没有国家规定的信息符号，则根据行业特点、产品特点、生产特点自行设计。

（2）定置示板图是现场定置情况的综合信息标志，而标牌则是指示定置物所处状态、标志区域、定置类型的标志，包括建筑物标牌，货架、货柜标牌，原材料、在制品、成品标牌等。各生产现场、库房、办公室及其他场所都应悬挂示板图和标牌，示板图的内容应与蓝图一致，示板图和标牌的底色宜选用淡色调，图面应清洁、醒目且不易脱落。

物品存放定位和定量示意图如图 3－1 所示。

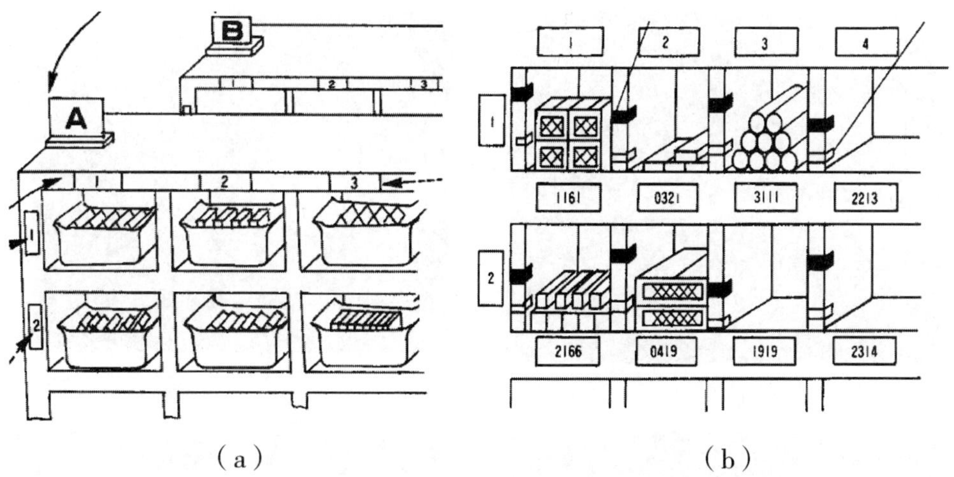

（a）　　　　　　　　（b）

说明：(a) 物品存放定位，图中箭头所指之处为存放位置的各级编号；
(b) 物品存放定量图，图中黑色标识为存货量上限，白色标识为存货量下限

图3－1　物品存放定位及定量示意图

2.5　定置实施

根据上一步做好的设计要求，将生产现场的各类物品整理、定位，按区存放，按图定置。具体而言，这一环节可细化为以下四个步骤：

（1）将与生产无关的物品清理出现场，为定置打好基础。

（2）按照定置设计的要求，定置场所内的设施（料架、货架、箱柜、容器）结构和编号，流动器具的位置信息符号。

（3）设计现场定置管理卡片，准确表示定置物的名称、规格、代号、数量、位置，并将其悬挂在现场。现场定置管理表如表3－3所示。

表3－3　现场定置管理表

名称	规格	代号	数量	位置
制表人：	制表日期：	审核人：		

（4）制定定置物收发、进出的定置管理办法。

图3－2为定置图例。

开展定置活动后，现场将变得整齐有序，大大节约物品寻找时间，实现物品的有序管理和高效作业，提高生产效率。

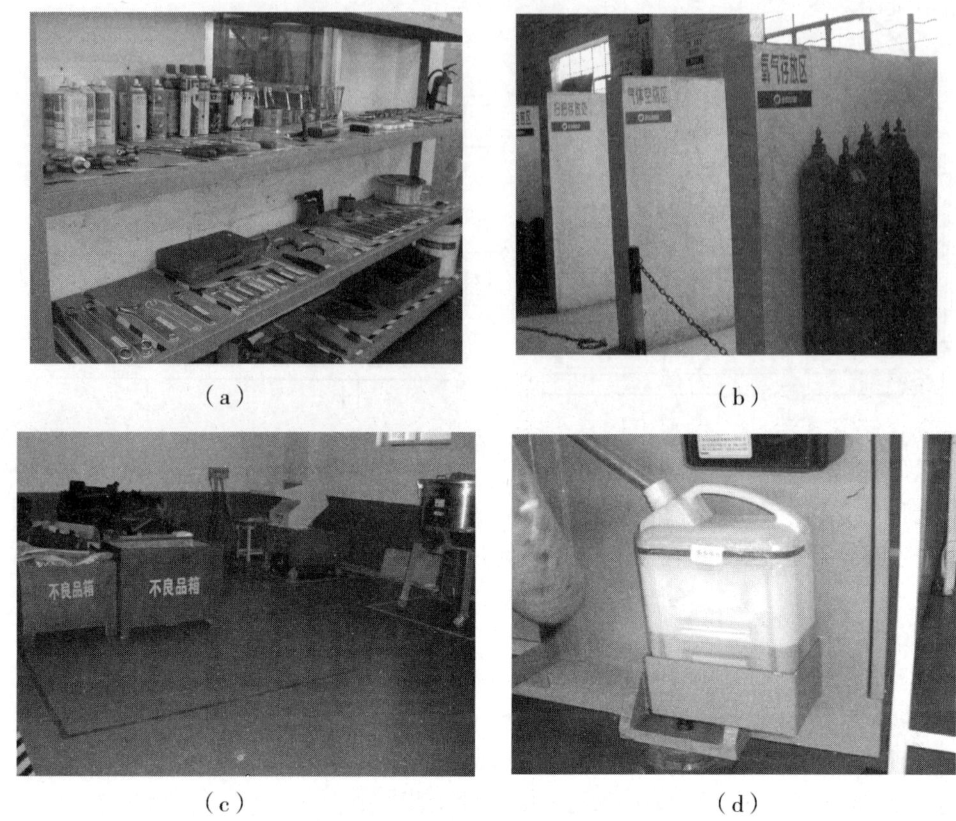

（a）（b）（c）（d）

（a）现场工具定置（定位置）；（b）现场物品定置（定场所）；
（c）现场不良品定置（定品）；（d）容器存量定置（定量）

图3-2　生产现场定置图例

2.6　定置考核

定置管理工作是一项持续而漫长的工作，需要对定置成果不断加以巩固和改善。为此，定置管理人员需要建立起一套科学的定置检查、考核制度，来保证定置管理的制度化和长期化。

定置管理的检查与考核一般分为两种情况：一是定置后的验收检查，检查不合格者不予通过，并且必须重新定置，直到合格为止；二是定期对定置管理进行检查与考核。后者是一项需要长期进行的工作，比定置后的验收检查工作更复杂、更重要。

定置管理的考核指标是定置率，它表明生产现场中必须定置的物品已经实现的定置程度。一般情况下，定置率达到90%的区域可以视为已完成定置。定置率的计算公式为：

定置率 = 实际定置的物品数量 ÷ 规定定置的物品数量 ×100%

【例】某车间的定置区域内，有半成品20个，成品10个，经检查发现有4个半成品和2个成品未按照定置管理的规定放在相应的位置，请判断该区域是否已经实现定置。

解：实际应定置物品的数量 =20 +10 =30（个）

已定置物品的数量＝（20＋10）－（4＋2）＝24（个）

定置率＝24÷30×100%＝80%

因为定置率未达到90%，所以考核的结果是：该区域未实现定置。

3. 实践指南

谈到定置管理，有的人或许不以为然，认为不就是在规定位置摆放固定的物品，悬挂几块标识牌吗？有必要如此重视吗？殊不知，它是日本人用了20年时间、经过实践检验、不断完善而形成的一门管理科学，并且已经在世界众多企业中得到了广泛的应用。准确地说，这种应用只有程度深浅之分，而绝无用与不用之别。

结合仓储管理活动，我们可以这样来理解定置管理：它是以仓储物资及现场为主要对象，研究分析人、物、场所的状况，以及它们之间的关系，并通过整理、整顿来改善仓储环境条件，促进人、物资、设备、制度、环境有机结合的一种管理技术。下面以某企业发生的两个仓储管理实例，来谈谈仓储定置管理的实践应用。

3.1 网板仓储管理的定置

对该企业的网板仓储管理现状诊断后发现，其存在以下问题：

（1）制板室只有简单的现场领用记录，没有准确的仓存数量，同时网板仓库没有对网板进行储位管理和标示，制板室无法确认网板的正确位置。

（2）有网板发放记录，现场生产人员没有在生产完成后及时将网板归还制板室，或没有对归还的网板进行清洁。因归还不及时，制板室管理人员很难对网板进行调配，而因未作清洁处理，易导致网纱和模框报废，继而造成极大的管理和成本浪费。

（3）没有正确的网板结存资料，给生产管理排单造成严重不便。有时会出现已作排单但却没有网板可用的情况，导致生产现场停线，继而造成等待浪费和成本浪费。

网板仓储管理现状示意图如图3－3所示。

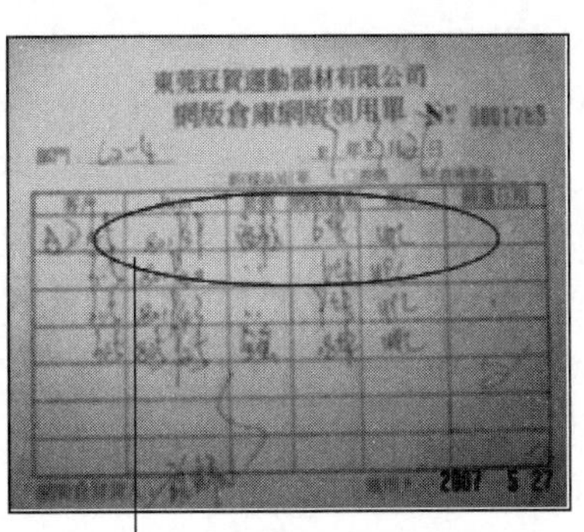

图3－3 网板仓储管理现状

针对这种现状，企业决定对网板仓储情况进行定置管理，具体改善如下：

（1）制板室对全企业的网板进行数量盘点，并根据识别资料对网板进行分类保存，建立完整的仓储管理资料，以便能及时快速地查找到网板。

（2）生产现场生产完毕后必须及时归还制板室，没有及时归还或损坏的由使用者利润中心赔偿。

（3）建立网络系统资料，将网板室的网板结存资料及时输入系统，建立网络资料共享；同时，对网板状态进行准确标示，已分配和未分配的网板都必须注明，为生产管理部提供最新、最准确的网板资讯，以安排生产。

图3－4为定置管理后的网板仓储管理状态。

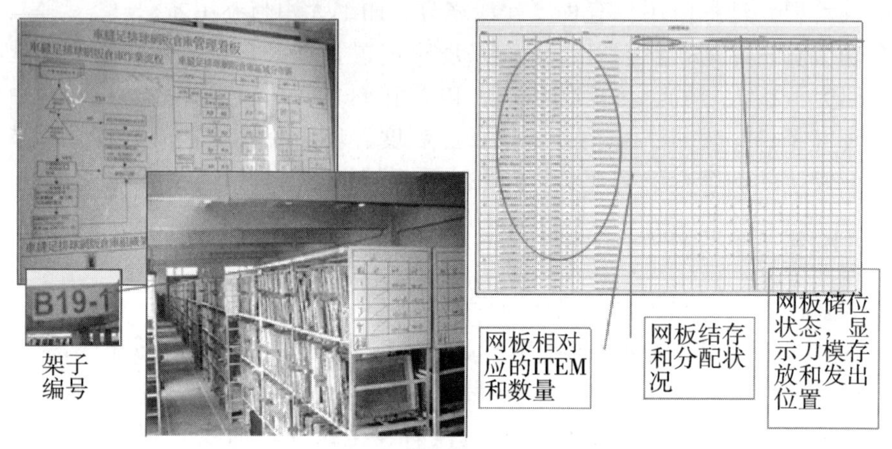

图3－4　实施定置改善后的网板储备状态

实施仓储定置后，减少了工具不齐造成的等待浪费和成本浪费。

3.2　印型模仓储管理的定置

在对印型模仓库进行盘查时发现其储存方面存在以下问题：

（1）模具仓库没有进行规划，对印型模储位只进行简单的标示，不易快速找寻与拿取。

（2）印型模品种繁多，没有统一的编号和对仓存数量进行管理。

（3）模具管理混乱，没有准确的分类数量，生产现场不使用的模具不及时归还模具仓库，没有对模具发放位置进行统计，生产管理部进行生产控制与生产安排时没有准确的数据依据。

图3－5为印型模仓储管理现状示意图。

针对上述现状，决定对印型模仓储情况进行定置管理，具体改善如下：

（1）所有模具都统一编号管理，每套模具都有相对应的圆周、直径等数据参数。

（2）对编号完毕的模具进行标示，对模具房进行统一管理；建立与实际储位相对应的资料系统，以方便找寻模具和查询模具状态；确保模具发放记录正规、齐全，生产完成后生产现场人员要及时归还模具；模具仓储数量要及时更新，对已分配和未分

配的模具都要进行准确注明。

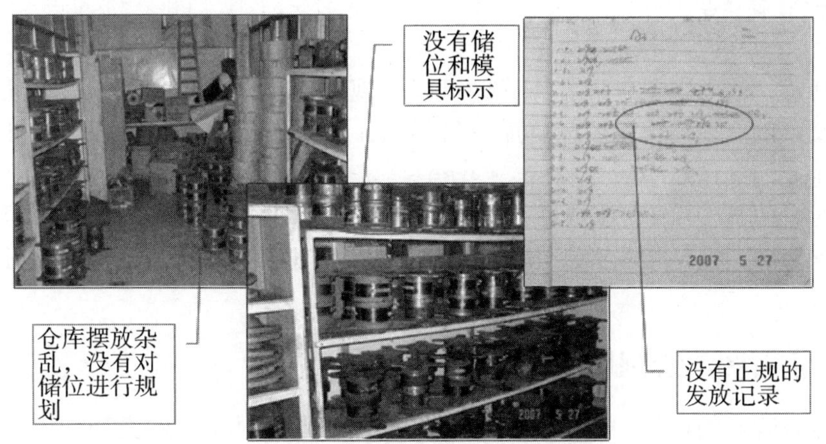

图3－5 印型模仓储管理的混乱现状

（3）建立印型模具管理系统数据库，让模具仓库结存和状态信息实现全厂共享，方便生产管理部下达生产指令，并安排生产。

改善后的仓储定置图如图3－6所示。

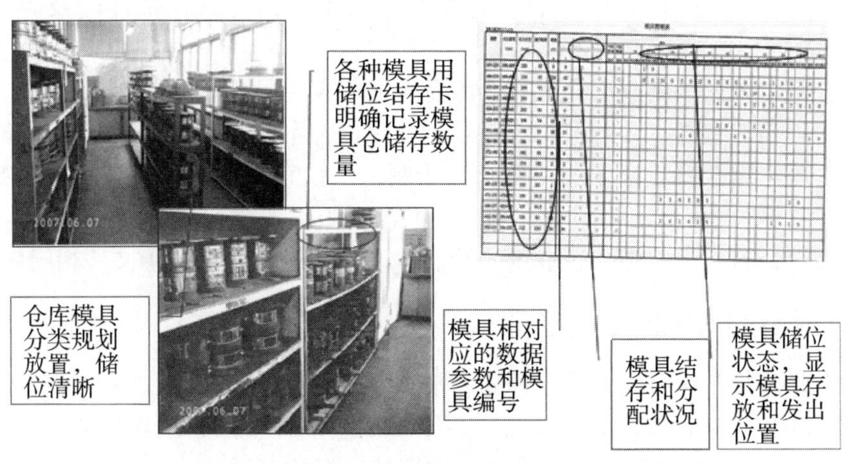

图3－6 实施定置改善后的印型模具储备状态

经过定置管理后，大大减少了模具的找寻时间和因工具用错造成的生产浪费，更方便生产管理人员进行生产安排。

而定置管理的有效推行，使该企业时常会发现一些遗忘而有用的“库存”，避免了库存老化和盲目采购带来的成本浪费；同时，也尽可能地发现了部分管理或流程方面存在的漏洞，全力弥补了不足，由此加快了生产运作与管理速度，减小了劳动强度，提高了仓储管理水平。

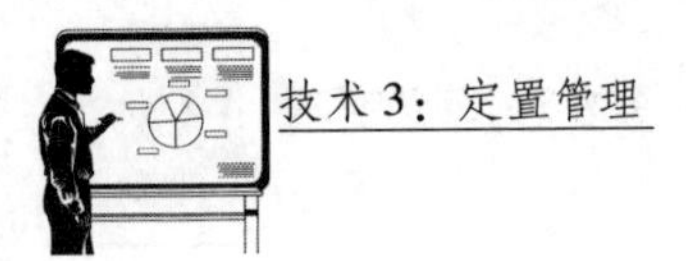

4. 思维拓展

如上所述，借助定置管理技术，既可以使现场物品摆放更加科学，加大空间利用率；同时又可以使现场摆放情况更加一目了然，使找寻工作更为方便、快捷，从而大大提高了企业的运作效率。

需要注意的是，对于不同对象，其定置管理的要求是截然不同的，甚至连定置图的绘制与保管部门也是相异的。为了更好地应用这门技术，定置管理人员必须把握好这些关键点。

4.1 定置图的绘制单位

作为定置管理的依据，定置图的绘制至关重要。而对于不同类型的定制图，其绘制及管理部门是不同的，具体如下：

（1）车间定置图。主要针对车间生产现场部分而绘制。由车间绘制，企业审定，本车间及企业各保存一份。

（2）区域定置图。是针对生产车间某一工段、班组或工序而绘制的定置图。由该区域所在部门绘制，本部门及区域各保存一份。

（3）职能部门及生产车间办公室定置图。由本部门完成，本部门及企业各保存一份。

（4）仓库定置图。由仓库完成，仓库及企业各保留一份。

（5）工具箱定置图。由各部门统一绘制，一份存本部门，一份贴在工具箱门内侧。

（6）办公桌定置图。企业统一要求和绘制，一份存企业管理部门，一份贴于办公桌门扇内。

（7）文件资料柜定置图。企业统一绘制，一份存查，一份贴于文件柜门内侧。

4.2 对不同对象的定置管理

定置管理有五大基本要求：划清定置管理范围，实行定置管理责任制；物品摆放优化定位；与生产、工作无关的物品，一律不得摆放在生产、工作场所内；制作室内物品平面定置图；确保物品都有完整规范的标签、标志。

不过，对于不同的管理区域，定置管理的具体措施也应在基本定置要求的基础上有所变化。下面是针对不同的定置管理对象而提供的定置措施，以供读者参考。

（1）对现场区域的定置管理。

对现场区域的定置可以按照以下方式进行：

①按照生产运行区域和工艺流程，对生产场所加以划分，确定各区域中各种设备、工、器具的存放位置。

②对各区域内的设备、仪器、工具、仪表等实行规范化定置。

③为非正常运行状态的设备、备品、废弃物等界定定置区域，定置后不得随意变动。

现场画线规定如表 3－4 所示。

表 3－4 现场画线规定

画线类型	定置对象说明
黄色 60mm 实线	预备料区、工具、工具车、辅料、工作台等
黄色 100mm 实线	区域划分用实线，出入口用虚线
黑黄（斑马线）60mm 实线	危险区、电机区、风机、水泵等
红色 60mm 实线	废品区、消防区
红色 100mm 实线	禁止进入区
蓝色 60mm 实线	等处理区、暂存待回收区
绿色 60mm 实线	饮水区
绿色 100mm 实线	作业区

（2）对设备检修用具的定置管理。

设备检修用具主要涉及周转工具、材料、油系统、高电压作业用具、安全用具等方面，其定置管理可以按照以下方式进行，如表 3－5 所示。

表 3－5 对不同设备检修用具的定置管理

用具类型	定置说明
周转工具、材料	按区定置摆放，如跳板、模板、脚手架、滑轮、钢丝绳、手推车等，使用后要及时清理并放回原位，以保证作业现场整洁，道路畅通
油系统、高电压作业用具	实行特别定置，设计安全防护标志，准备数量充足的灭火器材；按照设备运行方式，设置安全线标志，区分带电和不带电设备，防止误进、误触、误用
安全用具	（1）接地线、绝缘杆、绝缘手套、绝缘靴等号位要符合 （2）安全网、安全绳、安全帽、安全标示牌、验电器、消防用具等要定位，以方便取用 （3）对检测结果不合格的安全用具要及时加以处理，不可与合格用具混放

（3）对工作间的定置管理。

工作间内所摆放的物品都应与工作有关，无关物品不得放置在工作间内。此外，在工作台上可放置仪器、仪表、工具材料等，但要及时加以清理、整顿。

（4）对仓库的定置管理。

仓库内的物品定置可以按照以下方式进行：

①库房内或露天储存的物品，均按物品类别存库，分区定置，按物资的品种、规格、型号性能等因素区别存放，按“四号”定位（四号分别指库号、柜号、层号、位号）、“五五”摆放（每五个为一个记数单元）的要求，做到齐、方、正、直，保证存放安全，取用方便，账、卡、物相符。

②事故备品配件要进行特别定置，不得与一般物品混放，并设计明显的区别标志。

③库房内通道畅通，温度适宜，清洁整齐，禁止放置与生产经营无关的物品。

（5）对工具箱的定置管理。

对工具箱的定置管理可以按照以下方式进行：

①工具柜内的物品要按照“上轻下重、精粗区分、存放安全、取用方便、互不影响”的原则进行定置。

②仪器柜内只允许存放仪器、仪表等与生产密切相关的物品。

③工具柜内只允许存放工具、量具等与生产密切相关的物品。

④资料柜内的台账、文件、记录等要分类放置，所有资料按册编写目录及顺序号，对应资料应编排序号，并按序做好装订。

⑤物品定置后，要依次编号，排列有序，号码与定置表标注相符。

⑥定置图、表贴在工具柜门背后（若是玻璃门柜，则贴于左上方）。

（6）对示板的定置管理。

示板定置管理的重点在于对示板结构和内容的管理。

通常情况下，对于示板结构，可根据现场实际情况设计和制作，力求统一，整体布局要合理、紧凑、朴实，不搞形式主义。

而示板的内容则可按其作用分为三类：

①提示，即车间的生产目标、问题对策表、设备检修进度表等。

②规范，如员工手册、安全管理规定等。

③车间的系统接线、设备使用说明、指标竞赛表、设备巡视路线图、影响设备安全的障碍物、污染区图表等。

（7）对办公室的定置管理。

对办公室的定置管理可以按照以下方式进行：

①实行一室一图定置管理，定置图张贴于门后居中位置，底边距地面1.6米。

②定置图应符合基本管理要求和定置要求，室内物品按图定置，明确到责任人。

③办公家具按人员数量和实际办公需求来配置，无须摆放多余的家具。

④办公桌上可定置电话机、台历、台灯、茶杯、文具等，除办公时间外，一律不得摆放文件、资料等。

⑤办公桌玻璃板下，可放置电话号码、年历及与工作有关的图表，要求摆放整齐，不得放置与工作无关的照片、图表、画报等。

⑥办公室保持干净整洁，个人物品、衣物不得搭在椅子靠背上。

⑦电话线等线用扎带整齐捆扎，电器插线盒离地摆放。

⑧办公区设施、物品保洁责任到人，随时整理，下班前需全部按定置要求整理到位。

（8）特别定置管理。

在实施定置管理时，要对安全、质量管理方面的部分项目进行特别定置管理。

特别定置管理的内容包括：易燃、易爆、放射、剧毒、异味、挥发性强，对环境和人身产生不良影响的物品；安全帽、安全绳、绝缘靴、绝缘手套、绝缘拉杆、高压

验电器、接地线、安全标志牌、围栏绳、消防器材、刀闸（开关）钥匙等安全防护用具、事故备品、配件等；保密资料、文件。

特别定置管理的要求如下：

①将危险品专门定置在对人与设备不会造成危害的位置。

②根据消防要求，设定消防器材的存放位置。

③设计特别的物品标示，例如，对危险品及其存放位置，应悬挂危险品标示牌或示意图等。

④制定特殊的管理办法，如：对剧毒类的物品，要有多个部门或人员共同管理，库房或柜门必须上锁，两位以上人员方可开启；对安全用具及计量器具的使用，应有检测和校验记录；对于消防器材的定置变动，要得到安全质量部的许可等。

⑤运用特别的、固定的形式进行定置，如刀闸钥匙、接地线等的编号与定位要一一对应，以防误用。

在定置管理时，相关人员除了依照基本流程和标准来操作外，还需要考虑在特殊情况下，对不同对象进行有效的定置管理。

技术 4：设备定量控制

> 平衡产能不足和过剩的矛盾，设定最适当且经济的设备量。

1. 技术定义

设备定量控制是指根据生产订单需求，核查企业当前的产能状况，继而设定合理的设备量。

设备定量控制的重点在于设备定量分析，其内容涉及设备当前的运行状态、实际产能、设备排序等诸多方面，其分析结果将直接影响到对生产进程的管理和控制。

这一技术的应用可以带来以下益处：

（1）确认企业是否有能力承接订单。

（2）制订更科学的生产计划。

（3）更有效地控制生产进程。

（4）有效地随机进行生产调度与安排。

为了准确把握当前的设备情况，设定最适当且经济的设备量，分析人员必须掌握本技术应用的关键点。

2. 标准应用

在设备量分析过程中，对于设备当前的运行状态、实际产能状况等信息，分析人员可以从设备维护部的日常维护记录中获得，因而，设备量分析的重点便落在了两个环节上，即：设备需求总量预测和设备排序计算。下面对这两个环节的操作进行重点说明。

2.1 选择精益的排序方法

设备量需求与对人员和设备的排序方案有极大关系。即便是统一的任务，如果设备和人员的排序不同，那么所需的设备量也是不同的。因此，选择最优的排序方法，便成为进行高效设备量分析的前提条件。

下面以单台设备排序为例进行说明。假设 n 件工件必须都在单台设备上完成生产，此时，就需要对单台设备进行排序计算。对于每件任务 i，需要了解以下各量的定义：

t_i ——任务 i 的加工时间；

d_i ——任务 i 的预定交付时间；
W_i ——任务 i 的等待时间；
F_i ——任务 i 的流程时间；
T_i ——任务 i 的延迟时间；
L_i ——任务 i 的滞后时间；
E_i ——任务 i 的提前时间。

假设平均流程时间为 F，则其计算公式如下：

$$F' = \frac{1}{n}\sum_{i=1}^{n} nF_i$$

在只考虑单台设备的排序问题时，一共有 $n(n-1)(n-2)\cdots(2)(1)=n!$ 种不同的数列排序。

接下来，我们假设生产目标是最小化延迟任务数量，那么可以采用以下步骤进行设备排序：

（1）根据最早的预定交付时间进行作业排序，使 $d_{[1]}\leqslant d_{[2]}\leqslant\cdots\leqslant d_{[n]}$。

（2）找到目前序列中的第一个延迟任务［i］，如果没有这个延迟任务，则可以跳过下一个步骤。

（3）考虑任务［1］、［2］…［n］，除去有最大加工时间的任务，并返回到上一个步骤。

（4）将除去的最大加工任务附加在当前的作业序列中，并形成最优顺序。附加在当前任务的序列总是延迟的，因此可以任意排列。

某企业同时接到了来自不同客户的订单以后，有6个订单需要利用同一台设备加工，每一项任务的加工时间和预定的交付时间如表4－1所示。

表4－1　任务的加工时间和预订的交付时间

任务	加工时间（小时）	预定交付时间（分）
A	10	15
B	2.5	6
C	4	10
D	7	23
E	10	18
F	5.5	32

首先，按照EDD（交货期优先）原则，将任务进行排序，如表4－2所示。

表4-2 按照EDD原则进行任务排序

任务	加工时间（小时）	预定交付时间（小时）	完成时间（小时）
B	2.5	6	2.5
C	4	10	6.5
A	10	15	16.5
E	10	18	26.5
D	7	23	33.5
F	5.5	32	39

从表4-2中可以看出，第一项延迟的任务为A，因此，一共有4项延迟任务。按照工作的顺序，考虑任务B、C和A，则可以看出，任务A具有最大加工时间，因此除去任务A。此时，新的作业顺序如表4-3所示。

表4-3 新的作业顺序

任务	加工时间（小时）	预定交付时间（小时）	完成时间（小时）
B	2.5	6	2.5
C	4	10	6.5
E	10	18	16.5
D	7	23	23.5
F	5.5	32	29

此时，从当前的作业顺序看出，第一件延迟的任务是D，因此，我们考虑除去最长加工时间的任务E，得到新的加工顺序，如表4-4所示。

表4-4 新的作业顺序

任务	加工时间（小时）	预定交付时间（小时）	完成时间（小时）
B	2.5	6	2.5
C	4	10	6.5
D	7	23	13.5
F	5.5	32	19

也就是说，作业排序为BCDFEA或BCDFAE时，完成任务所需时间最短，设备需求量也随之最小化。

当然，排序并不能仅考虑静态环境，还要考虑动态环境（在加工对象没有完全到达的情况）下的排序方法和现实需求。

2.2 预测设备的总需求量

在确定了可选择的排序方案之后，即可开始预估年度订单量，继而计算年度设备需求量。设备需求量的预测过程主要包括测算年度需求总台时、计算设备有效台时、计算生产设备量的差额等三部分内容。

（1）预算年度需求总台时。

用台时数表示年度总产量时，应将实物量按照单位产品定额台时转换成预测定额的台时数。计算公式如下：

预测定额总台时数=Σ（预测产品产量×单位产品台时）×定额改进系数

其中，

定额改进系数=（预测年度估计新定额台时÷现行定额台时）×100%

（2）计算设备的有效台时。

这一环节是设备需求量预测中的重点，如何进行设备调度、排序，将会影响实际的台时需求量。所以，要针对设备布排情况进行统计。计算公式如下：

设备的有效台时=单位设备日均台时×实际工作天数×N（产能相同的设备数量）

（3）计算生产设备量的差额。

计算生产设备的冗余量或差额。当预测所得产量远大于企业当前的产能时，企业需要作出“是否购进新设备或者租用设备”的决策；如果预测显示“在未来的比较长的一段时间，市场对当前产品的需求量呈现出明显的下降趋势”，企业就要作出“是否缩小生产规模”的决策。

2.3 实现最佳的设备定量控制

设备定量研究的并不仅仅是确认设备需求数量，更重要的是如何实现设备与人之间的平衡。人机关系一共有三种类型：同步服务、随机服务、同步与随机相结合的服务（复杂人机服务）。实现最佳设备定量主要是实现这三种人机关系下的平衡运作状态。

（1）同步服务的设备定量。

同步服务是指将多台设备分配给一个人，使人和设备都处于工作状态的一种理想的工作模式。具体而言，在启动第一台设备后，操作人员转移到第二台设备的位置，安装夹工件，启动第二台设备；随后操作人员转移到第三台设备处，以此类推，直到第一台设备即将停止运转，操作人员才回到第一台设备。同步服务如图4-1所示。

最理想的同步服务情况的计算方法如下：

$$N=\frac{l+m}{l}$$

式中：N为分配给操作人员的设备数量；l为操作人员在每台设备上耗费的装夹、启动时间；m为设备从开启到停止之间自动运转的时间。

另外，当两台设备距离稍远，或者是操作人员从一台设备走到另一台设备的时间相对较长时，要用下式来进行计算：

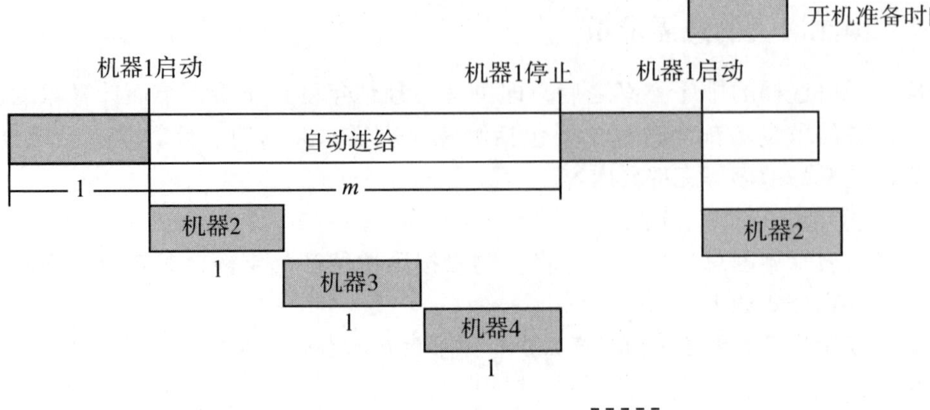

图4－1　同步服务

$$N \leqslant \frac{l+m}{l+w}$$

w 为操作人员从一台设备走到另一台设备需要的时间。

（2）随机服务的设备定量。

随机服务是指不知道何时服务，也不知道会服务多长时间。例如，维修人员的工作时间就属于这种模型。

虽然不知道什么时候会为哪台设备服务多长时间，但是设备平均发生故障的概率，以及平均维修时间可以通过检验统计得到。

（3）复杂人机服务的设备定量。

随着设备数目的增加，人机之间的关系也就变得复杂起来，如不能科学处理，会造成工作时间的浪费。为了解决这个问题，通常会用到经验判断法和公式计算法。

①经验判断法是根据分配给操作人员的设备数、设备的平均运转时间以及平均服务时间，确定操作人员的预期工作负荷的方法。这种方法主要应用于简单的人机关系。

②公式法主要依据固定公式来确定人机情况。这种方法主要应用于设备数目大于6时的人机关系。

在不同情况下，设备定量的方法各有不同。设备定量分析人员应根据实际需求来确定所采用的方法，实现最佳定量计算和规划。

3. 实践指南

人机关系的类型不同，设备定量研究的侧重点亦有所不同。为了更好地掌握设备定量分析的技巧，下面依据各类型，分别设定情境，来说明如何进行设备定量分析与计算。

3.1　同步服务的设备量计算

假设一台设备的运转时间为2min，操作人员在一台设备上耗费的时间为40s，那么

为达到同步作业，一个人可以同时操作的设备台数为：

$$N=\frac{l+m}{l}=\frac{40\text{s}+2\text{min}\times 60}{40\text{s/台}}=4\text{ 台}$$

但是在实际情况中，很多时候不会出现真正的同步作业，假如上述案例中操作人员在设备上耗费的时间为50s，结果就会变成：

$$N=\frac{l+m}{l}=\frac{50\text{s}+2\text{min}\times 60}{50\text{s/台}}=3.4\text{ 台}$$

当 $N=3$ 时，就会出现人空闲等待；当 $N=4$ 时，就会出现设备空闲。

如果要更精确地界定取3台还是4台，则需要根据工程经济学进行进一步计算。

3.2 随机服务的设备量计算

假设一位维修技师看管3台机床，每台机床发生故障的可能性均为0.4。在这种情况下，可能会出现故障的设备台数以及其概率如表4－5所示。

表4－5 出现故障的设备台数以及其概率

发生故障的设备台数（m）	概率
0	$C_3^0\ (1-0.4)^3=0.6^3=0.216$
1	$C_3^1\ (1-0.4)^2\times 0.4=3\times 0.4\times 0.36=0.432$
2	$C_3^2\ (1-0.4)\ \times 0.4^2=3\times 0.6\times 0.16=0.288$
3	$C_3^3 0.4^3=0.064$

如果有两台以上设备同时出现故障，势必会造成一台设备处于停机待修状态。表4－6所列出的是每天设备处于停机待修状态的时间占总工作时间的比例。

表4－6 设备的预计停机待修时间

发生故障的设备台数（m）	概率	每天设备的停机待修时间（h）
0	0.216	0
1	0.432	0
2	0.288	0.288×8h/天＝2.304
3	0.064	2×0.064×8h/天＝1.024
总计		3.328h

注：当有3台设备同时发生故障时，一台设备处于被修理状态，另外有两台都停机待修，所以在计算时间时要乘以2。

由上表可以得出，停机待修时间占每天工作日时间的百分比为：

$$\frac{3.328}{3\times 8}\times 100\%\approx 14\%$$

在维修技师数量一定的情况下，可以再假设每位维修技师管理2台、4台、5台机

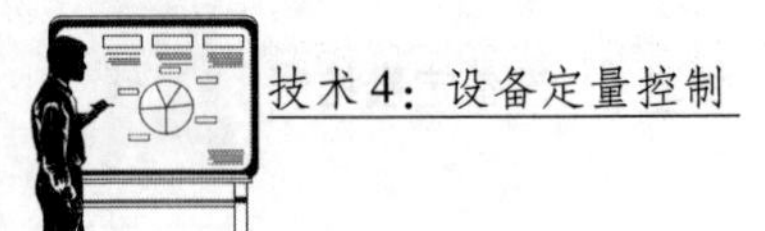

床，寻找最小的停机待修时间值，与这个最小的时间对应的就是随机服务状态下的最佳设备定量。

3.3 复杂人机服务的设备量计算

如果采用经验法确定人机关系，可以借助经验曲线进行操作。经验曲线如图4－2所示。

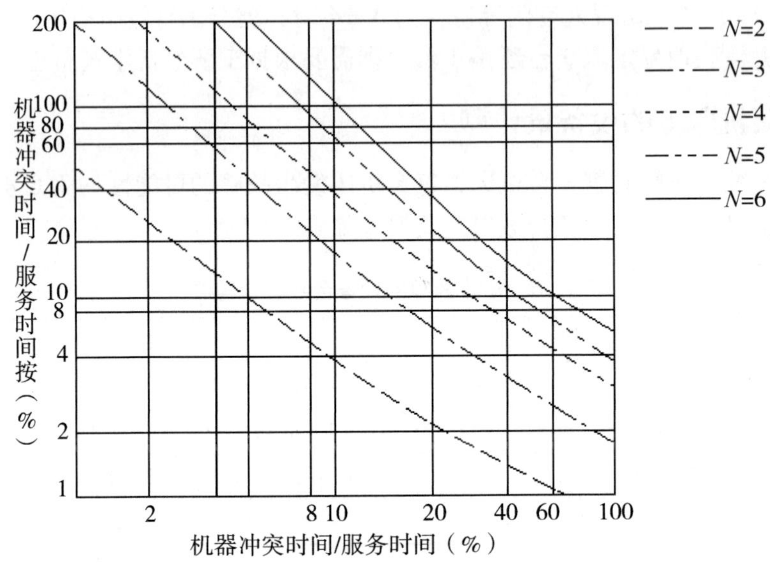

图4－2 经验曲线

需要注意的是，应用经验曲线时操作人员控制的设备数目小于等于6。如果设备数目大于6时，就需要采用公式法来确定人机关系了。

在一家线材厂中，每一位操作人员负责看管50个锭子，已知生产每锭绒线的设备的平均运转时间为150分钟，生产每锭绒线的服务时间为3分钟，设备的冲突时间占服务时间的百分比为：

$$I = 50\left[\sqrt{\left(1+\frac{X_1}{X_2}-N\right)^2+2N}-\left(1+\frac{X_1}{X_2}-N\right)\right]$$

式中：N为分配给一个操作人员的设备数目；X_1为设备的平均运转时间；X_2为平均服务时间；I为设备的冲突时间占服务时间的百分比。

已知数据：$X_1=150\text{min}$，$N=50$，$X_2=3\text{min}$

$$I = 50\left[\sqrt{\left(1+\frac{X_1}{X_2}-N\right)^2+2N}-\left(1+\frac{X_1}{X_2}-N\right)\right]$$

$$= 50\left[\sqrt{\left(1+\frac{150}{3}-50\right)^2+2\times 50}-\left(1+\frac{150}{3}-50\right)\right]$$

$$= 452.5\%$$

设备冲突时间为：

$$452.5\% \times 3 = 13.5\ (\text{min})$$

通过调整人员所控锭子的数目，可寻找出最短的设备冲突时间值，而对应于最短冲突时间值的锭子数目，即为人机最佳定量。

4. 思维拓展

在生产实践中，人们如果能够根据上述基本原则、操作思路和具体运作方法来进行分析，实现了人机平衡状态，那么设备定量控制便可宣告成功。不过，也可能因忽视一些因素而导致定量控制不力。下面介绍一些关于执行过程中的注意事项（仅作提示）。

4.1 不可忽视的四大因素

在设备定量时除了要凭借一般性设备布局原则和以往的经验来进行设备安排外，还应考虑一些限制性因素，以避免造成设备的窝工和浪费现象。

（1）作业量。

作业量的多少直接影响设备的启用数量。

一般情况下，作业的物资量越大，所需要的设备数量就越多；反之则越少。但是，即便是同样数量的物资量，如果作业环节不同，其作业量也不同。因此，必须确定物资所需要的实际作业量。

（2）设备类型。

不同类型的设备，其性能不同，对环境的适应性也不同。确定设备数量时必须根据设备的特点和实际作业能力来确定。在确定设备时应尽量选择运作稳定、效率较高的设备。

（3）作业均衡性。

大型生产企业的生产运作往往需要采取多机联合作业的形式，必须保持作业的连续性和均衡性，因此设备量配备时也要按照各环节的作业内容的特点基本均衡。

（4）作业时限。

完成作业的时限要求直接涉及设备启用数量的设定。在一定的设备条件下，作业量越大，作业时间越长；反之，作业时间越短。但是，这样简单的增减也是有限度的。超过一定限度反而会导致作业效率降低。因此，必须合理确定作业时限。

4.2 设备检修时的定量控制

前面所阐述的设备定量控制主要表现在设备使用方面，此外，还应注意设备检修时的定量控制，以免为设备使用定量带来障碍。通常需要从以下五大方面加以控制，如表4－7所示。

表4-7 设备检修定量控制的五大方面

序号	形式	解释
1	检修工作	设备检修工作量的确定工序是较为繁杂的。对此，要根据一系列的检测资料和分析统计原始资料估算零部件的平均寿命，并协调设备的日常应用情况等，来确定检修工作项目的具体安排
2	检修间隔期	是指相邻两次检修之间的时间间隔，这取决于设备使用期间零部件磨损和腐蚀程度，这段时间需要控制得宜
3	检修工时	为保证检修计划顺利执行，必须确定完成一次检修工作所需工时。各种检修工时的长短取决于设备的结构和设备检修的复杂程度、检修工艺的特点、工具及机具等
4	设备停歇时间	是指设备在交出检修前所进行的清洗、置换、分析，以及交工后试压、查漏、置换、吹净所需要的时间
5	检修停车时间	是指从设备停机检修开始，到试车合格为止的全部时间

在一些企业的管理实践中，设备检修定量控制在一些企业中表现出极端的现象：要么只要设备能运转，就坚持不停产；要么按部就班地进行长时间检修，而不顾设备量不足的问题。实际上，只要我们提前做好设备定量控制与规划，设备产能问题就完全可以迎刃而解。

技术5：标准 WIP 控制

> 使每条生产线的 WIP 数量实现标准化，避免 WIP 过多。

1. 技术定义

WIP（Work In Process，在制品）的积压会使生产节拍减缓，影响生产流程的连续运作，并延缓生产流程对市场的反应速度。因此，确定 WIP 的最少量，进行标准 WIP 控制，被人们视为生产能否顺利进行的重要管理技术。如能进行标准 WIP 控制，可以实现以下目标：

（1）减少 WIP 管理成本。

（2）控制产品质量，提升产品合格率。

（3）生产流程更加流畅、稳定，解决管理难度加大的问题。

（4）为下一步生产做好合理安排。

（5）快速有效地处理生产异常状况。

（6）增强对市场的应对能力。

WIP 控制追求的极致是实现“一个流”生产，但是生产中往往由于工艺、技术等原因，不能彻底实现。因此，标准 WIP 控制对于精益化管理目标的实现而言是非常重要的。

2. 标准应用

为了确保同一生产顺序的重复作业，工序或设备内需要准备最低限度的 WIP，即标准 WIP。通过标准 WIP 控制，可以消除多余的 WIP 库存，减小 WIP 库存的维护费用，让质量检验和工序改善变得容易进行；同时，由于 WIP 数量较少，更容易发现不合格品，目视管理也变得明确和简单。

在确定标准 WIP 时，可以运用利特尔法则：

生产提前期（Lead Time）＝WIP 数量×生产节拍

由此得知，生产周期与 WIP 数量成正比。所以，如果人们有效地控制了 WIP 的数量，就可以控制生产周期的长短，而 WIP 数量越少，就越容易实现“一个流”。

标准 WIP 的控制主要分为老化工艺的标准 WIP 控制和关键点的标准 WIP 控制两种类型，下面分别阐述其控制过程。

2.1 老化工艺的标准WIP控制

在实际生产中，有很多生产工序都要求保持一定数量的WIP，以确保生产的连续性。其中，老化工艺就是一个代表。老化工艺指的是在生产中产品在前工序加工完成后不能立刻转到后工序加工，其间需要等待一定的时间。这段需要等待的时间就是“老化时间”。图5-1为老化工艺WIP示意图。

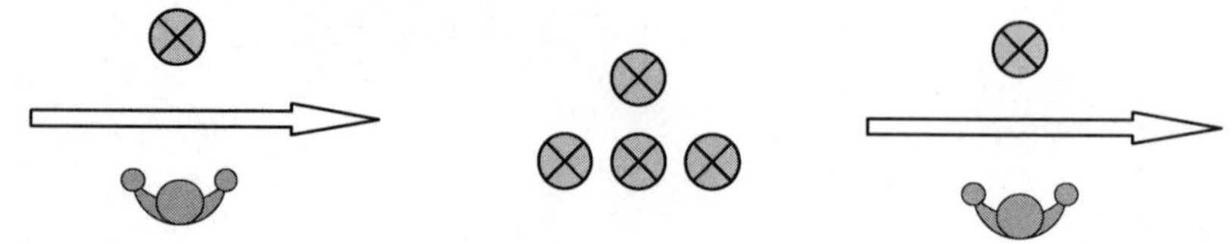

图5-1 老化工艺WIP示意图

如图5-1所示，组装车间中前工序加工完成后产品必须干燥一段时间之后才可以进入后工序加工，那么两个工序就是老化工序，其消耗的时间是老化时间。在这种特殊生产要求下，“一个流”就不可能实现，生产管理人员的工作就是要确定经济合理的WIP数量。

标准WIP数量的确定应该正好符合老化的时间要求，即：不能过多又不能太少。例如，一件产品的老化时间是10min，那么WIP的停滞时间也必须是10min，否则会产生其他问题。

在确定老化工艺标准WIP时，首先要确定生产工序的生产节拍，因为利特尔法则中要使用到节拍。具体算法如下：

生产提前期（Lead Time）=WIP数量×生产节拍

故：

存货量=生产提前期÷节拍

所以标准WIP的计算公式如下：

标准WIP=老化时间÷节拍

下面以一个实例来进行说明。某生产线的生产节拍为1分钟，工艺所要求的老化时间为20min，那么标准WIP的计算过程为：标准WIP=老化时间÷节拍=20÷1=20（个），即标准WIP数量为20个。

但是，在实际生产中并非如此简单就可以确定标准WIP，因为生产中的其他复杂因素会影响到实际计算过程。我们来看下面这个例子：

某生产线生产节拍为1h，工艺所要求的老化时间为20h，每天的工作时间为8h。

如果按照上面的计算方法得到的标准WIP应该是20个，但是如果进一步分析，生产中每1小时消耗一件WIP，那么一天只能用掉8个WIP，这样直到第三天才可以消耗完20个WIP，如此算来，最后被后工序领取的WIP实际等待时间多了两天的时间。这无疑会大大影响生产进度。

那么正确的WIP数量应该如何计算呢？这就要运用到前面提到的原则：标准WIP

数量应等于在老化时间内消耗的 WIP 数量。这样就不难得到正确的标准 WIP 数量：

标准 WIP = 老化时间 ÷ 节拍 = 8 ÷ 1 = 8（个）。

2.2 关键点的标准 WIP 控制

生产周期的长短受 WIP 数量的影响很大，WIP 数量过多就会造成生产周期过长，由此更加大了实现“一个流”的难度。因此，要找到生产的关键环节和工序来加以控制，从而达到控制生产周期的目的。图 5－2 为一个生产路线示意图。

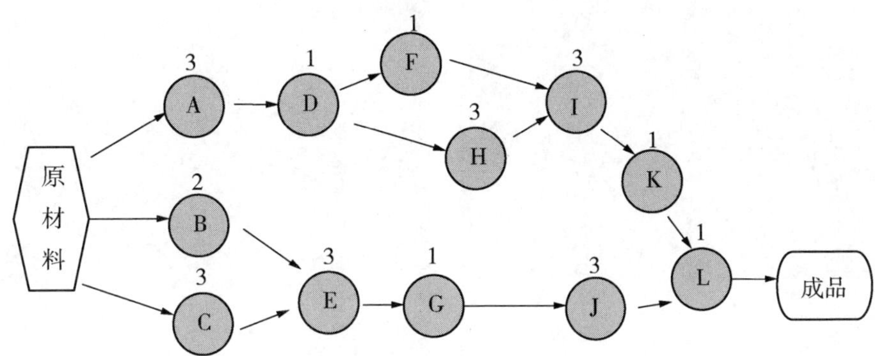

图 5－2 生产路线图

产品生产从原材料开始到生产完成一共经过 12 道工序，每一道工序的提前期都标示于工序编号上方，如工序 A 的提前期是 3 天。整个生产环节共有 4 条路线：

路线 1：A、D、F、I、K、L，此路线提前期为 10h。

路线 2：A、D、H、I、K、L，此路线提前期为 12h。

路线 3：B、E、G、J、L，此路线提前期为 10h。

路线 4：C、E、G、J、L，此路线提前期为 11h。

由此可见，不同路线的生产提前期是不同的，那么就必须确定生产线整体的生产提前期。毫无疑问，此时生产管理人员应该选取提前期最长的路线，即路线 2，其提前期为 12h。

因此，路线 2 就是整个生产线的关键路线。要准确计算出这条路线上的标准 WIP 数量，为整条生产线设定一个较短的生产周期。

3. 实践指南

在制品控制不良会严重影响生产的顺利进行，导致对客户需求的反应迟钝，甚至影响到市场的进一步拓展。在这种情况下，实现标准 WIP 控制，就显得非常必要。下面通过某企业的实例，说明如何通过标准 WIP 控制来改善企业运作状态。

3.1 背景

一家生产塑料按键产品的企业，产品广泛应用于手机、家用电器、工业电子设备等上。虽然近年来公司的产品种类与市场份额均在持续扩大，但现有的生产运作体系对客户需求的满足能力却显得越来越弱，甚至已经开始影响到对市场的进一步拓展。

以手机产品为例，仅一个客户订购的产品种类就多达十余种，出于竞争策略和成本考虑，客户往往要求以“小批量、多频次”的形式进行交付；而企业为提高设备运行效率仍采取大批量投料的生产方式，这便造成WIP大量积压，现场图如图5－3所示。

图5－3　WIP积压的生产现场

由此带来的问题是：制造周期极长，无法满足客户对交货周期的要求，同时企业的大量运营资金被占用。因此，设定科学的WIP持有量，缩短产品制造周期（MCT）便成为该企业改善的关键。

于是，该企业决定应用精益系统的准时化生产方式，并选定某生产单元作为样板示范区，建立看板拉动式生产系统，以期实现以下目标（如表5－1所示）。

表5－1　在制品生产现状与改善目标

项目	现况	改善目标
MCT（天）	4.6	3.2
WIP（千件）	82.2	50

3.2　改善准备

接下来，该企业成立了改善小组，开始着手改善区域的信息搜集工作和准备工作。区域信息和准备工作主要包括以下内容：

（1）准备工序流程图。

（2）准备生产作业布局图。

（3）对单件循环时间、设置时间以及开机时间进行分析研究。

（4）确定目前工序过程中的WIP存量、生产批量、良品率以及客户订单变动系数。

（5）绘制目前及未来状态的价值流图。

针对 WIP 过多、制造周期长的现状，改善小组成员通过头脑风暴以及帕累托分析等手法，初步确认了造成以上现状的主要原因：缺少有效的 WIP 控制手段、生产批量大、设置时间长、客户需求变化较大等。

3.3 改善过程

项目展开的第一天，改善小组首先召开了半小时的小组会议，确定了四天的工作进度计划，以保证任务顺利完成。

然后，小组成员到现场进一步搜集、核对数据，对现状价值流进行了必要的修正，为看板系统的设计过程提供了准确的数据基础，并根据进一步的原因和对策分析，确定了看板系统的实施范围。

最后，改善小组确定了以下改善工作步骤：

（1）搜集设计看板系统所需的信息，确定看板数量。

（2）设计、制作看板卡和看板架。

（3）编制看板运行的标准化作业程序。

（4）组织生产主管和操作人员进行现场模拟和试运行，观察并记录 WIP 的数量变化和材料短缺的现象。

（5）适当修正作业参数，完善看板管理系统。

（6）通过小组集体讨论，确定与看板拉动式生产系统相关的改善机会，并围绕其中的主要机会，制订更为细致的改善计划。

3.4 改善效果

通过此次小组改善活动的实施，该示范区的产品库存水平降低了50%以上，制造周期缩短了1/3以上，具体如表5－2所示。

表5－2　在制品生产现状与改善结果

项目	之前状况	改善结果
MCT（天）	4.6	3.0
WIP（千件）	82.2	40

显然，通过进行标准 WIP 控制，不仅大幅度降低了库存资金的占用，同时，通过缩短制造周期，大大提高了准时发货率。

4. 思维拓展

我们在前文中提到过，标准 WIP 控制的重点在于确定标准的 WIP 数量。不过，有些人可能会问：虽然知道多少数量才是标准 WIP 持有量，但是应如何避免实际操作过程中 WIP 数量过多的问题呢？

其实，WIP数量过多往往由很多原因造成，针对不同原因，生产管理人员可以采取不同的控制方法。下面以两个常见原因为例来分别加以说明。

（1）管理人员不清楚为保证生产衔接而需要设置多少数量的WIP。

（2）每个工序都有一定数量的WIP存货，导致整体数量巨大。

4.1 WIP定额管理

关于工序间流动的WIP定额，通常只应用于间断流水线中。它主要是被用来平衡WIP前后工序生产率的差异，使WIP数量在零和最大值之间保持周期性的变化。WIP定额管理中的数额分配，如图5－4所示。

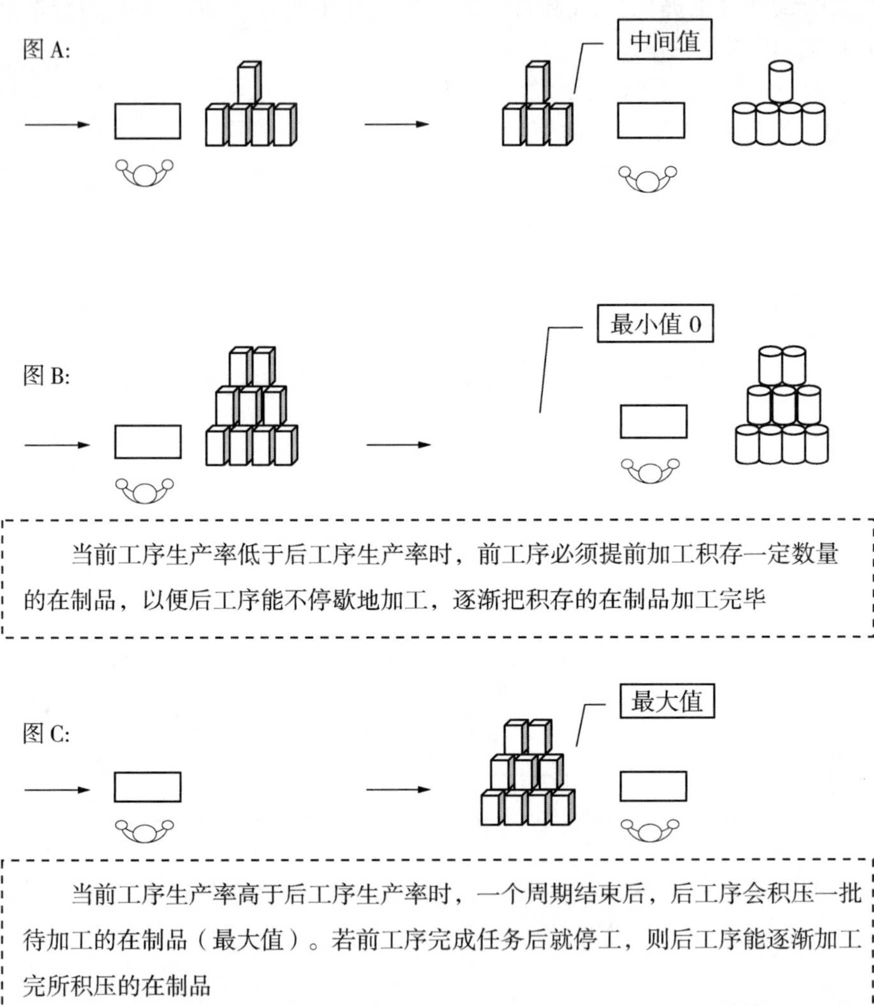

图5－4　WIP定额管理中的数额分配

经过多次生产，即可总结出各工序间的生产率变化，并依照生产率高低及现场实际情况，进行生产 WIP 额度的分配。而在日后的生产过程中，也可以根据现状随时作出调整。

4.2 调整生产线的生产模式

当前，很多企业仍然采用大规模的批量生产模式。在这种生产模式中，各道工序自成体系，在一大批 WIP 被完成后才将其运往下一工序，这就造成了大量的 WIP 滞留，如图 5－5 中的 B 图所示。如果将生产线改成流线型（如图 A 所示），就可以大幅度地减少 WIP 的数量。

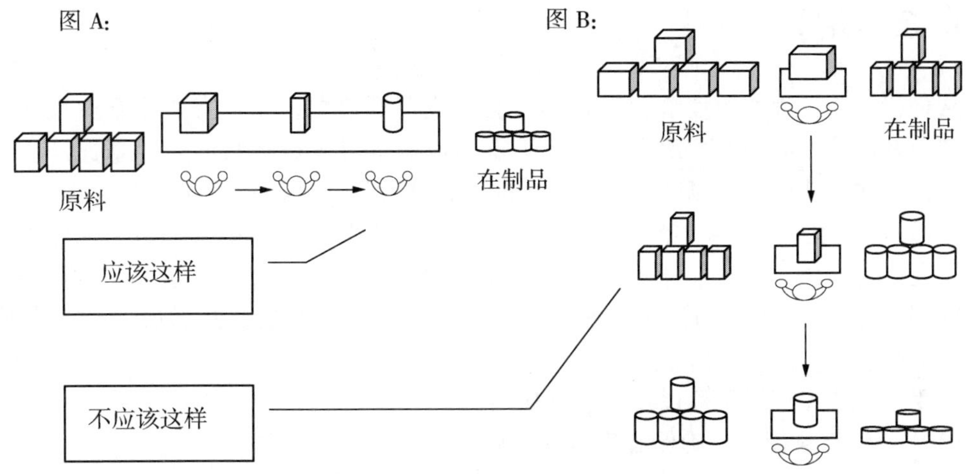

图 5－5 生产模式中的单件流动与批量作业对比

可见，通过 WIP 的单件流动以及生产速度同步化，可以更好地实现 WIP 的零滞留。而通过对 WIP 的优化管理，亦可以有效地控制产品的流转过程，减少 WIP 的数量，避免因积压而造成损失，从而提高企业的经济效益。

技术6：库存订货模型

确保最经济的库存量和订货量，同时避免停工待料。

1. 技术定义

从现代工业工程的角度看，库存不仅会造成资源浪费，而且会造成企业存在多种无效作业和浪费。而现实情况是，企业不得不通过维持一定数量的库存来保证生产的正常运作，并快速应对市场变化。为此，库存管理人员必须控制最佳的库存量。

1915年，美国的F. W. 哈里斯发表关于经济订货批量的模型，开始了现代库存理论的研究。他指出，库存管理是按一定的数量和质量要求，对物资进行恰当的管理。随着管理工作的科学化，库存管理的理论又有了很大的发展，并形成了许多种库存模型。

应用适宜的库存模型可以发挥以下功用：

（1）避免物料积压，确保流程运作的顺畅性。

（2）从规划角度防止因物料短缺导致停产，保证物料数量充足。

（3）减少不必要的库存浪费，有效管控物料管理成本。

在管理实践中，企业应以向“零库存”方向靠拢为目标，充分发挥库存的储存、价格调整、整合、配送等功能，确定合理的物料库存量。

2. 标准应用

库存量的不合理会导致很多问题，无论库存过大或过小，都将会造成不同的危害，如表6－1所示。

表6－1 库存量不合理的危害

库存量	危害
库存过大	（1）使仓库面积变大，管理费用增加，影响产品的成本 （2）占用大量的资金，使资金的流动受阻 （3）造成产品在储存中的损耗 （4）使企业的资源闲置，影响生产效率

续表

库存量	危害
库存过小	（1）造成原材料等物资供应不足，影响生产 （2）增加订货次数，使得订货成本偏高 （3）影响生产的均衡性和连续性 （4）造成产品质量下降，影响产品销售

因此，库存管理人员必须确定经济而合理的库存量，这也是库存控制的目标。

2.1 库存管理术语

在库存管理中，有一些常用的概念和技术用语，如订货点、订货批量等。下面介绍一些常用术语及其含义，如表6－2所示。

表6－2 常用库存术语

序号	术语	含义
1	订货点（S）	又称警报点，当库存量下降到订货点的库存量时，必须立即订货。当所订物料尚未到达和入库之前，仓库的存储量应能按原定服务水平满足需要，该订货点的储存量和订货提前期（T）是相对应的
2	订货批量（Q）	根据库存的需要，为补充某种物资的存储量而向供货商一次订货的数量
3	订货提前期（T）	从订购到收货的时间
4	平均库存量（Q_{avg}）	库存保持的平均量，平均库存量（Q_{avg}）$= Q_S \div 2$
5	最高库存量	指在提前订货时间（T）可以忽略不计时，到货后所达到的库存量；当存在提前订货时间时，最高库存量指发出订货请求后应达到的库存数量
6	安全库存量（SS）	由于需求量（D）和提前订货时间都可能是随机变量，因此提前订货时间的$D \times T$也是随机变量，其波动幅度可能大大超过其平均值。为了预防和减少这种随机性造成的缺货，必须贮备一部分库存量，即安全库存量。只有当出现缺货情况时才动用安全库存量
7	订货成本（E）	订货费是指为补充库存办理一次订货发生的成本费用，包括订货过程中发生的订货手续费、货检费等等
8	采购成本费	指被采购物资的需求量与单位物资的单价乘积
9	保管费	也就是存储费，即存储物资在一个单位时间内所需花费的费用。它包括存储物资所占用资金的利息、保险费、存储物资的保养费、搬运费等等。从存储费的开支交付可知，一次订货量越大，平均库存量越大，存储费用就会更高

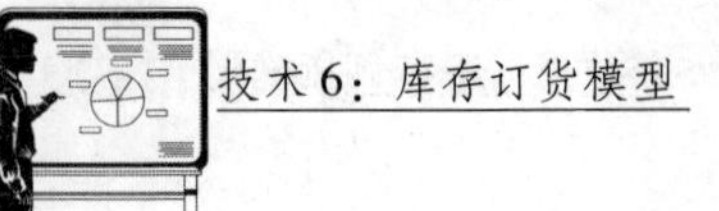

库存的物料模型主要有两种：一种是独立需求下的库存模型，一种是随机需求下的库存模型。这里只研究独立需求下的库存模型。

独立需求是指仓库中物料之间的需求量互不相关，各自独立。独立需求库存物料的补充有两种基本模型：定期订货模型和定量订货模型。

2.2 安全库存的计算原理

上述计算方法是在最为理想的状态下进行的计算，在安全库存的实际计算中，需要借助于统计学知识，对客户需求量和提前期的变化做一些基本的假设，从而在客户需求发生变化、提前期发生变化以及两者同时发生变化的情况下，分别求出各自的安全库存量。

假设客户的需求服从正态分布，通过设定的显著性水平，来估算需求的最大值，从而确定合理的库存。统计学上的显著性水平一般取为 $\alpha = 0.05$，由显著性水平 = 1 - 服务水平可知服务水平为 0.95，缺货率为 0.05。安全库存的统计学计算原理如图6 - 1所示。

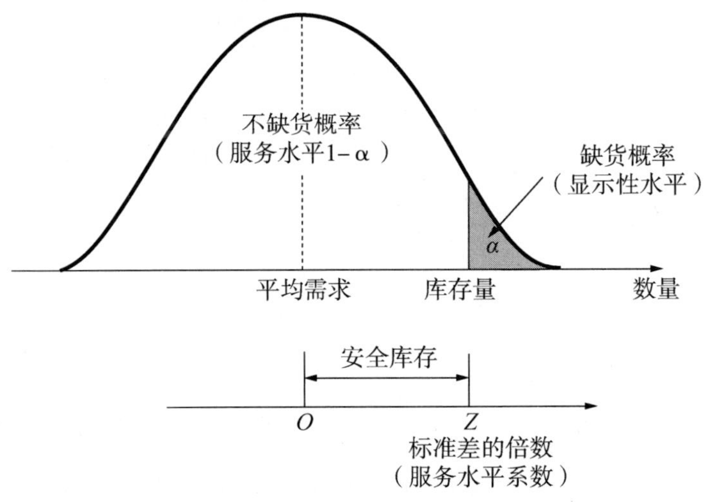

图 6 - 1　安全库存的统计学计算原理图

从图 6 - 1 中可以看出，库存量 = 平均需求 + 安全库存。安全库存量 SS 可以用下式表示：

$$SS = Z_{\alpha}\sigma\sqrt{LT + T}$$

其中，Z_{α} 表示在显著性水平为 α、服务水平为 $1 - \alpha$ 的情况下所对应的服务水平系数，它由统计学中的标准正态分布的原理计算得来。它们之间的关系一般可以通过正态分布表查得（如表 6 - 3 所示）。

表 6－3　Z_α 与 α 之间的关系表（部分）

服务水平	0	0.103	0.504	0.683	0.800	0.901	0.950	0.955	0.990	0.997
Z_α	0	0.13	0.88	1.00	1.29	1.65	1.96	2.00	2.56	3.00

从表 6－3 以及 SS 的计算公式中可以看出，服务水平 1－α 越大，Z_α 就越大，SS 就越大。

在实际操作中，安全库存量 SS 的计算类型与公式主要包括两种。

（1）在提前期 LT 与订货周期 T 固定的情况下，安全库存的计算公式如下：

$$SS = Z_\alpha \sigma \sqrt{LT + T}$$

（2）一般情况下，需求是变动的，提前期 LT 也是变动的，假设需求 D 和提前期 LT 相互独立，则安全库存的计算公式如下：

$$SS = Z_\alpha \sqrt{\sigma^2 (LT + T) + \sigma_{LT+T}^2 D_{avt}^2}$$

式中：σ_{LT+T}为提前期的标准差；D_{avg}为提前期内的平均周期需求量。

2.3　定期订货模型

定期订货模型是按某一固定周期（如每周一次或者每月一次）对库存进行盘点，来补充库存物料量的方法。

首先，计算出最高库存水平 Q_{max}。通常根据订货周期（T）、订货提前期（L）、平均日需求量（r）来计算。计算公式为：

$$Q_{max} = (T+L) \times r$$

然后，确定订货周期。订货周期一般要根据经验确定，主要考虑的因素是制订生产计划的周期时间，常取月度或季度作为库存检查周期。

最后，确定出最小订货批量。如果盘点后的现有库存量为 m，则 $Q_{max} - m = n$。定期订货模型示意图如图 6－2 所示。

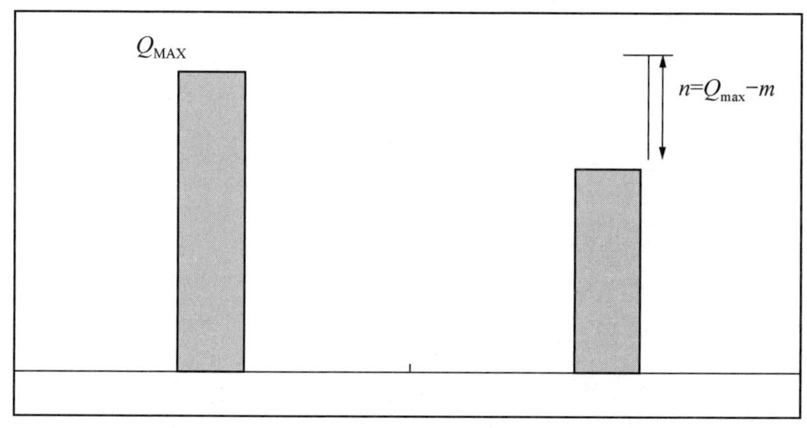

图 6－2　定期订货模型示意图

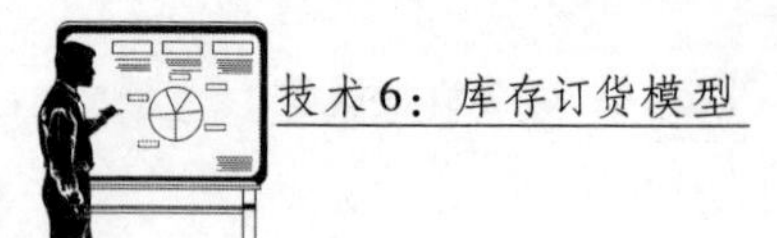

表中如果 $n \geq Q$，则订购数量为 n；如果 $n < Q$，则在下一次盘点之前不订购。

定期订货模型的单箱系统是以固定的时间，将库存量补充到最高库存水平，实施订货周期补充。

在定期订货模型中，物料的需求量是随机变化的。因此，每次盘点时的存储量都是不相等的，为达到目标库存水平，需要补充的物料数量也随着变化。故而，该技术的决策变量应是清点时间间隔和最高库存水平。

2.4 定量订货模型

定量订货模型是对于一种物料事先确定一个订货点和订货的批量，并随时对库存物料的数量进行检测，当物料数量下降到订货点时，就发出订货单。

在定量订货模型中，通常设订货点位 S，订货批量位 Q。这种订货模式存在于一种假设条件下：在整个时间段内，该物资需求量固定不变，提前订货期 T 不变，订货费不变，存储费用以平均库存为计算依据（如图6－3所示）。

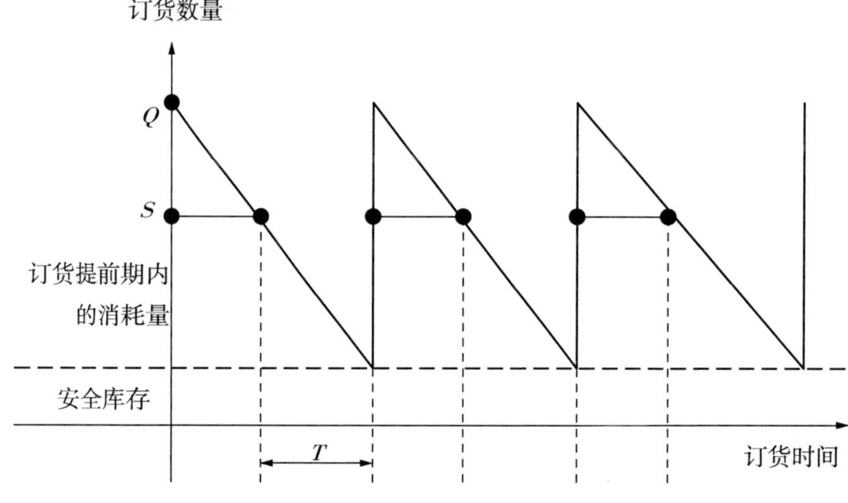

图6－3 定量订货模型示意图

从图6－3中可以看出，库存量总是以直角三角形为一个时间周期，呈连续的锯齿形变化状态。

定量订货模型的应用应遵循三个步骤，具体说明如下：

（1）确定订货费用。

计算订货费用的公式如下：

总费用＝年采购费用＋年订货费用＋年存储费用

$$ZC = DC + \frac{D}{Q} \cdot E + \frac{Q}{2} \cdot H$$

式中：Z 为物资总量（年）；C 为单位物资价格；D 为需求量（每年）；Q 为订货批量；E 为订货费或生产准备成本；H 为单位物料的年平均库存费用。

（2）确定经济订货批量。

订货批量就是一次订购物料的数量，其高低直接决定了物料对生产的满足程度。

决定物料订购批量的因素有两个：一是需求速度。物料的需求速度高，一次的订货量就要大一些。二是经营费用。企业经营费用低，占用的资金就少，可以进行大批量的进货；反之，企业经营费用高，订货批量就会少一些。

计算经济批量时可使用威尔逊公式：

$$Q = \sqrt{\frac{2DE}{H}}$$

（3）确定订货点 S。

订货点是控制库存水平的关键因素，订货点不能定得太高，太高库存量过大，占用的资金就大，库存成本就高。相应地，订货点也不能定得太低，太低就会导致缺货损失，使服务质量下降。

订货点可以根据需求率和订货提前期来计算，公式如下：

$$S = R \times T$$

式中：R——物料需求率；T——订货提前期。

这样一来，通过计算科学的订货点，便可以在保证生产的前提下，将物资库存量控制在最低范围内。

2.5　ABC 分类存量控制法

ABC 物料分类存量管制的方法来自“关键的少数和次要的多数”这一普遍的社会规律。对于企业的仓储管理来讲，所需物料种类多、价格各异、存量不等，而企业的资源却是有限的。因此，在进行物料存量控制时，需要依据物料的重要程度进行分类管理，这样就产生了 ABC 物料分类存量管制的方法。

ABC 分类存量控制可以按以下步骤进行：

（1）计算各种物料耗用总量以及总金额。把各种库存物料的年均耗用量分别乘以单价，即可得到该物料的消耗总金额。

（2）按照各品种物料耗费的数量和金额的大小，分别计算各种物料在总数量和总金额中所占的百分比。

（3）计算各项物料消耗数占总消耗数的百分比、耗费金额占总消耗金额的百分比，并根据一定标准，将它们划分为 A、B、C 三类。分类的标准可参考表 6－4。

表 6－4　A、B、C 物料的分类方法

物料类别	典型特征	占物料品种数的百分比	占物料金额数的百分比
A 类	少数且价值高	5%～10%	70%～80%
B 类	数目众多而价值低	20%～30%	15%～20%
C 类	处于前两者之间	50%～70%	5%～10%

（4）ABC 分类控制库存量。

对于不同等级的物料，通过管理控制库存量。

① A类物料是重点管理的对象，需要严格控制，按订单采购。在实际操作中，可以减少订货量，增加订货次数，尽量减少库存。

② B类物料是次于A类物料的重点管理对象，处理手法应适中，可以采取定量订货的方式。

③ C类物料是一般管理对象，可适量多存储一些。

具体做法是将各类物品的用量乘以其价格，之后库存管理人员按其重要程度予以排列，确定其归类。最后再结合其他库存订货方法来控制库存量。

3. 实践指南

准确计算订货批量，节省订购成本，避免库存浪费，是企业库存订货管理的最大目标。下面，我们设定不同的情境，运用不同的库存订货模型，来展示库存订货量的具体计算过程。

3.1 用定期订货法计算库存订货量

某物料的日均需求量为200件，订购的提前期为5天，一次盘存量为500件，经济订货周期为24天。计算目标库存水平与本次订购批量。

解：

（1）目标库存水平 =（24+5）×200=5800（件）

（2）订购批量：$Q=5800-500=5300$（件）

3.2 用定量订货法计算库存订货量

以某机加工供货为例，已知其某型号零件的年需求量 $D=3500$ 件，订货费 $E=5.8$ 元/次，单位（件）货物的库存平均费用 $H=1.8$ 元/（单位·年），提前期 T 为3天，单位货物价格 C 为19.8元。通过计算，确定其经济订货批量、订货点。

经济批量 $Q_{经济}=\sqrt{\dfrac{2DE}{H}}=\sqrt{\dfrac{2\times3500\times5.8}{1.8}}=\sqrt{22556}\approx150$（件）

由于 $\bar{d}=3500\div365$，所以，订货点 S 为：

$S=\bar{d}\cdot T=\dfrac{3500}{365}\times3=28.77\approx29$（件）

3.3 用ABC分类法计算库存订货量

使用ABC分类法计算库存，需先对仓库中的物料进行ABC分类。

首先，统计物料的单价，按照统计结果和数量记录计算每种物料的总金额，并算出数量和总金额所占的百分比。统计数据汇总表如表6-5所示。

表6－5　统计数据汇总表

物料名称	总数量（件）	所占百分比（%）	总金额数（百元）	所占百分比（%）
1	260	7.6	5800	69
2	68	2	500	6
3	55	1.6	250	3
4	95	2.8	340	4
5	170	5	420	5
6	352	10	410	5
7	2421	71	670	8
合计	3421	100	8390	100

然后，根据表6－4的ABC物料分类方法中的数据范围，即可得出最后的分类结果，如表6－6所示。

表6－6　ABC物料分类结果

分类	物料名称	总数量（件）	所占百分比（%）	总金额（百元）	所占百分比（%）
A	1、2	328	9.6	6300	75
B	3、4、5、6	672	19.4	1420	17
C	7	2421	71	670	8
合计		3421	100	8390	100

对于上述的A、B、C三类库存物料，由于各类库存物料的重要程度不同，一般可以采用下列方法进行存量控制。

（1）对A类物料进行存量控制时，要计算每种物料的经济订货量和订货点，尽可能适当增加订购次数，以减少库存的积压，这样就减少了昂贵的存储费用和大量的资金占用；同时，还要对该类物料分别设置永续盘存卡片，以加强日常控制。

（2）对B类物料进行存量控制时，也要事先为每种物料计算经济订货量和订货点，同时也可以设置永续盘存卡片来反映库存动态；但是，不必像对A类物料那样严格要求。

（3）C类物料的数目众多，而且单价又较低，库存成本也相对较低，所以，在进行存量控制时，可以适当增加每次订货的数量，减少每年的订货次数，进而减少订货成本。

4. 思维拓展

通过上面的介绍，很多人可能觉得库存订货模型的应用是一件非常容易的事情。

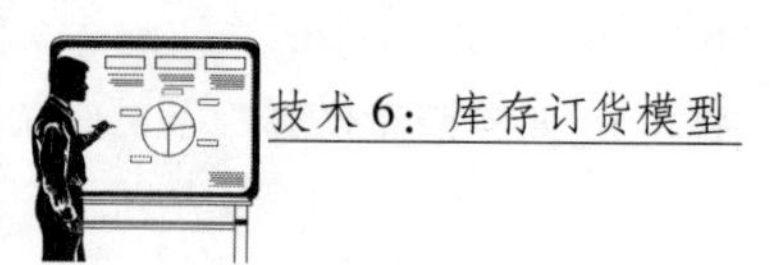

但是在实际应用过程中，他们却并不一定会选择到最适宜的库存订货模型，确定准确的订货数量，或保持最适宜的库存量。之所以出现这种情况，主要是因为他们尚未掌握一些应用的秘诀。

下面详细说明本技术应用过程中的一些技巧，以帮助读者更深入、更全面地掌握这种技术。

4.1 三种库存订货模型的适用范围

以上介绍的三种库存订货模型都是被验证好用的库存订货模型，但每种库存订货模型都有其特定的使用范围。库存管理人员必须多加注意，才能使各种订货模型得以有效应用，使企业的库存水平得到有效控制。

（1）定期库存订货模型的适用范围。

定期库存订货模型的适用范围如下：

①价值高、需要进行严格管理的重要物料，如前面提到的 A 类物料。

②需要根据市场状况经常调整采购数量的物料。

③受交易习惯的影响，需要采用定期订购的物料。

④产品定期生产所需、消耗量比较稳定的物料。

定期库存订货模型适用面窄，订货时间间隔确定，不能及时应对生产的变化，不利于生产的灵活转变。

（2）定量库存订货模型的适用范围。

定量库存订货模型操作简单，其适用范围如下：

①物料单价低，不便于少量订货的物料，如螺丝钉。

②需求预测比较困难的物料。

③种类多、仓库管理实物量大的物料。

美中不足的是，这一模型应用在实际工作中时，工作量较大。

（3）ABC 分类订货法的适用范围。

在三种库存订货模型中，该模型的使用范围最广——几乎囊括了对所有物料的订货管理。但是，由于其分类标准过于单一，主要按库存物品所占资金数量进行分类，没有考虑到采购难易度、采购提前期、供方垄断、生产依赖性等因素，故而具有一定的片面性。

因此，企业在具体实施过程中，可以扩展 ABC 分类法，结合采购难易度、采购提前期、供方垄断、生产依赖性等因素，对物料需求情况进行分析，设计更为合理、更为科学的库存订货模式。

4.2 一种优势集中的变通法则

一般情况下，这三种订货模型对于企业库存管理而言已经足够。不过，也不排除精益求精的人们追求更优质的库存管理方法。没有一种更完美的库存订货模型吗？当然有。

事实上，如果库存管理人员能够综合应用以上的三种订货方法，那么便会形成分

类定期定量管理法，从而更细致、更有针对性地对库存量进行控制。具体实施步骤如下：

（1）根据 ABC 分析法确定物料的分类。

（2）采用定量订货法确定物料的存货量范围和采购量。

（3）依据定期订货法确定采购周期。

（4）定期制订采购计划。

总之，当企业能够综合考虑企业需求和市场采购情况，以及不同库存订货模型的特点等诸多因素，以更广阔的视野来看待库存管理，寻求库存订货方法时，就可以很容易地选择到最适合企业的库存订货模型，保持最经济而适宜的库存量。

技术7：资源统筹管理

> 对资源进行合理而快速的统筹管理，实现资源效用最大化。

1. 技术定义

这里所说的“资源”，是指所有参与运作的资源包括物力资源（如生产物料资源、生产设备资源、生产工具资源等）、人力资源以及信息资源等。资源统筹管理是对企业具有的所有资源进行集中规划、统一调配和创造性协调等。资源统筹管理主要分为五个步骤，分别是：统一筹测（预测）、统一筹划（计划）、统筹安排（实施）、统一运筹（指挥）、统筹兼顾（掌控）。

通过资源统筹管理可以产生以下效果：

（1）准确掌握产能状况。

（2）有效规划生产作业，确保企业运作的有序性。

（3）最大限度地降低意外风险。

（4）使企业运作成本支出最小化。

统筹管理工作通常由企业管理人员负责，如物力资源的统筹主要由物资管理部负责或由仓储部、生产部、采购部相关负责人协调进行；而人力资源的统筹主要由人力资源部工作人员和部门管理人员协调进行。这就要求上述相关人员具备洞察事物、工作谋划、整合协调和创造性思维等方面的能力。

2. 标准应用

在精益化管理之初，对各类资源进行有效统筹是一项极为必要的工作，因为它可以实现对企业资源应用效果的最大化。也正是基于此，统筹管理被视为精益化管理基础建设环节中必不可少的一门技术。资源统筹主要针对三方面资源展开，即物力资源、人力资源和信息资源。

2.1 物力资源的统筹

物力资源的数量庞大、种类繁多样，如果对其管理不善，很容易导致资源数量不明、资源分布不均、资源丢失或损坏等。

因此，统筹管理人员必须对资源情况进行盘点、登记，以便随时方便地查询各资

源的相关账目信息及耗费状况，并及时清理报废资源和申请补充新资源，从而确保生产的顺利进行。物力资源统筹管理的关键点如表7－1所示。

表7－1　物力资源统筹管理的关键点

统筹管理	要点
1. 收发、领用	（1）采用入库单、领料单等原始凭证，并对资源的数量、流向、领用单位及个人、领用期限、信用原因等进行详细说明 （2）计量、审核、登账等都要严格地按计划实行，对资源要实施限额收发 （3）遵循“先进先出”的原则，使库存的半成品经常新旧更迭，保证质量 （4）针对资源的增减情况，建立数字管理制度
2. 记账、核对	（1）资源的收发数量必须及时记账，定期对账 （2）准确地掌握车间内部和车间之间资源的流转情况 （3）采用累计编号计算的方法，记录资源的报废、代用、补发、回用情况
3. 清点、盘存	（1）对清点中超过定额的物料储备应当优先、积极进行处理，尽量减少在制品的过量生产 （2）定期进行全企业的清点、盘存工作。清点、盘存工作，必须做到“四清，两齐，三一致”。其中，“四清”指规格、数量、材质、价格清楚；“两齐”指库容整齐、摆放整齐；“三一致”指账、卡、物保持一致 （3）对长期领用的资源应定期进行清点，以防因人员流动而造成责任不明；对存放年限久远、无合格证的资源，应经检验、鉴定合格后方可发出 （4）在清查仓库的工作中，对已淘汰、质量低劣以及年限久远、腐蚀严重的设备、工具等，应认真地进行清理整顿；对需要处理或报废的资源，由技术部鉴定后，上报主管部门申请处理或报废
4. 投放	在进行资源投放前，需要针对产品的性质及生产的特点，对资源的数量、布置、规模等进行相应的规划，以便使资源得到充分的运用，从而节约成本、提高生产效率 （1）物料及生产工具的规划及投放。遵循更人性化的动作经济原则，做到定点放置、双手可及、按工序顺序、使用容易、接近使用点等，这样不仅可以提高操作人员的动作舒适度，还可以提高效率，实现省人化管理 （2）在制品的规划与投放。前后工序应相互协调，通过在制品的单件流动以及生产速度的同步化，尽量减少在制品在各工序间的堆积时间，逐步实现在制品的零滞留 （3）设备的规划与投放。统筹管理人员应合理布置，减少产品流的迂回、交叉以及无效的往复运输，并避免物料运输中的混乱、路线过长等现象

2.2 人力资源的统筹

人力资源是企业运作过程中最重要的元素，而对人力的最优利用程度就是量才适用。

为此，人力资源部工作人员和部门管理人员必须做好以下两方面的工作：

一是不断搜集与员工有关的各种信息，做好人员资质测评，以全面了解员工，掌握基本的人力资源情况。

二是进行科学的人员调配。这在对人力资源进行统筹过程中是最为重要的——它可以满足企业的人力需求，并实现人力资源的价值最大化。在这方面，应着力做好以下工作：

（1）在静态环境下的人力资源统筹，应确保人员配备合理，员工技能达标，员工对工作任务非常清楚，并了解工作性质、内容、标准和时间要求，能够按时、按量、保质地完成任务。

（2）在动态环境下的人力资源统筹，要随时了解各部门的人员需求情况和现有人员情况，为人力不足的部门分配更多的人手，为人力冗余的部门安排新的工作任务。

2.3 信息资源的统筹

信息资源共享是指在不同层次、不同部门的信息系统间，就信息和信息产品进行交流与共用，以便有效地实现资源合理配置，节约企业运作成本，创造更多的价值。因此，信息共享也是提高信息资源利用率，避免在信息采集、存贮和管理上重复浪费的一种重要手段，是实现信息标准化和规范化管理的基础。

为了实现企业的信息共享目标，必须确保信息的有效传递。一方面，从纵向进行信息传递，把不同层次的经济行为协调起来；另一方面，从横向进行信息传递，把各部门、各岗位的行为协调起来，通过信息技术处理人、财、物和产、供、销之间的复杂关系。

信息资源的统筹可以借助电子化管理系统来进行。这需要各个环节的操作人员将所有本环节的相关信息如实地输入系统中，统筹管理人员只需点击相关操作，即可掌握企业运作的整体情况以及各项资源的应用情况，而后据此进行资源的及时调整和分配。

当然，对信息资源的统筹并不仅仅是为了辅助进行物力资源统筹和人力资源统筹而设的，它还涉及对信息资源本身的分配。

例如，电子工艺流程卡。这种卡片的磁条中记录了产品在各道工序进行的加工情况，将这些卡片传递给卡片接收人员，卡片接收人员可以通过这些卡片及时了解到相关信息，从而自动对本工序工作进行规划和调整。如此一来，可以大大提高员工的工作对接能力和快速反应能力。

3. 实践指南

资源统筹管理的核心应主要围绕“如何将与资源相关的一切工作简单化，并让资

源得到最有效的利用”这两大主题展开。下面介绍两种常见的资源统筹管理方法。

3.1 运用 BOM 进行物力资源统筹

物力资源的统筹工作主要涉及收发领用、记账核对、清点盘存、投放四个环节。下面介绍如何运用物料清单（Bill Of Material，简称 BOM）来辅助进行物力资源统筹。BOM 描述了构成产品的所有子装配件、零件及原材料之间的结构关系，是制造一件产品所需零部件的品种及数量清单。它可以通过树型结构模型说明各零件在生产过程中所处的工艺层次。下图是自行车组装的树型结构模型（部分）。

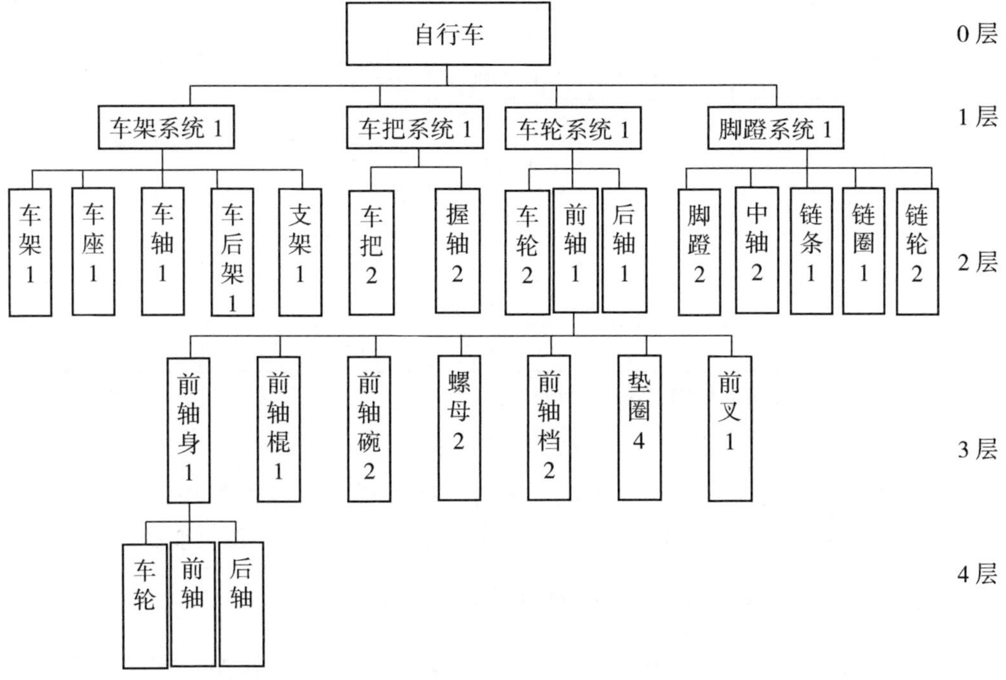

注：图中各框内数字表示零件数量

自行车树型 BOM 图（部分）

然后，通过 BOM 表将各子项零件的详细信息统计出来。自行车 BOM 的内容如表 7－2所示。

表 7－2　自行车 BOM（部分）

阶层	父项编码	子项编码	子项名称	计量单位	单位用量	描述
0			自行车	架	1	
1			车架系统	套	1	
1			车把系统	套	1	
1			车轮系统	套	1	
1			脚蹬系统	套	1	

续表

阶层	父项编码	子项编码	子项名称	计量单位	单位用量	描述
2			车轮	套	2	
2			前轴	套	1	
3			前轴身	套	1	
4			前轴管	个	1	
4			前轴孔夹	个	1	
4			前花盘	个	2	
3			前轴辊	个	1	
3			前轴碗	个	2	
3			前防尘盖	个	2	
3			前轴挡	个	2	
3			垫圈	个	4	
3			前叉	个	1	
3			螺母	个	2	
2			后轴	套	1	

注：父项编码与子项编码与 BOM 中各子项所处的层级有关，不同企业有不同的编码方式；描述栏是对该子项的关键性能、规格的说明，可选择性填写

这样一来，不仅可以实现数量上的完整性，还使生产的纵向结构得以直观、形象地展现，从而使采购规划、仓储盘存、生产资源投放等环节的运作更加便捷。

3.2 运用工作日报表进行人力资源统筹

表 7 – 3 和表 7 – 4 是两张小组工作日报表。2011 年 10 月 21 日，两个作业组——三组和五组同时接受新任务。

表 7 – 3 工作日报表

日期	2011. 10. 21	班组	装配车间三组
组长	李云波	组员	张涛、王刚、 刘强、赵金城
本次任务量	15000 件	交货期	2011. 10. 25
当日计划任务量	3000 件	当日任务完成量	2100 件
任务完成率	70%	合格率	98%
备注： 依照目前的工作效率，无法在交货期内完成任务，申请增派高等技工 1 人或中等技工 2 人加入作业			

表7－4　工作日报表

日期	2011.10.21	班组	装配车间五组
组长	张海霞	组员	陈亚辉、王鑫、李锐、张晓、刘宇
本次任务量	12000件	交货期	2011.10.24
当日计划任务量	3000件	当日任务完成量	3600件
任务完成率	120%	合格率	98%
备注： 依照目前的工作效率，可以提前0.67个工作日完成任务			

从表7－3和表7－4中可以明显看出，装配车间三组的人力不足，而五组的人力资源则非常充足。此时，人力资源部可以考虑从五组中抽调一名操作人员到三组协助工作。人力资源统筹表如表7－5所示。

表7－5　人员安排表（仅体现三组和五组的人员调整）

车间	装配车间	班组数量	12个
人员总数	68人，其中，多能工5人，高等技工6人，中等技工21人，普通技工36人		
具体人员安排说明			
三组	组长：李云波 组员：张涛、王刚、刘强、赵金城		
五组	组长：张海霞 组员：陈亚辉、王鑫、李锐、张晓、刘宇		
注： 此人员安排表由人力资源部灵活安排，各班组人员数量根据任务量临时调配，调配人力协助其他班组工作时，尽量选择多能工和高等技工参与调配和协助			

这样一来，两个班组皆可以在交货期内完成任务，同时又及时改善了人力分配不均衡的情况。

4. 思维拓展

资源统筹管理看似仅仅是进行日常管理调度，维护企业当前的正常运作；但其产生的成果却直接影响着企业的发展，甚至关系着整个企业的命脉。因此，资源统筹管理人员有必要强化对这方面的控制，企业也有必要对统筹问题予以关注。

4.1 统筹管理人员必须具备的意识

作为统筹管理人员，在制订统筹计划时，需要关注企业管理的各个环节，此外，还要有胸怀大局、综合铺排的意识。

（1）对资源管理要有整体概念。

统筹管理人员必须对资源管理目标非常明确。例如，统筹管理人员要在前一天晚上对第二天要做的工作进行思考：目前的实际资源状况如何？明天如何为各环节工作调配资源？是否可以依照前一天的方法继续实施？还有多少资源是可以灵活调配的？如何调配资源，才会实现资源整体利用的最优化？……这样一路思考下来，等到进行实际统筹时就会容易得多。

（2）清楚地知道确定和不确定事项。

在工作中，有些事情或因素是确定的，但有些是不确定的。统筹管理人员要把这些确定与不确定的事情或因素分别列举出来，做到心中有数。具体而言，可以根据时间安排将每项任务分环节详细列出，将各种突发因素考虑在内，然后再制订合理的资源统筹计划。

（3）从全局角度去做好统筹安排。

每一项任务都是由一系列环节构成的，而执行中某个环节或某个阶段的方法不一定符合整个工作的任务导向和利益诉求。因此，统筹管理人员不能想当然地去做资源安排，而要随时结合新情况，从全局角度去看事情，确定最科学的统筹方法。

4.2 统筹管理过程中的注意事项

在明确了工作内容，编制完统筹计划后，要有效开展统筹工作，并对工作进程进行合理有序的安排。

（1）获取准确的资源信息。

资源统筹管理的对象是资源。资源信息的准确性直接决定了统筹计划的制订和统筹结果的实现。假设统筹管理人员得到的资源信息显示“5台设备正常运作”，那么统筹管理人员就会按照这个信息去安排人员、工时等。但是，如果其中有一台设备存在故障，那么这个失误的统筹计划就难以按照预期完成。所以，统筹管理人员必须仔细确认信息的准确性。

（2）预留一定的弹性空间。

工作中总会出现各种意外事件，如果资源安排得过于紧张，会导致企业无力应对。因此，在统筹管理过程中必须预留一定的弹性空间，以处理一些可能发生的，又不可

预料的事情。例如，在安排工作时，时间不要排得太紧，一定要给操作人员设计一定的宽放时间；在安排人员数量时，在条件允许的情况下，应确保人员稍有富余。

（3）随时掌握当前资源信息。

遭遇突发状况是企业管理最不乐于见到的事情，但却会使人们更深刻地感受到资源统筹管理的重要性。由于统筹管理人员需要随时掌握企业当前的资源利用情况，因而在面对意外情况时，他们往往能够更容易快速采取调整措施，重新进行资源调配。当然，这也对统筹管理人员的统筹能力提出了较高的要求。

第二部分

作业分析

作业分析主要通过对作业系统中各细节的深入分析和研究，来寻求一套更合理、更经济的作业方法或操作方案，以达到有效利用资源、提高系统效率的目的。它主要用于开发更简单而有效的工作方法，以及挖掘问题产生的根源，被人们视为精益化管理设计的基础手法。

提示：本部分管理内容、难点和策略

■ 专业、精深的管理内容	■ 作业分析工作的困境
□ 设计生产流程与工作流程	□ 生产周期长，人机分离，运作成本高
□ 设定员工作业的基本工时	□ 作业动作复杂，员工效率低、易疲劳
□ 规划与设计人员操作动作	□ 操作方法各异，无法按标准工时完工
□ 发现并解决管理和工作中出现的问题	□ 问题反复发生，解决对策治标不治本

解决方案

用最科学的研究技术，设定最高效的作业方法

管理思路	管理切入点	管理解决方案
价值流图析法	□探究浪费的根源 □明确改善的方向	□ 价值流分析的过程示范 □ 绘制不同阶段的价值流图
流程程序分析法	□了解流程程序分析步骤 □掌握流程程序改善方法	□ 程序分析：比较法、ECRS原则 □ 程序改善：ECRS原则
人机操作分析法	□设计合理的操作方案 □研究操作改善的可能性	□ 实况分析：人机操作表 □ 操作方案检验：合理性检验表
动作分析法	□研究基本动作要素 □科学组合操作动作	□ 制定工序动作分析表 □ 制定动作经济性检查表
PTS法	□了解基本动素时值 □在操作前预置标准工时	□ 时值展示：动素时值表 □ 标准工时统计过程的示范
秒表时间研究	□明确时间研究的步骤 □掌握研究方法和技巧	□ 秒表测时方法演示 □ 根据有效操作设定标准工时
工作抽样法	□运用数理统计的方法 □实施置信度分析	□ 制定工作抽样记录表 □ 抽样数据的置信度检验
SOP	□SOP的文本编制与应用 □作业标准化评估	□ SOP文本的实例展示 □ 评估：作业情况评分表
5W1H 分析法	□明确5W1H分析原理 □理顺问题解决的思路	□按5W1H分析原理展开分析 □在不同情境下的灵活应用

技术 8：价值流图析法

发现企业运作流程浪费，为实施改善指明方向。

1. 技术定义

价值流图是用一些简单的符号和流线，从头到尾清晰地描绘每一个工序状态，工序间的物流、信息流和价值流的当前状态的图形。价值流图中包含两个流程，如表 8－1 所示。

表 8－1　价值流图中的两个流程

信息（情报）流程	即从市场部接到客户订单或市场部预测客户的需求开始，到使之变成采购计划和生产计划的过程
实物流程	即从供应商供应原材料入库开始，随后到出库制造、成品入库、产品出库，直至产品送达客户手中的过程。此外，实物流程中还包括产品的检验、停放等环节

通过价值流图，人们可以对产品在价值流中的实物流动和信息流动有一个全面的认识和理解，可以更直观地发现价值流中的增值和非增值活动，从而发现浪费和确定需要改善的地方，更容易找出问题所在。

2. 标准应用

价值流是指在原材料转变为成品的过程中，所有物质流和信息流转化流动的过程。它包括原材料从供应商处送达企业，企业对其进行生产加工后转变为成品再销售给客户的全过程。而价值流分析是由专门的价值流分析小组依据物料和信息的流程，来收集关键数据，绘制价值流图，而后对企业价值流进行分析，发现并消除浪费，以达到使价值迅速流动、降低成本、减少浪费、提高效益的目的。

可以说，价值流图析不仅仅是一种工具，一幅用来显现生产浪费的流程图，其更重要的作用是帮助人们识别相互连接的流程链，并展望未来精益价值流。

2.1　价值流分析的符号

为便于价值流图绘制，分析人员需要事先设定一些符号来表示生产因素。下面介绍几种常用的价值流图析符号，如表8－2所示。

表8－2 价值流图析符号及含义

外部资源/客户	数据盒	改善点/爆炸点	观察
	生产时间 换模时间 2班 3%废品	Scap	
生产看板	卡车运输	缓冲区/安全库存	手工信息流
生产过程	看板信号	看板柱	电子信息流
去掉看板	超市	推动箭头	成品至客户
拉动箭头	操作工	先入先出	均衡化生产
		FIFO	OXOX

这些价值流分析符号将使人们绘制的价值流图更简洁，看图者亦可一目了然地弄清楚图中表述的价值流状况。

2.2 数据收集

客户的需求决定企业的生产方式、生产数量、生产节奏，甚至人员及设备数量。因此，在绘制价值流图之前，必须了解客户的需求（包括销售、生产的控制、每个零件的计划、工艺工程、预算产能等），并确定有关过程的计划运行时间。

为此，分析人员需要搜集非常精确的信息数据。搜集的重点可放在典型的产品和具有代表性的信息上，如表8－3所示。

表8－3 价值流图信息搜集列表

序号	名称	含义
1	C/T	每个工序的加工节拍，用表计时
2	C/O	同类产品切换时间，估计时间
3	Uptime	可用时间，27600秒/班
4	Quality	品质数据，等于scrap（废品）＋rework（返工）
5	Reliability	设备可靠性，（工作时间－故障时间）/工作时间
6	Spaghetti distance	工序间搬运距离，用步数测量，精确至米
7	Take time	客户需求节拍，等于可用时间（秒）/最大客户需求量
8	Yield	设备负荷率，等于设备能力利用率
9	Inventory	库存量，测量每个工序的WIP
10	inv. Time	库存时间，等于Inv × Take time

2.3 绘制现状价值流图

收集到相关数据后，分析人员即可着手进行价值流图的绘制。在绘制现状价值流图时，必须以想达到的未来状态流来评估目前的流程，并注意以下要求：

（1）使用实际观察得到的数据。

（2）绘制时从终点开始，并从与生产工序相反的顺序进行。

（3）在记录数据之前，先走一遍整个工艺流程。

（4）小组中的每一个人都应绘制出自己的作业流程图。

（5）时间以秒为单位。

现状价值流图的绘制过程，如图8－1所示。

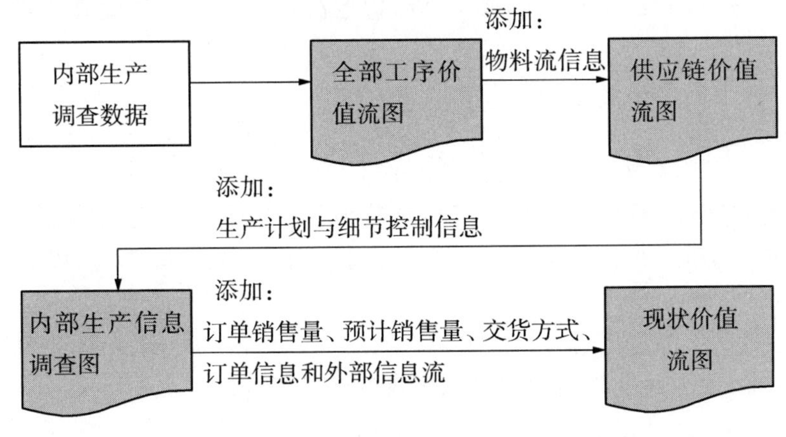

图8－1 现状价值流图的绘制过程

2.4 现状分析及改善点设置

借助当前价值流图和理想状况图，分析人员可以针对有效工作时间、客户需求节拍以及运作过程展开细致的研究分析。分析工作如下：

（1）分析运作流程中每一道工序的运作情况，从下游追溯到上游，直至供应商。

（2）分析每个工序的增值和非增值活动，包括准备、加工、库存、物料的转移方法等。

（3）分析物流信息传递的路径和方法。

根据上述分析情况，判别和确定出浪费所在及其原因；然后再以精益思想和推进单元生产为导向，在现状价值流图上设置初步的改进点，并以未来价值流为蓝图提出改善措施。

2.5 设计未来价值流程

找出需要改善之处后，即可开始描绘未来状态图，以显示价值流改善的方向和结果，为消灭浪费和持续改善提供目标。设计未来价值流的关键如下：

（1）确定选定的产品系列的生产节拍时间。

（2）设立转向柱支架，从生产两天的库存成品量，逐渐过渡到按需求生产。

（3）通过平衡分析，选取单元生产方式的导入点。

（4）选择库存拉动系统的插入点。

（5）制订多种产品混线生产的均衡计划。

（6）在定生产节拍的过程中，同时安排产品接收和取走的定增量工作。

与绘制现状价值流图一样，绘制未来价值流图时也要分阶段逐步进行：先绘制第一阶段的未来价值流图，从中可发现为实现精益价值流而需要改善的单元或流程；再进一步绘制第二阶段的未来价值流图；然后将三个价值流图进行对比，计算出产品的生产周期以及增值比，由此确定当前价值流图中的各种浪费，并制订改善实施计划。

最终，人们将获得三个重要的成果，即价值流现状图、未来价值流图与改善实施计划。

3. 实践指南

正确使用价值流图析法，有助于人们理清现状价值流向，发现浪费点，并在此基础上设计出更精益的未来价值流图，以指导企业的下一步运作。下面以某企业的某产品族生产为例，来说明如何应用价值流图析法，并特别介绍价值流图的绘制过程。

对该企业的某产品族进行客户需求调查后发现，其客户月需求1878台，随后价值流分析人员对企业生产现状进行了基础数据收集和调查。

3.1 绘制价值流图

根据调查得到的基础数据信息，价值流分析人员绘制了现状价值流图，如图8－2所示。

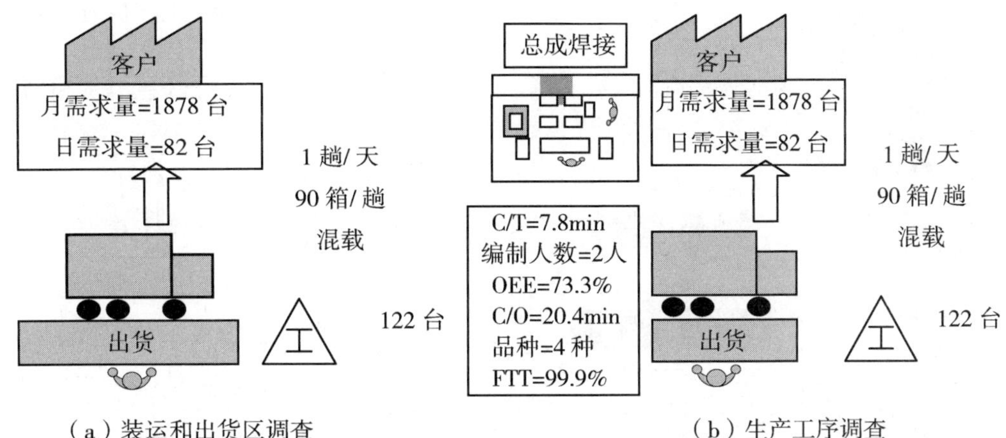

（a）装运和出货区调查　　（b）生产工序调查

注：C/T—周期时间　C/O—换模时间　OEE—利用率　FTT—首次合格率

图 8－2　某企业价值流图的初步绘制

通过内部生产调查，接着绘制了全部工序的价值流图，如图 8－3 所示。

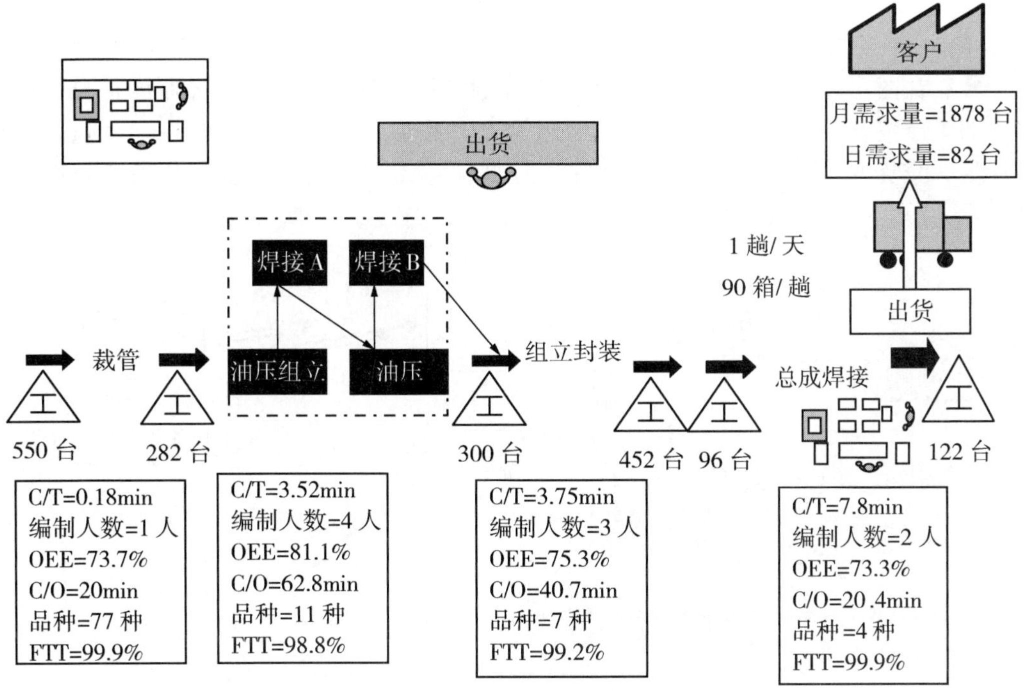

图 8－3　全部工序的价值流图

在图 8－3 上又添加了物料流信息，绘制出供应链的价值流图，如图 8－4 所示。

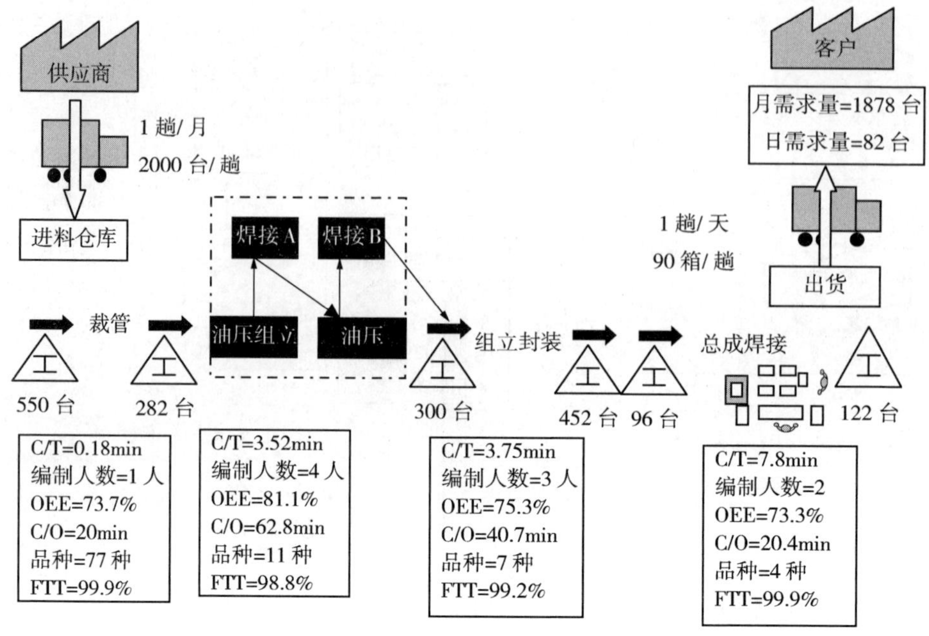

图8－4　供应链价值流图

然后在图8－4的基础上，添加了生产计划安排和各个环节生产控制的信息，绘制出内部生产信息调查图。在此基础上经过调查，添加了外部的订单销售显示量、预计销售量、交货方式和订单信息，并添加了外部信息流，绘制出了现状价值流程图，如图8－5所示。

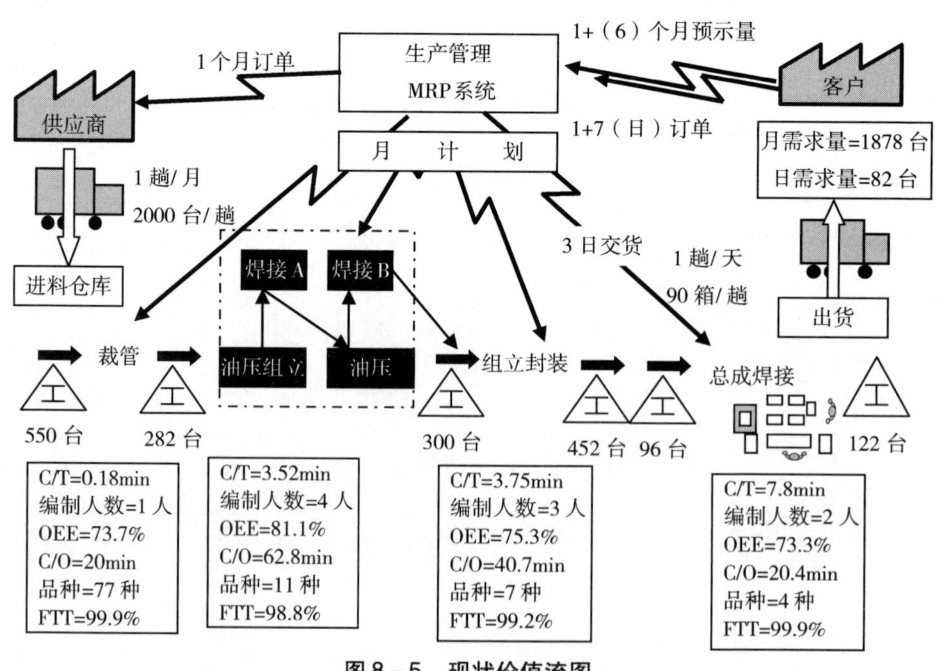

图8－5　现状价值流图

随后，分析人员假设企业必须根据市场要求作出生产模式的改进，推行多品种小批量的单元生产，于是在现状价值流的基础上继续画出了改进计划，如图 8－6 所示。

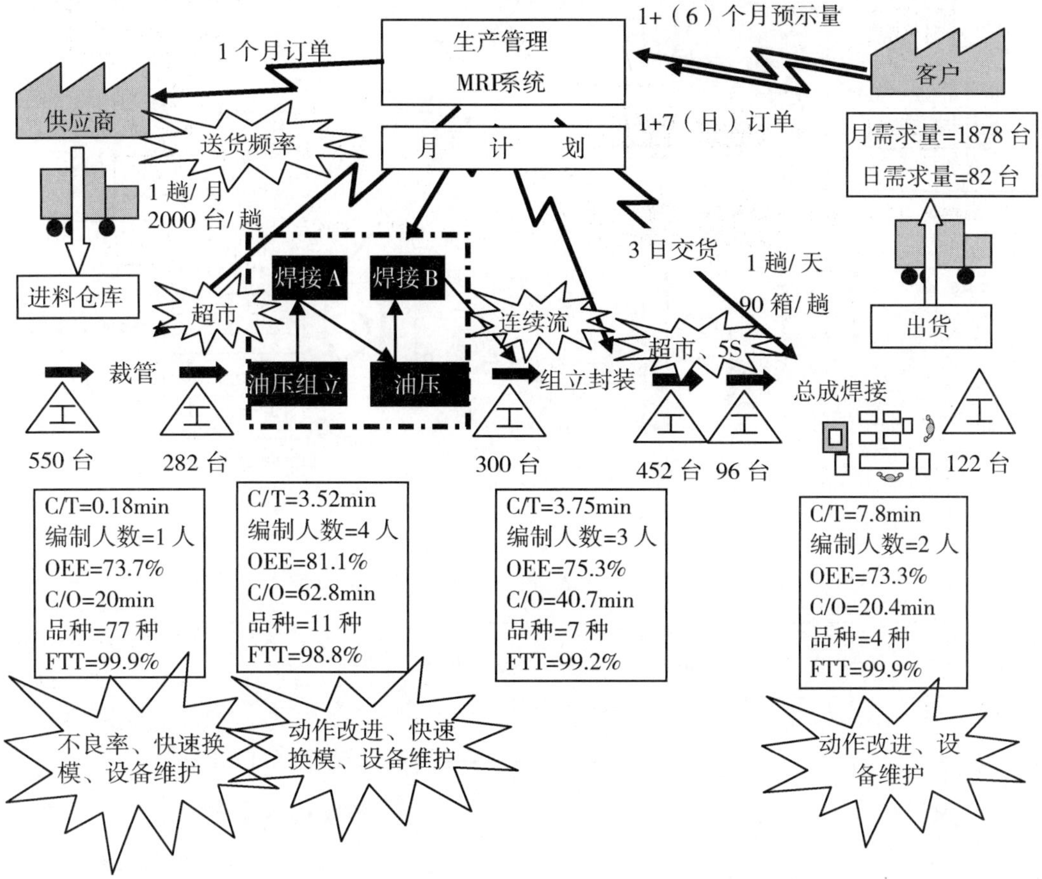

图 8－6　加入改进计划的完整的现状价值流图

由此便完成了完整的现状价值流图，其中包含了企业进行生产的价值活动，物料、信息流动情况以及初步改进计划。

3.2　未来价值流图

经过分析后，分析人员开始分阶段编制未来价值流图。第一阶段的价值流图如图 8－7所示。

在图 8－7 中，分析人员发现，可以进一步在总成焊接和封装之间建立链接“一个流”，并在企业和供应商以及下游客户之间建立安全库存模型，彻底实现供需管理无浪费。随后，分析人员开始绘制第二阶段的价值流图，如图 8－8 所示。

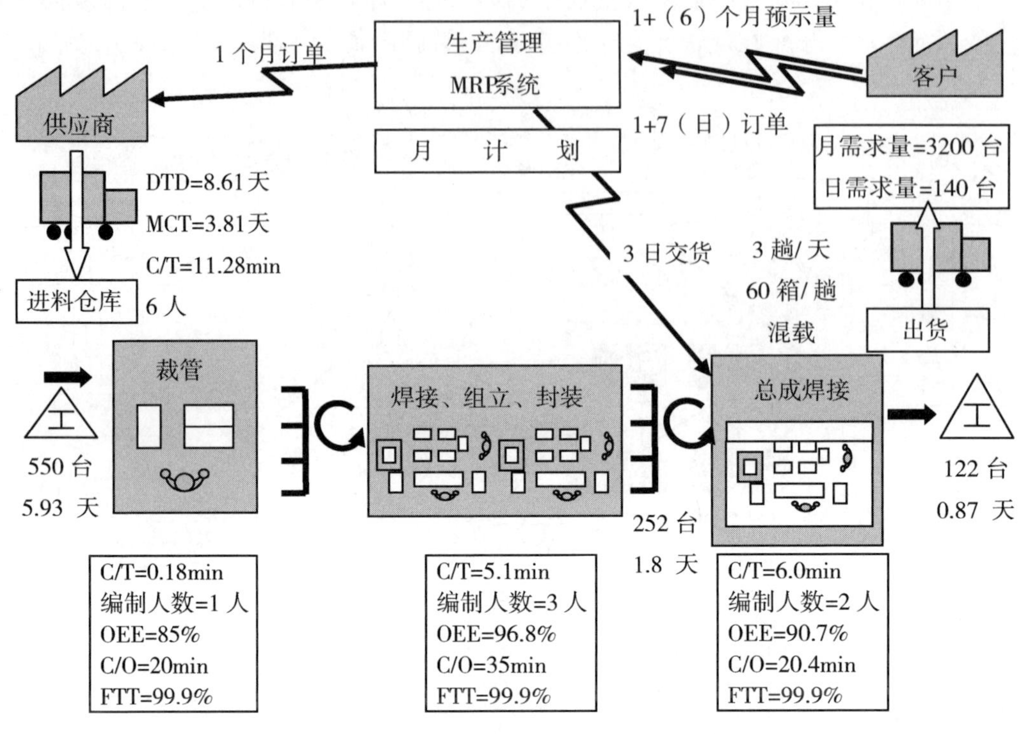

图 8－7　第一阶段未来价值流图

注：DTD——转货时间；MCT——产品制造周期

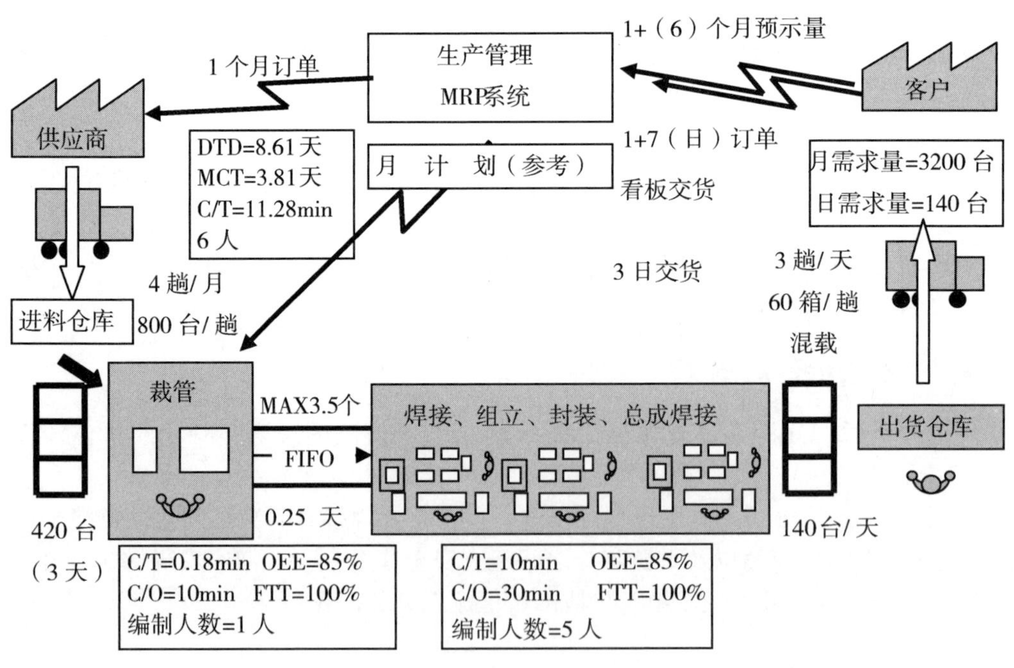

注：FIFO——先入先出

图 8－8　第二阶段的未来价值流图

经过两次改善，将三者加以对比，分析人员编制了精益化管理推行表，如表8－4所示。

表8－4 精益化管理推动表

考察量	现状	第一阶段	第二阶段
日产量	82	140	140
DTD（天）	21.98	8.61	4.25
FTT（%）	97.83	99.79	100
OEE（%）	75.85	90.83	85
MCT（天）	13.78	3.81	0.25
C/O（分钟）	143.9	75	40
C/T（分钟）	15.25	11.25	10.18
操作人员（人）	10	6	6

由表8－4可以轻松计算出产品的生产周期以及增值比，事实上它就是按照消除浪费的定义，找出当前价值流图中的各种浪费，最终绘制出和实现未来价值流的持续改善工作。

4. 思维拓展

虽然价值流图析法的正确使用可以帮助人们更快、更准确地发现浪费，找到改善点，但是由于部分人对价值流图析法存在一定程度的误解，因而很容易导致出现两种不理想的状况：一是价值流图本身绘制得不够准确，不能绘制出准确反映生产状况的价值流图，二是人们绘制价值流图的目的存在偏差，使价值流图最终未能发挥出实际功用。为此，人们必须消除对价值流的理解偏差，同时在分析价值流图时对某些因素予以重视。

4.1 消除对价值流的误解

人们对于价值流的认识通常存在一定的误解，现将主要问题归纳为以下几点以供参考：

（1）价值流现状图只是未来价值流图的基础。

当人们发现价值流现状图中个别环节存在的浪费时，就想在第一时间里动手去剔除这个浪费现象。其实，这并不是一种正确的做法。如果这样处理问题，那么往往仅仅解决了当前的一部分问题，而未能从整个系统层面上解决问题，无法得到一个完整的精益的流程。

因而说，绘制现状图的真正作用并不是急于解决某个环节的浪费问题，而是暴露出浪费现象，引导人们以大局观去处理浪费现象，给未来的价值流图打下基础。

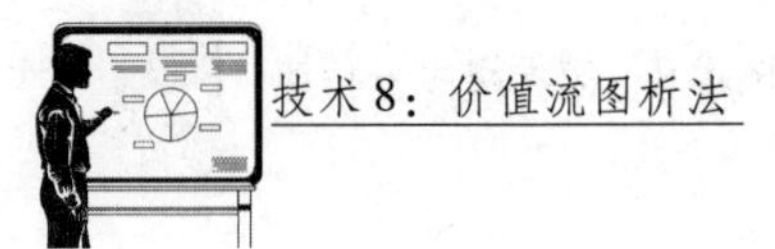

（2）要明确绘图的目的。

分析人员并不需要确保未来价值流图包含重组流程的细节，它的作用仅仅是用来反映概括性的物流和信息流动情况。所以，分析人员在行动之前就要确立目标，以这个目标来指导价值流图的绘制。而对于实际操作中流程的改善，并不需要在价值流图中作出具体的设置，只要依据目标进行处理即可。

（3）图只是工具而不是目的。

许多人认为未来价值流图的完成就代表着大功告成，以为这就完成了生产的精益化。其实，价值流图只是工作的开始，接下来必须将价值流图反映出来的情况予以改善。为了达到持续改善的目的，分析人员可以在改善之后再画出价值流图，分析其中的不足之处，进行循环改善。

4.2　分析价值流图时不可忽视的要素

在价值流图中，物料流和信息流的数据很多，如果能够将这些数据应用于对价值流的分析、优化与再造过程中，将非常有助于人们控制价值流，如消除组装线上的等待时间、减少换模时间、降低工序内的库存数量等。

为了充分利用价值流图中的信息，分析人员应对以下要素予以重视：

（1）客户需求。

精益化提倡以客户的需求来“拉动”生产，“只生产客户需要的产品”。在精益化中，始终将“准时满足客户需求”排在第一的位置。因此，对价值流进行评估，必须先从客户需求开始。

（2）利用率。

利用率，既包括设备的利用率，也包括员工的利用率。它是用来判断生产运营是否均衡的重要数据。根据利用率的数据，可以判断当前的生产状况。若产能不足，应该提高利用率；若产能充足，则应该按照订单生产，防止过量生产。

（3）生产提前期。

生产提前期是指原材料从进入企业到最后交付这一过程所经历的时间。这段时间是产品从成本转变为利润所需要的时间。

一个企业的库存量（包括原料、在制品与成品）越多，其生产提前期就会越长；同时，等待、搬运等浪费也会增加生产提前期的时间。因此，通过了解生产提前期，可以发现企业当前浪费的严重程度。

（4）交货周期。

交货周期是企业为客户输送产品的频率。交货周期越长，滞留在企业的成品库存的数量及时间就会越多。减少交货周期，可以极大限度地减少成品库存，增加企业的流动资金，从而起到减少成本、增加资金流动的效果。

进行价值流图分析时，必须关注这四个要素，提供准确的数据信息，否则将难以保证价值流图分析结果的准确性。

技术 9：流程程序分析法

> 最大限度地减少流程运作时间的浪费，提升流程整体运作效率。

1. 技术定义

流程程序分析是程序分析中最基本、最重要的分析技术。它以产品或零件的制造全过程为研究对象，采用简明的符号，对各道工序的运行状态予以准确记录，之后发掘可改进之处。在系统分析时，强调系统性——从原材料购入到成品售出，从第一道工序到最后一道工序状态都要进行全面的分析。

流程程序分析可以完整地展现出整个生产流程的运作情况，因此，这种技术的应用可以带来以下益处：

（1）准确掌握流程的整体运行状态，明确工艺的运行顺序、工序之间的总体关系、各工序的作业时间，发现总体工序不平衡的状态。

（2）发现并改进产生浪费、工时消耗较多或停滞及闲余的工序，提升整条生产线的平衡性。

（3）系统地制订改善计划，推进作业标准化的实现，并提高整体生产效率。

在整个分析过程中，要注意发现当前程序中的不足之处，以寻求进一步改善的空间，设计出一套最经济、最合理的程序。

2. 标准应用

流程程序分析法的关键在于对流程中的各道程序加以分解，确认每道程序的价值和有待改善之处。因此，如何让每道程序的核心内容，特别是改善点展现出来，便成为流程程序改善的重点。当分析人员选定了分析对象后，即可按照以下步骤展开分析：

2.1 明确程序分析的五大方面

产品从原材料到成品需要发生一系列的变化，这就是生产的过程。在这一过程中主要涉及五种程序工作，即：加工、搬运、储存、等待、检验，而程序分析工作也主要围绕这五大方面展开。

五大基本程序由不同的符号表示，涉及的内容各不相同，具体说明如表 9－1 所示。

表9－1　程序分析的五大方面

名称	符号	含义	示例	说明
加工	○	使加工对象的物理或化学性质发生变化	淬火、搅拌	生产产品类别、型号的变动很可能导致制造过程的变动，此时要寻求减少或合并工序以寻求更合理的流程
搬运	⇨	使加工对象发生位置移动	传送带搬运	搬运分析首先要着眼于流程整体，分析搬运距离、搬运量是否合理，此外，搬运工具的优劣和方法也会影响到搬运情况
储存	▽	指有计划的存放	原材料、在制品的储存	储存分析要首先分析物料采购计划以及仓库管理状况，此外，生产进度的安排和调整也必须确保合理，才能避免过量储存
等待	D	指暂时造成的、非计划的延误	加工等待	等待是必须要尽量削减的，可以从流程设计等根源处予以彻底改善
检验	□ ◇	检验活动，方形符号表示数量检验，菱形符号表示质量检验	质量检验	检验是通过发现产品生产中存在的问题来更好地进行生产，检验点的设置、检验手法都应该予以分析

2.2　界定程序分析的指标

分析某些程序是否合理，必须借助一系列准确的评价指标。进行程序分析的常用指标如表9－2所示。

表9－2　程序分析的常用指标

评价指标	说明
工件流程时间	即工件从开始加工至完工所花费的时间
全部完工时间	完成一组工件所需的工作时间，指从第一个工件在第一道工序开始加工算起，到最后一个工件在最后一道工序完成所花费的时间
延迟时间	延迟时间有两种表示方式：一种是用比预定完工时间延迟的时间表示；一种是用未按时完成的工件数量占总工件数的百分比表示

续表

评价指标	说明
在制品库存	用在制品的库存量评价工序组合的合理性，即可用在制品的货币价值表示，也可用在制品的数量表示
总库存量	指计划入库量与现有库存量之和
生产利用率	指现场设备与人员的利用效率，即设备或人员的有效生产时间占总工作时间的百分比

在进行程序分析时，可以以这些指标为基本衡量标准，继而准确判断程序的合理性。

2.3 ECRS 原则分析流程改善点

除了借助上述分析指标来分析程序运行状态外，分析人员还可以以 ECRS 原则来衡量该程序是否存在可改善空间。所谓 ECRS 原则，即取消（Eliminate）、合并（Combine）、重组（Rearrange）、简化（Simple）。ECRS 原则的具体内容和方法如表 9 - 3 所示。

表 9 - 3　“ECRS 原则的具体内容和方法

取消（E）	考虑该工序有无取消的可能性，如果取消该工序而又不会影响半成品的质量和组装进度，那么这道工序便是改善的对象
(1) 取消所有多余的步骤或动作（包括身体、四肢、手和眼的动作） (2) 减少工作中的不规则性，如将工具存放地点固定，形成习惯性机械动作等 (3) 尽量取消或减少手的使用，如抓握、搬运等 (4) 取消笨拙的或不自然、不流畅的动作 (5) 特别对于那些工作量大的装配作业应取消不必要的工序 (6) 如果不能全部取消，可考虑部分地取消	
合并（C）	合并就是将两个或两个以上的工序变成一个工序。如果合并后可以有效地消除重复现象，解决工序之间的生产能力不平衡、人浮于事和忙闲不均的问题时，就需要对这些工序进行改善
(1) 合并多个方向突变的动作，形成单一方向的连续动作 (2) 固定设备运行周期，并使工作能在一个周期内完成 (3) 实现工具的合并、控制的合并，以及动作的合并 (4) 有些相同的工作完全可以分散给不同的部门去完成，也可以考虑能否合并在一道工序内	

续表

<table>
<tr><td>重组（R）</td><td>重组也称替换。如果通过改变工作的先后顺序，可以使运作更快速，那么这道工序就需要加以改善</td></tr>
<tr><td colspan="2">（1）使两只手的工作负荷均衡，而且同时进行，相互对称
（2）对换前后工序
（3）手的动作改换为脚的动作
（4）生产现场设备位置的调整等</td></tr>
<tr><td>简化（S）</td><td>如果现行方法还能够进一步简化，提高工作效率，那么这道工序需要加以改善</td></tr>
<tr><td colspan="2">（1）减少目光搜索的范围与变焦次数
（2）使动作幅度减小，在正常区域内完成而不必移动身体
（3）使用尽可能简单的动作组合
（4）减少每一个动作的复杂程度，尤其是在一个位置上的多个动作</td></tr>
</table>

根据ECRS法，并在其基础上稍加拓展，便可设计出工序分析检查表，如表9-4所示。

表9-4 工序分析检查表

<table>
<tr><th rowspan="2">项目</th><th rowspan="2">内容</th><th colspan="2">检查</th><th rowspan="2">说明</th></tr>
<tr><th>是</th><th>否</th></tr>
<tr><td>有无可省略的工序</td><td>（1）是否存在不必要、不起作用的工作内容
（2）是否可以通过改变作业场地进行省略
（3）是否可以通过有效利用设备进行省略
（4）是否可以通过调整工艺顺序进行省略
（5）是否可以通过设计变更进行省略</td><td></td><td></td><td></td></tr>
<tr><td>有无可合并或分割的工序</td><td>（1）工序内容是否可分割或合并
（2）是否可以通过工装机械化、设备自动化进行合并</td><td></td><td></td><td></td></tr>
<tr><td>有无可以与其他工序重新组合的工序</td><td>（1）是否可以改变作业分工的状态
（2）是否可以改变作业场地
（3）是否可以利用设备
（4）是否可以调整工艺顺序
（5）是否可以进行设计变更</td><td></td><td></td><td></td></tr>
</table>

续表

项目	内容	检查		说明
		是	否	
有无可以简化的工序	（1）是否可以重新分配工序内容 （2）是否可以通过使用工装夹具来简化工序 （3）是否可以通过设计变更来达到简化工序 （4）是否实现了动作经济原则下的作业简化			

程序分析人员可以根据表 9－4 中提供的内容再加以拓展，使操作人员在执行过程中更易于参照。需要注意的是，分析改善点的过程，实际上也是建立新工序方案的过程。该环节工作结束后，即可实施新的方案。而接下来，还要再次启动新一轮的程序分析，使流程不断得到优化。

3. 实践指南

如果能够确保程序分析结果的准确性，那么分析人员便可在此基础上减少甚至消除寻找、滞留时间，确保工序间物流通畅，改善物料的周转率。为此，我们可以选择适当的方法进行程序分析，确认实际作业时间与预定时间之间存在多大差距，以及作业内容的设定是否合理。

3.1 以综合比较法进行程序分析

综合比较法就是依照程序分析的指标，对不同工序条件下的程序运作情况进行分析，确认最佳工序运行方案。例如，按照 FCFS、SPT、EDD、CR 原则进行排序，得出不同的工序组合条件下的平均生产通过时间、平均延期天数、作业中心的平均作业数，然后再对这些工序运行情况进行比较。下面以某汇成精密加工企业的工序排布为例进行程序分析，并借助程序分析结果作出最恰当的工序选择。

该加工企业在某一时段有六项等候加工的作业，其加工时间和预定时间如表 9－5 所示。

表 9－5 预定时间和加工时间表

作业内容	加工时间	预定时间	作业内容	加工时间	预定时间
A	2	7	D	10	17
B	4	16	E	5	15
C	8	4	F	12	18

（1）根据 FCFS 原则（先来先服务原则）排序。

根据 FCFS 原则，六项作业内容的排序方式为 A、B、C、D、E、F，其实效性分析如表 9－6 所示。

表9－6 FCFS分析表

作业顺序	①加工时间	②通过时间	③预定日期	②～③延期负数为0
A	2	2	7	0
B	8	10	16	0
C	4	14	4	10
D	10	24	17	7
E	5	29	15	14
F	12	41	18	23
合计	41	120		54

平均通过时间：120÷6＝20（天）；平均延期天数：54÷6＝9（天）；时间跨度是41天，加工中心内作业平均数：120÷41＝2.93

（2）根据SPT原则（平均时间最短原则）排序。

根据SPT原则，六项作业内容的排序方式为A、C、E、B、D、F，其实效性分析如表9－7所示。

表9－7 SPT分析表

作业顺序	①加工时间	②通过时间	③预定日期	②～③延期负数为0
A	2	2	7	0
C	4	6	4	2
E	5	11	15	0
B	8	19	16	3
D	10	29	17	12
F	12	41	18	23
合计	41	108		40

求得实效性评价指标值为——平均通过时间：108÷6＝18（天）；平均延期天数：40÷6.67（天）；加工中心内作业平均数：108÷41＝2.63。

（3）根据EDD原则（交货期优先原则）排序。

根据EDD原则，六项作业内容的排序方式为C、A、E、B、D、F，其实效性分析如表9－8所示。

表9－8　EDD分析表

作业顺序	①加工时间	②通过时间	③预定日期	②～③延期负数为0
C	4	4	4	0
A	2	6	7	0
E	5	11	15	0
B	8	19	16	3
D	10	29	17	12
F	12	41	18	23
合计	41	110		38

平均通过时间：110÷6＝18.33（天）；平均延期天数：38÷6＝6.33（天）；加工中心内作业平均数：110÷41＝2.68。

（4）根据CR原则排序。

根据CR原则，六项作业内容的排序方式为C、F、A、E、B、D，其实效性分析如表9－9所示。

表9－9　CR分析表

作业顺序	①加工时间	②通过时间	③预定日期	②～③延期负数为0
C	4	4	4	0
F	12	16	18	0
A	2	18	7	11
E	5	23	15	8
B	8	31	16	15
D	10	41	17	24
合计	41	133		58

平均通过时间：133÷6＝22.17（天）；平均延期天数：58÷6＝9.67（天）；加工中心内作业平均数：133÷41＝3.24。

最后，对各种排序方式所得出的数据进行对比分析，如表9－10所示。

表9－10　工序组合实效性分析表

排序原则	平均通过天数	平均延期天数	工作中心的平均工作数
FCFS	20.00	9.00	2.93
SPT	18.00	6.67	2.63
EDD	18.33	6.33	2.68
CR	22.17	9.67	3.24

由此可见，在该时段的生产中，采用SPT原则或EDD原则进行组合的程序比较合理，能够在最短的时间内完成生产任务。

3.2　根据ECRS原则进行程序分析

以M公司的手机装配流程为例，根据ECRS原则进行工序分析。其最初的手机装饰片装配程序如图9－1所示。

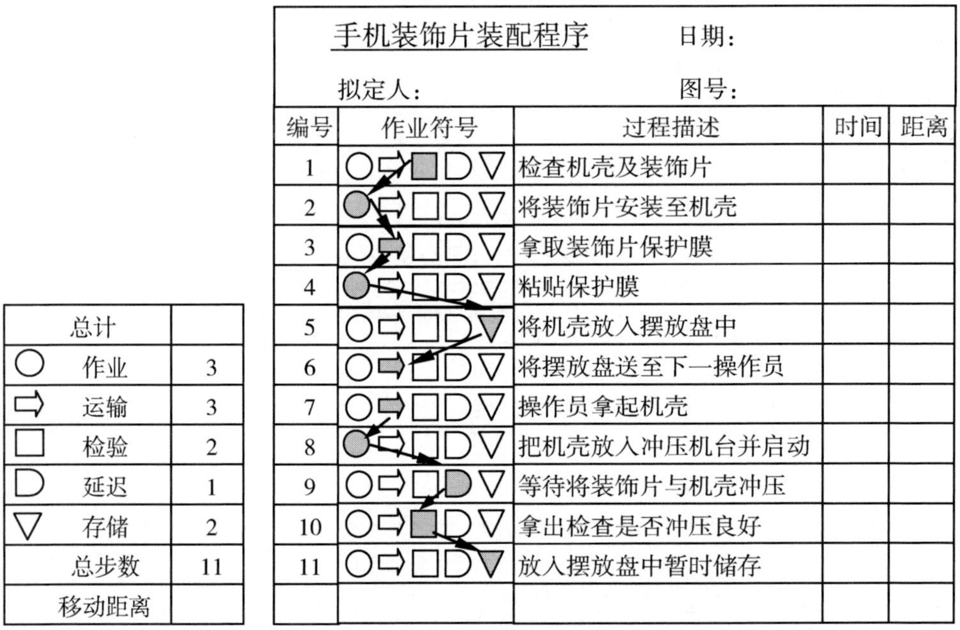

总计	
○ 作业	3
⇨ 运输	3
□ 检验	2
D 延迟	1
▽ 存储	2
总步数	11
移动距离	

手机装饰片装配程序　　日期：

拟定人：　　图号：

编号	作业符号	过程描述	时间	距离
1	○ ⇨ □ D ▽	检查机壳及装饰片		
2	○ ⇨ □ D ▽	将装饰片安装至机壳		
3	○ ⇨ □ D ▽	拿取装饰片保护膜		
4	○ ⇨ □ D ▽	粘贴保护膜		
5	○ ⇨ □ D ▽	将机壳放入摆放盘中		
6	○ ⇨ □ D ▽	将摆放盘送至下一操作员		
7	○ ⇨ □ D ▽	操作员拿起机壳		
8	○ ⇨ □ D ▽	把机壳放入冲压机台并启动		
9	○ ⇨ □ D ▽	等待将装饰片与机壳冲压		
10	○ ⇨ □ D ▽	拿出检查是否冲压良好		
11	○ ⇨ □ D ▽	放入摆放盘中暂时储存		

图9－1　M公司的手机装饰片装配程序

接下来，程序分析人员根据ECRS原则，对各道工序进行分析，依次确认每道工序是否可以取消、是否可以与其他工序合并、工序之间是否可以重组、是否能够对该工序再做简化。

最后，程序分析人员确认：第三、第五、第六、第七、第九道工序即便全部去除，亦不会影响装配程序的正常运作。去除五道工序的手机装饰片装配工序如图9－2所示。

总计	
○ 作业	3
⇨ 运输	0
□ 检验	2
D 延迟	0
▽ 存储	1
总步数	6
移动距离	

手机装饰片装配程序　　日期：

拟定人：　　图号：

编号	作业符号	过程描述	时间	距离
1	○⇨■D▽	检查机壳及装饰片		
2	●⇨□D▽	将装饰片安装至机壳		
3	●⇨□D▽	粘贴保护膜		
4	●⇨□D▽	把机壳放入冲压机台并启动		
5	○⇨■D▽	检查机壳是否冲压良好		
6	○⇨□D▼	放入摆放盘中暂时储存		

图 9－2　程序分析后作出的改善程序

从图 9－2 中可以看出，改善程序使得装配程序直接减少了 5 道工序，工作时间大大减少，进而减少了生产成本，提高了企业效益。

4. 思维拓展

虽然程序分析被作为最基本的程序管理技术，但是该技术的应用并非随时随意，因为它还受到一定条件的制约，例如技术本身的缺陷，以及实施时的注意事项等。

4.1　不可忽视的优缺点

毋庸置疑，程序分析法有很多优点。

（1）产品在流动的情况下被加工，程序分析法可以用于对任何工序进行分析。

（2）与工序管理图对照，更易于获得准确的分析结果。

（3）易于发现作业人员的多余动作。

（4）有助于作业人员对自己的作业方法作出有效的改善。

（5）工序之间的时间关系及空闲时间可以清楚明了地展现出来。

（6）人与机械的运转状态可以一目了然。

但在应用该技术过程中，绝不可忽视程序分析这一技术的固有缺陷，否则不可避免地会导致程序分析工作结果出现偏差，甚至做无用功。

（1）作业人员的动作不清晰，往往因作业人员的不同而使分析结果有所差异。

（2）必须紧随作业人员行动，方可观察到真实状态，否则难以作出准确记录。

（3）如果工序之间没有时间关系，那么分析工作便无法发挥作用。

（4）必须预先设计一定的时间精度要求。

此外，在程序分析的具体实施过程中，分析人员还要注意一些事项。

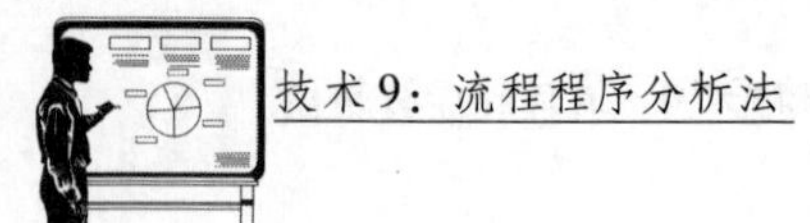

4.2 程序分析的注意事项

程序分析时有些需要注意的地方，如能多加留意，会更好地达到程序分析的目的。

（1）明确区分分析对象是产品，还是作业人员。

（2）为达到改善目的，在正式开始分析前要明确分析的目的。

（3）分析之初就要明确分析的范围，不要遗漏问题。

（4）在现场与作业人员和管理人员共同分析。

（5）对于临时的工序流程变更，应以最基本的主流程为基准进行分析。

（6）在分析过程的过程中要同时思考改善方案。

（7）研讨改善方案时，以流程整体的改善为最优先考虑的目标。

因此，在程序分析过程中，分析人员必须掌握最真实的程序信息，并遵循适当的方法，以找到合适的改善点，力求达到最佳的工序运行效果。

技术 10：人机操作分析法

> 促进人机协调作业，提高人机利用效率。

1. 技术定义

人机操作分析，是指通过观察作业现场的某一项作业，记录作业过程中的人员和设备在同一时间内的工作状况，进而深入分析工作的不合理之处和存在的浪费现象，得到最合理的操作方法的过程。

人机操作分析的主要工具是人机操作程序图。通过人机操作程序图，描述在设备运转的状态下，一个操作周期内操作人员和设备的关系，并将操作周期内操作人员的手动时间和设备的运转时间清楚地显示出来，以发现设备和操作人员的闲暇时间，从而消除、减少时间和成本上的浪费。

（1）人机联合操作时，若人与设备之间关系不协调，那么通过人机操作分析图，便可以一目了然地发现根源。

（2）判断操作人员的操作能力，即确定一名操作人员可能操作几台设备，充分发挥闲余能力的作用。

（3）准确判定操作人员和设备中哪一方对提高作业效率更有利，使操作人员和设备的配合更加协调，充分发挥人机效率。

（4）进行安全性研究，以免因过分提高设备运转速度和设备利用率而使操作人员的安全受到威胁。

（5）以提高人机作业效率为出发点，有效地进行设备改造，提高设备的运转速度，特别是实现自动化及合理改善作业区的布置。

基于人机操作分析的作用，分析人员必须掌握绘制人机作业图的方法，以准确展现人机协调状态，提高人机利用率。

2. 标准应用

简单来说，人机作业图是以图表的方式，记录操作人员与一部设备或多部设备之间的操作关系，并凭此记录来做进一步的分析与改善，帮助企业快速提升人机作业效率。

2.1 记录人机操作实况

观察和记录操作人员与设备在一个作业周期（周程）内各自的操作步骤和操作内容。记录时可以借助人机操作程序表来表示，就是将作业人员和设备相对应，然后以直方图表示，两边分别将作业人员和设备的作业单元记录下来，中间加上时间标尺，作为分析比较和改善方法的依据。

人机程序表如图 10－1 所示。

表 10－1 人机程序表

<table>
<tr><td colspan="2">日期</td><td></td><td rowspan="2">工作时间</td><td>人</td><td colspan="2"></td></tr>
<tr><td colspan="2">部门</td><td></td><td>机</td><td colspan="2"></td></tr>
<tr><td colspan="2">工序名称</td><td></td><td rowspan="2">空闲时间</td><td>人</td><td colspan="2"></td></tr>
<tr><td colspan="2">产品型号</td><td></td><td>机</td><td colspan="2"></td></tr>
<tr><td colspan="2">机型</td><td></td><td>周期时间</td><td></td><td colspan="2"></td></tr>
<tr><td colspan="2">作业人员</td><td></td><td rowspan="2">利用率</td><td>人</td><td colspan="2"></td></tr>
<tr><td colspan="2">调查人员</td><td></td><td>机</td><td colspan="2"></td></tr>
<tr><td colspan="3">操作人员</td><td rowspan="2">时间</td><td colspan="3">设备</td></tr>
<tr><td>序号</td><td>作业单元</td><td>作业时间</td><td>作业时间</td><td>作业单元</td><td>序号</td></tr>
<tr><td></td><td></td><td></td><td>2</td><td></td><td></td><td></td></tr>
<tr><td></td><td></td><td></td><td>4</td><td></td><td></td><td></td></tr>
<tr><td></td><td></td><td></td><td>6</td><td></td><td></td><td></td></tr>
<tr><td></td><td></td><td></td><td>…</td><td></td><td></td><td></td></tr>
</table>

待人与设备的操作时间均已记录之后，在人机作业图的下端要将操作人员与设备的操作时间、空闲时间及每周期人工时数予以统计，供分析时参考。

2.2 统计操作时间

用作业测定法确定操作活动的时间，将操作人员和设备操作活动的时间配合关系，在人机操作程序表中清晰地表示出来。

需要注意的是，在实际作业中，单纯地分析作业单元耗用的时间是不够的。除了最核心的作业时间外，还应包括用于换模和设备调整等的准备时间和作业单元之间的空闲时间。三种时间的定义，如表 10－2 所示。

表 10－2　人机程序表中对三种时间的定义

时间名称	作业人员的状态	设备的状态
作业时间	正在进行某项工作	设备正在加工目标物
准备时间	正向某一项设备移动，属于工作准备状态	设备已经停止工作，正在进行调整或换模中
空闲时间	没有做任何工作，或在做无意义的工作	设备停止工作或仍在工作中，但是没有任何加工作业

2.3　研究改进的可能性

运用工作简化和合并交叉的原则，研究改进人机操作的各种可能性，提出切实可行的改进方案。通常情况下，对于人机操作的改进可以从以下方法入手，如表 10－3 所示。

表 10－3　人机操作程序的改善方法

改善方向	改善方法
作业人员的作业时间	（1）改变关于产品设计的某个部分，使作业过程简单化 （2）运用辅助工具、导具，使工作更容易操作，还可以缩减作业单元时间 （3）减少一些不必要或重复性的动作，保证作业动作都有意义，且能够缩短作业时间
作业人员的准备时间	（1）改变作业现场用于生产加工的设备的配置，以减少走动距离 （2）运用导具等辅助工具，缩短设备调整时间 （3）运用半自动化、自动化夹具，缩短换模时间 （4）减少多余的检验工作，利用更便捷的量具仪器或改用抽查检验等措施，减少检验时间
作业人员的空闲时间	（1）在设备作业的同时做好准备作业，包括模具或用料的准备，以及检修工作 （2）实施一人操作多台设备的方法，在一台设备进行自动作业时，可以到另一台设备做准备作业 （3）在设备自动作业时，交付其他一些辅助性工作，以充分利用工时
设备的作业时间	（1）改用更好的设备或工具，缩短作业时间 （2）修改作业标准，以更高的回转率或更高的进刀速度，达到缩短作业时间的目的

续表

改善方向	改善方法
设备的准备时间	（1）采用自动送料装置，减少人工作业时间，彻底释放人工作业 （2）运用自动滑送槽，减少人工搬运，同时使加工后的完成品自动跳出与移送 （3）重组人工作业与设备作业的相互关系，缩减工时
设备的空闲时间	（1）合理配置人机数量，使设备自动操作完成的空闲时间得到及时弥补 （2）采取完工后自动进料喂送装置，减少等待的时间

人机操作分析人员可以结合自身生产的实际条件，从以上方面思考，确认是否可能或有必要实施人机操作的改进，并找到可行的改善方法，以全面提升作业效率。

新的操作方法经过现场验证以后，即可将其应用于生产，并根据改进的效果绘制新的操作分析图表，进行新一轮的分析与评价。

3. 实践指南

与流程程序分析相比，人机操作分析的基本步骤与之几乎是一样的。二者唯一的差别就是分析的对象有所不同。前者是对所有操作流程程序加以分析，而后者则强调对人与设备操作协调的状态进行分析。在人机操作分析的过程中，分析人员必须准确记录操作时间等信息，这是决定人机操作分析结果准确性的关键所在。下面以实例来说明如何进行人机操作分析。

3.1 背景

某公司是一家专业零配件制造厂，汽车背板生产是该公司的主打产品之一。其背板生产线中有三道工序：CNC（数控）点焊（1）、CNC点焊（2）、CO2手工焊，属于总成股流程。由于该流程两个点焊操作人员空闲时间较多，仍然处于人机混合状态，导致CNC点焊周期长，整个总成股流程的生产效率极低，严重影响了背板生产线其他工序的正常生产，是制约该生产线的瓶颈环节，急需加以改造。

现从人机操作方面进行分析，通过对CNC点焊工序的工作区域进行重新设计，增加自动化的传送装置，降低操作人员的劳动强度和空闲率，从而提高CNC点焊工序的生产效率。

3.2 CNC点焊的人机操作分析

总成股是背板生产线的尾部，背板已经基本形成，零件体积较大，不易搬运。下面以CNC点焊（1）、CNC点焊（2）的操作人员为研究对象，绘制出CNC点焊工作区域布置图（如图10－1所示）。

从图10－1中可以看出，操作人员的操作流程为：

甲将铆接好的背管架、下横梁、长枕头管和短枕头管依次放置在模具的固定位置

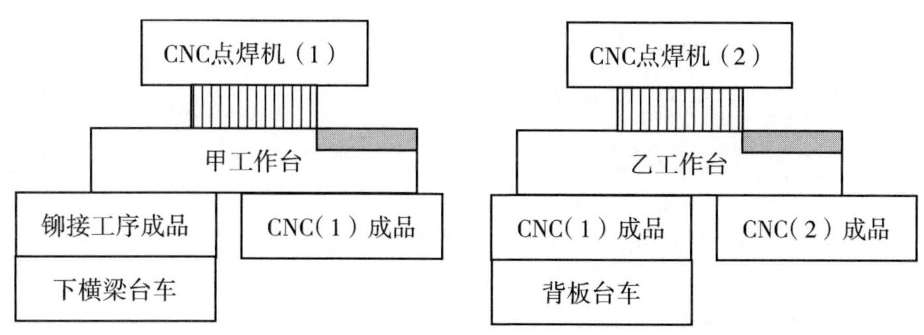

图 10－1　CNC 点焊工作区域步骤图

上，然后模具经运送轨道进入 CNC 点焊机（1）处点焊，焊接完毕后甲将背管架卸下放在台车上，送至乙。

乙将 CNC 点焊机（1）焊接的背管架、背板和固定钩依次放置在模具的固定位置上，然后模具经运送轨道进入 CNC 点焊机（2）处点焊，焊接好后，乙将背板卸下放在成品台车上，送至下一工序。

3.3　人机操作分析的结果

CNC 点焊过程是一个人机操作的过程。对上述问题的分析过程就是人机操作分析过程。在此过程中，分析人员发现了以下问题：

（1）工序间搬运浪费和拆卸模具时间的浪费。

在 CNC 点焊（1）中加工完成的背管架进行模具拆卸，然后借助人工搬至 CNC 点焊（2）工作台上，这便出现了因工序间的搬运和拆卸模具而造成的时间浪费，而且操作人员的劳动强度也相对较高，未能实现人机分离。

（2）操作人员空余时间多。

表 10－4、表 10－5 分别展示了两次点焊过程中的人机操作时间及等待时间。

表 10－4　CNC 点焊（1）的人机操作流程

<table>
<tr><th rowspan="2">序号</th><th colspan="2">操作人员（甲）</th><th rowspan="2">时间（s）</th><th colspan="2">CNC 点焊机（1）</th></tr>
<tr><th>作业单元</th><th>作业时间（s）</th><th>作业时间（s）</th><th>作业单元</th></tr>
<tr><td>1</td><td>打开夹具</td><td>5</td><td>5</td><td rowspan="7">96</td><td rowspan="7">CNC 点焊机（1）点焊操作</td></tr>
<tr><td>2</td><td>将背板放置在台车上</td><td>10</td><td>15</td></tr>
<tr><td>3</td><td>将背管架在模具架上</td><td>15</td><td>30</td></tr>
<tr><td>4</td><td>将下横梁架在模具架上</td><td>10</td><td>40</td></tr>
<tr><td>5</td><td>将 4 个枕头管放在模具架上</td><td>12</td><td>52</td></tr>
<tr><td>6</td><td>用夹具固定，打开焊机开关</td><td>5</td><td>57</td></tr>
<tr><td>7</td><td rowspan="2">空闲</td><td>73</td><td>96</td></tr>
<tr><td>8</td><td></td><td>130</td><td>34</td><td>空闲</td></tr>
</table>

表 10-5 CNC 点焊（2）的人机操作流程

序号	操作人员（乙）		时间（s）	CNC 点焊机（2）	
	作业单元	作业时间（s）		作业时间（s）	作业单元
1	打开 CNC 电焊机（1）加工完成的背管架的夹具	5	5	130	CNC 点焊机（2）点焊操作
2	将 2 个固定钩放在模具上	12	17		
3	将背板放在模具架上	18	35		
4	用夹具固定，打开开关	5	40		
5	空闲	90	130		

从表 10-4 和表 10-5 中可以看出，CNC 点焊机（2）的加工工作时间最长，为 126s，即为 CNC 点焊周期。操作人员甲完成前 6 道工序所需总时间为 57s，其余 73s（130s-57s）为空闲时间；操作人员乙完成前 4 道工序仅需 40s，空闲时间为 90s（130s-40s）。

根据计算公式（空闲率=空闲时间÷生产周期），可计算得出：甲的空闲率为 73÷130=56.2%，乙的空闲率为 90÷130=69.2%。由此判定，两位操作人员的空闲率较高，人力浪费比较严重。

3.4 一套有关人机操作的改善方法

结合上述情况，可以对 CNC 点焊的人机操作方案进行以下改进：

（1）在工序间采用自动化的传输工具，彻底实现人机分离。

针对操作人员搬运和拆卸模具时造成的时间浪费问题，重新设计点焊机的工作区域，用导轨将两台点焊机连接起来，将 CNC 点焊（1）加工完成的背管架自动传送到 CNC 点焊（2）工作台，减少了工序间搬运浪费和拆卸模具时间的浪费，降低了操作人员的劳动强度，实现了工序的人机分离。

改善后，在 CNC 点焊机工作的同时，操作人员可对另一个模具进行装配，减低了工序的标准时间。

（2）减少工位，降低操作人员空闲率。

由于背板只有背管架作为支撑物，而且体积非常大，因此需要用点焊机在背管架上焊接近 70 次，才能确保背板在正常受力的情况下免于脱焊。而要想提高操作人员的利用率，则需将甲、乙两个人的工作合并为一个工位的工作，由一个人来负责完成。改进后的点焊工作区域布置图如图 10-2 所示。

由图 10-2 可知，改进后的操作流程为：

操作人员打开夹具→将背板放在台车上→将背管架放在模具架上→将下横梁放在模具架上→将 4 个枕头管放在模具架上→用夹具固定，打开开关→转身至操作平台 2→

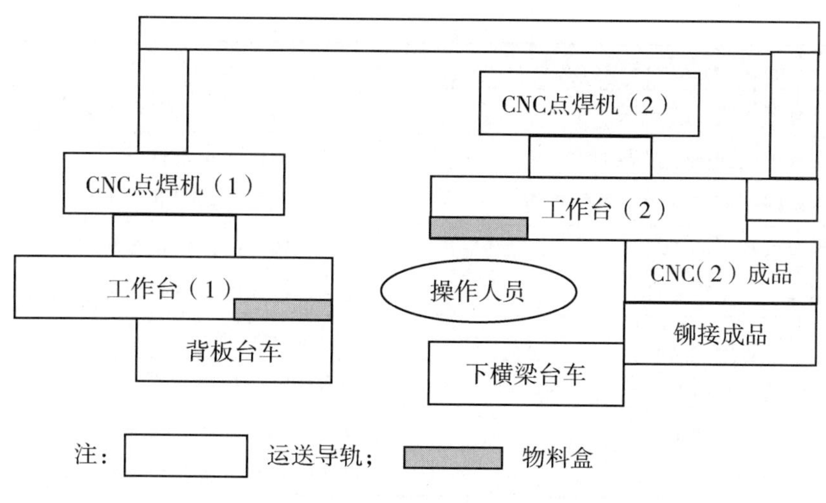

图 10－2　改进后的 CNC 点焊工作区域布置图

打开 CNC 点焊机（1）加工完成的背管架→将两个固定钩放置在模具上→将背板放在模具架上→用夹具固定，打开开关。

操作人员完成这一整套动作需要花费 95s，操作人员的空闲率为 95 ÷ 130 = 73.1%（3）。

前后比较发现，操作人员的数量由两个减少为一个的同时，空闲率也大大降低。

可以说，人机操作分析是一个发现问题、分析问题、改善问题的过程。准确应用这种技术，能够不断完善生产线上的人机操作问题，并提高企业生产率。

4. 思维拓展

为了更方便地使用人机操作技术，准确地获得人机操作分析结果，分析人员还可以尝试寻找更多技巧来进行操作。例如，借助对人机操作合理性的检验，夯实人机操作分析的基础，让人机结合达到最初始的理想状态；而关注改进，则会使分析人员彻底摆脱“为分析而分析”“做无用功”的状态，使该分析技术切实发挥价值。

4.1　夯实基础：人机操作合理性的检验

在人机操作分析时，人们的着眼点通常放在“让人机结合更为紧密”上。其实，要做到这一点，分析人员必须先从人机操作的合理性开始。通常情况下，可以对二者分别进行以下分析，如表 10－6 所示。

表 10－6　人机操作合理性检验表

序号	有关人的分析内容	有关设备的分析内容
1	是否拥有适合该项作业的身体素质	能不能更为简化，有没有专用设备
2	能力是否充分，是否持有操作证	能不能提高设备周转率

续表

序号	有关人的分析内容	有关设备的分析内容
3	有没有工作研究的知识	能不能由一人操作多台设备
4	有没有正确的操作指导书	设备的动作率是否良好
5	能否做好作业准备、工具的选定	有没有做好预防保养，由何人担任
6	有没有可利用的工具	手轮、按钮的操作是否轻易
7	要不要改变工作条件	开关、手轮的位置是否在适当的范围内
8	有没有较难的工作任务	操纵部分是否人手足够
9	工作时是否长时间紧张	是否能够避免不适当的作业方法
10	有没有考虑防止危害	有没有危险部位，有没有防止危险的装置
11	工作服务是否轻快	设备的启动开关是否在动作范围内

4.2 关注改进：走出人机操作分析的误区

应用人机操作分析这一技术时，人们最容易陷入的一个误区就是“把分析当结果”。无论是否找出分析结果，或找出的结果是否准确，只要分析动作一结束，那么这一技术的应用便随之告一段落。

其实，人机操作分析的目的在于实现人机结合最优化，而该技术应用的重点则应落在寻找最优的人机结合方案上。也就是说，人机操作分析的关键点在于研究改进的可能性和之后的改进方案设计。

因此，分析人员可以尝试从以下方面做起：

（1）在观察、记录、分析人机操作状态的同时，思考改进的方向。

（2）寻找更多、更新颖的改进方法和措施，以供选择。

（3）尽早实施改进方案，提高人机结合的速度和紧密度。

需要注意的是，人机操作结合并非一次操作即可成功，它应该是一个递进的循环过程，在一次次分析过程中，不断达到越来越好的结合状态。

技术 11：动作分析法

研究并优化人员作业动作，消除动作浪费，提高作业效率和质量。

1. 技术定义

动作分析法是将操作动作分解为最小的分析单位——动素，通过对动素进行定性研究，找出合理有效的动作，从而缩短作业时间，达成标准作业。在实际运用中，分析人员要对操作人员的各种动作进行分析研究，去掉不增加价值的动作，简化操作方法，发现空闲时间，然后将必要的动作组合成标准动作，并配上与之相应的工具及工作地布置等，为制定动作时间标准提供依据。

进行动作分析的目的有以下几点：

（1）详细研究人在操作时的动作，以消除多余的动作，减轻操作人员的疲劳度。

（2）分解作业动作，使作业简单有效。

（3）使人的操作与设备的运转相配合，提升作业效率。

（4）探讨最适合于动作的工夹具和作业范围内的布置。

（5）比较动作顺序、方法改进前后的情况，预测和确认改善的效果。

（6）用记号和图表一目了然地展示动作顺序和方法。

（7）改善动作顺序和方法，为制定作业标准打好基础。

（8）提高能细微分析动作和判断动作好坏的动作意识。

2. 标准应用

动作分析的实质是研究分析人在进行各种工作操作时的细微动作，删除无效动作，使操作简便有效，以提高工作效率。它包括动素分析、动作经济性核查等内容。

2.1 界定动素类型

动素指人体不能再分割的基本动作，是动作划分的基本单位，是组成动作的基本要素。动素一般分为 18 种，如表 11 - 1 所示。

表11-1　18种动素的定义

动素的定义	动素的分类	A. 使工作者有效推进的动作 B. 造成工作延迟的动作 C. 本身不能推进作业的动作

No.	名称	英文缩写	符号	符号说明	分类	定义
1	伸手	TE	◡	手中无物的形状	A	空手移动，伸向目标，又称空运
2	握取	Grasp	∩	手握物品的形状	A	手或身体的某些部位充分控制物体
3	移动	TL		手中放有物品的形状	A	手或身体的某些部位移动物品的动作，又称实运
4	装配	Assembil	#	装配的形状	A	将零部件组合成一件物品的动作
5	拆卸	Disassemble	++	将装配物拆离物品的形状	A	将装配物进行分离和拆解的动作
6	使用	Use	U	Use的U字形	A	利用器具或装置所做的动作，又称使用或应用
7	放手	RL		从手中掉下物品的形状	A	握取的相反动作，放开控制物的动作
8	检查	Inspect	O	透镜的形状	A	将目的物与基准进行品质、数量的比较的动作
9	寻找	Search		眼睛寻求物品的形状	B	通过五官找寻物品的动作
10	发现	Find		找到物品的眼睛形状	B	发现寻找的目的物的瞬间动作
11	选择	Select	→	指定选择物箭头的形状	B	多个物品中选择需要物品的五官动作
12	计划	Plan		手放于头部思考的形状	B	作业中决定下一步工作的思考与计划
13	预定位	P-P	8	透镜的形状	B	物体定位前先将物体定置到预定位置，又称预业
14	定位	Position	9	物品放在手前端的形状	B	以将物体放置于所需正确位置为目的而进行的动作，又称对准

续表

No.	B 名称	英文缩写	符写	符号说明	分类	定义
15	持住	Hold		磁石吸住物体的形状	C	手握物品保持静止状态，又称拿住
16	休息	Rest		人坐于椅子上的形状	C	为消除疲劳而停止工作的状态
17	迟延	UD		人倒下的形状	C	不可避免的停顿
18	故延	AD		人睡觉的形状	C	可以避免的停顿

将这些动素进行分类，可分为有效动素、辅助动素、无效动素。

（1）有效动素。伸手、握取、移物、装配、拆卸、使用、放手，这些都是完成作业所必需的动作要素，可直接使物料发生物理和化学变化。这类动素只能设法使它的时间缩短，而不能删除。

（2）辅助动素。检查、寻找、发现、选择、计划、预定位等为完成作业动素而必需的动素，它们将会延缓作业动素的实施，作业时间会消耗过多，会降低作业效率。对这类动素要尽量删除或将之减少到最低限度。

（3）无效动素。即持住、休息、延迟等对作业进行无任何作用的动作，是动素分析中一定要设法删除的动素。

2.2 展开动作分析

明确要素后，就可以展开动作分析了。动素分析示例如表 11－2 所示。

表 11－2 动素分析示例

<table>
<tr><td colspan="4">操作名称：焊锡</td><td colspan="2">操作人员：</td><td colspan="2">分析人员：</td></tr>
<tr><td colspan="4">左手</td><td colspan="4">右手</td></tr>
<tr><td>具体操作</td><td>时间（s）</td><td>符号</td><td>动素</td><td>符号</td><td>动素</td><td>时间（s）</td><td>具体操作</td></tr>
<tr><td>手到锡线</td><td></td><td></td><td>伸手</td><td></td><td>伸手</td><td></td><td>手到烙铁</td></tr>
<tr><td>拿起锡线</td><td></td><td></td><td>抓取</td><td></td><td>抓取</td><td></td><td>抓起烙铁</td></tr>
<tr><td>送到锡点处</td><td></td><td></td><td>移动</td><td></td><td>移动</td><td></td><td>送到焊点</td></tr>
<tr><td>就位</td><td></td><td></td><td>定位</td><td></td><td>定位</td><td></td><td>就位</td></tr>
<tr><td>焊锡</td><td></td><td></td><td>握持</td><td></td><td>使用</td><td></td><td>焊锡</td></tr>
<tr><td>送往原处</td><td></td><td></td><td>移动</td><td></td><td>移动</td><td></td><td>送回原处</td></tr>
<tr><td>放手</td><td></td><td></td><td>放手</td><td></td><td>放手</td><td></td><td>放手</td></tr>
</table>

2.3 动作经济性检查

对动作进行分析检查，以取消第三类动作，取消或简化第二类动作，简化第一类动作。动作经济性检查表如表11－3所示。

表11－3 动作经济性检查表

作业名		姓名		单位		
项目	内容				检查	
					是	否
能否取消伸手或者将其变得更容易	（1）能否把目的物放近，缩短动作的距离 （2）放开动作和下一个握取动作能否同时进行 （3）能否采用自重式滑道来取消伸手移动 （4）能否把手的上下移动改变成左右移动					
能否使握取变得容易	（1）能否改变盛装目的物的容器以便于握取 （2）能否改变目的物的形状以便于握取 （3）接触式能否替代抓取 （4）能否改变目的物的位置、方向以使其便于握取 （5）夹具的使用是否方便零件的拆卸与抓取					
能否取消移物或者让移物变得更容易	（1）能否把移物改为滑槽或输送带传输 （2）能否把工具吊在靠近作业人员处 （3）能否通过夹具自动送进 （4）能否改变成便于握取的方向和角度 （5）能否把目的物放置处靠近作业区域 （6）能否通过使用夹具来帮助移物 （7）大型运输设备的使用是否会延长运输时间					
能否取消装配或使其变得更容易	（1）能否在零件上安装滑槽 （2）能否改变零件的设计与装配方法					
能否取消拆卸或使其变得更容易	多个零件能否同时拆卸					
能否让使用变得更容易	（1）能否改变工夹具的握持方法与握持位置 （2）是否使用了电动工具 （3）能否改变工夹具的大小、形状和重量 （4）能否将两个以上的工夹具合成一件					
能否取消放开或使放开变得更容易	（1）能否在运输途中放开 （2）能否通过使用夹具而便于放开 （3）能否一直由手拿着 （4）能否一只手放开工件，另一只手握持其他工件 （5）能否改变放开位置 （6）放开的位置是否便于进行下一项操作					

续表

项目	内容	检查	
		是	否
检查项目是否可以取消或使检查变得更容易	(1) 能否与样品比较 (2) 能否一次检查多样 (3) 能否同时检查正、反两面 (4) 能否用量仪和测量工具测量 (5) 能否将两个以上的检查动素合并为一个动素 (6) 被检查动作能否由设备代替完成		
能否取消定位或者让其变得更容易	(1) 工具是否处于悬挂状态 (2) 能否改变持物方法 (3) 能否改变形状抓住零件 (4) 能否装上定位销或导槽		
能否取消寻找或使其变得更容易	(1) 物件给予特别标示（用标签或涂颜色） (2) 良好的工作场所布置 (3) 是否需要特殊的灯光 (4) 物件、工具有固定位置，并放置于正常工作区域内 (5) 培训操作人员，使之成为习惯性的动作		
能否取消发现或使其变得更容易	用形象图案（符号）、颜色等方法表示		
能否取消选择或使其变得更容易	(1) 能否在作业区域内不放置其他不必要的物体 (2) 有无选择的必要 (3) 能否完好放置目的物 (4) 能否让目的物与作业顺序无关 (5) 能否改变目的物的颜色和形状		
能否取消思考计划	(1) 能否将作业方法简洁化 (2) 能否借助作业标准取消思考动作		
能否取消预定位	(1) 能否把工具吊起来取消预定位 (2) 能否使目的物放置不需要预定位 (3) 能否制作出便于后续动作的工具放置台		

续表

项目	内容	检查	
		是	否
能否取消持住或使持住变得容易	（1）能否改变持住动作的方向和方法 （2）能否使用持住夹具 （3）能否改变持住目的物的位置、方向、形状与重量		
能否取消休息	（1）能否轻松完成工作 （2）座椅的高度是否合适 （3）是否坐立交替作业		
能否取消不可避免的延迟	（1）能否接受其他的动作 （2）能否使用双手同时作业		
能否取消不可避免的耽搁	（1）能否查明耽搁的原因 （2）是否有取消耽搁的方法		

3. 实践指南

下面针对上面给出的标准，以 M/B 板组装锁螺丝的双手操作为例，来说明如何进行动作分析。

3.1　M/B 板组装动素展示

对笔记本电脑的 M/B 板进行组装时，每件产品需要锁定 2 个螺丝。现对其锁螺丝过程进行双手操作分析。目前，双手操作的整个过程需由 11 个步骤完成，具体操作如表 11－4 所示。

表 11－4　M/B 板组装锁螺丝的双手操作分析表

左手动作分析	操作	移动	把持	等待	操作	移动	把持	等待	右手动作分析
取三角螺帽一个	●	⊃	▽	D	○	⊃	▽	■	
放于定位夹具上	●	⊃	▽	D	○	⊃	▽	■	
取 M/B	●	⊃	▽	D	○	⊃	▽	■	
拿住放于定位夹具上	●	⊃	▽	D	○	⊃	▽	■	
	○	⊃	▽	■	●	⊃	▽	D	拿螺丝起子

续表

左手动作分析	操作	移动	把持	等待	操作	移动	把持	等待	右手动作分析
	○	⊃	▽	■	●	⊃	▽	□	按取螺丝
按住 M/B	●	⊃	▽	□	●	⊃	▽	□	
取三角螺帽一个	●	⊃	▽	□	○	⊃	▽	■	
放于定位夹具上	●	⊃	▽	□	○	⊃	▽	■	
	○	⊃	▽	■	●	⊃	▽	□	按取螺丝
按住 M/B	○	⊃	▼	□	●	⊃	▽	□	锁螺丝

3.2 M/B 板组装的双手操作分析

通过分析表 11－4 可以看出，在上面的双手操作过程中，右手有很长时间都在等待，浪费了工时，所以有必要对其进行改善。

仔细观察分析后发现，只要用特制夹具夹紧 M/B 板和螺丝起子，那么操作人员即可同时完成锁定两个螺丝的操作，既可以确保双手动作同步，提高工作效率，又可以提高工作质量。

3.3 新方案实施后的双手操作分析

接下来，工厂按照改善方案进行了改善。表 11－5 是新方案实施后的双手操作分析表。

表 11－5 改善后的双手操作分析表

左手动作分析	操作	移动	把持	等待	操作	移动	把持	等待	右手动作分析
取 M/B	●	⊃	▽	□	○	⊃	▽	■	
拿住放于定位夹具上	●	⊃	▽	□	○	⊃	▽	■	
用夹具夹紧	●	⊃	▽	□	●	⊃	▽	□	用夹具夹紧
取三角螺帽一个	●	⊃	▽	□	●	⊃	▽	□	取三角螺帽一个
放于定位夹具上	●	⊃	▽	□	●	⊃	▽	□	放于定位夹具上

续表

左手动作分析	操作　移动　把持　等待	操作　移动　把持　等待	右手动作分析
拿螺丝起子	●　⊃　▽　D	●　⊃　▽　D	拿螺丝起子
按取螺丝	●　⊃　▽　D	●　⊃　▽　D	按取螺丝
锁螺丝	●　⊃　▽　D	●　⊃　▽　D	锁螺丝

比对表 11－4 即可发现，新方案实施后，操作人员只需要 8 个动作的时间即可完成操作，避免了原操作方案导致的等待浪费，大大缩短了该工序的整体操作时间。

4. 思维拓展

动作分析的目的就是要寻求既省时省力又能保证效率的操作方法。在实践中，人们要以减少动作数量、追求动作平衡、缩短动作的移动距离、使动作轻松简单为根本目标，充分发掘操作人员的潜能，使其产生最高工作效率，并配备合理的现场环境、设备、工具。“动作经济原则”由此应运而生。

动作经济原则是一组指导人们如何节约动作，如何提高动作效率的准则，可划分为三大类，即与人体有关的原则、与作业地布置有关的原则、与工具设备相关的原则。

4.1　与肢体相关的原则

人在操作时身体的动作可以分为六个等级，从低到高依次是手指的动作、手腕的动作、手肘的移动、大臂的移动、脚的移动、弯腰的动作。操作人员在作业时应尽量使用较低等级的动作。在实际应用中，与肢体相关的原则主要包括以下几项：

（1）双手应该同时开始和结束操作。

（2）双手的动作尽量对称。

（3）除休息时间外双手不应同时空闲。

（4）优先进行等级较低的动作。

（5）尽量利用物体的惯性操作。

（6）动作最好以圆滑的曲线运动。

（7）要注意动作的节奏性。

4.2　与场地布置相关的原则

生产现场的布置情况会对操作人员的动作造成很大的影响。例如，原材料存放地较远，就会影响操作人员的动作效率。在实际应用中，与场地布置相关的原则主要包括以下几项：

（1）工具、加工件、物料要定位放置。

（2）工具、加工件、物料应布置于最易取得的位置。
（3）尽量利用物品的自身重力予以传送。
（4）生产现场应配有合适的照明条件。
（5）工作台和座椅的高度、形状应使操作人员感到舒适、方便。
（6）喂料时尽量采用重力喂料方式。
下图为本原则的形象化图示。

图11－1　与场地布置相关的原则

4.3　与工具设备相关的原则

现场工具设备的配置要适合操作人员操作。在实际应用中，与工具设备相关的原则主要包括以下几项：

（1）尽量使操作人员以脚部动作来代替手的动作。
（2）尽可能使用组合型工具。
（3）设法使工具使用后自动返回原处。
（4）工具的放置位置尽可能靠近操作人员。
（5）尽量增大工具的手柄和手掌的接触面积。

动作经济原则是分析人员在实际处理问题时应坚持的基础原则，在运用中要根据现场实际情况发掘合理的改善方法，以帮助操作人员进行标准作业，提高作业效率。

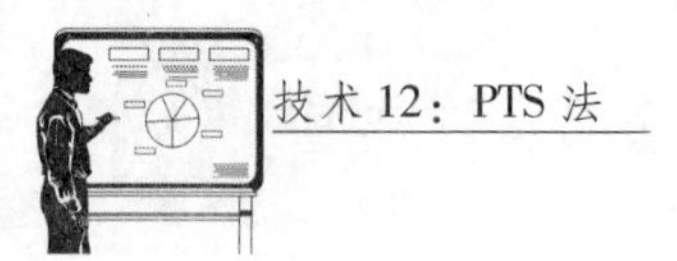

技术 12：PTS 法

以预定动作时间为标准，可在工作前预先确定标准工时。

1. 技术定义

PTS 法（Predetermined Time Standard，预定标准时间法）是国际通用的一种用于计算标准动作时间的工作衡量技术。它建立在动作分析的基础上，通过对作业过程的研究，去除完全无意义的第三类动素，并通过辅助设施，减少或消除第二类动素的阻碍作用，提高完成第一类动素的效率。

20 世纪初期，人们针对动素的进一步研究，通过摄影方法再次细分作业动作，研究出世界上第一个 PTS 的时值表。如今，时值表已经发展出 MF、MTM 和 MODAPTS 法等很多系统并被广泛使用。

PTS 法从动素演化而来，并发展为 MTM 系统、MODAPTS 系统等。这些系统有一个共同的特征，那就是：以动作为中心，并将不同的动作，按照形态、距离等影响作业工时的因素进行划分，建立明确的、可供测时人员套用的系统。

2. 标准应用

相较于动作分析法和秒表时间研究法，PTS 法有一个明显的优势：不需要对操作人员的速度、努力程度等进行评价，在工作前就决定标准时间，并编制操作规程。下面来看这一技术的具体应用。

2.1 用 PTS 法确定标准工时

PTS 法的基本操作步骤如下：

（1）将工作或工作单元分解成基本动作。每个基本动作都对应着一定的时间，可以从时值表中查到。

（2）确定调节因素，以便选择合适的表格值。在确定动作时值的同时，要关注调节，如重量、距离、物体尺寸及动作难度等。

（3）计算动作的标准时间，得出工作的正常时间。

（4）在正常时间上加上宽放时间，得出标准工作时间。宽放率的确定需要考虑操作人员的生理和心理情况，如私事宽放 5%，疲劳宽放 5%，作业放宽 50% 等，一般取

正常时间的5%～15%计算。计算公式如下：

$$标准时间 = 正常时间 \times (1 + 宽放率)$$

PTS 法有很多种，根据基本动作的分类与使用时间单位的不同而不同。下面重点介绍 MTM 法和 MODAPTS 法的应用。

2.2 MTM 法的应用

MTM 法是根据动作的形态将动作分解成若干个要素，再从 MTM 动素时值表中查出相应的时间标准，从而计算出整个动作的标准工时。

MTM 法的动作要素包括：伸手（R，Reach）、搬运（M，Move）、转动（T，Turn）、压（AP，Apply Pressure）、抓（G，Grasp）、定位（P，Postion）、放下（RL，Release）、拆卸（D，Disengage）、搜寻（ET，Eye Travel）、凝视（EF，Eye Focus）、旋转（C，Cranking Motion）和全身运动。各动作要素操作的基本时间单位为 TMU，且有：1TMU = 10^{-5}小时 = 0.036 秒。

下面对每个动作要素的时间长度加以说明。

（1）伸手（R）。

伸手是指用手或者手指向目标物移动的基本动作，动作的时间值由移动距离、伸手状况和条件决定。伸手动作分为 5 种：向固定位置或者另一只手的目标物伸手的动作（A 类）；向不固定的目标物伸手的动作（B 类）；向摆放杂乱、不整齐的目标物伸手的动作（C 类）；向很小的目标物或者需要适当抓取的目标物伸手的动作（D 类）；手回到身体的自然位置或工作位置等（E 类）。伸手动作的时间值表如表 12－1 所示。

表 12－1 伸手动作的时间值表

移动距离（cm）	时间值（TMU）				手在移动中（m）	
	A	B	C、D	E	A	B
< 2	2.0	2.0	2.0	2.0	1.6	1.6
4	3.4	3.4	5.1	3.2	3.0	2.4
6	4.5	4.5	6.5	4.4	3.9	3.1
8	5.5	5.5	7.5	5.5	4.6	3.7
10	6.1	6.3	8.4	6.8	4.9	4.3
12	6.4	7.4	9.1	7.3	5.2	4.8
14	6.8	8.2	9.7	7.8	5.5	5.4
16	7.1	8.8	10.3	8.2	5.8	5.9
18	7.5	9.4	10.8	8.7	6.1	6.5
20	7.8	10.0	11.4	9.2	6.5	7.1

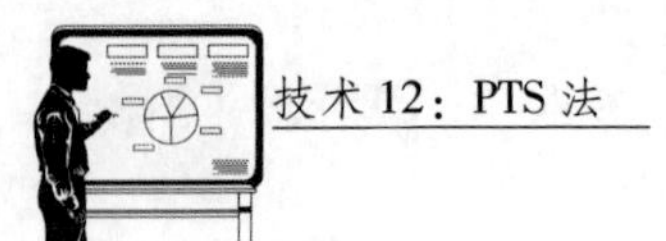

续表

移动距离（cm）	时间值（TMU）				手在移动中（m）	
	A	B	C、D	E	A	B
22	8.1	10.5	11.9	9.7	6.8	7.7
24	8.5	11.1	12.5	10.2	7.1	8.2
26	8.8	11.7	13.0	10.7	7.4	8.8
28	9.2	12.2	13.6	11.2	7.7	9.4
30	9.5	12.8	14.1	11.7	8.0	9.9
35	10.4	14.2	15.5	12.9	8.8	11.4
40	11.3	15.6	16.8	14.1	9.6	12.8
45	12.1	17.0	18.2	15.3	10.4	14.2
50	13.0	18.4	19.6	16.5	11.2	15.7
55	13.9	19.8	20.9	17.8	12.4	17.1
60	14.7	21.2	22.3	19.0	12.8	18.5
65	15.6	22.6	23.6	20.2	13.5	19.9
70	16.5	24.1	25.0	21.4	14.3	21.4
75	17.3	25.5	26.4	22.6	15.1	22.8
80	18.2	26.9	27.7	23.9	15.9	24.2

（2）搬运（M）。

搬运是指用手将目标物移动到目的地的基本动作。搬运与伸手的相似之处是它的基本时间是由移动距离、搬运状况和条件决定的，而不同之处是搬运动作所需的时间值还会受到目标物重量的影响。搬运的时间值如表12－2所示。

表 12－2　搬运的时间值

<table>
<tr><th rowspan="2">移动距离（cm）</th><th colspan="4">时间值（TMU）</th><th colspan="3">重量补充</th></tr>
<tr><th>A</th><th>B</th><th>C</th><th>手在移动中 B（m）</th><th>重量（kg）</th><th>系数</th><th>常数</th></tr>
<tr><td>< 2</td><td>2.0</td><td>2.0</td><td>2.0</td><td>1.7</td><td rowspan="2">1</td><td rowspan="2">1.00</td><td rowspan="2">0.0</td></tr>
<tr><td>4</td><td>3.1</td><td>4.0</td><td>4.5</td><td>2.8</td></tr>
<tr><td>6</td><td>4.1</td><td>5.0</td><td>5.8</td><td>3.0</td><td rowspan="2">2</td><td rowspan="2">1.04</td><td rowspan="2">1.6</td></tr>
<tr><td>8</td><td>5.1</td><td>5.9</td><td>6.9</td><td>3.7</td></tr>
<tr><td>10</td><td>6.0</td><td>6.8</td><td>7.9</td><td>4.3</td><td rowspan="3">4</td><td rowspan="3">1.07</td><td rowspan="3">2.8</td></tr>
<tr><td>12</td><td>6.9</td><td>7.7</td><td>8.8</td><td>4.9</td></tr>
<tr><td>14</td><td>7.7</td><td>8.5</td><td>9.8</td><td>5.4</td></tr>
<tr><td>16</td><td>8.3</td><td>9.2</td><td>10.5</td><td>6.0</td><td rowspan="2">6</td><td rowspan="2">1.12</td><td rowspan="2">4.3</td></tr>
<tr><td>18</td><td>9.0</td><td>9.8</td><td>11.1</td><td>6.5</td></tr>
<tr><td>20</td><td>9.6</td><td>10.5</td><td>11.7</td><td>7.1</td><td>8</td><td>1.17</td><td>5.8</td></tr>
<tr><td>22</td><td>10.2</td><td>11.2</td><td>12.4</td><td>7.6</td><td rowspan="2">10</td><td rowspan="2">1.22</td><td rowspan="2">7.3</td></tr>
<tr><td>24</td><td>10.8</td><td>11.8</td><td>13.0</td><td>8.2</td></tr>
<tr><td>26</td><td>11.5</td><td>12.3</td><td>13.7</td><td>8.7</td><td rowspan="2">12</td><td rowspan="2">1.27</td><td rowspan="2">8.8</td></tr>
<tr><td>28</td><td>12.1</td><td>12.8</td><td>14.4</td><td>9.3</td></tr>
<tr><td>30</td><td>12.7</td><td>13.3</td><td>15.1</td><td>9.8</td><td rowspan="2">14</td><td rowspan="2">1.32</td><td rowspan="2">10.4</td></tr>
<tr><td>35</td><td>14.3</td><td>14.5</td><td>16.8</td><td>11.2</td></tr>
<tr><td>40</td><td>15.8</td><td>15.6</td><td>18.5</td><td>12.6</td><td rowspan="2">16</td><td rowspan="2">1.36</td><td rowspan="2">11.9</td></tr>
<tr><td>45</td><td>17.4</td><td>16.8</td><td>20.1</td><td>14.0</td></tr>
<tr><td>50</td><td>19.0</td><td>18.0</td><td>21.8</td><td>15.4</td><td rowspan="2">18</td><td rowspan="2">1.41</td><td rowspan="2">13.4</td></tr>
<tr><td>55</td><td>20.5</td><td>19.2</td><td>23.5</td><td>16.8</td></tr>
<tr><td>60</td><td>2.1</td><td>20.4</td><td>25.2</td><td>18.2</td><td rowspan="3">20</td><td rowspan="3">1.46</td><td rowspan="3">14.9</td></tr>
<tr><td>65</td><td>23.6</td><td>21.6</td><td>26.9</td><td>19.5</td></tr>
<tr><td>70</td><td>25.2</td><td>22.8</td><td>28.6</td><td>20.9</td></tr>
<tr><td>2253</td><td>26.7</td><td>24.0</td><td>30.3</td><td>22.3</td><td rowspan="2">22</td><td rowspan="2">1.51</td><td rowspan="2">16.4</td></tr>
<tr><td>80</td><td>28.3</td><td>25.2</td><td>32.6</td><td>23.7</td></tr>
<tr><td colspan="8">备注：A 类——搬运目标物到另一只手或停止位置；B 类——搬运目标物到大概目的地；C 类——搬运目标物到精确目的地</td></tr>
</table>

（3）转动（T）。

转动是指以手前臂为轴，包括手或手指等在移动物体过程中的旋转动作。转动动作的时间值主要受手旋转角度、被移动物体的重量或阻力等因素影响。转动动作的时间值如表12－3所示。

表12－3　转动的时间值

重量	旋转角度与对应的时间值（TMU）										
	30	45	60	75	90	105	120	135	150	165	180
S　0～1kg	2.8	3.5	4.1	4.8	5.4	6.1	6.8	7.4	8.1	8.7	9.4
M 1.1～5kg	4.4	5.5	6.5	7.5	8.5	9.6	10.6	11.6	12.7	13.7	14.8
L 5.1～16kg	8.4	10.5	12.3	14.4	16.2	18.3	20.4	22.2	24.3	26.1	28.2
压	条件1：AP1＝16.2TMU，条件2：AP2＝10.6TMU										

（4）压（AP）。

压是指在作业过程中的按压动作，例如，按设备启动或停止的按钮等。影响加压的作业时间的主要因素包括强压和轻压。强压是指有重抓的附加动作；轻压则是指没有重抓的附加动作。压的时间值在表中已说明，这里不重复介绍。

（5）抓（G）。

抓是指用手掌或手指控制目标物的基本动作。抓的时间值由目标物的状态和大小决定。根据目标物的大小和状态的差异，抓取动作被分为G1A、G1B、G1C、G2、G3、G4、G5，总计七种条件，并规定了它们的时间值（如表12－4所示）。

表12－4　抓取动作的时间值

条件分类	时间值（TMU）	含义
1A	2.0	能够轻易抓取目标物
1B	3.5	抓取非常小或紧贴平面的目标物
1C1	7.3	抓取底面和侧面有障碍的圆筒形目标物，且直径大于13mm
1C2	8.7	抓取底面和侧面有障碍的圆筒形目标物，且直径为6～12mm
1C3	10.8	抓取底面和侧面有障碍的圆筒形目标物，且直径小于5mm
2	5.6	需要重抓动作
3	5.6	抓取别人手中的目标物
4A	7.3	抓取首先要从杂乱的目标物集合寻找并选择，然后抓取动作目标物的体积大于26mm×26mm×26mm
4B	9.1	抓取首先要从杂乱的目标物集合寻找并选择，然后抓取动作目标物的体积约为6mm×6mm×3mm×25mm×25mm×25mm
4C	12.6	抓取首先要从杂乱的目标物集合寻找并选择，然后抓取动作目标物的体积小于5mm×5mm×5mm
5	0	接触动作

（6）放下（RL）。

放下包括放手和放物动作。放手是指将手掌或手指中所掌握的物件放松控制的基本动作。放手或放物动作经常发生在移物、装配或拆卸动作后。放手或放物只有放开手指和放卸接触两种情况，其动作时间值如表 12－5 所示。

表 12－5　放手或放物的时间值

条件	时间值（TMU）
放开手指	2.0
放卸接触	0

（7）定位（P）。

定位是指将目标物对准另一个物件的动作。该动作的时间值会受到对准工作结果的影响，其结果分为：比较松弛、稍微紧密和非常精密三种。此外，定位动作的时间值会受到目标物与另一物件的契合程度、对称性和操作容易度等因素的影响。对准动作的时间值如表 12－6 所示。

表 12－6　定位动作的时间值

对准程度	对称性	操作容易（时间值/TMU）	操作困难（时间值/TMU）
比较松弛（不费力气）	对称	5.6	11.2
	半对称	9.4	14.7
	非对称	10.4	16.0
稍微紧密（只需微力）	对称	16.2	21.8
	半对称	19.7	25.3
	非对称	21.0	26.6
非常紧密（需要大力）	对称	43.0	48.6
	半对称	46.5	52.1
	非对称	47.8	53.4

（8）拆卸（D）。

拆卸是指将两个装配完好或契合的物件，用手使它们分开的基本动作。拆卸动作的时间值受物件契合程度和操作容易度影响。拆卸动作的时间值如表 12－7 所示。

表 12－7　拆卸动作的时间值

契合程度	容易操作（时间值/TMU）	操作困难（时间值/TMU）
比较松弛	4.0	5.7
稍微紧密	7.5	11.3
非常紧密	22.9	34.7

（9）眼睛动作。

眼睛动作的时间值分为两种情况：一种是定睛看视的凝视动作（EF），另一种是眼睛移动的搜寻动作（ET）。凝视动作的时间值为固定值（7.3TMU），搜寻时间的计算公式如下：

$$\text{搜寻时间} = 15.2 \times \frac{T}{D}(\text{TMU})$$

式中：T 为眼睛的移动距离；D 为眼睛的垂直距离，最大移动时间为 20TMU。

（10）旋转动作（C）。

旋转动作是指以肘为轴的摆动动作。影响旋转动作的主要因素有旋摆的直径、目标物受到的阻力大小和要求摆动的形态等。旋转动作的时间值如表 12－8 所示。

表 12－8　旋转动作的时间值

旋摆直径	时间值（TMU）
4	9.2
6	10.0
8	10.7
10	11.3
12	11.9
14	12.4
16	12.8
18	13.2
20	13.6
22	13.9
24	14.2
26	14.5
28	14.8
30	15.0
35	15.5
40	15.9
45	16.3
50	16.7

（11）全身运动。

这里的全身运动是指手和眼睛之外的其他身体动作，主要包括移动脚步、转身、弯腰、起立等。全身动作的时间值如表 12－9 所示。

表 12－9　全身动作的时间值

动作说明	符号	距离	时间值（TMU）
以脚踝为支点的足部动作	FM	10cm 内	8.5
足部动作——用力踩	FMP		19.1
脚步运动	LM	15cm 内	7.1
		每增加 1cm	0.5
向横侧移动一步，即可着手于工作	SS～C1	30cm 以内	使用伸手或移物的时间值
		30cm	17.0
		每增加 1cm	0.2
向横侧移动两步，即可着手于工作	SS～C2	30cm	34.1
		每增加 1cm	0.4
弯腰、弯膝盖、单膝跪地	B、S、KOK		29.0
起身	AB、AS 、AKOK		31.9
双膝跪地	KBK		69.4
起身	AKBK		76.9
坐下	SIT		34.7
站起来	STD		43.4
转体 45°～90°，移动一步就能着手工作	TBC1		18.6
转体 45°～90°，移动两步就能着手工作	TBC2	m	37.2
步行	W—M	步	17.4
步行	W—P	步	15.0
在有障碍的条件下步行	W—P	步	17.0

这样，通过对作业动作的标准化细分，并明确细分后动作的时间值，使测时人员在确定标准工时的时候，能够实现拿来即用，简单快捷又不失准确性。

后来，人们为方便使用，将时值数据压缩为 37 个。再后来，MTM 被进一步简化为 21 个时值数据，称为 MODAPTS 法。

2.3　MODAPTS 法的应用

MODAPTS 法（Modular Arrangement Predetermined Time Standards，简称模特排时

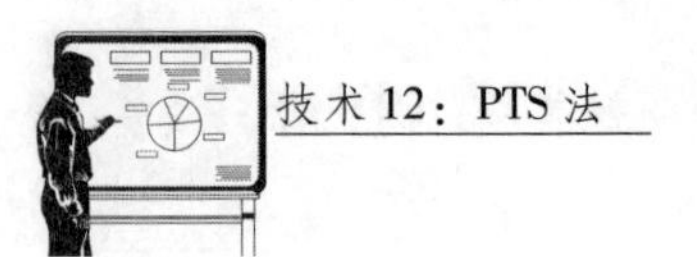

法）采用 MOD 替代 TMU，作为动作时间单位，且：1MOD = 0. 129 秒（不含宽放率）；1MOD = 1/7 秒（含 10% 的宽放率）。

MODAPTS 法是运用 21 个基本动作符号，将操作人员的动作表示出来。基本动作说明如表 12 - 10 所示。

表 12 - 10　基本动作说明

<table>
<tr><th>动作</th><th>动作细分</th><th>动作细分</th><th>动作细分</th><th>时间值（MOD）</th></tr>
<tr><td rowspan="11">上肢基本动作</td><td rowspan="5">移动动作</td><td rowspan="5">移动动作</td><td>手指动作</td><td>1</td></tr>
<tr><td>手腕动作</td><td>2</td></tr>
<tr><td>小臂动作</td><td>3</td></tr>
<tr><td>大臂动作</td><td>4</td></tr>
<tr><td>伸直的手臂</td><td>5</td></tr>
<tr><td rowspan="6">终结动作</td><td rowspan="3">抓取动作</td><td>触碰</td><td>0</td></tr>
<tr><td>简单的抓取</td><td>1</td></tr>
<tr><td>复杂的抓取</td><td>3</td></tr>
<tr><td rowspan="3">放置动作</td><td>简单的放置</td><td>0</td></tr>
<tr><td>复杂的放置</td><td>2</td></tr>
<tr><td>组装</td><td>5</td></tr>
<tr><td rowspan="10">其他动作</td><td rowspan="4">下肢动作</td><td colspan="2">足踏动作</td><td>3</td></tr>
<tr><td colspan="2">走路动作</td><td>5</td></tr>
<tr><td colspan="2">目视动作</td><td>2</td></tr>
<tr><td colspan="2">矫正动作</td><td>2</td></tr>
<tr><td rowspan="5">其他动作</td><td colspan="2">判断反应动作</td><td>3</td></tr>
<tr><td colspan="2">按下动作</td><td>4</td></tr>
<tr><td colspan="2">旋转动作</td><td>4</td></tr>
<tr><td colspan="2">坐下→起身；起身→坐下动作</td><td>30</td></tr>
<tr><td colspan="2">弯腰→直立；直立→弯腰动作</td><td>17</td></tr>
<tr><td>附加动作</td><td colspan="2">重量因素</td><td>1</td></tr>
</table>

MODAPTS 法和 MTM 法非常接近，它们都是通过分析组成作业动作的结果，得到最终的标准工时。

此外，无论是采用 MTM 法还是采用 MODAPTS 法确定标准工时，都要加上宽放时间，才能成为最终的标准工时。

3. 实践指南

用 PTS 法确定标准时间，具有时间分析观测方法所无法比拟的优点。因为它去除了对观测时间进行评价时导致的对标准工时的客观性及公平性的人为影响，而这正是标准工时所追求的目标。所以，就现有世界上制定标准工时的技术和方法中，PTS 法的客观性及公平性相对较高。

下面通过对某生产线上收紧螺丝的工序工时进行分析、改善和预置，来说明 PTS 法中 MODAPTS 法的实际应用过程。

3.1　工序现状的 MODAPTS 法分析

某现场生产线上有一道收紧螺丝的工序，初步检测发现存在严重的作业不饱和现象。为更好地掌握现状，现对该工序的 8 个动作进行现状作业分析，分析结果如表 12－11所示。

表 12－11　收螺丝工序的现状分析

产品型号	P10		工序名称	收螺丝	
部门	AD3		文件编号	P10—ST—018	
No.	动作描述（左手）	表达式	模特数	表达式	动作描述（右手）
1	等待	BD	11	M4G1M4P2	取半成品放进夹具
2	夹紧推夹头	M2G0M2P0	4	BD	好比
3	取螺丝对准	M2G3M2P5	12	M3P5UT＝1.25 秒 M3	抓电批至胸前
4	取螺丝	M2	11	M3P5UT＝1.25 秒 M3	对准孔位，上螺丝
5	对准螺丝	M1G3M2P5	11	BD	移动
6	等待	BD	11	M3P5UT＝1.25M3P0	抓电批，对准上螺丝
7	松开夹头	M2G0M2P0	6	M3M2G0	移动
8	等待	BD	4	GM3P0	将成品放于皮带拉上
—	总模特数	70	UT	2.5 秒	CT＝11.6s/PCS
—	编制人	×××	—	审批人	×××

表 12－11 中的内容反映了 4 个问题点，现为之设计对应的改善对策，如表 12－12所示。

表 12－12　问题点及改善对策

No.	问题点分析	对策
1	夹紧夹头及松开夹头都属于动作浪费，如能简化夹具，可消除不产生价值的动作时间消耗	需讨论是否有必要夹紧，该工序的目的是简单固定，故可设计为单触连接方式的夹具
2	取螺丝及对准耗用工时 12MOD，两次取螺丝和对准动作占用总工时的 1/4，供料的准时化欠缺	分析动作时间消耗，针对运输及供料方法上的浪费进行改善，可压缩作业时间 20%
3	电批对准螺丝时出现多次 P5 的动作，可考虑将其简化	夹具设计限位自动对准，将动作难度至 P2
4	实际工序工时为 10.17 秒，生产线标准工时为 8.5 秒，如果工序标准工时减少 20%，则可节省 1 位作业人员	采用半自动方法提供螺丝，使作业人员只负责收螺丝即可，由此可节省作业时间 25%

由此汇总改善对策为：一是改良夹具设计，增加限位；二是采用半自动方法提供螺丝，去掉取螺丝及对准的作业。

3.2　标准工时的预置

接下来，即可对新方案进行动作分析，分析结果如表 12－13 所示。

表 12－13　收螺丝工序的标准工时预置

产品型号	P10		工序名称	收螺丝	
部门	AD6		文件编号	P10－ST－01801	
No.	动作描述（左手）	表达式	模特数	表达式	动作描述（右手）
1	取产品放入夹具	M4G1M4P2	11	11	持住电批
2	持住	H	8	M3P2M3 UT＝1	对准并收螺丝
3	持住	H	10	M3M2P2M3 UT＝1	对准第二个孔位收螺丝
4	持住	H	3	M2M3	收回电批握住复位
5	放成品于拉上	M2M3P0	5	BD	等待
总模特数：37MOD　　UT＝2 秒　　正常作业时间＝7.07 秒					

然后，根据作业条件，设定宽放率为 15%，再将表 12－13 中的数据代入标准工时的计算公式中，可得：

标准工时＝正常作业时间×（1＋宽放率）＝7.07×（1＋15%）＝8.13（秒）

通过 MODAPTS 法的作业分析可知，实行新的作业方法后，可以节省 1 名作业人员的人力；虽然在工装改良方面投入 10000 元，但 1 名作业人员的月人工成本为 3000 元，4 个月内即可收回成本，并且从根本上缩短了制程路线长度，降低了人员管理成本。

以上只是 MODAPTS 法在作业方法评价及工装操作性评价方面的局部应用。此外，还可以尝试将这一技术更广泛地应用于生产线平衡及“一个流”单元生产的实施过程中，使之发挥出更大的价值。

4. 思维拓展

掌握一门技术不能只是机械地掌握其操作方法，更要把握这种技术的优势，这样才能将这门技术应用得炉火纯青；同时，也要了解它的局限性，这样才能懂得如何避短。

4.1　把握 PTS 法的优势

从 PTS 法的应用过程，我们可以很清楚地看到这一技术应用所具有的优势。

（1）在作业测定中，不需要对操作人员的速度、努力程度等进行评价，在工作前就可以客观地预先确定作业标准时间，并制定操作规程。

（2）可以详细记述操作方法，并查得各项基本动作的时值，从而对操作进行合理化改进。

（3）不用经过时间研究，就可以对不同的新方法进行比较。

（4）当作业方法发生变更时，必须修订作业标准时间，但所依据的预定动作时间标准不变。

（5）大大减少了读数错误等引起不正确结果的可能性，所设定的时间标准具有很高的一致性。

虽然 PTS 法在标准工时制定方面很有优势，但是也决不可忽视其局限性。

4.2　不容忽视的局限性

在日常实践中，PTS 法的应用主要存在以下几种局限：

（1）工作必须分解成基本动作。PTS 法对于许多进行多品种小批量生产和以工艺对象专业化为生产组织方式的企业来说都是不实用的。在这样的企业中，工作种类繁多而动作重复性较低。

（2）标准数据不能反映所有企业的情况。对于某个企业来说是正常的事情，在另一个企业也许是不正常的。因而，被观测的操作人员也不能反映所有操作人员的状况。

（3）需要考虑调节的因素很多，几乎快到了无法进一步操作的地步。例如，在某些情况下，移动物体所需的时间也许与物体的形状有关，但是分析时值的设定并没有

考虑这一因素。

（4）PTS 法建立在一种假设的基础上，即整个工作时间可用基本动作时间的加和得到。这便忽略了一种可能性，即实际工作时间与各动作次序相关。

（5）由于 PTS 法表面上看起来使用方便，因此容易不分场合地错误使用。事实上，分解基本动作和确定调节因素时要求分析人员自身必须具备一定的技能水平和操作经验。

技术 13：秒表时间研究

通过对人员实际操作的测算，设定更精确的时间定额。

1. 技术定义

秒表测时法就是利用秒表作为时间观测的工具，在标准状态下对合格的作业人员的操作过程进行时间研究，最终确定标准工时。该技术是由科学管理之父泰勒发明的，到现在依然是全世界范围内最普遍的确定标准工时的技术。

秒表时间研究具有以下特点：

（1）测定时间的选择是随机的，无任何主观意图的影响，因此观测结果具有充分的代表性。

（2）观测的次数是根据科学的计算确定的，能保证规定精度要求。

（3）观测结果的误差可事先通过计算控制在一定范围内，计算结果比较可靠。

鉴于秒表时间研究方法的这三大特点，在需要为具有重复循环形式的作业设定标准时间时，可以选择应用这一技术。

2. 标准应用

进行时间研究需要掌握一套科学的方法和程序，同时还要有良好的沟通能力，获取被观测者的信任和合作，以保证观测数据资料的准确性，并能进行正确判断，取得时间研究的成功。

2.1 秒表时间研究的工具准备

利用秒表进行时间研究需要准备必需的工具，包括秒表、测时表格、计算器和用于记录的笔、纸等。其中，秒表和测试表格是最重要的工具。

现在企业里面普遍应用的是电子式秒表，较以前的机械秒表，电子式秒表具有时间差小的优点。

秒表计时的方式总共有三种：第一种是60 进分秒式，即表面有60 个刻度，每个刻度为1 秒，转满一圈为1 分钟；第二种为100 进分式，即表面有100 个刻度，每个刻度表示0.01 分钟，转满一圈为1 分钟；第三种为100 进时式，即表面有100 个刻度，每个刻度是0.0001 小时，转满一圈为0.01 小时。

最后一种计时方式的时间单位最小，因此，在理论上是最精确的。但是，通常情况下，以上三种计时方式都能够达到测时目的。

另一个用于秒表测时的工具是测时表格，也称时间研究表格，它被用于记录各个原始数据。时间研究表格主要由三部分内容组成，包括标头、测时原始资料栏和时值整理栏。

例如，某企业的时间研究工作表如表 13 - 1 所示。

表 13 - 1　某企业的时间研究工作表（部分）

<table>
<tr><td colspan="6">时间研究工作表</td><td colspan="3">返回</td><td colspan="3">继续</td></tr>
<tr><td colspan="12">操作描述</td></tr>
<tr><td>零件编号</td><td></td><td>作业编号</td><td></td><td>图纸编号</td><td></td><td>设备名</td><td></td><td>设备编号</td><td></td><td>是否有质量问题</td><td></td></tr>
<tr><td rowspan="2">操作员</td><td rowspan="2"></td><td rowspan="2">操作工作时间</td><td rowspan="2"></td><td rowspan="2">部门</td><td rowspan="2"></td><td rowspan="2">工具编号</td><td rowspan="2"></td><td rowspan="3">加工进给速度设备周期</td><td rowspan="3"></td><td>是否有安装问题</td><td></td></tr>
<tr><td>是否有安装问题</td><td></td></tr>
<tr><td colspan="8">零件描述和原材料具体要求</td><td></td><td></td></tr>
</table>

<table>
<tr><td>作业单元编号</td><td colspan="2">作业描述</td><td>读秒</td><td>全部循环</td><td>平均时间</td><td>百分率（%）</td><td>标准时间</td><td>频率</td><td>单元时间</td><td>范围</td><td>R/X</td><td>最高</td></tr>
<tr><td rowspan="2"></td><td rowspan="2"></td><td>R</td><td></td><td rowspan="2"></td><td rowspan="2"></td><td rowspan="2"></td><td rowspan="2"></td><td rowspan="2"></td><td rowspan="2"></td><td rowspan="2"></td><td rowspan="2"></td><td rowspan="2"></td></tr>
<tr><td>T</td><td></td></tr>
<tr><td rowspan="2"></td><td rowspan="2"></td><td>R</td><td></td><td rowspan="2"></td><td rowspan="2"></td><td rowspan="2"></td><td rowspan="2"></td><td rowspan="2"></td><td rowspan="2"></td><td rowspan="2"></td><td rowspan="2"></td><td rowspan="2"></td></tr>
<tr><td>T</td><td></td></tr>
<tr><td rowspan="2"></td><td rowspan="2"></td><td>R</td><td></td><td rowspan="2"></td><td rowspan="2"></td><td rowspan="2"></td><td rowspan="2"></td><td rowspan="2"></td><td rowspan="2"></td><td rowspan="2"></td><td rowspan="2"></td><td rowspan="2"></td></tr>
<tr><td>T</td><td></td></tr>
<tr><td rowspan="2"></td><td rowspan="2"></td><td>R</td><td></td><td rowspan="2"></td><td rowspan="2"></td><td rowspan="2"></td><td rowspan="2"></td><td rowspan="2"></td><td rowspan="2"></td><td rowspan="2"></td><td rowspan="2"></td><td rowspan="2"></td></tr>
<tr><td>T</td><td></td></tr>
<tr><td rowspan="2"></td><td rowspan="2"></td><td>R</td><td></td><td rowspan="2"></td><td rowspan="2"></td><td rowspan="2"></td><td rowspan="2"></td><td rowspan="2"></td><td rowspan="2"></td><td rowspan="2"></td><td rowspan="2"></td><td rowspan="2"></td></tr>
<tr><td>T</td><td></td></tr>
<tr><td rowspan="2"></td><td rowspan="2"></td><td>R</td><td></td><td rowspan="2"></td><td rowspan="2"></td><td rowspan="2"></td><td rowspan="2"></td><td rowspan="2"></td><td rowspan="2"></td><td rowspan="2"></td><td rowspan="2"></td><td rowspan="2"></td></tr>
<tr><td>T</td><td></td></tr>
</table>

<table>
<tr><td>外来单元</td><td rowspan="3">备注：</td><td rowspan="3">R/X　循环编号
0.1　2
0.2　7
0.3　15
0.4　27
0.5　42
0.6　61
0.7　83</td><td rowspan="2">总正常时间
宽放系数
小数形式分钟值
每单位的小时数
每小时件数</td></tr>
<tr><td>工程师：
日期：</td></tr>
<tr><td>批准人：
日期：</td><td>背面附工位草图
工作站裕量
产品草图</td></tr>
</table>

标头要求包括测时对象和工作方法两部分内容。测时对象可能是产品，也可能是半成品、零部件、制程或作业等；工作方法则是执行工作所需要的夹具、模具和其他设备等。此外，还应该标明测时时间和测时的直接负责人。

测时的原始资料栏的内容为测时的各个周程和作业单元的实测工时数据，它是现场实地观测的证据。一般情况下，原始资料栏的纵向为"周程"栏位，横向为"作业单元"栏位，栏位的设计要符合测时工作的要求，当采取连续测时法时，每个"作业单元"分为表面读数（R）和单元时值（T）两栏，表面读数为直接观测到的数据，单元时值为统计归纳后的观测数据。

时值整理栏针对原始的时值资料，对各个作业单元进行整理，除去异常值后的单元时值的总和、次数和平均值，再加上评比系数，得到有效的作业时间，最后，加上宽放时间得到标准工时。

时值整理栏如表 13－2 所示。

表 13－2　时值整理栏

<table>
<tr><td colspan="8">总计</td></tr>
<tr><td>总和</td><td></td><td></td><td></td><td></td><td></td><td></td><td rowspan="7">附录</td></tr>
<tr><td>次数</td><td></td><td></td><td></td><td></td><td></td><td></td></tr>
<tr><td>平均值</td><td></td><td></td><td></td><td></td><td></td><td></td></tr>
<tr><td>评比因素</td><td></td><td></td><td></td><td></td><td></td><td></td></tr>
<tr><td>有效作业时间</td><td></td><td></td><td></td><td></td><td></td><td></td></tr>
<tr><td>宽放率</td><td></td><td></td><td></td><td></td><td></td><td></td></tr>
<tr><td>标准工时</td><td></td><td></td><td></td><td></td><td></td><td></td></tr>
</table>

此外，在测时表格中，为了记录作业人员离开工作岗位喝水或上厕所等时间，有必要添加"外来单元"栏位。

2.2　分析测时对象

测时对象可能是产品，也可能是半成品、零部件、制程或作业。如果测时对象之前已经确定过标准工时，那么，本次测时需要核实之前确定的标准工时的工作方法和作业标准是否发生改变，如果没有改变，则不需要重复测时。需要注意的是，如果导致测时对象改变的因素与作业标准、工作方法等无关，则不一定需要重测标准工时。

2.3　确定工作方法和条件

由标准工时的定义可知，标准工时的测定是建立在合理的工作方法基础上的，因此，秒表法测时需要确定工作方法和作业条件的合理性。

确定工作方法和条件合理性的内容包括三个方面。

（1）确定测时人员和被测时人员所使用的设备、夹具等是否精确合理。

（2）确定当时的工作条件是否合理，因为工作条件的优劣会影响宽放时间。

（3）确定测试人员是否掌握一定的工作方法，保证能够正确操作，得到正确的时间数据记录。

2.4 划分作业单元

划分作业单元是根据实际测时工作的需要，在测时表格上设置相关的空白栏位，测试人员将测时过程得到的相关数据完整地填写在栏位中，便于时值整理工作。

作业单元划分是利用秒表测时法成功测定标准工时的关键环节。因此，要确保作业单元划分的合理性。这通常需要遵守以下原则：

（1）作业单元要有明确的开始和结束的时间点，方便提醒测时人员及时记录时值。

（2）对于连续的操作，应尽可能将其划分为一个单元；当工时太短时，则不宜继续划分。

（3）为了考虑评比因素，需要区分手动作业单元和自动作业单元。

（4）研究的作业单元只与生产相关。

（5）基本作业单元和辅助作业单元要分别记录。

某机械零件钻孔加工的作业单元划分如表13－3所示。

表13－3 作业单元划分

作业顺序	作业单元	备注
1	将工作件放进钻台冶具内	
2	锁紧冶具上的螺丝	
3	移动钻刀至工件上面	
4	钻深孔	
5	松开所有螺丝	
6	取出工件，放进零件箱	
7	用刷子认真刷除残余的削屑	

对于绝大多数的生产加工作业而言，如果人们仔细划分作业单元，就会发现大多数的作业都是由少数作业单元组成的。因此，认真、细致地划分作业单元，就可以综合运用已有的作业单元标准时值，建立最终的标准工时，这会省去很多重复性工作。

2.5 开始测时工作

完成作业单元的划分以后，就开始正式的测时工作了。借助秒表对作业单元逐项观测，并将所有的结果记录在时值栏位中。秒表测时法分为归零法和连续法两种。

（1）归零法。

归零法是指对每个周程的作业单元进行测时，当一个作业单元测时完成后，测时人员要按下停止按钮，记下该单元的时值，然后开始下一个作业单元的测时，所得到的每一次读数都是单一的时值，因而可以直接记录在单元时值的位置。

归零测时法的举例如表 13－4 所示。

表 13－4　归零测时法（部分）

作业单元 \ 周程		1	2	3	4	5	6
装载卡具	*R*	0	0	0	0	0	0
	T	0.17	0.15	0.18	0.16	0.16	0.16
运行设备	R	0	0	0	0	0	0
	T	0.3	0.3	0.3	0.3	0.3	0.3
卸载	R	0	0	0	0	0	0
	T	0.8	0.7	0.8	0.7	0.7	0.7

（2）连续法。

连续法是指在测时开始时就按下秒表，一直到最后一个周程的最后一个单元完成时，按停秒表。与归零法相比，连续法较为麻烦，但误差较小，所得结果的精准度相对较高，因此，连续法普遍被用于秒表测时工作中。连续测时法如表 13－5 所示。

表 13－5　连续测时法（部分）

研究日期：　　　　观测工序：　　　　观测者：

起始时间：　　　　完成时间：　　　　经过时间：　　　　操作人员：

周程 \ 作业单元	1	2	3	4	5	6	7	8	…	平均时间
1										
2										
3										
4										
…										

在测时过程中，如果被观测人员中途停止作业，应该将停止过程记入“外来单元”的栏位中，作为以后效率核对的依据和设定宽放率的参考。

2.6　时间调整

时间调整是将测时得到的观测数据根据实际情况，如考虑操作的难易程度、操作人员的熟练程度、作业环境的影响等因素予以修正，以确定一个正常的时间。

时间调整的第一步是除去异常观测值，使剩下的数值符合统计原则。所谓异常观测值，是指在每个作业单元的各个观测周程时值中，那些不正常、跟整个数值不搭配的数值，如以下一组数据：

12　13　11　10　24　12　15　11　13　14　6　10

从该组数据看出，大多数值分布在 12 周围，24 和 6 离散度较高，可认定为异常值，它们会影响数据统计的可靠性，需要除去。最后，将剩余的数据作加权平均，所得到的数值便可作为计算标准工时的时值。

2.7　制定标准工时

标准工时是将经过调整后的时值加入评比因素和宽放因素后计算得到的。

首先计算有效作业时间。将测定的时间乘以评比系数后，得到有效作业时间。假设钻深孔作业的有效作业时间的计算如表 13－6 所示。

表 13－6　钻深孔作业的有效作业时间（部分）

作业顺序	作业单元	平均工时（秒）	评比系数	有效作业时间（秒）	备注
1	将工作件放进钻台冶具内	4.5	1.2	5.4	
2	锁紧冶具上的螺丝	25	1.2	30	
3	移动钻刀至工件上面	2	1.2	1.4	
4	钻深孔	40.5	1.2	48.6	
5	松开所有螺丝	22.3	1.2	16.76	
6	取出工件，放进零件箱	5.2	1.2	6.6	
7	用刷子认真刷除残余的削屑	10.8	1.2	12.96	

得到有效的作业时间以后，考虑宽放时间，即作业单元的生理宽泛时间、疲劳宽放时间和延迟宽放时间等。假设生理宽泛率为 5%，疲劳宽放率为 8%，延迟宽放率为 3%，那么总体宽放率为 16%。最后的标准工时的计算为：

标准工时＝有效作业时间×（1＋宽放率）

运用秒表测时法确定标准工时，需要周密的安排和部署，并提前解决实际操作中可能发生的问题。

3. 实践指南

秒表时间研究的有效应用可以帮助人们通过测定作业时间，精确控制作业时间效率，并从中寻找到改善点，以将作业时间尽量降到最低。通过上面的介绍，相信读者已经能够初步掌握秒表时间研究的一般操作方法。为了使读者更熟练、更深刻地掌握这一技术，下面介绍其在企业管理实践中的具体应用。

3.1　背景

该案例是对某公司安装电器设备的作业进行改善。电器安装作业是由电器安装部

负责的。电器安装部的居住区作业大致分为五个步骤：安装金属片、安装主路线、铺设支线路、安装电器接线和调整。电器安装作业是在整个项目即将完工前的最后作业，容易受其他作业滞后的影响，因此按期完成任务的难度很大。

为缩短电器安装作业的时间，电装部研究如何改善作业。在调查时，他们进行了作业程序分析，把握问题点，并特别使用了秒表时间研究方法进行分析，设法缩短作业时间。下面介绍其对埋入型通用插口安装作业的改善。

3.2 秒表时间研究的展开

为掌握问题点，进行了作业人员的作业分析，结果如表 13－7 所示。

表 13－7 改善前的安装作业时间分析

时间单位：DM

步骤	内容	工具	时间	备注
1	做好准备工作	钻孔机、刀具、通用插口	40	准备好所用器具
2	步行至现场	—	210	到达作业现场
3	做好安排	设计图纸	130	检查设计图纸
4	确定位置	笔、直尺	230	在墙壁上标记需切除的位置
5	钻孔	钻孔机	205	用钻孔机钻孔
6	切除	刀具	350	用军用刺刀切除墙壁
7	展开电线	—	290	从钻孔处装配电线并向四周拉开
8	切开电线	钳子、刀具	460	在合适的位置切开电线
9	分解通用插口	—	50	分解通用插口的一端
10	整理小孔	老虎钳、通用插口	370	在钻孔处安装通用插口
11	接线	老虎钳	260	—
12	安装通用插口	老虎钳	190	—
13	最终检查	—	40	目视
—	合计	—	2825	—

从表中可以看出，安装一个埋入型的通用插口所需时间是 2825DM，约 28 分钟。

接下来，对预备调查的结果进行分析。通过表 13－7 可知，该工作的主要程序是安装隔热材料，确定电线所在位置，安装好电线，再安装胶合板，安装通用插口，基本实现时间观测的目标。然后，在墙壁上安装通用插口时，钻孔花费 915DM（要素作业第 3 至 6 的合计时间），这一时间占全部时间的 32.4%。

事实上，安装、钻孔这些作业并不需由电器安装部来操作，完全可以转由木工部负责，把这作为改善的方向就可减少 915DM 的时间；如果购买已钻孔的胶合板，那么改善效果会更佳。

3.3 改善后的秒表时间研究

通过讨论，考察预备调查的结果，提出了以上的改善方案，并决定购买已经钻孔的胶合板。

为了观测改善后的作业及把握改善效果，利用秒表进行时间观测。改善后的作业要素划分为：准备通用插口（上午、下午各一次，和其他器具一起准备）；步行至作业现场；拉开电线；处理电线；分解通用插口；整理小孔；接线；装配通用插口；检查。

改善后，安装一个埋入型通用插口所用的时间约为 18 分钟，由《观测次数确定标准》可查得，观测次数应为 8 次。经过 8 次实际检测，结果如表 13－8 所示。

表 13－8 改善后的安装作业时间分析

时间单位：DM

要素作业		1		2		3		…	8		合计	平均时间
		表读数	时间	表读数	时间	表读数	时间	…	表读数	时间		
1	做好准备工作	310	310	80	80	110	110	…	90	90	1070	120
2	步行至现场	490	180	210	210	191	191	…	210	210	1686	197
3	展开电线	750	260	451	231	380	271	…	454	263	2198	261
4	切开电线	1250	470	821	360	735	386	…	859	405	3334	403
5	分解通用插口	202	42	871	50	820	45	…	905	46	478	46
6	缝合小孔	541	347	1288	370	1020	352	…	1250	345	3086	372
7	接线	709	258	479	268	387	261	…	1504	254	2134	253
8	安装通用插口	926	183	660	191	546	162	…	662	158	1438	166
9	最终检查	1976	28	1528	26	1536	30	…	1690	28	334	28
											15758	1846

与表 13－7 比较，平均标准时间从 2825DM 减少到 1846DM，降幅达 979DM，改善效果非常明显。

4. 思维拓展

在精益化管理的各种技术中，秒表时间研究属于一种基础操作技术，它的研究结果可以为其他精益化管理技术的应用打下基础。也许正是基于这一点，这一技术的应用始终未能得到足够的重视，人们应用这一技术时往往只是按照一般操作程序进行，研究结果并不十分严谨，且很少考虑如何让这门技术更好地服务于精益化管理的问题。

其实，如果人们能够注意一些重要事项，并关注其应用的局限性，那么这门技术完全可以发挥出更大的价值。

4.1 让秒表时间研究更有效

采取以下方法，可以使秒表时间研究更有效。

（1）为确保秒表时间研究的顺利进行，必须借助周密的安排和部署，对实际操作中可能发生的问题要提前解决。

（2）观测时要保证操作人员按照标准操作方法操作，而被观察的操作人员也需要能够代表合格操作人员的一般水平。

（3）观测时不能影响操作人员的正常工作，确保观测值可以代表操作人员平时的操作情况。

（4）各单元观测时间既不宜太长也不宜太短，一般控制在几秒到几十秒的范围内。

（5）录像分析法可以弥补肉眼观测精度不够的缺点，可以帮助观测人员更好地完成工作。

此外，秒表时间研究人员还可以从其他角度思考如何让研究更快速、结果更准确，让该技术应用得更娴熟，效果更好。

4.2 关注秒表时间研究的局限性

秒表时间研究不需要仔细思考作业的具体过程，通过秒表时间记录全过程得出统计数据即可，几乎可应用于所有行业。也正是基于此，这一技术才被实施作业测定的企业广泛应用。

但是，这一技术也有其应用的局限性。

一是测评结果随机性大。因为实测的数据难免会受作业人员熟练度、工作情绪、工作环境等多种因素影响，而且不同的测定人员的经验、能力也有所差别，如果测定人员的经验积累有限，那么数据偏差便会很大。

二是秒表时间研究的数据复用性较差，基本上每次测量只能使用一次，一旦发生工艺变化，就必须重新测定，不利于标准资料的积累。

还有一点就是，秒表时间研究属于事后行为，无法在产品投产前完成。因而，要考虑如何将其与 PTS 法的应用相结合。

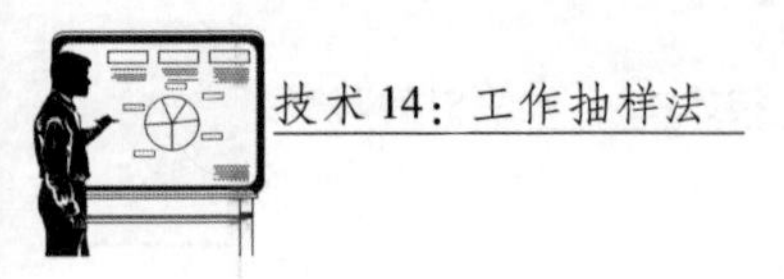

技术 14：工作抽样法

> 通过样本数理统计来制定标准时间，可节省大量人力和工作成本。

1. 技术定义

工作抽样法（Work Sampling，WS）又称瞬时观测法，是在一定时间段内随机观测研究对象，以样本的状态来推断研究对象的情况。

工作抽样法首创于1934 年，英国统计学家蒂皮特运用统计学与概率论的理论，在纺织厂采用抽样管理的方式调查织布机的工作效率。此后该管理技术经莫罗、巴恩斯等人的完善而得到重视，并被广泛应用。

工作抽样法具有以下优点：

（1）观测数据失真率低，准确性高，能确保观测结果的精度。

（2）观测对象范围广泛，适用性强，可用于多种作业的同时观测。

（3）可以在任何时间中断或再继续观测而不影响其结果。

（4）测定效率高，一名观测人员可同时对数位人员和数台设备进行抽样观测。

（5）几乎不必对观测人员进行训练。

由于工作抽样是瞬时观测，所以各种不规则的作业都可以成为观测对象。在生产现场中，工作抽样法的应用可以节省大量人力财力，减少工作成本。

2. 标准应用

与秒表时间研究相比，工作抽样法具有明显的优势，主要表现为：属于瞬间的观测，因此，不会给人压迫感，且观测方法简单；具有经济性，能够同时观测多个对象，也容易进行同步作业的观测；可以预先将待观测的内容具体化，即使不熟悉作业内容的人也能够进行观测活动等。

虽然工作抽样看起来是一项很简单的技术，但在实际运用的过程中需要严格按照程序实施，才能确保结果的有效性。

2.1 确定观测对象

用工作抽查法确定标准工时，首先要确定观测对象。观测对象的不同会影响观测数、观测次数等。例如，在调查对象的运行周期较长时，要适当增加观测次数，以确保调查的准确性。

2.2 选择观测数和观测次数

采用工作抽查法确定标准工时时，观测数越多，准确度越高；但是，我们在前文中说过，观测数多，也会造成成本的增加，因此，观测数需要合理把握。

观测数是针对所有观测对象，从经验或推断观测对象的发生率。观测数根据置信度和精度确定，在置信度为 95% 的情况下，观测次数 N 可用下式求得：

$$N = \frac{4(1-P)}{e^2}$$

式中：N 为观测次数，P 为观测对象发生率的预测值，e 为观测要求的精度。

从以上公式中看出，观测数受观测要求精度的影响，但也会受限于成本而无法充分满足观测数的需要。

一般情况下，观测数可以是观测对象数和观测次数的乘积，当被观测的对象互不相关时，在对 5 个独立工作的人进行 10 次观测的情况下，观测数为 50 次；如果同步进行的作业，且工作有关联时，对 5 个人进行 10 次观测的观测数为 10 次。

2.3 确定一天的观测次数、观测期间和观测时刻

每天的观测次数是依据观测对象的数量和观测项目发生的频率来决定的。一般情况下，一天的观测次数为观测数除以观测期间的值。平均来说，以一个人一小时观测 2～3 次为宜。

而具体观测时刻是通过随机时刻表来决定的。随机时刻表是根据各种情况制作的。随机抽样时刻表如表 14－1 所示。

表 14－1 随机抽样时刻表

1		2		3		4		5	
38	0.01	4	0.04	21	0.28	14	0.01	25	0.03
9	05	33	23	22	36	32	15	38	08
16	17	13	44	14	44	2	23	18	15
32	28	26	50	40	52	27	30	23	55
20	43	9	1.18	29	58	7	41	28	1.18
18	1.01	34	30	26	1.15	26	50	22	36
29	25	22	37	18	20	18	1.12	16	47
25	53	17	49	6	35	13	32	40	56
26	2.06	7	2.04	25	38	28	52	7	2.07
3	09	36	26	1	2.15	10	2.06	4	19
6	13	16	31	34	30	20	10	31	36
35	23	38	44	3	36	38	26	6	55

续表

1		2		3		4		5	
22	47	19	55	39	46	29	43	32	3. 02
30	3. 03	30	3. 17	12	56	31	57	21	10
8	06	28	29	5	3. 32	16	3. 06	29	23
10	20	12	40	38	37	15	15	9	29
13	34	2	4. 01	36	50	34	17	27	38
1	4. 16	14	18	13	59	17	28	3	4. 02
14	54	5	38	31	4. 11	36	30	17	14
40	5. 07	23	48	8	45	33	42	30	51
2	34	32	56	7	50	5	4. 05	36	5. 12
28	38	40	5. 17	2	5. 05	24	32	26	30
7	45	20	27	35	14	35	5. 09	1	40
11	6. 10	21	56	33	33	21	38	35	50
4	56	35	58	11	46	40	47	5	6. 01
21	7. 02	1	6. 28	15	50	30	6. 08	37	10
15	12	39	39	23	6. 05	9	37	10	19
34	1822	3	48	32	12	19	48	24	27
17	2830	24	51	37	29	12	7. 00	8	43
31	49	15	52	19	30	37	08	19	7. 25
12	8. 01	8	7. 23	20	38	8	21	20	34
5	20	31	26	16	7. 15	4	24	33	8. 04
27	34	27	38	27	34	25	44	34	06
37	45	18	8. 07	28	50	6	8. 01	39	10
23	59	10	12	10	8. 19	23	29	14	15
19	9. 05	11	27	4	27	39	41	12	45
36	2246	37	45	9	30	22	50	13	9. 10
39		25	9. 07	30	9. 06	11	53	11	18
24		6	19	24	29	3	9. 35	15	25
33		29	52	17	45	1	56	2	48

通常情况下，观测时刻的设定可以依据表 14 - 1 进行。

假设在限制时间为 8 小时，休息 1 小时，实际工作时间为 7 小时的情况下，随机进行 15 次抽查观测的步骤如下：

（1）如果开始作业时间为 7：00，则设定为 7：00，8：00，9：00，10：00，并以

此类推。

（2）为了方便抽样过程，可以删除表中每一列左边大于 30 的数字，并删除作业时间以外的时刻（包括休息时间在内）。

（3）在表 14－1 左列中，选择符合条件的号码中最小的时刻。例如，第二列中选取 20 个号码。在本例中，间隔时间必须大于 15 分钟（13 分钟的巡回时间加 2 分钟宽泛时间），最终得到的观测时刻表如表 14－2 所示。

表 14－2　观测时刻表

号码	时刻
4	7：04
13	7：44
9	8：18
22	8：37
7	9：04
16	9：31
19	9：55
28	10：29
2	11：01
5	11：38
40	12：17
21	12：56
1	13：28
3	13：48
8	14：23
27	14：38
18	14：07
11	14：27
25	15：07
29	15：52

需要注意的是，在选出号码的过程中，如果不能得到满足要求的 20 个号码，可以改变之前的标准号码 30，选取大于 30 或小于 30 的号码即可。

2.4　实施观测

该步骤要求按照工作抽样法观测的要求，进行时间观测工作。观测工作要求在看到观测对象的瞬间实施，为辅助记录作业内容，可以借助抽样记录表进行。某企业的工作抽样记录表如表 14－3 所示。

表 14－3　抽样记录表（范例）

部门：　　　　抽查时间：　　　　观测人员：　　　　观测时刻：

作业区分 / 观测对象 / 作业 / 次数		作业过程中							非作业					次数总计
次数	作业													
1														
2														
3														
4														
…														

2.5　数据处理

得到观测值之后不能马上用于计算，因为观测过程中存在人为的干扰因素，这就需要观测人员将这种干扰程度降到最低。

首先，要去除异常值。经过观测记录之后，根据管理图的管理界限剔除异常值。一般管理界限的确定，可以按照以下公式进行：

$$管理上（下）限 = \overline{P} \pm 3\sqrt{\frac{P(1-P)}{n}}$$

式中：$\overline{P}$ 为观测值的平均值；n 为观测次数；3 为分布范围为三个标准差范围内。

然后，开始计算。在确定剔除异常值后的观测次数达到要求之后，根据事件发生率计算允许误差是否处于要求范围内。如果符合要求，则发生率有效；否则，要继续观测，以取得有效值。

$$误差范围\ E = u\sqrt{\frac{p(1-p)}{n}}\ (u=2，可靠度达\ 95\%)$$

在顺利完成上述步骤之后，即可对结果加以分析，然后根据得到的数值并结合宽放时间，计算出标准工时。

3. 实践指南

工作抽样是利用统计法，通过瞬时观测，对必需且最小限度的样品，以能够满足的可靠性和精度进行推定的技术。工作抽样主要应用于调查设备或人员的工作效率和状态，找出其在工作中存在的问题，针对问题制定改进措施，提出切实可行的改善方案。

下面以某企业为例，介绍该企业如何运用工作抽样方法分析其行政部 3 名人员的

工作休息状态，并提出改进的对策和建议。

3.1 做好抽样准备

抽样工作开始前，需要确认抽样数据来源。抽样人员决定从以下方面收取数据。

（1）被观测对象所在岗位的岗位职责说明书。

（2）针对各管理人员的调查问卷。

（3）对高层、中层及个别基层管理人员的访谈记录。

（4）各岗位的工作日志。

（5）实地观测的日常工作情况记录。

由于各管理人员的岗位职责及具体工作情况各不相同，所以不同岗位的调查项目的分类情况亦有所不同。

而根据工作抽样的目的，抽样人员将调查项目分为两大类——工作和休息，然后再细分为多项内容，以便于分析其工作与休息内容的构成比例。以行政总监岗位为例，其工作项目、休息项目分类的内容如表 14－4 所示。

表 14－4 工作、休息调查内容的分类

工作类细分内容		休息类细分内容	
W_ 1	编制公司行政规划	R_ 1	迟到或早退
W_ 2	核查日常考勤状况	R_ 2	玩游戏、喝饮料等休闲
W_ 3	阅读相关文件资料	R_ 3	上网、阅读休闲刊物
W_ 4	接受大客户来访	R_ 4	串岗
W_ 5	主持并参加公司会议	R_ 5	闲聊
W_ 6	安排发放日常办公用品，统计缺失情况	R_ 6	上洗手间
W_ 7	统计并核查各类票据	R_ 7	不明原因的外出
W_ 8	安排人员为其他部门提供支持	R_ 8	—
W_ 9	指导、监督下属日常工作	-	—
W_ 10	其他	-	—

接下来，抽样人员决定了观测路线，确定了办公室平面图及观测位置。

3.2 试观测并决定观测次数

以上工作准备就绪后，抽样人员开始确认抽样次数，并应用以下公式进行计算：

$$n = \frac{4p(1-p)}{E^2}$$

式中：n 为观测的总次数，p 为观测某事件的发生率，E 为允许误差（$E = \pm 2\delta$）。

为了确保观测的准确性，抽样人员在正式观测前，进行了一段时间的试抽样，得出的工作率 p 值为 0.72，即工作率 p 为 0.72%。然后，根据公式计算，确定正式观测次数为899次，观测13天，每天69次；并用随机方法确定了每天的具体观测时刻。

3.3 实施正式观测

抽样人员根据观测要求开始了正式观测。在此过程中，抽样人员力求把观测的情况准确记录在观测表的有关栏内；如发现操作人员离开岗位，则立即问清原因，并做好记录；如原因不明，则记入“离开岗位”栏内。

3.4 整理数据

正式观测结束后，抽样人员将观测结果加以汇总和统计，得出了部门工作抽样观测结果的有关数据，其统计表如表14-5所示。

表14-5 行政部人员工作抽样结果汇总表

排序	岗位名称	观测总次数	工作次数	休息次数	工作负荷比例（%）
1	行政总监	1301	1135	166	87.24
2	行政主管	1299	1124	175	86.53
3	行政文员	1300	927	373	71.31

接下来，根据行政总监平均每天工作负荷率结果，确定管理界限，然后去掉异常值。管理界限根据观测事项发生率，采用下列公式算出：

$$管理界限 = \bar{p}\delta 3\sqrt{\frac{p(1-p)}{n}}$$

式中：p 为观察事项发生率的平均数，n 为平均每日观察次数。

将表中有关数字代入上式，可得：

管理上限 =0.8724 +0.111001 =0.983401。

管理下限 =0.8724 -0.111001 =0.761399。

由于实际观测的16天中有3天的数据超出了管理界限的范围，因此需要剔除这3天的数据。

所剩抽样次数为：$N=1301-52-105-105=1039>899$，仍满足抽样次数的要求。

最后，进行置信度检验。

剔除异常值后，可得平均工作负荷率为 $\bar{p}=86.74\%$，观测总次数为1089，容许绝对误差为：

$$E=\sqrt{\frac{p(1-p)}{n}}=\sqrt{\frac{0.8674(1-0.8674)}{1089}}=0.0102770<0.03$$

可见，容许绝对误差 E 符合事先设定的范围 δ3%，由此可得到结论：“行政总监岗位的工作负荷率为86.74%”的观测结果是有效的，可靠度达到95%。

4. 思维拓展

如今，工作抽样法已在实践中得到了广泛的应用。为了促使工作抽样法得到有效

的应用，下面再来强调一下在应用该技术时必须遵循的原则。

4.1 工作抽样法应用的原则

工作抽样取得的数值要确保真实而且有效，为此，在进行工作抽样时必须遵守以下原则：

（1）采用随机观测的方式。

工作抽样必须采用随机观测：一是时间上的随机观测，以没有任何关联的不同时间点进行观测；二是路线上的随机观测，观测时不走同样的路线，或依照一定的观测对象顺序，以免被观测人员产生防备心理。

（2）样本必须具备有效的代表性。

抽样对象必须是同质性较高，如此才能确保抽样结果的价值。例如，手工装配车间与设备自动化车间万万不可混在一起观测。

此外，抽样的时空环境也很重要。例如，车间员工刚刚进行调动的短时间内不宜抽查。而且，观测时要确保被观察人员以正常的工作状态接受观测，其紧张、反感、兴奋等情绪都会影响观测值的准确性。

（3）抽样必须有大量的资料。

观测数据要符合合理样本数，一般而言需要几百个、上千个数据。如观测对象有限，可增加日观测次数、观测天数等，以获取预期的资料数量。

（4）分析资料必须采用原始资料。

用于工作抽样的数据资料必须是原始资料，不能经过再加工，否则容易掩盖实际情况，导致分析人员无法作出准确的判断。

4.2 走出工作抽样的操作误区

虽然工作抽样是一种非常容易操作的技术，不过，也需要人们对某些方面加以控制，才能确保抽样工作顺利进行。一些抽样人员正是因为对某些方面的把握不当，才导致其陷入了操作的误区。

（1）样本越大越好吗？

一般来说，样本越大，意味着其代表性越好，但并不能绝对地说“样本越大越好”。实际上，样本大小与总体大小呈正相关关系，且具有一定的函数关系，但当样本增加至 390 个左右时，即使总体继续增加，样本大小也不会有太大的增加。也就是说，继续增加样本数量，不会对调查结果产生更有价值的影响。

此外，样本数量还应取决于调查目的、调查精确度要求、允许的误差大小、总体差异程度、调查时间、人力与物力条件及抽样方法等因素。

从理论上说，只要满足了一定精确度，控制了误差，样本达到了一定量即可，而绝非越大越好。

（2）样本大小足够就行了吗？

样本量的大小，只是从统计学角度一定程度上解决了抽样的精确度与误差问题，但是并未从根本上解决样本的代表性问题，而样本的代表性除了样本要达到一定数量

外，还取决于所采取的抽样方法是否适当。

不同的抽样方法有不同的特点与适用条件，采取何种抽样方法，需要根据调查的目的，调查人员对总体的了解程度，调查的时间、经费、人力等条件确定。对调查总体的了解程度直接决定调查者采取的抽样方法。如果对调查总体一无所知，则使用概率抽样的方法几乎不可能；即使是对总体有所了解，但了解的程度也直接影响抽样方法的使用。

也就是说，不管采取何种抽样方法，都应该是在现有条件下，遵守抽样的随机原则，尽量使总体中的每一个体都有相同的、被抽中的机会，这样才能确保样本具有广泛的代表性。

总之，在工作抽样过程中，抽样人员必须严格遵循抽样的科学原则，有力控制抽样过程，并随情势而变，充分调动自身的智慧，选用恰当的抽样方法，如此才能得到高质量的、准确的抽样结果。

技术 15：SOP

> 帮助操作人员明确工作准则，实现作业的标准化。

1. 技术定义

SOP（Standard Operation Procedure，简称 SOP）是将某一生产过程的标准操作方法、步骤和要求以统一的形式予以展示，用来指导和规范日常的生产活动。

在作坊手工业时代，完成一件产品的工序往往很少，甚至从头至尾由一个人完成，操作人员的培训是以学徒制形式经过长时间积累与实践实现的。随着工业的发展，生产一件产品的工序越来越复杂，对各工序的管理也日益困难，依靠口头传授操作方法已不能很好地控制生产过程。因此，必须制定标准操作，以指导各工序的操作方法及步骤。

SOP 的作用体现在以下几点：

（1）有效指导生产过程，保证人员操作的统一、准确。

（2）使操作人员迅速掌握高效工作的方法，有助于提高整体运作效率。

（3）以作业标准为依据追查不合格产品产生的根本原因，有利于作业方法的改善。

（4）积累操作经验记录，避免因技术人员的流动而导致企业生产技术流失。

2. 标准应用

作业流程以及步骤的详细规划有助于减少生产中由于操作不当发生的错误，避免在生产与管理工作中产生不必要的浪费。也正是基于此，SOP 管理模式被越来越多的管理部门所推崇和使用。下面介绍 SOP 的应用方法。

2.1 SOP 的文本编制

SOP 是以操作程序和内容为主题来进行编制的，力求一目了然，使员工容易理解、易于遵守，从而达到生产管理的目标。

（1）SOP 的编写原则。

编写 SOP 时，要坚持以下原则，如表 15－1 所示。

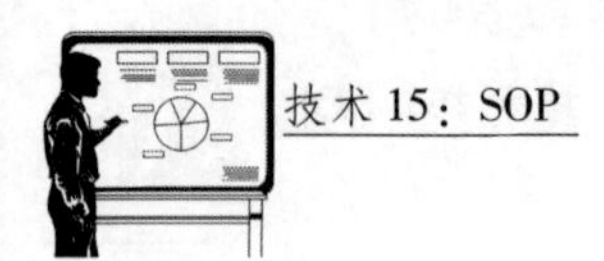

表 15－1　编写 SOP 的原则

原则	内容
符合性	符合企业的质量、标准化作业方针和目标的要求
确定性	即对何时、何地、由谁、依据什么文件、怎么做及应保留什么记录等，加以明确规定，排除管理与操作的随意性
相容性	应与其他标准文件保持相容性，不仅协调一致、不产生矛盾，而且各自为实现总目标承担相应责任
可操作性	必须符合现场生产的客观实际，具有可操作性，以保证有效贯彻实施
系统性	明确每个文件在标准体系中的作用，同时保证系统性，并施以有效的反馈控制
简化	简化标准作业文件，可节省时间，减少差错，降低人员素质和培训要求
优化	明确目标、约束条件（包括各种可能的负面效应），并找出其间的规律，以寻求最佳方案
独立性	应贯彻独立性原则，以保证评价的客观性、真实性和公正性
区别	应对各种活动实行区别对待，分类指导，从问题的重要性和实际情况出发决定对策
动态控制	不断跟踪情况的变化和运行实施的效果，及时、准确反馈信息，并调整控制的方法和力度，从而保证标准作业文件能适应各种条件的变化，持续有效地运行

（2）SOP 的编制程序。

编写 SOP 时，应按步骤进行，做到细致、准确、无遗漏，必要时可以将作业过程或过程中的关键环节拍摄下来，在 SOP 中予以分析解释。SOP 的编写步骤，如表 15－2 所示。

表 15－2　SOP 的编写步骤

步骤	说明
成立 SOP编写小组	成立以班组长和技术骨干为中心的 SOP 编制小组
收集相关资料	确定切实需要作业指导的作业项目，收集作业的操作资料（可通过观察和询问作业人员获取）
编制 SOP	参照搜集到的资料，整理 SOP，并上交相关部门审批
报批 SOP	对于审核没有通过的，编制人员需要参考审核人员的意见以及建议，对 SOP 进行修改，并提交复审
投入使用	将通过复审的 SOP 印发成册，对相关员工进行培训，之后将 SOP 派发给个人，并指导现场实施
接受反馈、修正	发现 SOP 中的问题，进行修改、补充、完善，达到持续改进的目的，使指导书时刻满足操作需求

编写 SOP 时，还要注意以下事项：

①明确 SOP 的编写目的。

②标准 SOP 的编写任务一般要由具体部门承担。

③当 SOP 的内容与其他作业发生冲突时，要认真处理好接口。

④编写 SOP 时，要尽量允许相关操作人员参与进来，以使作业指导书的内容与实际情况相符。

（3）SOP 的内容界定。

SOP 是按照生产工艺流程制定的，它主要用于规范生产活动、指导作业过程、完成标准化作业。SOP 主要包括以下内容，如表 15－3 所示。

表 15－3　SOP 的主要内容

序号	内容	说明
1	机种名称	以公司规定的机种名称为主
2	作业名称	标明此工作站的作业名称，如点胶、锡面检视等等
3	作业段别	标明此作业位于哪一工程段，如转子段、定子段、组装段等等
4	站别	标示此工作站位于工程段中第几站，以利排线
5	作业内容	标示此工作站的工作项目及顺序
6	注意事项	标明每项工作项目的内容与要求
7	图示	以绘图或照相的方式说明工作内容与注意事项
8	使用工具	标明此工作站所需使用到的工具、治具、仪器与工具的设定条件
9	使用之零件	此工作点所需使用到的零件，须标明零件料号、规格、工程位置、用量
10	变更记事	记录此项作业变更的事项与原因

续表

序号	内容	说明
11	版本	用以管控此项工作的指导书
12	判定	注明作业的标准
13	标准工时	标明该工作站作业的标准时间

在确认了上述内容后，管理人员即可正式编制 SOP 文本。SOP 图的基本样式，如表 15－4 所示。

表 15－4　SOP 图的基本形式

<table>
<tr><td>客户</td><td></td><td>客户编号</td><td></td><td>版本</td><td></td><td>制定日期</td><td>拟制</td><td>审核</td><td>核准</td></tr>
<tr><td>产品型号</td><td></td><td>产品编号</td><td></td><td>文件编号</td><td></td><td colspan="4" rowspan="2"></td></tr>
<tr><td>工序号</td><td></td><td>标准 WIP</td><td></td><td>标准工时</td><td></td></tr>
<tr><td>物料</td><td colspan="9"></td></tr>
<tr><td>工具</td><td colspan="9"></td></tr>
<tr><td colspan="5">制作工艺：</td><td colspan="5" rowspan="2">标准操作流程图</td></tr>
<tr><td colspan="5">一、操作说明：
二、注意事项：</td></tr>
</table>

2.2　SOP 的使用与维护

在一般情况下，SOP 属于三阶文件。SOP 对生产作业的细化量化，作出了最细致的标准作业指导。SOP 在发放和使用时要注意以下几点：

（1）由于是受控文件，经过批准后才能在规定的场合使用，因此，生产现场的发放和使用都应当有详细的记录。

（2）并非每个工位都要配备，只有在“没有 SOP 就无法保证质量”的情况才使用。

（3）生产现场的 SOP 应当统一规划和安装，确保美观、大方，杜绝凌乱现象。

（4）对于使用中的 SOP，应当确认其为受控的有效版本。

（5）使用者应当保持作业书的整洁，不得乱涂乱画，也不可擅自修改和复印。

作业现场的 SOP，一般都被安装在操作人员正面可见的位置上。其主要被作为操作人员规范生产的依据，促使作业人员从作业细节上确保产品质量，为生产作业的顺利进行和产品质量的有效提升提供基本保障。

2.3 作业指导效果的评估

SOP 制定的优劣直接影响着作业人员对作业标准的认知与理解，影响着标准作业水平。因而，对作业指导效果进行评估是非常必要的。通常情况下，可依照下面四个步骤进行评估。

（1）评估对象的确定。

并不是所有依照标准进行的作业都需要进行系统的评估。通常，需要进行系统评估的作业应具备下列条件之一：

①某项作业环境发生重大变化，原有的 SOP 已经不再适合该项作业。

②依照 SOP 作业的人员，往往不能在规定时间内保质、保量地完成作业。

③在当前 SOP 的指导下，所生产出的产品合格率或尺寸公差，总是不能达到技术质量要求。

（2）设计评估项目。

若按照标准作业书实施的作业过程出现问题，就应对所规定的项目进行评估。一般情况下，考核的项目包括以下几方面内容：

①操作人员的作业量大小与实际规定的差别。

②实际消耗的原材料或者是零件的数量与规定之间的差别。

③机器所处的状态与标准所要求的状态之间的差别。

④现场观察到操作人员严格按照规定进行操作时，应评估出现差错的类型以及数量。

（3）权重的分配与打分。

依据各个评估项目的重要程度分配权重。各评价要素的达标程度由技术管理人员评估认定，并对评估对象所处的状态进行分类打分。某企业的作业情况评分表如表 15－5所示。

表 15－5　某企业的作业情况评分表

编号	评价要素	权重	评分标准	评分
1	产品质量	5	每批产品的合格率都能达到要求 少数几批产品的合格率未能达到要求 多批产品合格率未能达到要求	0 1 3
2	工作定额完成量	4	经常能够完成 偶尔不能完成 经常不能完成	0 1 3
3	未预料到的意外事故	5	不发生 偶尔发生 经常发生	0 1 3

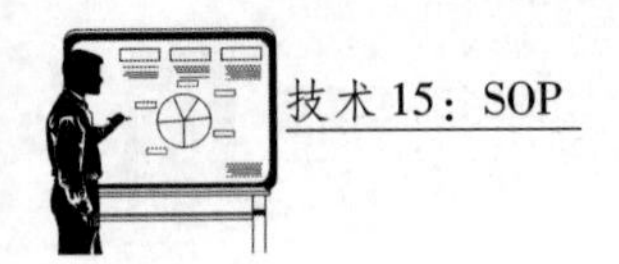

在进行评估时，需考虑对标准和实际操作过程进行分析，以客观界定标准作业效果，并对标准作业的不理想状况加以改善。

3. 实践指南

SOP 是一种作业标准化文件，使其发挥“促使作业标准化”的关键点有二：一是准确编制文本文件；二是按照文件要求严格执行。下面来看某公司编制和使用 SOP 的情况。

3.1 背景分析

某公司主营模具生产业务，其产品质量不错，但是每到年初都会出现交货延迟、同规格产品存在质量差异的问题。究其原因主要是，在此期间技术娴熟的员工出现大量流失，而新员工又需要由老员工一对一地教授很长一段时间才能胜任工作，这致使企业生产效率和生产质量都出现下滑。

连续数年出现这类问题，使该公司的总经理感到不胜烦恼。在建立健全企业留人机制的同时，该公司决定改变传统的以老带新的员工培养模式，开始在各个岗位上推行 SOP 管理。

3.2 SOP 文本的编制

接下来，该公司各岗位的业务骨干组成 SOP 编制小组，分别开始按照当前业务流程编写 SOP。对于那些涉及多个岗位协作完成的业务，则经过相关岗位共同讨论，优化、整合为既定的业务流程。在整个编写过程中，SOP 编制小组进行了反复推敲、修改，以期确保方案能够完全贯彻到每个岗位中。

表 15 -6 和表 15 -7 分别是其成型开机工序和加工、检查、包装工序的 SOP。

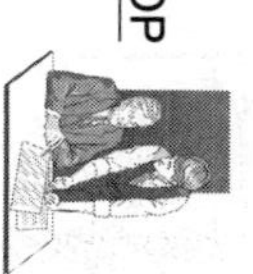

成型开机作业指导书

承认	确认	作成
		钟俊武

制作单位	制作日期	工序名称	版本/版次	文件编号
成型部	2008年1月18日	成型开机	A/0	EN-QRJ-66/A.0

一 材料准备

1 材料确认配比。
①开单确认原材料和回收料。
②将原料和回收料按《材料配比一览表》配比。
2 材料干燥。
①将除湿干燥的材料直接加入料斗干燥。
②将高温干燥的材料提前加入干燥后干燥。
注意：干燥时要按《材料干燥一览表》设定。

二 料斗、螺筒清洗

1 卸去机台剩余材料。（如图1）
①先用原材料的包装袋装料。
②贴好标识放置在材料架上放入仓库。
2 用吸尘器清洗材料斗并用碎布擦拭干净。（如图2）
3 加入干燥好的材料。
4 螺筒升温。
①对PC白材料先用PP料或ABS料过机。
②其他高温料直接升温。
5 加入过机料。
①手动回料后降温2分钟。
②清洗干净后再用白色PP料或ABS料过机。
6 将温度再调到所需温度。

三 模具确认及装模

1.模具确认，确认模具是否存在《模具保养作业指导书》保养完好。
2.将保养好的模具用台车送到机台的后安全门1套，再装好上部水嘴。注意：模具放入台车后，须将台车刹车卡住，以确保安全。（如图3 图4）
3.用吊车吊起模具，高度与操作员齐肩，装好下部水嘴（如图5）然后将模具移入动、定模固定板之间（如图6）
注意：操作员手不要放在吊模下方，以免坠模伤人。
4.选择模厚开关，按模具设定模厚调整，再使模具浇口与射嘴对准。注意：1.对准浇口时（如图7abcd）用纸片试确认。2.锁模力为机台额定锁模力的20%左右。
5.上好码模器取出吊扣，移走吊车（如图8）。注意：码模的螺丝进入模板深度要为螺丝直径的1.5倍（如图9）。
6.打开开模按钮，接好冷水加温模温，确认模具动作。
7.如有模具针保护开关须先关闭机台电源接好开关线（如图10），再开启电源并确保电脑控制器开启。
注意：保护开关压下深度在0.2mm（约2张纸厚）以内。

四 机台调试准备

1.按照《作业指导书》《成型条件表》（如图11），并依照条件表设定参数 开机。
2.开启机械手。注意：①开启时关掉气后。②确保机械手动作灵活。③机械手夹取的产品放在夹具水口时会掉落
3 安装好产品接货料斗或传送带。
4 准备好水口后，开机生产。

五 产品成形调试

1 开机时，按规定调整并打20—50模试成品。
2 按《外观检查标准书》检查产品外观，直到OK为止。
3 按《检查标准书》确认产品相关尺寸，直到OK为止。
4 在日报表上填写开机栏并写明记录并更换产品签。
注意：转由自开机时须确认模温是否开启。

六 5S整理

1 清理好作业台面的垃圾杂物，开机完毕。
2 将所用工具及台车归回指定的地点。

七 下地

1 P/O用完后放出料斗中剩余材料。
2 卸模具下部水管放干水路。
3 喷上防锈剂。
注意：当模FP为时要用适合实用的防锈剂。
4 取下各模模具的码模器。
5 吊起模具移出放入台车并送回模具库。

八 使用设备

名称	型号	数量
成型机	50T-180T	10台
水温机	5P	10台
料斗	HD-25KG	10台
干燥机	CAN-2007-1500L	2台
机械手	HA-44	10台
冷水机	10P	1台
水塔		

九 使用的工具

名称	型号	数量
活动扳手	150/200mm	2把
六角扳手	1.5—10mm	1套
开口扳手	8—17mm	1套
台车		1台
吊葫芦	1.5T	10台

十 使用辅助资料

名称	型号	数量
水咀	1/4　1/8	
水管		
水胶布		
防锈剂		

十一 变更履历

NO	变更内容	日期	担当	承认

图15-2 设备开机工序SOP例图

作业指导书

管理等级：A	注：此部品须由培训合格员工操作					承认	确认	作成
客户名	品名	品番	社内番号	取数	工程名	文件编号		
高橋	EP分離パットホルダ	FP-2981CX	GJ-042	4	※ 加工、检查和包装 ※	EN-QRJ-54/A.0		

版本/版次	制作单位	制作日期
A/0	成型课	2007-6-30

一、接机

机械手从模具内吸取产品并放置在传送带上。（如右图1所示）

二、加工

1. 从传送带上取出产品；
注意：产品不可堆积或从传送带掉落（
2. 用剪钳剪去产品上的水口（如右图2）；
注意：
①剪钳底部须平贴产品侧面且成90°方向（如图2A部）。然后用手抹去剪切部位胶丝；
②拣取产品的手指必须戴上指套。

三、检查

1. 确认产品表面有无异物、黑点（如图3所示）；
2. 确认水口位是否附有胶丝及水口位是否高出；
3. 确认扣位是否缺胶（如图4工箭头所示）。
4. 确认过纸面分型线段差及批锋
注意：1. 拣取产品的手指必须戴上指套；
2. 此产品必须全检。

四、包装

1. 将检查好的产品分模号放置在吸塑盒的格槽内。要求每格装一个产品，放置方向
.
（如右图5所示）
2. 将塑料袋反套在封好的纸箱上，将装满产品的吸塑盘放入袋底，然后盖一张PAD平卡（光面朝下（）（如图6、图7）；
表
面盖上PAD平卡（如图8）；
好
20层装有产品的吸塑盒，然后放入底部垫有一张D-1黄色平卡的纸箱内（如图9）；
5. 将入箱后的塑料袋的袋口均匀塞入纸箱的一侧缝里（如图10）；
6. 用胶纸将装满产品的纸箱封紧，并在箱侧
的右上部贴上A公司专用良品票，并在良品票右上角贴"全检OK"标示及月份标签。（须明模号及作业员工号）（如图11、图12所示
注意：每箱不可混装不同模号产品（

图1：机械手取放产品
图2：剪水口
图3：异物及黑点确
图4：扣位确认
图5：分模号放置
图6：吸塑盘入袋
图7：盖纸板
图8：叠放吸塑盒
图9：产品入
图10：整理袋
图11：封箱贴票
图12：贴品票

五、产品特性及要求

此部品为复印机过纸用部品。
合模线部不可有伤，批锋等。水口不可高出
顶针位不可凸出

六、原材料

NO	名称	规格	用量
1	PC/ABS	[illegible]	
2	原材料：粉碎料	75%:25%	
3			

七、辅助资材

NO	品名	规格	用量
1	纸箱	A012（D-1）	1
2	胶袋	J002	1
3	平卡	P012-1（PAD）	20
4	吸塑	I016（T-20）	20
5	黄平卡	P012-2（D-1）	1
6	手指套（乳白色）		
7	胶水		1
8	良品票	A公司专用	
9	封箱胶纸	透明	
10	笔	蓝色/黑色	
11			
12			
13			

八、使用治工具、设备

NO	品名	规格	用量
1	剪钳（黄色）	三山牌	1
2			
3			
4			

九、变更履历

NO	变更内容	日期	担当	承认
1				
2				
3				
4				
5				
6				

十、品质异常对应履历

日期	投诉部门	不良内容	处理

图15-3 加工、检查和包装工序SOP例图

3.3 SOP 的学习推广

接下来，SOP 编制小组将编制好的 SOP 上报至总经理。得到批准后，SOP 编制小组召集各岗位员工，通过下发资料自学和集中学习两种形式进行员工培训，力求使每名员工熟练掌握本岗位每项工作标准和执行步骤。

岗位培训后，通过笔试和现场模拟的形式进行测试，以全面考察员工的掌握情况。对于未达标的员工，要求其脱产学习，限期整改或调岗。

3.4 SOP 的检查落实

事实证明，这一举措见效非常快。新员工在作业过程中，全部遵照 SOP 上的指示操作，迅速掌握了高效工作的方法，又保证了其操作与其他人员的统一、准确。

总经理见状，要求日后严格执行 SOP。为了确保 SOP 能够真正落到实处，各部门主管和人力资源部要对各个岗位进行不定期的抽查，并公布抽查结果；而一些操作人员在操作过程中也开始思考更高效的操作方法，对现行 SOP 进行修订。可以说，SOP 在该公司得到了较好的执行。而到了第二年年初，该企业的总经理果然没有再接到客户的投诉电话。

4. 思维拓展

SOP 管理的精髓，就是将细节进行量化，用更通俗的话来说，SOP 就是对某一程序中的关键控制点进行细化和量化。毋庸置疑，这种操作将给 SOP 使用者以极大的便利。不过，要想使 SOP 发挥更大的效用，在实际应用过程中就必须注意一些事项，并适当地尝试拓展 SOP 的应用范围。

4.1 SOP 应用的注意事项

在编制 SOP 的过程中要注意以下事项：

（1）SOP 的重点是指导和规范生产作业。在编制时，应当以具体操作过程为重点，详细标注每个操作步骤的操作要点、材料及设备、作业过程和结果的标准等。

（2）SOP 应当具有确定性，在编制时，应当明确何时、何地、何人使用，以确保其内容具有针对性和指导意义。

（3）作业标准的制定并不代表一个新员工仔细阅读作业标准之后就可以很好地完成对应的工作。作业标准只是用来简单解释工作流程的，它并不能传授给阅读者全部所需的技能和知识。

（4）标准作业张贴的目的不是为了让员工学习如何执行具体的工作，而是培养员工通过对比去发现问题的能力。

4.2 SOP 的延伸范围

SOP 并不仅仅是作业指导性文件，它还可以发挥更多的作用，更有助于达到真正的标准化作业。在编制 SOP 时要放开思路，使之发挥更多作用。

（1）SOP 延伸之一：标准工时。

标准工时的设定可以采用动作分析法，这种方法主要根据标准动作计算得出的时间，加上学习曲线、宽放等来确定标准工时。而标准动作恰恰需要在 SOP 中得到体现，标准工时本身也可以参照 SOP 中的节拍时间去确定。因此，在编制 SOP 时，有必要详细分析人员操作的每个动作，从而确定准确的节拍时间和标准工时。

（2）SOP 延伸之二：线平衡。

线平衡分析主要是测量、分析并改善线体各个工位的作业时间，而改善后必然导致许多工位的作业内容发生变化，这时就需要修改 SOP。而如果在最初制定 SOP 时把握到位，那么便可简化后期的线平衡工作。

（3）SOP 延伸之三：工装夹具的制作。

若在 SOP 编制完成后发现可以制作工装，那么会打破已制定的 SOP 标准。因此，在编制 SOP 时，要充分考虑到作业的难易程度，适当制作一些工装夹具，避免这些工装夹具影响到作业时间长短、线平衡以及标准工时。

（4）SOP 延伸之四：人力需求。

编制 SOP 的一个重点就是安排工位数量的问题，它直接反映需要多少人力，但这些仅仅是直接人力，而间接的辅助人力往往无从知晓。因此，在编制 SOP 时，不但要确定直接人力与辅助人力，还要对设备与人力搭配问题进行分析。

（5）SOP 延伸之五：品质及过程控制。

如果一个企业在推行 TQC（全面质量管理），那么就得告诉操作人员所有的在各个工位可能出现的品质问题，这些是应该在 SOP 中得到体现的。因此，针对新产品要进行 PFMEA 分析（失效模式分析），然后在 SOP 中告知作业人员，从而帮助其更快地发现和解决问题，提高过程控制的能力。

（6）SOP 延伸之六：物流。

SOP 中需要明确标示出各工位需要的物料。在编制 SOP 时，要清楚各物料的体积大小，考虑这些物料配送的准确性、安全性、配送量、配送时间长短、配送容器等，并做好防错措施。

可见，SOP 除了发挥作业指导作用外，还有助于控制整个生产现场的工艺工程、品质控制过程、生产过程等，由此带来的也不仅仅是使作业行为本身更标准、更经济，还可以多角度地促进精益化管理的推行。

技术 16：5W1H 分析法

通过不断提问、思考，挖掘问题发生的根源，探究解决问题的最佳对策。

1. 技术定义

绝大多数浪费发生在生产现场，而现场作业人员也最容易发现浪费。因此，生产管理人员和操作人员必须具备发现浪费和进行成本管控的意识。通过减少浪费来降低生产成本这一思想目前已经被广泛接受。既然浪费现象在生产中普遍存在，那么如何发现浪费就是我们首先要研究的问题。在众多的手法中，5W1H 提问技术是最容易被认识和接受的。

“5W” 是由美国政治学家拉斯维尔于 1932 年最早提出的现场改善的方法，后经过人们的不断运用和总结，逐步形成了一套成熟的 “5W + 1H” 模式。“5W1H” 包括：“What（何事）”、“Why（何因）”、“Where（何地）”、“When（何时）”、“Who（何人）”、“How（何法）”。5W1H 分析法的应用可以发挥以下作用：

（1）挖掘问题发生的根源。

（2）探究有效的问题解决对策。

（3）针对某一个细节实现针对性完善。

（4）做好全面、可行的规划。

2. 标准应用

5W1H 分析主要是明确问题及问题发生的根源，继而进行针对性改善。其分析过程非常简单、有趣，但却可以使思考的内容深化、科学化。下面介绍 5W1H 分析法的应用原理、提问模式和解决思路，以掌握其基本的应用方法。

2.1 5W1H 分析模型

5W1H 的根源就是寻找问题，然后不断地深挖根源，继而进行针对性改善。其原理如下图（见下页）所示。

分析 5W1H 时，可以参照以下六步进行：

（1）遇到复杂、模糊的问题时，首先要了解问题载体的相关信息。

（2）理清问题，实施进一步调查后，初步明确问题所在。

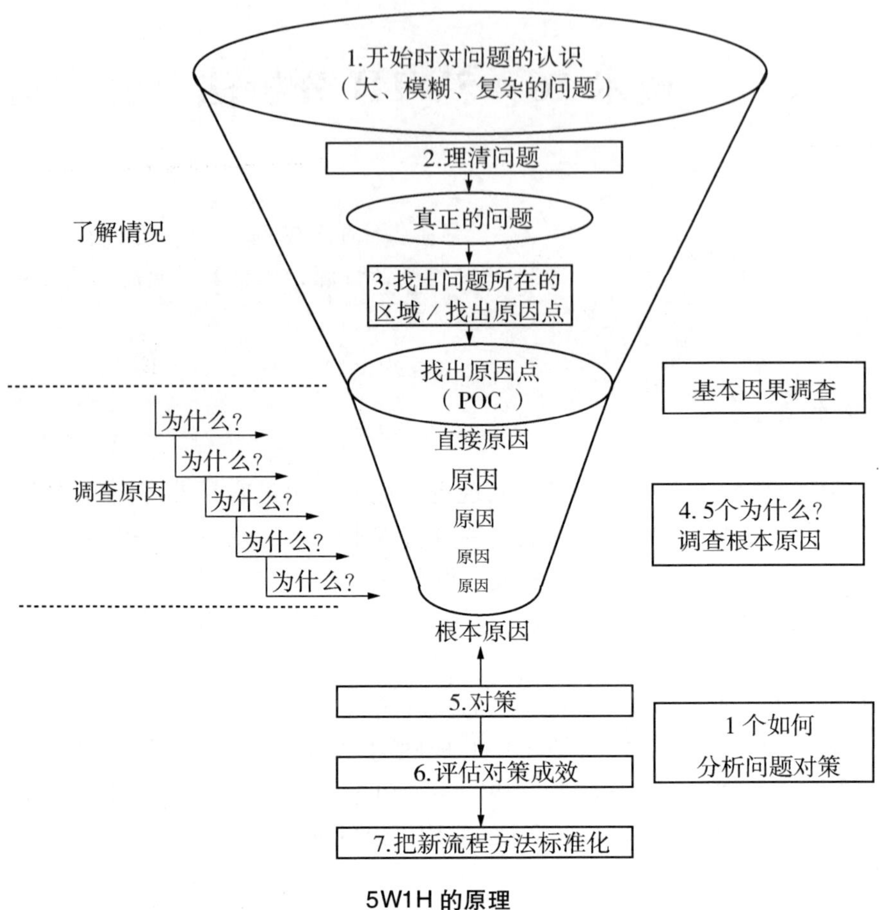

5W1H 的原理

（3）通过更进一步的调查，理清问题形成的原因。

（4）找到根本原因，通过 What、Why、Where、When 、Who 的不停提问，深挖问题的根源。

（5）找到对策，通过 5W 找到根本原因后，就开始问 1H——How，怎么去做才能解决问题。

（6）评估问题解决的成效，并将新的解决方案标准化。

2. 2　5W1H 的提问模式和解决思路

为了发现问题，分析人员要对选定的工序、操作方法从原因（何时）、对象（何事）、地点（何地）、时间（何时）、人员（何人）、方法（何法）等六个方面进行提问，反复思考，以发现问题。针对生产浪费问题，其提问方法和解决思路如表 16 - 1 所示。

表 16－1　5W1H 提问模式和解决思路

问题	实质	提问模式	解决思路
What	对象	现场的情况是什么样的	是否存在浪费，是什么样的浪费
Why	原因	为什么会存在这样的浪费	发掘浪费问题产生的原因
Where	地点	在什么地方出现浪费现象	这个地方为什么出现浪费现象
When	时间	什么时候发生浪费	为什么是这个时候，其他时候呢
Who	人员	问题出在谁的身上	合理调整人事安排
How	方法	怎样避免浪费	选用更合理的作业流程

在实际操作中，“六问”需要反复运用才能收到良好的效果，针对现存问题要以精益求精的态度予以追查，直至找到问题的根源。表 16－2 为反复提问的示例。

表 16－2　反复提问示例表

问题	第一次提问	第二次提问	第三次提问
Why	原因是什么	为什么是这个原因	有无其他原因
Where	何地	为什么是此地	其他地方呢
When	何时	为什么是此时	其他时间呢
Who	何人	为何是此人	有无其他人
What	何事	为何是此事	可能有其他事吗
How	如何	为何	有无更适合的

在识别现场浪费现象时，人们只有以这样追根究底的思路去处理问题，才能发掘导致问题发生的根本原因，以便彻底解决问题。

5W1H 法会使思考的内容逐步深化、科学化。表 16－3 为 5W1H 法示例。

表 16－3　5W1H 使用示例

现象	提问	原因	对策
企业地板上有漏出的油	为什么企业地板上有漏出的油	因为机器漏油	清除地板上的漏油
机器漏油	为什么机器漏油	因为机器衬垫磨损	修理机器
机器衬垫磨损	为什么机器衬垫磨损	因为机器的衬垫不佳	更换机器衬垫
机器的衬垫不佳	为什么机器的衬垫不佳	因为这些机器衬垫比较便宜	更换机器衬垫规格

续表

现象	提问	原因	对策
机器衬垫比较便宜	为什么这些机器衬垫比较便宜	因为企业以节省短期成本作为对采购部门绩效评估的标准	改变采购政策
企业以节省短期成本作为对采购部门绩效评估的标准	如何改变这种不当的绩效评估标准	——	改变企业对采购部门的绩效评估与报酬奖励制度

为了5W1H法的有效应用，人们需要对发现的浪费问题进行跟踪调查，以确保问题的解决，并做好记录工作，如表16-4所示。

表16-4　5W1H记录表

5W1H	现状	改进意见	改进结果
Why			
What			
Where			
When			
Who			
How			

3. 实践指南

5W1H分析法的应用原理、提问模式以及解决问题的方式都是基本固化的。在实际应用中，只需要遵照这一基本思路深入问题即可顺利地实现预期结果。下面通过实例说明如何应用5W1H分析法来解决问题，找到最佳解决对策，以及如何应用该分析法制订工作计划等。

3.1　用5W1H解决超市设置难题

某火车站超市设在一楼候车厅，生意非常冷清。后来，相关负责人决定采用5W1H来解决这个问题（What）。

（1）谁是顾客（Who）？

火车站超市应该把旅客当目标顾客才对，但在现实中，由于流程的安排，这些旅客并不在一楼徘徊，而在一楼徘徊的人大多是送客人员和接客人员，他们没有必要到火车站超市购买物品，自然就很少有人去光顾超市。这是造成“火车站超市的顾客很少”的直接原因（Why）。

（2）超市设在何处（Where）？

根据程序，旅客经过安全检查后都会直接抵达二楼的候车室，而一楼的超市并未被设在所有顾客的必经之路上。

（3）旅客何时购物（When）？

旅客只有当行李进行安全检查后，才有时间去购买物品，而旅客上车前，必须自己看管自己的行李，这样旅客自然没有时间买东西（Why）。

（4）应采取什么措施（How）？

经过上述分析后，火车站采取了一些改进措施（How）：把旅客当主顾；将旅客的必经路线改为必经一楼超市；服务方法改为可以凭火车票将行李免费寄放在存包处。

经过这些改善后，超市的客流量明显增多。

3.2 用 5W1H 法制订最优运送计划

某公司物流部于 10：05 接到一项紧急任务："客户 A 急需 10 件 B 产品，请立即做好送货准备，希望在 11：00 之前送达！"为确保产品按时被送达，该物流部的运输人员采用 5W1H 分析法制订了一个科学的运输计划。下面来看一下运送人员是如何根据 5W1H 分析法进行分析和部署送货的。

（1）明确了解此次任务的目的和重要性（Why）。

工作目的非常明确：以最快的速度将 10 件 B 产品送往客户 A 处，运送人员必须按照要求完成此项任务。

这项任务非常重要：客户提出具体时限，如不能准时送到将失信于客户，甚至是公众。

（2）确定要做哪些事项（What）。

分析现实情况和公司配送现状，完成送货任务所要做的工作有：

①联系客户 A，确定接货地点，并安排人员在指定地点等待接收，同时保证自身与总部联络的通畅。

②联系仓库调配产品，备好 B 产品。

③进行车辆调度，将 B 产品装车，做好配送准备。

④安排送货车辆抵达后的交接手续。

⑤送货人员、接货人员、客户、物流部要始终保持联系，并有备用联系方案。

上述任务的分配安排同时进行。

（3）明确责任者及协助者，即由谁来做（Who）。

物流部是责任承担者，负责协调工作，指派与客户所在区域最熟悉的员工 C 来处理此事，这也是他们必须直接承担的责任。

①仓储人员接到通知后在第一时间将 B 产品准备好。

②成立配送小组，包括司机、搬运员、交接员等，并指定负责人。该小组研究送至客户的最佳路线，并考虑意外因素，安排备用路线。

（4）什么时候完成（When）。

以最快的速度完成任务是个模糊的概念。在限定工作时限时，应权衡任务的紧迫程度和工作效率。从接到电话到完成送货只有 55 分钟的时间，如何安排呢？

①最需要时间的是配送小组，他们要调配产品、调配车辆、选择路线等，在时间安排上应尽可能多地向配送小组倾斜。

②研究计划到部署工作用 10 分钟时间。

③45 分钟给配送小组，让其有充分的时间准备和配送，包括仓库调配时间、车辆调度时间、送货时间。

精确计算各项工作内容所需时间，确定符合实际的完成时间。

（5）在什么地方完成（Where）。

各项工作的执行和完成地点都很明确：

配货——仓库；送货——送货全路程；卸货、接货——客户 A 处；协调——物流部。

（6）采用什么解决对策（How）。

最后，要确定各项工作的优先顺序，找出解决问题的重点对策。

确保前一地点工作的顺利完成，下一环节的工作才能连续展开。各项工作的优先顺序是：配货—送货—卸货、接货。这是一个完整的货物配送流程，其中的任何环节都不能有差错，其中送货是关键点。

各项工作的先后顺序：仓库—仓管人员—配货，××高速公路—配送小组—送货，客户 A 处—配送小组、销售人员、客户 A—卸货、接货，这三条线完成了各项工作的无缝衔接，同时也标明了各项行动的落实方法以及先后顺序，是有计划、有步骤的有效行动链。

此外，在计划过程中，还充分考虑了各种因素，如产品在路途中可能有损坏、道路阻塞等，并设计了备选方案。45 分钟后，A 产品安全送达客户手中，客户非常满意。

4. 思维拓展

上文介绍了在生产制造过程应用 5W1H 分析法的基本方法，但是，若想更有效地实施 5W1H，就得掌握一些技巧；而且，5W1H 的应用范围也并不局限于前文所列示的少数领域，而完全可以得到更进一步的拓展。

4.1 更有效地实施 5W1H 的技巧

实施 5W1H 分析法时，可参照以下四种技巧，如表 16－5 所示。

表 16－5　5W1H 的解决技巧

序号	技巧	操作
1	取消	确认现场是否能排除某道工序；如果可以，就取消这道工序
2	合并	把几道工序合并，尤其在流水线生产上，通过合并相关工序往往能立竿见影地实现改善，并提高效率
3	改变	改变一下顺序，改变一下工艺就能提高效率
4	简化	将复杂的工艺变得简单一点也能提高效率

利用这四种技巧，即可对任何问题进行分析，然后形成一个新的人、物、场所相结合的新概念和新方法。5W1H 的操作技巧如表 16－6 所示。

表 16－6　5W1H 的操作技巧

类型	5W1H	说明	对策
主题	做什么	要做的是什么？该项任务能取消吗	取消不必要的任务
目的	为什么做	为什么这项任务是必须的？澄清目的	
位置	在何处做	在哪儿做这项工作？必须在那儿做吗	改变顺序或组合
顺序	何时做	什么时间是做这项工作的最佳时间？必须在那个时间做吗	
人员	谁来做	谁来做这项工作？应该让别人做吗？为什么是我做这项工作	
方法	怎么做	如何做这项工作？这是最好的方法吗？还有其他方法吗	简化任务

使用这一技术，我们可以系统地、更深入地挖掘生产问题的根本原因，以找出更深入且正确的对策。

4.2　5W1H 在不同方面的应用思路

5W1H 分析法被广泛运用于企业管理和日常工作中，是管理人员和企业员工必须掌握的一门技术。在实践指南中，其主要作用就是为疑难问题制定对策，为工作项目制定计划草案，下面是其应用的思路。

（1）制定疑难问题对策。

疑难问题对策是按 5W1H 原则制定的。在对策表中分别对应的是：What——对策；Why——目标；Who——负责人；Where——地点；When——时间；How——措施。对策表的表头为：序号、要因、对策、目标、措施、地点、时间、负责人。

（2）制定计划草案。

What：制定什么事？目的是什么？有必要吗？

Why：为什么制定？有什么意义？

When：什么时候制定？完成的时间是否适当？

Where：在什么地方制定？在何范围内完成？有更合适的场所吗？

Who：由谁负责制定？由谁负责执行？谁更合适？熟练程度低的人能做吗？

How：采用什么方法制定？采用什么方法实施？有没有更好的方法？这个问题是否采用流程，流程能否优化？

除了上述两方面外，5W1H 分析法还可以应用于其他作业环节。

（3）分析消费行为，确定目标市场。

What：消费者至市场购买何物？进而规划产品。

Why：消费者购买的理由是什么？进而了解消费动机。

Who：消费者扮演何种角色？了解谁是决策者、购买者、使用者。

When：消费者何时购买？了解高峰、低谷时段、淡季、旺季。

Where：消费者到哪里购买？了解消费地点。

How：消费者如何购买？了解消费者个性、社会阶层、产品特色等购买模式。

（4）广告投放管理上的运用。

What：我们的媒介目标是什么？是销售增加多少百分比还是品牌知名度提高多少个百分点？

Who：我们传播的对象是什么？他们是不是我们产品的目标消费者？他们是否符合我们的市场细分原则？

Where：我们的广告投放在哪里？一线城市还是二、三线城市？

When：投放的时间是什么？是价格昂贵的黄金档（Prime Time），还是价格相对低廉但经过研究有目标受众的非黄金档？

How：广告的创意是什么？整合传播计划如何制订？广告投放后如何监测？

Which channel：广告传播的媒介介质是什么？电视广告、平面广告还是网络广告等创新途径？

（5）分析与规划系统的需求。

Why：为什么要引入系统？引入新的信息系统对用户有什么帮助？在总体工作效能上如何实现一个最终的结果？

What：这个系统要做什么，实现什么？提出各业务流程问题、流程局限性问题、系统要解决的问题等。在这个 What 的基础上，把系统划分成各功能模块，逐步弄清模块流程需求、功能需求、结构需求。

Who、When、Where：什么人，在什么时间，什么阶段可以或必须操作这个功能？结合前面的 What，理清系统的流程阶段划分，记录并分析系统功能实现的细节，将其作为下阶段设计的依据。

How：搭建系统需求的基础框架后，思考如何在这些客户需求的基础上，分析系统的需求，如何展开需求规格分析与下阶段的设计、实现工作。

此外，在成本压缩和改进、产品开发、顾客需求调查等领域中，也可以创造性地运用 5W1H 分析法来分析和解决相关问题。

第三部分

准时运作

准时化是精益化管理思想的主要支柱。它的目标是使企业生产系统的各个环节、工序在需要的时间内，按需要的数量，生产出所需要的产品。这也被人们作为实施精益化管理的自我要求。当然，要实施准时运作，离不开实用技术和工具的辅助，本部分将分别介绍在此过程中所需的一系列重要技术。

提示：本部分管理内容、难点和策略

■ **庞杂、集中的管理内容**

- □ 生产运作顺序、任务的规划
- □ 生产系统的整体协调管理
- □ 作业速度的整体提高与控制
- □ 生产系统质量与安全管理

■ **企业运作管理的困境**

- □ 传统批量生产，制品过多，浪费严重
- □ 工作重复、工作等待的频率较高
- □ 生产周期较长，反应速度较慢
- □ 质量问题批量出现，失误、事故频发

解决方案

全面展开从工序规划到细节操作的控制，实现准时化运作

管理思路	管理切入点	管理解决方案
"一个流"	□ 实施单件流动 □ 设定一致的生产节拍	□ 科学规划"一个流" □ 按步骤实施"一个流"
拉动看板	□ 传达下一工序的要求 □ 以结果为导向控制生产	□ 设计拉动看板 □ 建立健全看板管理系统
成组技术	□ 按生产要素分组管理 □ 集中处理相似事务	□ 制定成组加工工艺 □ 组织成组生产线
均衡化	□ 合理分配生产资源 □ 全方位协调生产过程	□ 评估生产均衡性：柱形图 □ 将需求与生产节拍相协调
自动化	□ 实现人机结合 □ 自动控制作业失误	□ 控制自动化的实现过程 □ 设计自动化装置
单元生产	□ 规划生产单元 □ 不断改善生产模式	□ 设计并配置单元生产线 □ 评估并改善：特性比较表
并行工程	□多环节齐头并进，缩短整体生产周期	□ 建立并行工程运行环境 □ 并行工程的结构性规划
快速换模	□ 转换内外作业方式 □ 简化换模动作	□ 调整换线时的工作分配 □ 设计需时较短的换模动作
防错法	□ 明确防错的步骤 □ 为防错提供技术保障	□ 防错原理的实践 □ 按不同方法设计防错装置

技术 17："一个流"

> 用最少的资源完成必要的工作，排除在制品浪费，实现生产顺畅。

1. 技术定义

"一个流"生产是于20世纪70年代在准时制生产方式的基础上，由日本企业首先提出来的，是对传统生产观念的根本改变。传统的生产方式是靠大量的在制品和零部件储备来维持均衡生产和任务的完成，储备量越多，问题就越不容易暴露，其核心思想属于维持型。

而"一个流"生产，即各工序只有一个工件在流动，使工序从毛坯到成品的加工过程始终处于不停滞、不堆积、不超越的流动状态，是一种工序间在制品向零挑战的生产管理方式，其核心思想属于改善型。

推行"一个流"生产方式的优势如下：

（1）实现在制品量最少。

（2）实现搬运量最少。

（3）实现生产时间最短。

（4）实现占用空间最小。

（5）实现生产成本最低。

2. 标准应用

目前，制造业中的很多浪费现象已被生产管理人员所广泛认识，但物品流动方面存在的浪费却往往鲜为人知，更缺乏足够的监管。这也意味着如果建立一个精益化管理系统，就可以帮助企业减少成本支出，这便凸显出了实施"一个流"生产的优势。

2.1 "一个流"的设计原则

要成功实现"一个流"生产，在设计时就必须坚持遵行三大原则，具体如下：

（1）物流同步原则。

"一个流"生产要求在零库存的前提下，实现"在必要时得到必要的零件"的目标。为此，必须使各种零部件的生产和供应实现完全同步，整条生产线按照后工序的需要安排投入和产出，以稳定、一致的节拍进行连续生产。物流同步要求避免以下情况出现：

①因某一工序出现问题而导致整条生产线出现停顿。

②某工序所需要的原料不能同时抵达。

③超过需求数量的在制品到达某工序，出现了积压和等待。

（2）内部用户原则。

实现"一个流"生产要求每一道加工工序无缺陷、无故障。若在制品出现缺陷，要么让存在缺陷的在制品继续生产下去，要么立即停下生产线，而任何一种选择都必然导致生产成本上升。因此，"一个流"要求每一道工序都应遵循内部客户原则，严格控制产品在生产过程中的质量。而所谓内部客户原则具有以下五个含义：

①每一道工序是前一道工序的客户。

②每一道工序是后一道工序的供货商。

③每一道工序只生产合格的产品。

④每一道工序只提供合格的产品给后一道工序。

⑤每一道工序只接受前一道工序合格的产品。

遵循内部用户原则的具体方法是开展自检、互检，并严格按工艺操作规范进行生产。

（3）消除浪费原则。

"一个流"生产的终极目标是最大限度地减少在制品，暴露出生产浪费现象，并不断予以排除，从而降低运作成本。这些浪费现象主要包括以下四种：

①供货时间延误。

②在制品生产过剩。

③排除设备故障所用时间过长。

④信息流通不畅通。

上述的任何一个问题都会对"一个流"生产方式的顺利进行造成障碍。因此，规划人员必须采取积极的态度来解决这些问题，为成功实现"一个流"创造必要的条件。

2.2 "一个流"的实施步骤

"一个流"的实施可按照以下11个步骤来进行，如表17－1所示。

表17－1 "一个流"的实施步骤

序号	步骤	说明
步骤1	全员的意识建立	企业全部员工必须从观念上作出改变，站在客户的立场上，坚持以"一个流"的生产方式进行作业
步骤2	成立示范改善小组	由不同部门的骨干力量成立示范改善小组，率先尝试"一个流"生产方式，以便其能早日正式实施
步骤3	选择示范生产线	应将最容易的区域作为示范线

续表

序号	步骤	说明
步骤 4	现状分析	选定示范线后，要充分了解该产品的生产状况（如生产流程图、生产线布置方式、人员的配置及生产性、库存时间、人力空间及设备的稼动率）
步骤 5	设定生产节拍	依据生产时间及订单量的变化，设定合理的生产节拍
步骤 6	确定设备、人员的数量	根据生产节拍、各制程的加工时间和人力时间，计算出各个制程的设备需求数和操作人员的需求数。如设备不足，应分析稼动率，进一步改善以提高设备产能；如人员不足，则需努力设法改善工作量，实现少人化管理
步骤 7	布置"一个流"生产线	要按照加工顺序，以逆时针拉动，确保按需生产；设备尽量靠近，以减少人员走动及物品搬运的距离；设备小型化、专用化，并调整设备的工作高度，以增加操作人员工作的灵活性
步骤 8	配置作业人员	按照计算所得的作业人数，结合机器设备布置情况，进行人员分配，确保每一位操作人员所分配到的制程人力时间的总和与"生产节拍"保持一致
步骤 9	单件流动	生产线建立后，以"生产一个，检查一个，向下一制程传送一个"的方式进行生产
步骤 10	维持管理与改善	流线化生产线配置好之后，会有各种意想不到的问题发生，应尽量改善；对于部分人员的排斥和抵触，应耐心地进行沟通
步骤 11	正式推行	将"一个流"生产方式在企业内广泛推行

2.3 促进"一个流"的实现

除了严格按照上述步骤操作外，还应注意不断地将与生产相关的各种因素，包括员工、设备、物品按要求予以改善，从而推进"一个流"生产的实现。表 17－2 为改善生产要素时的具体方法。

表 17－2 改善生产要素时的具体方法

着眼点	具体方法
员工	（1）通过培训提升员工的操作水平 （2）培养多能工 （3）一名员工负责多台设备 （4）人员在各设备操作点间有序移动 （5）优化员工操作的方法

续表

着眼点	具体方法
设备	（1）依据生产顺序对设备进行排序 （2）联系紧密的设备要就近放置 （3）尽量选取小型的设备 （4）设备要分类专用 （5）采取U形摆放方式摆放设备 （6）统一设备的生产节拍
物品	（1）尽量缩减在制品 （2）通过节拍来控制生产 （3）杜绝在制品流动时的等待 （4）降低搬运成本 （5）改善物流状态

图17-1为U形生产线布局的形式。在这种形式的布局下，员工在工序间可以按照生产顺序有序移动，实现了在制品的单件流动。并且，生产一件产品的终点与生产下一件产品的起点距离很短，这将有助于"一个流"的实现，并且可以大大提升工作效率。

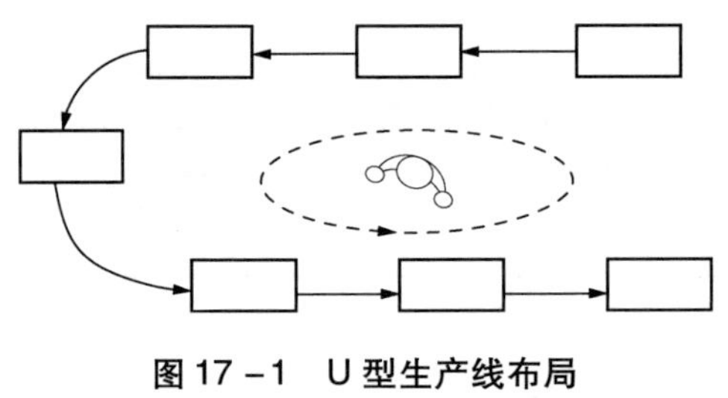

图17-1　U型生产线布局

有时，企业不只生产一种产品，为了快速应对市场变化，可能会生产多种产品。在这种情况下，更需要合理地控制"一个流"的实现过程，避免生产中可能发生的混乱。下面举例说明一条生产线生产多品种产品时"一个流"的实现情况。

生产线某环节上需要生产A、B、C共3种产品，生产每种产品时皆为单件生产，即每次只能生产一件某种产品，其工位布置如图17-2所示。

假设现有一订单要求生产一件产品B，工序3就会取走工序2生产出的在制品B以供加工；此时，工序2接收到后续工序工序3传递的生产信息后，就会取出一件工序1生产出的在制品B以供加工；工序1发现在制品B被取走之后就会再生产出一件B以补充空缺。当工序3加工完成时，工序2上已经又补充了一件在制品B以供生产。

这体现了拉动生产的核心思想，即前一道工序的生产指令是由后一道工序发出的。当然，这种情况下的"一个流"，必须确保各工序生产节拍一致，并且需要可视化管理的良好运作。如果能够做到生产的"一个流"，不但会降低生产过程中的成本，而且会

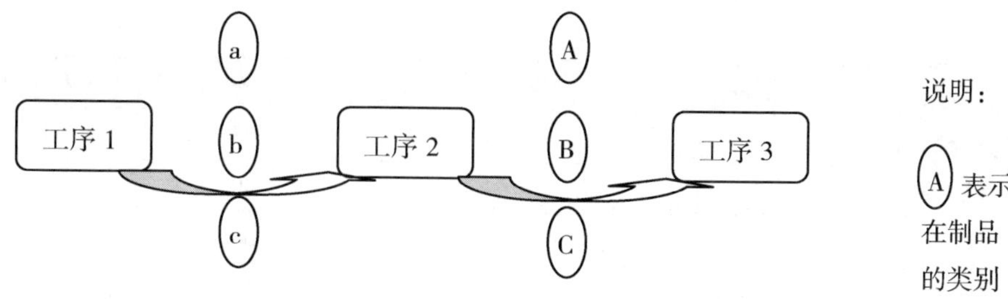

图 17－2　生产多种产品的一个流

提高生产系统的柔性，真正实现以客户需求为导向的生产模式。

3. 实践指南

"一个流"生产的推行是一个复杂的项目。其核心点在于消除产品生产流程中的等待浪费等，实现每一道加工工序无缺陷、无故障，最终实现生产零库存。下面，结合某公司某装配线的改善实例，来说明"一个流"的实施步骤。

3.1　生产能力调查

该公司主要接受装配加工业务，产品大部分出口欧美地区，经营潜力巨大。但是，在快速变化的市场需求面前，其不足之处日益凸显。主要问题是：生产周期过长，而人员利用率又相对较低。为了解决这两大问题，该公司决定推行"一个流"生产模式，构筑企业的核心竞争力。

首先，改善人员进行了生产能力调查，对每道工序的加工时间分别进行了基础测算，然后在此基础上进行数据处理，得出手动总时间、自动总时间、工序加工周期和人员利用率等，并从中找出瓶颈工序，作为以后人员组合的依据。表 17－3 为装配线各个工序的生产能力表。

表 17－3　装配线各个工序的生产能力表

序号	工序名称	手动时间（s）	自动时间（s）	工序周期（s）	人员利用率（%）
1	总成校正	149	0	149	51.6
2	铣缺口	190	0	190	65.7
3	总成劈长短倒角	56	34	90	19.4
4	总成粗镗	128	72	200	44.3
5	粗车	110	70	180	38.1
6	精车	139	106	245	48.1
7	精镗	63	137	200	21.8
8	铣气垫板	65	131	196	22.5

续表

序号	工序名称	手动时间（s）	自动时间（s）	工序周期（s）	人员利用率（%）
9	气垫板钻孔	43	160	203	14.9
10	钻法兰孔	115	174	289	39.8
11	钻13孔	61	47	108	21.1
12	13孔攻丝	129	0	129	44.6
13	气垫板攻丝	112	0	112	38.8
14	磨轴承颈	217	0	217	75.1
15	车螺纹、油封颈	226	0	226	78.2
16	磨半轴油封颈	91	0	91	31.5
17	铣键槽	112	0	112	38.8
18	焊减震器支架等	134	0	134	46.4
19	打磨	88	0	88	30.4
20	清洗	62	22	84	21.5
总计		2290	953	3243	792.6

注：“手动时间”是指需要人操作的时间，包括上下料、后处理、检验、手动操作设备等；“自动时间”是指无需人员看管的时间。

从表17－3中可以看出，生产线的瓶颈工序为第10号工序：钻法兰孔的，工序周期时间长达289s。

3.2 工艺流程分析

根据上面的生产能力调查表和加工工艺要求，改善人员制作了生产线加工工艺的优先图，如图17－3所示。

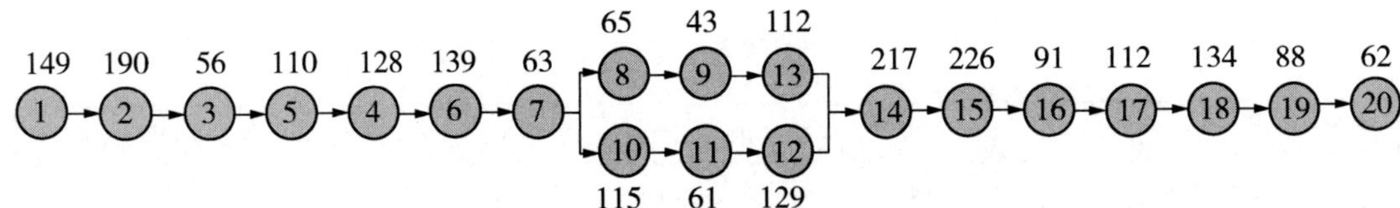

图17－3　桥壳加工优先图

注：优先图上的数据代表的是该工序的手动加工时间，而不是该工序的加工周期，其目的是为了更好地进行人员组合

3.3 人员的组合搭配

在进行人员的组合搭配时，改善人员首先确定了生产线的节拍。通过表17－3可发现，瓶颈工序的周期为289s，即为生产线的节拍。这里，改善人员决定暂不对瓶颈

工序本身进行分解，而是对其他工序加以调整，使之与瓶颈工序保持节奏上的一致，以此实现“一个流”生产。

改善目标是人员的总工作时间（包括行走时间）不超过 289s，并尽量使各个工序的人员利用率达到最大的平衡。最少人员数 N 为：

$$N = \text{round}\left(\sum_{i=1}^{n} \frac{T_{ni} + T_{wi}}{\eta CT_{max}}\right) + 1\text{（人）}$$

式中：T_{ni} 为第 I 道工序的手动工作时间，T_{wi} 为人员走动的总时间，η 为人员平均利用率，CT_{max} 为瓶颈工序的加工周期时间，round 表示取整。

根据表 17－3 中提供的相关数据，可得：将所有手动工序时间相加，得到总时间 $\sum_{i=1}^{n} T_{ni}$ 为 2290s；走动总路线长约为生产线单边长度（60 米）的 4 倍，按照步速 80m/min计算，人员走动的总时间 T_{wi} 为 180s；η 不可能达到 100%，这里取 75%；瓶颈工序的加工周期时间 CT_{max} 为 289s。

将上述数值代入式中，可得：

$$N = \text{round}\left(\sum_{i=1}^{n} \frac{2290 + 180}{75\% \times 289}\right) + 1\text{（人）} = 12\text{（人）}$$

根据工序的优先图和行走距离最近原则进行人员组合，其组合示意图如图 17－4 所示。

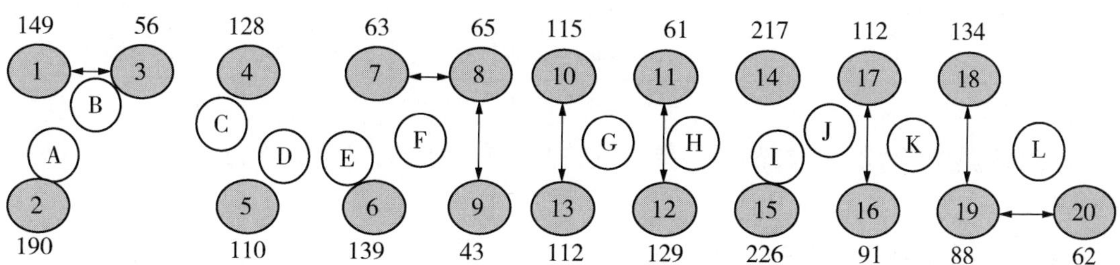

图 17－4　桥壳加工线人员组合图

每位操作人员的工作内容和实际人员利用率统计表如表 17－4 所示。

表 17－4　桥壳机加工线人员组合统计

人员	序号	工序名称	手动时间（s）	行走时间（s）	总时间（s）	人员利用率（%）
A	2	铣缺口	190	0	190	65.7
B	1	总成校正	190	10	349	74.4
	3	总成劈长短倒角	149			
C	4	总成粗镗	128	10	248	85.8
D	5	粗车	110			
E	6	精车	139	10	149	51.6

续表

人员	序号	工序名称	手动时间（s）	行走时间（s）	总时间（s）	人员利用率（%）
F	7	精镗	63	20	263	66.1
	8	铣气垫板	65			
	9	气垫板钻孔	115			
G	10	钻法兰孔	115	10	237	82.1
	13	气垫板攻丝	112			
H	11	钻 13 孔	61	10	200	69.2
	12	13 孔攻丝	129			
I	14	磨轴承颈	217	0	217	75.1
J	15	车螺纹、油封颈	226	0	226	78.2
K	16	磨半轴油封颈	91	10	213	73.7
	17	铣键槽	112			
L	18	焊减震器支架等	134	10	294	102
	19	打磨	88			
	20	清洗	62			
合计			2496	90	2452	823.9

改善后，所有操作人员都不需要再等待自动作业的完成，整条装配线的运作也更为流畅。

3.4　改善结果分析

通过"一个流"装配生产线的改善，这条生产线的运行效果得到了很大的改观，如表 17－5 所示。

表 17－5　桥壳机加工线改善前后对比

对比项目＼对比时间	改善前	改善后	改善效果
生产周期	3243s	2452s	下降 791s
人均利用率	39.6%	68.7%	提高 29.1%

由此可见，传统生产模式在空间、时间和人员利用率上存在着很多浪费现象，而"一个流"生产模式以不断减少资源浪费为目的，将生产诸要素在生产过程中进行优化组合，能够用最少的人、物耗、资金、时间完成必要的工作，对解决传统生产线中存在的问题有很好的效果。这也正是"一个流"生产的价值所在。

4. 思维拓展

诚然，"一个流"的实施可以改善传统生产模式固有的浪费，不过，它的实施并非随意而为。在该生产模式实施的过程中，推行人员必须注意其约束条件。

4.1 实施"一个流"的八大条件

实施"一个流"生产模式时，必须关注八大条件，这是"一个流"得以成功实现的前提，同时也被作为"一个流"生产所固有的标志。

（1）单件流动。

"一个流"生产的第一要点就是要使产品生产的各道工序做到几乎同步进行，使产品实现单件生产、单件流动。单件流动是为了避免以批量单位进行加工，前道工序的加工一结束就立刻转到下一道工序，从而使得工序间在制品的数量接近于零。

（2）按加工顺序排列设备。

在一些企业中经常可以看到，不同工序的加工设备之间的距离非常远，加工过程中产生的中间产品需要花费较多时间和人力才能搬运到下一道工序，这样的现象被称为孤岛设备。"一个流"生产要求放弃按设备类型排列的布局，而是按照加工顺序来排列生产设备，避免孤岛设备现象的出现，尽可能使设备的布置流水线化，真正做到只有"一个流"。

（3）按节拍进行生产。

"一个流"生产还要求各道工序严格按照一定的节拍进行生产。如果各道工序的生产节拍不一致，将会出现产品积压和停滞，无法形成"一个流"。因此，应该设法让生产慢的设备快起来，生产快的设备适当减慢速度，每一道工序都按节拍进行生产，从而使整个生产过程顺畅。

（4）站立式走动作业。

在很多企业的生产现场都可以看到，操作人员们几乎都坐着工作，他们的很多动作都属于浪费。从 JIT 的角度来讲，为了调整生产节拍，有可能需要一个人同时操作两个或多个设备，这就要求作业人员不能坐着工作，而应该采用站立走动的作业方式，从而提高工作效率。

（5）培养多能工。

在传统生产方式中，操作人员通常只会操作一种设备。当 A 设备的生产能力很强而 B 设备的生产能力较弱时，很容易造成 A 设备的操作人员空闲而 B 设备的操作人员过于繁忙，从而导致生产不均衡。因此，"一个流"生产要求操作人员能够同时操作多台生产设备，通过培养多能工来均衡整个生产节拍。此外，培养多能工还有利于缩减人力成本。

（6）使用小型、便宜的设备。

由于大型设备的生产能力很强，很容易让后续工序无法及时跟上，从而导致大量的中间产品积压。此外，大型设备还会造成投资和占地面积的增加。因此，JIT 不主张

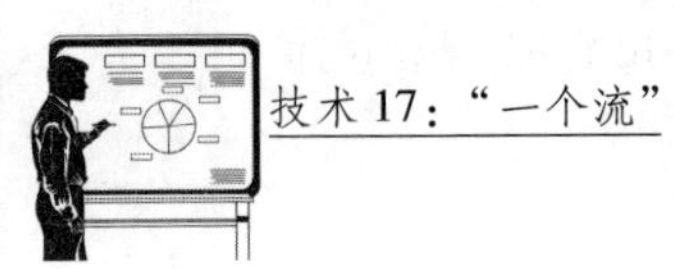

采用自动化程度高、生产批量大的设备，而主张采用小型、便宜的设备。在不影响生产的前提下，小型、便宜的设备不但投资金额较少，而且灵活性非常高。

（7）U 形布置。

如果将生产设备一字摆开，操作人员从第一台设备到最后一台设备就需要走动很远的距离，从而造成严重的人力浪费。因此，“一个流”生产要求将生产设备按照 U 字形来排列，从入口到出口形成一个完整的 U 形，这样可以大量减少因不同工序之间的传递而造成的走动，减少时间和搬运的浪费，提高生产效率。

（8）作业标准化。

作业标准化要求每一个岗位、每一道工序都有一份作业指导书，然后检查员工是否按照作业指导书的要求工作，这样便能强制员工严格按照既定的生产节拍进行生产。如果作业没有实现标准化，那么单位产品的生产时间、生产节拍就难以得到控制，自然也无法保证形成“一个流”。

4.2　不可低估的“三稳”

在正式创建“一个流”之前，企业必须确保生产过程中三大基本要素的稳定性。

（1）稳定的产能：只有确保生产能力的稳定和一致，才有可能去建立“一个流”生产。

（2）稳定的生产过程：生产中要尽量杜绝非正常的停工，要确保生产的连续性和稳定性。

（3）稳定的生产周期：生产周期稳定才能保证按时交货，并顺利有序地执行后续订单。

确保这些要素全部处于较为稳定的状态，“一个流”生产才可正式开始实施，才有可能最终实现“一个流”的零库存目标；其中任何一个要素发生变动，都可能导致“一个流”实施难度变大，甚至无法实现。

事实证明，通过推行“一个流”，可以使生产中的各种问题、浪费和矛盾更趋于明显化，促使人们主动解决现场存在的各种问题，真正实现人尽其才、物尽其用、时尽其效。

技术 18：拉动看板

> 由后一工序向前一工序传递生产信号，有助于实现准时化生产。

1. 技术定义

在以市场需求为主导的生产模式下，生产产品的种类、数量、时间均由顾客所决定，企业得到订单之后，后一道工序便开始决定前一道工序的生产，而这种生产信息传递的工具就是看板。

看板最初是丰田汽车公司于 20 世纪 50 年代从美国超级市场的运行机制中得到启示，随后被作为一种生产、运送指令的传递工具而创造出来的。经过近 50 年的发展和完善，目前已经成为了一种管理技术，并在很多方面都发挥着重要的作用。

拉动看板的应用可以从日常生产环节保证拉动生产的有效运作，其对企业的影响涉及整个生产过程的很多方面。

（1）削减库存量：物料领取信息由后工序向前工序发出，因此将有效减少库存量。

（2）杜绝过量生产：拉动看板由后一道工序告知前一道工序生产信息，这就绝对不会出现传统生产方式下经常出现的过量生产浪费。

（3）控制 WIP（在制品）量：看板使得工序间在制品的传递有序而紧凑，有效地缩减了在制品数量，并且使传递更流畅。

（4）利于岗位可视化。看板的使用可以使生产线的可视化管理上升到一个新台阶。

（5）加强生产线柔性：由于看板对生产的指示，使得生产线更灵活地适应市场变化，提高生产的柔性。

总之，有效的看板管理将产品的生产和供求信息完美结合，实现了即时化生产，最大限度地避免浪费的发生。

2. 标准应用

要想将看板的作用发挥出来，在看板使用过程中就必须坚持以下原则：

（1）后一工序的操作人员将所需领取的物料所对应的领取看板和空容器，递交给前一工序的人员。

（2）操作人员领取所需物料，并将对应的生产指示看板置于前工序的看板箱中，领取和生产指示看板相同数量、相同类别的领取看板。

（3）后工序生产时将上一步取得的领取看板置于领取看板箱中。

（4）前工序操作人员需要按先后顺序加工生产指示看板所显示的产品。

（5）在整个加工过程中，在制品要和与其对应的看板一起流动。

（6）后工序只能在有需求的时候从前工序领取一定数量的物料。

（7）前工序生产的产品类型和数量完全依赖于后工序的需求。

（8）前工序生产出的不合格产品不可以被领取。

（9）没有看板时不能生产。

（10）看板的数量要尽量减少。

在这些原则的指导下，还要依循科学的流程来实施拉动看板管理，如图 18－1 所示。

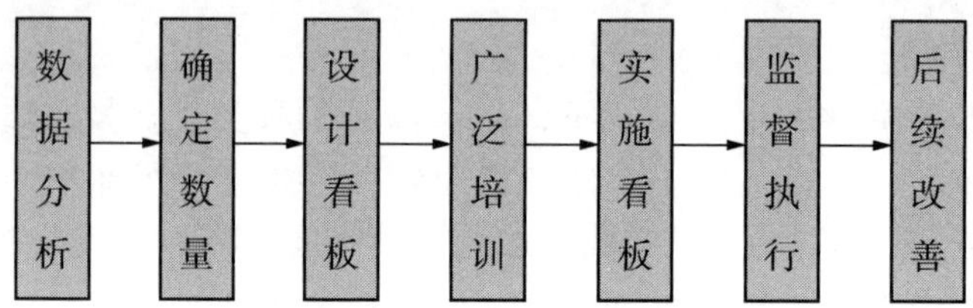

图 18－1　看板实施的流程

下面针对每一个步骤做详细的阐述。

2.1　数据分析

首先，要对试图采取看板管理的生产流程进行实地考察和分析，而且必须保证取得的基础数据真实有效，切忌以主观想法影响看板系统的设计。

通过对整个生产流程的分析，可以得到各生产环节的真实生产情况，据此判断出哪个环节需要实施看板。需要分析的数据主要包括生产效率、产品信息、订单量、生产切换时间、最大库存量等。

2.2　确定看板数量

获得生产数据之后，就可以着手确定适宜的看板数量了。这里，生产管理人员要综合考虑订单数量、库存量、周期时间等因素，确定现存物品容器的容量。看板数量可以按照以下公式来确定：

$$\text{看板数量}=\frac{\text{物品存储量}}{\text{容器容量}}$$

2.3　看板设计

得到需要的看板数量后，即可对看板进行设计。虽然看板在实践中的应用形式灵活多变，但都必须遵循以下原则：

（1）内容要全面而精简。在看板中要明示产品名称、型号、产品状态、生产数量、物料状态、生产时间、生产进度、相邻工序名称、生产设备名称、项目负责人等内容。

（2）标示清晰。看板上所明示的各项内容要区别显示，易于分辨和阅读。

（3）便于制作。看板的使用量大，而且更换频率较高，所以其样式和材料均应便于制作。

（4）真实有效。看板主要用来指导生产线的具体生产，因此看板所反映的内容要和实际情况相吻合。

除了要对看板的内容、形式进行设计外，还要将看板的具体运行细化分解，最终得到一个具体而详细的看板系统运行计划。图 18 –2 是常见的拉动看板实例。

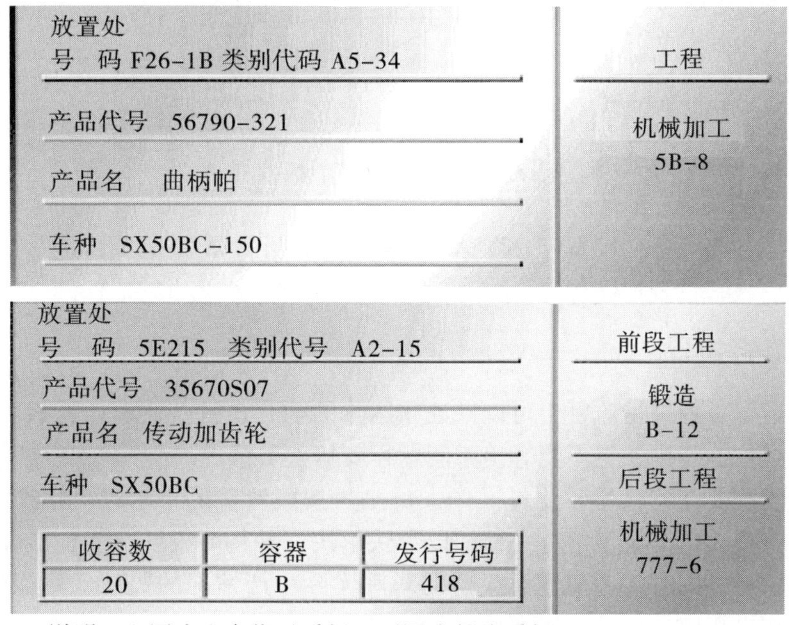

说明：上图为生产指示看板，下图为领取看板。

图 18 –2　常见的两种拉动看板

2.4　广泛培训

在推行看板管理之前，人们要就看板的运作方式、执行步骤等方面进行全面培训。从管理人员到一线操作人员都要明白看板的运作形式以及他们该做的事情。

具体而言，可以在生产的空闲时段，召集员工到某一示范生产环节进行讲解，通过介绍形象具体的实例，帮助员工理解并熟知看板运用标准。

2.5　实施看板管理

实施看板管理之前，生产管理人员要保证生产流程的岗位可视化已取得良好的效果，这是实施看板管理的基础。

此外，要确保生产系统的库存量和设计的看板系统的库存量相吻合；如果不吻合，要预先做好调整。

加工车间看板系统示意图如图 18 –3 所示。

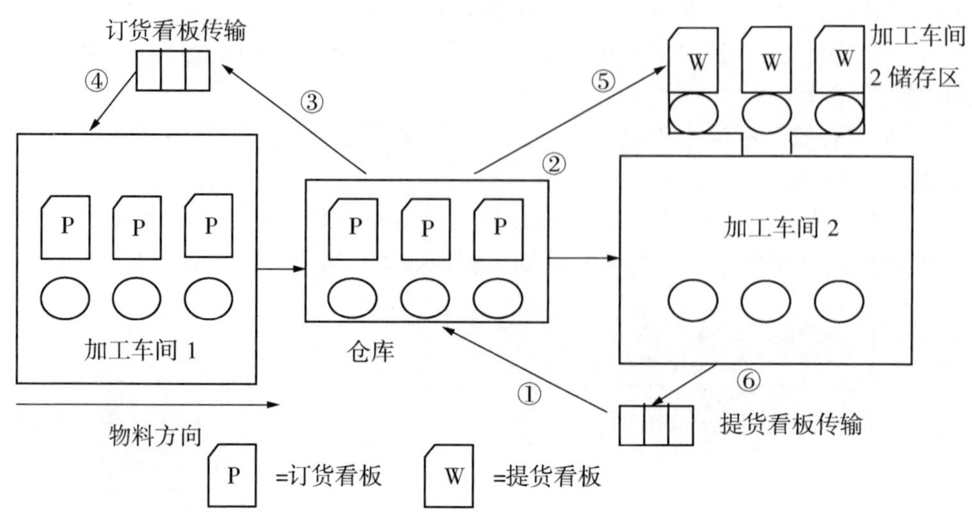

图18－3　加工车间看板系统示意图

2.6　监督执行

对看板运行过程进行监督，可以保证其运作的顺利进行。在设计看板管理系统时，要做好监督工作的安排，绝不能等出了问题再安排人员跟进。

监督者的主要任务就是要监督操作人员是否按照看板的指示进行生产，一旦发现问题要立即将具体情况汇报给有关部门以尽快解决，并将改善转化为实实在在的成果，以减少看板数量。同时，还要注意生产需求和实际生产情况的关系，并配合有关人员对二者及时作出相应的调整。

2.7　后续改善

当看板系统正常运作起来后，还需要对看板系统进行持续改善，以减少库存量。

（1）看板改进的时机。

①当新产品更新换代时，管理人员要识别存在的差异，明确改进需要。

②推行新的管理体系时，必须按标准要求实施改进。

③优化组合及业务流程再造时，按新的业务流程实施改进。

④使用新工艺、新材料改造或取代旧看板。

（2）看板改进的内容。

①改进看板的位置，以符合新的要求。

②改进标示的内容，以符合新工艺、新方法和新的管理标准。

③改进看板的构造，使之更具有实用性。

④创新式样，以保持新颖性并具有时代特色。

需要注意的是，在改善过程中，不可盲目减少看板数量，而要认真细致地分析生产流程的具体情况，结合实际生产，识别多余的看板后再将其剔除，从而保证看板系

统稳定而高效地运行。

3. 实践指南

拉动看板的管理看似非常简单，但是在管理实践中却并不容易得到广泛而有效的实行：一方面表现为人们担心供不应求而提前生产，囤积大量库存；另一方面是看板形同虚设，不能实现预期目标。前者占据了企业的大量运作资金，使企业距离精益化目标越来越远；后者则白白浪费了为看板管理所付出的资源。

为了让大家把握好看板应用的时机，并掌握有效应用看板的技能，下面我们将假设一个企业管理情境，对其加以周密分析，并详细说明看板系统的建立与推行方法，以供参考。

3.1 背景假设

假设 A 企业是一家从事汽车座椅滑轨、角调、升高器、旋转机构等调节机构的研发、制造和销售，同时承接其他行业冲压、焊接件的磨具、夹具开发和产品制造的企业，其生产部门的生产产品属于汽车的零件，靠近供应链上游，在需求上的波动远远大于下游直接供应整机的厂商。

目前，下游厂商的订单主要采取以下几种方式给出：

（1）合约订单：未定交期，直到顾客提调产品时才算完成交易。

（2）一般订单：正式订单，只能由交易管理部门录入信息系统，临时性较强。

（3）电子订单：由生产管理人员录入信息系统转为合约订单，必须无条件加以满足。

而在生产方面，该企业当前采取按计划生产的方式，由企业生产管理部门指定专门人员编制周生产计划，将计划下发至各生产线，再由各生产线根据生产计划安排生产。

3.2 问题分析

当前企业在生产调控方面面临很大的难题，主要原因在于合约订单。由于合约订单是根据事先作出的预测进行生产，如果预测结果与实际需求存在较大的差异，那么顾客有权延迟提货时间，甚至在市场波动过大时直接取消订单。这样一来，就有可能造成产品在仓库中存放数月甚至数年之久，情况严重时还可能成为滞销的废品。

由于上述问题的存在，该企业决定致力于推行后拉式生产方式，降低在制品库存，缩短生产提前期，以求更好地应对市场需求变化，减少生产中的浪费和不必要的损失。而后拉式生产的推行必须借助一套科学的看板管理系统。

建立看板管理系统的前提条件是整个生产过程中每一步骤的前一工序的产能不小于后一工序的产能。在本生产部门中，包括冲压、电镀、成型和装配四道加工工序。其生产流程如图 18－4 所示。

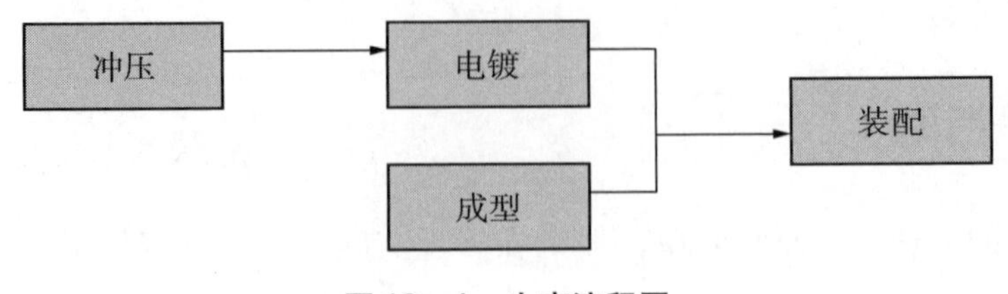

图 18－4　生产流程图

其中，冲压工序将板材冲压成小型片材，由于冲床连续生产，产能比较稳定，生产率很高；焊接工序负责将几个零件焊接成一个部件，主要有人工电焊和设备人焊接两种焊接方式；电镀工序是在一条较长的生产线上，一次性完成前处理、喷漆、后处理等步骤，只有生产线的起点和终点位置需要人工维护，产能亦比较稳定，生产率较高；而最后的装配工序则将电镀部门提供的部件和外购件进行装配，形成最后的成品。装配部门产能与需求相比，存在一定的富余时间。

因此，由于冲压工序的产能限制，冲压—焊接环节就成为整个系统推行后拉生产方式的重点与难点所在。

3.3　看板系统的建立与推行

针对生产线的运行状况，并结合产能分析的结果，现可制订看板系统的整体推行计划，并加以有力推行。具体如下：

（1）结合当前生产特征，选取某一类产品或某一产品。

（2）测量及平衡冲压—焊接—电镀—装配工序的产能。

（3）确定看板系统内的相关参数，如安全库存产品的种类与数量、经济批量和看板数量。

（4）设计仓库的布局，包括区域位置规划、使用面积计算、产品放置要求、看板箱设计以及领料流程。

（5）设计冲压车间生产线末端的看板箱布局，如看板箱的存放位置，箱体形状、尺寸和格子数量等。

（6）设计焊接工序旁的看板箱布局，如看板箱的存放位置，箱体形状、尺寸和格子数量等。

（7）设计焊接车间暂放区的布局，如放置位置、放置面积规划、放置产品的数量。

（8）按节拍或设定时间计算焊接车间暂放区的缓冲数量。

（9）设计回收空周转筐的放置区，如存放位置、使用面积和具体布置要求等。

（10）看板运行方式的培训。就看板的原理、运作步骤、物流人员的看板操作规范等进行培训。

（11）设计看板运作方式的模型。

以冲压线为中心，将整个物流划分为供货循环和生产循环，如图 18－5 所示。

其中，供货循环是指零件从冲压线到用户（焊装）使用完。供货看板卡片的循环路线如图 18－6 所示。

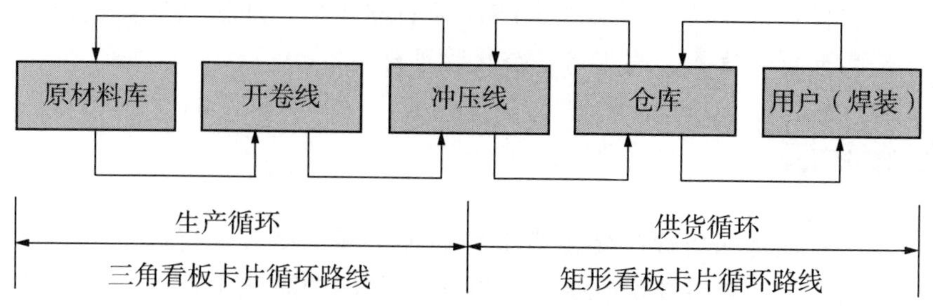

图 18－5　冲压看板循环模型

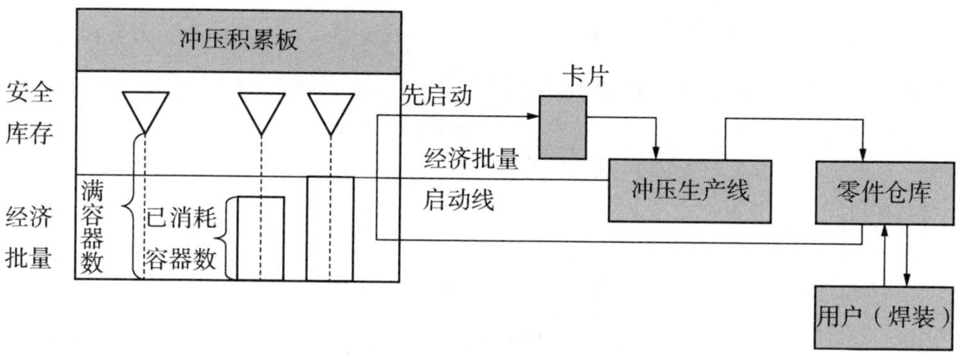

图 18－6　供货看板卡片的循环路线

（12）看板运行方式的步骤设计。

①焊接人员开始生产时，由物流人员到仓库领取零件。

②由物流人员将零件搬运至焊接车间的物料暂放区。

③焊接人员开始作业时，把附在周转筐的看板取下，放在本工序旁的看板箱内。

④物流人员在为各工序循环配料时，将放置在焊接工序旁看板箱内的看板，严格按照看板放置顺序收集起来，并和空周转筐一起收回。

⑤物流员把回收的空周转筐放置在指定的放置区，把回收的看板放置到仓库的看板箱内。

⑥仓库管理人员如发现看板数量达到经济批量时，要将看板放置到冲压生产线末端的看板箱内。

⑦冲压生产线根据看板指示，开始生产看板所指示的产品类型及所需数量。

⑧冲压生产线生产出来的产品装筐后，要将冲压生产线末端看板箱内的看板取下，放置在周转筐中。

⑨物流人员把冲压车间生产的产品搬运到仓库中的指定位置。

⑩焊接工序按照以上步骤循环操作。

（13）看板的运行。

在示范产品上进行看板系统试运行，记录试运行结果，与预期目标加以比对，据之加以系统改善；然后扩大运行范围，并持续改善不足之处。

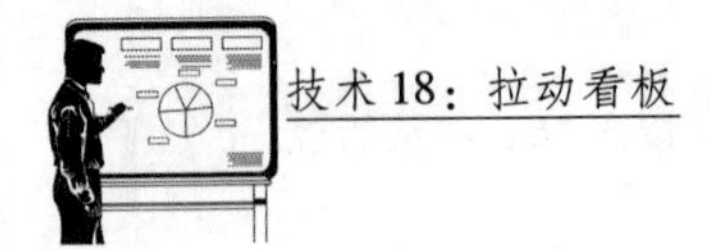

通过建立看板管理系统，将实现生产现场的透明化，加快供应链的响应速度，优化库存量，提高准时交货率，逐步将精益化管理深化。

4. 思维拓展

如上所述，看板犹如巧妙连接各道工序的神经线，使人们得以更有效地控制生产作业进程。因此，拉动看板技术也被人们视为在实现即时化生产中最重要的一门管理技术。为确保看板管理工作顺利展开、看板应用价值的实现，生产管理人员除了掌握看板管理的基本流程外，还应注意不同看板的使用方法以及在应用时的注意事项。

4.1 不同看板的使用方法

看板主要分为三种类型，如图18－7所示。

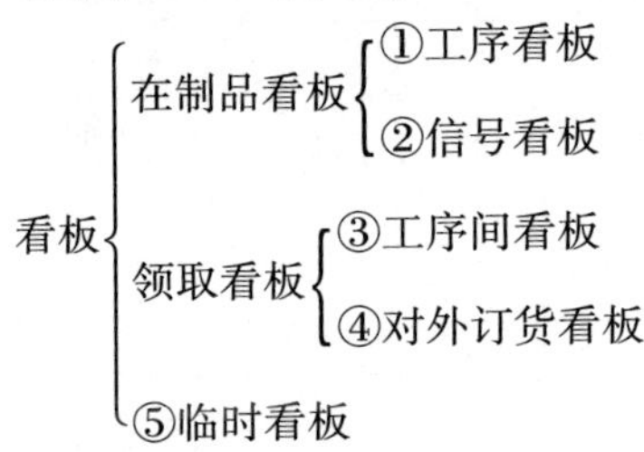

图18－7 看板管理的分类

其中，领取看板是生产中使用最多、最为重要的看板类型。通过领取看板，生产管理人员可以将生产看板上的状态转为物料需求，然后根据物料需求进行物料供给。

领取看板的使用方法，如图18－8所示。

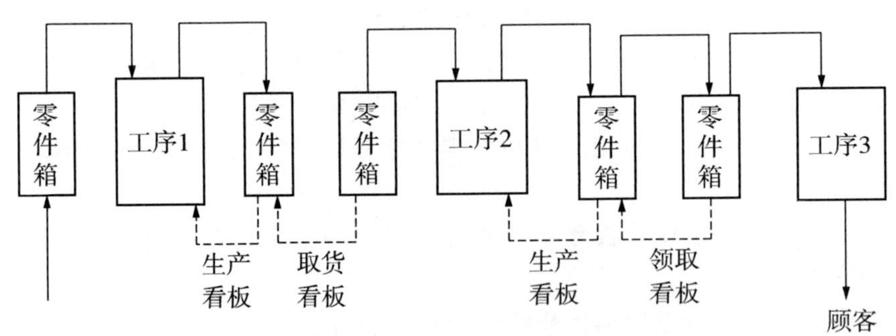

图18－8 领取看板的使用方法

另外，其他看板（如工序看板、信号看板、工序间看板和一些临时看板）也有不同的使用方法，如下表所示。

不同看板的使用方法

工序看板	
说明	是指某工序进行加工时所用的看板
使用方法	（1）看板必须随实物，即与产品一起移动 （2）后工序来领取中间品时，摘下挂在产品上的工序内看板，然后挂上领取用的工序间看板 （3）该工序按照看板被摘下的顺序以及看板所表示的数量进行生产；如果摘下的看板数量变为零，则停止生产
信号看板	
说明	是指在不得不进行成批生产的工序之间所使用的看板
使用方法	（1）信号看板挂在成批制作出的产品上面 （2）如果该批产品的数量减少到基准数时，就摘下看板，送回到生产工序，然后生产工序按照该看板的指示开始生产 （3）如果没有摘牌，则说明数量足够，不需要再生产
工序间看板	
说明	是指后工序到前工序领取所需的零部件时所使用的看板
	外协看板是针对外部的协作厂家所使用的看板
使用方法	（1）外协看板的摘下和回收，与工序间看板的操作程序基本相同 （2）外协看板上必须记载进货单位的名称和进货时间、每次进货数量等信息 （3）看板回收以后，按各协作厂家分开，待各协作厂家来送货时由其带回，并成为该厂下次生产的生产指示
临时看板	
说明	是在进行设备保全、设备修理、开展临时任务或需加班生产时所使用的看板

4.2 看板管理的注意事项

看板的运用可以实现对生产的即时控制，有助于生产管理人员在企业推行拉动式生产方式。而在看板管理过程中必须考虑以下事项：

（1）保证看板和物品一起流动（如图 18－9 所示）。

（2）选择最容易取得成效的环节来最先实施看板管理，而非最应该实施的环节。

（3）在看板管理实施之前，必须保证流程的稳定。

（4）看板的数量设定要符合生产现状，切忌盲目增加或撤销看板。

（5）制定规划时，要调整好物品容器的容积，使其更适合物品流动。

（6）必须借力于可视化管理，才能更好地实现看板管理的预期效果。

图 18 -9　看板和物品一起流动

事实上，很多企业、车间的看板之所以常常处于失效或不够理想的状态，往往是因其未掌握管理技巧或未留意到一些关键因素而导致控制力度不足。如果管理人员关注这些方面，那么拉动看板管理就会成为企业实现准时生产的有用技术。

技术 19：成组技术

通过生产要素分类，集中生产，提高生产效率。

1. 技术定义

GT（Group Technology，成组技术）就是将各不相同但又具有相似性的事物，按照一定的准则分类成组，使若干种事物能够采用同一方法予以解决，从而达到节省人力、时间和费用的目的。

GT 的运用可以给企业的生产带来极大的便利，有效增强企业对市场需求变化的适应能力，使得生产任务能够均衡快速地完成。其具体作用体现在以下几个方面：

（1）增强设计工作的标准化并减少设计工作量。

（2）减少生产准备时间。

（3）减少生产转换造成的浪费。

（4）有利于生产管理的科学化。

（5）提升生产环节整体的生产效率。

把相似的事物集中起来加以处理，可以减少重复性劳动并提高效率。在日常工作中可以看到很多这样的例子。所以，GT 并不是一个全新的概念。然而，要在生产中建立和应用这一思想，并使之科学化、系统化，形成一个具有实践价值的技术是我们当前面临的一个重要问题。

2. 标准应用

制造业中的产品种类成千上万，且每种零件都具有不同的形状、尺寸和功能。但是零件之间存在相似性——有些零件具有不同的功能，但形状尺寸相近；或形状差异较大，但加工工艺过程的相似性较高，如图 19－1 所示。

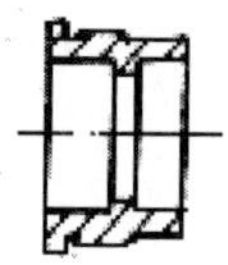
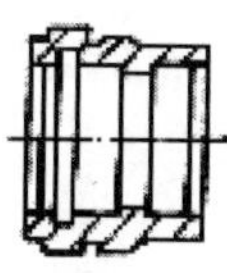
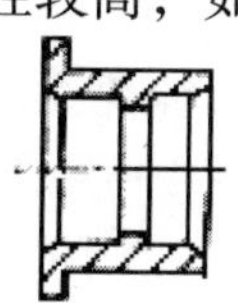

(a) 不同功能，形状相近的零件族

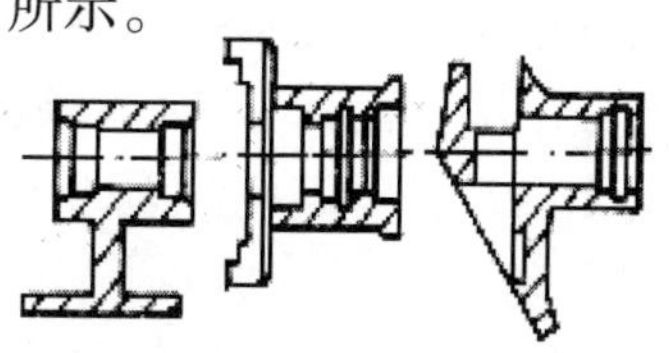

（b）形状不同，工艺相似的零件族

图 19－1　零件族

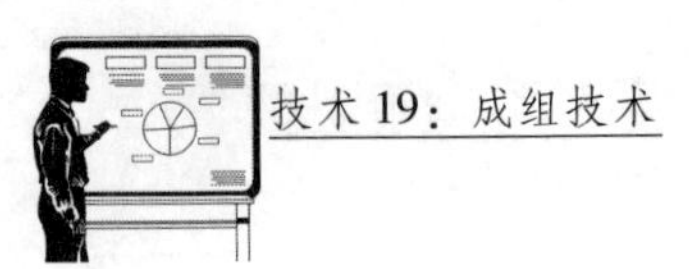

因此，可以将零件进行分类，利用零件分类编码系统对零件编码，而后将代码相似的零件归并成组。GT 应用的基本原理示意图，如图 19－2 所示。

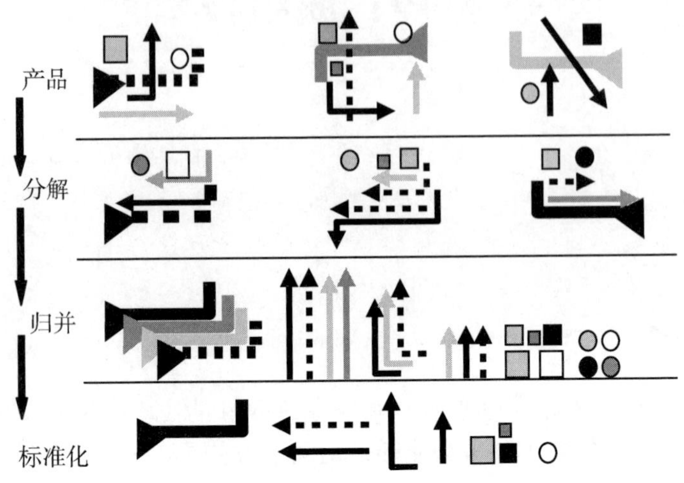

图 19－2　GT 的基本原理示意图

GT 的应用需要企业从产品的零部件设计入手，将生产中所需要的零部件分类，之后按照类别组织生产线，进而实施生产。下面介绍企业运用 GT 的关键三步。

2.1　零部件分组

指依据统一的分类标准将生产所需的零部件进行分类，并统一编码。分类要能准确反映出零部件的各个特征。零部件分类成组的常用手法有代码分组法、生产流程分析法、视检法等。

①代码分组法：利用零部件分类编码系统对零部件进行编码。按照零部件代码采用一定的准则进行分组。各个国家或大企业均有自己的零件分类编码系统，比较典型的、应用比较广泛的系统有捷克的 VUOSO 系统、德国的 OPITZ 系统。

②生产流程分析法：以零部件的加工工艺流程为依据，通过分析各个零部件进行分类。具体的方法有关键机床法、顺序分支法、聚类分析法、键合能法等。此外还有势函数法、模糊模式识别法等。

③视检法：视检法是由有生产经验的人员通过对零件图纸进行仔细阅读和判断，把具有某些相同特征属性的零件归结为一类。它的效果主要取决于个人的生产经验，因而常会受到个人主观思维的影响。

以代码分组法为例，零件分类编码后可依照编码系统进行加工编码。以 VUOSO 分类编码系统为例，它将零件分为四个层级，如图 19－3 所示。

VUOSO 系统的四级分别如下：

“类” 主要用来区分回转体类零件、非回转体类零件，以及用除机械加工以外的其他工艺方法（如弯曲、焊接、成型等）所获得的零件。

“级” 主要用来区分零件的大小和重量，同时也描述零件的基本形状。

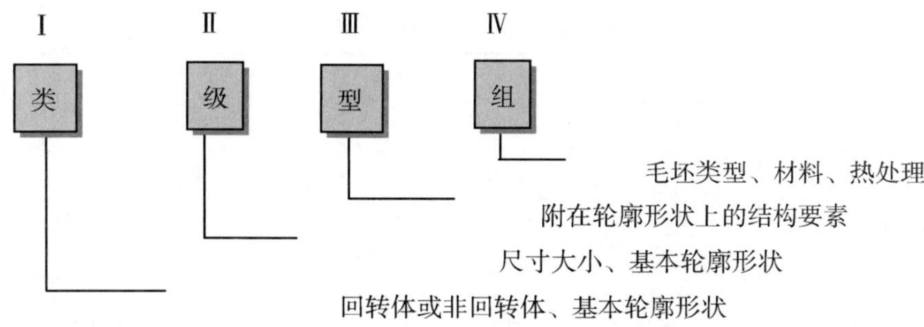

图 19－3　VUOSO 零件分类编码系统

"组"是在上述两个横向分类环节所确定的零件基本形状的基础上，进一步描述零件结构形状的细节。

"型"主要用来表示零件所用的材料和毛坯种类。

使用 VUOSO 对某回转体零件进行编码，如表 19－1 所示。

表 19－1　回转体零件的类级编码

<table>
<tr><td rowspan="6" colspan="2">类</td><td colspan="5">回转体零件</td></tr>
<tr><td colspan="3" rowspan="2">轴线上有</td><td colspan="2">有齿形、花键</td></tr>
<tr><td colspan="2">轴线上有</td></tr>
<tr><td>无孔</td><td>盲孔</td><td>通孔</td><td>无孔</td><td>通孔</td></tr>
<tr><td>0</td><td>1</td><td>2</td><td>3</td><td>4</td></tr>
<tr><td colspan="3">D</td><td colspan="2">（L/D）max</td></tr>
<tr><td rowspan="10">级</td><td>0</td><td colspan="3" rowspan="3"><40</td><td colspan="2"><1</td></tr>
<tr><td>1</td><td colspan="2">1～6</td></tr>
<tr><td>2</td><td colspan="2">>6</td></tr>
<tr><td>3</td><td colspan="3" rowspan="3">41～80</td><td colspan="2"><1</td></tr>
<tr><td>4</td><td colspan="2">1～4</td></tr>
<tr><td>5</td><td colspan="2">>4</td></tr>
<tr><td>6</td><td colspan="3">81～200</td><td colspan="2"><3</td></tr>
<tr><td>7</td><td colspan="3">>80</td><td colspan="2">>3</td></tr>
<tr><td>8</td><td colspan="3">>200</td><td colspan="2"><3</td></tr>
<tr><td>9</td><td colspan="3">其他</td><td colspan="2">>30</td></tr>
</table>

这是类、级层面上的零件编码，型、组层面上的编码如表 19－2 所示。

表 19－2　型、组层面上的编码

<table>
<tr><th colspan="5">型</th><th colspan="3" rowspan="2">组</th></tr>
<tr><th>0</th><th>1</th><th>2</th><th>3</th><th>4</th></tr>
<tr><td>0</td><td colspan="2">光滑或台阶</td><td rowspan="2">圆柱齿</td><td>有花键</td><td colspan="3">非金属</td></tr>
<tr><td>1</td><td colspan="2">轴线上有螺纹</td><td>其他</td><td rowspan="2">铸件</td><td colspan="2">灰铸铁</td></tr>
<tr><td>2</td><td colspan="2">轴线外有孔</td><td rowspan="2">圆锥齿</td><td>有花键</td><td colspan="2">展性铸铁或铸钢</td></tr>
<tr><td>3</td><td colspan="2">有槽或平面</td><td>其他</td><td></td><td colspan="2">有色金属</td></tr>
<tr><td>4</td><td colspan="2">1＋2</td><td rowspan="2">涡轮</td><td>有花键</td><td rowspan="6">各种型板线材和锻件</td><td colspan="2">普通探钢</td></tr>
<tr><td>5</td><td colspan="2">1＋3</td><td>其他</td><td rowspan="4">优质钢和合金钢</td><td>渗碳钢</td></tr>
<tr><td>6</td><td colspan="2">2＋3</td><td rowspan="2">多联齿</td><td>有花键</td><td>淬硬钢</td></tr>
<tr><td>7</td><td colspan="2">1＋2＋3</td><td>其他</td><td>热处理钢</td></tr>
<tr><td>8</td><td colspan="2">锥面</td><td rowspan="2">其他</td><td>有花键</td><td>其他合金钢</td></tr>
<tr><td>9</td><td colspan="2">异形</td><td>其他</td><td colspan="2">有色金属</td></tr>
</table>

经过分组后的零部件，每个类别中零件或加工工艺相似度很高，如图 19－4 所示。

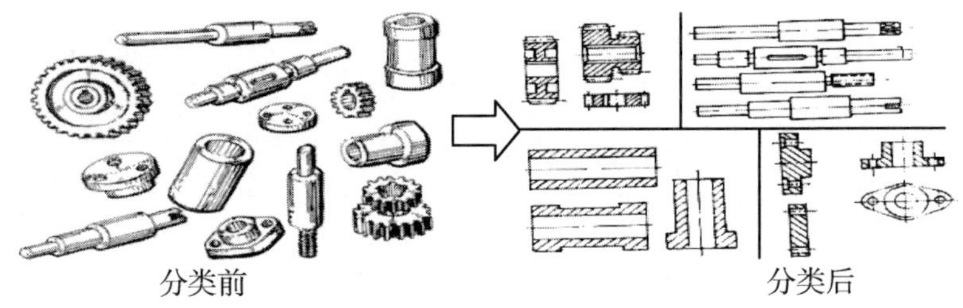

图 19－4　零件分类后成组示意图

2.2　制定成组加工工艺

根据分好的零部件类别和族别，工艺人员要对各个零部件的生产工艺进行设计。在此过程中，可以使用复合零部件法和复合工艺路线法。

①复合零部件法：指的是在一个零部件族中，设计一个能包含这组零部件全部几何特征的零部件作为复合零件，其加工工艺则为该族零部件的成组工艺，即设定一个标准化的并且代表性强的零部件。

②复合工艺路线法：根据一个零部件族中全部零部件的工艺路线，制定一个能包含全部零件加工工序的工艺路线，作为该零部件族的成组工艺。

在此过程中，目标只有一个，就是为成组零部件确定一个主零件，明确可采用的加工工艺过程。

2.3 组织成组生产线

接下来就可以将 GT 应用于生产线中。通常情况下，基于 GT 的生产线组织情况可以分为三种类型，即成组单机生产、成组生产单元、成组流水线生产，如表 19－3 所示。

表 19－3 基于 GT 的生产类型说明

成组类型	规模	成组类型说明	优势
成组单机生产	小	在一台机床上能完成工艺相似零部件组的全部或多道主要工序	减少工序间的停顿和调整时间，对提高机床利用率和生产效率有明显的效果
成组生产单元	中	在工作场地内配置可以完成工艺相似零部件族内所有零部件全部工序所需的不同类型的机床	生产作业较为灵活，动作经济，比较节省成本
成组流水线	大	工作场地内的机床是按照工艺相似零部件族的复合工艺过程的顺序布置的	具有足够的柔性，并要求工艺相似零部件族内的零件有很强的工艺相似性和较大的生产批量

在 GT 应用于生产的过程中离不开两大设备：一是成组夹具；二是成组加工机床。

（1）成组夹具是指：在成组加工中，针对一组零部件的某道工序或生产线上的多道工序而设计的可调夹具。它的主要特征是具有适应同组零部件连续生产的柔性。

（2）成组加工机床的应用：零部件分成类别和族别后，成组批量比原来的批量扩大很多，因此可以经济有效地采用可调的高效设备或数控设备进行加工，以提高生产效率。

实践证明，系统地实施成组生产可以取得明显的效益。由于在设计阶段就考虑到了 GT 管理思想，因此可以有效提高产品的质量，为生产线的均衡和有序生产打下坚实的基础。

3. 实践指南

GT 的应用可以大大减少工作量，缩减巨型设备对空间的占用，而且其应用范围也比较广泛，像我们上一节中提到的加工工艺、设备管理、组织生产等环节都可以应用这一技术。下面针对某公司的机轴工艺设计，来说明如何应用 GT。

3.1 分组码域的设计

该公司一直采取“小批量、多品种”的生产策略。在这种策略下，企业生产负担极为繁重——每件机轴产品都需要多种零配件来组装，这便导致其产品生产周期很长，而生产成本也相对较高。针对这种情况，选用 GT 是最适宜的改善方法。

在对机轴结构特征及加工工艺详细研究的基础上，设计人员决定采用特征码位法进行编码。这种方法是在分类编码系统的各码位中，选取一些特征性较强、对划分零件族影响较大的码位，作为零件分组的主要依据，而其余的码位则予以忽略。

设计人员对特征码位码域进行了如下设计：将 1、2、4、6、11、12 这六个码位作为特征码位，并分成四组，如表 19－4 所示。

表 19－4　特征码位码域的四组设计

组别	码位	对应特征项
机轴码域一组	第 1 码位	机轴
	第 2 码位	外部基本形状中的单一轴线（双向台阶）
	第 4 码位	内部基本形状中的无轴线孔或盲孔（单侧、双侧）
	第 6 码位	平面、曲面加工中的外部键槽
	第 11 码位	直径尺寸小于等于 400mm
	第 12 码位	长度尺寸小于等于 1100mm
机轴码域二组	第 1 码位	机轴
	第 2 码位	外部基本形状中的单一轴线（双向台阶）
	第 4 码位	内部基本形状中的无轴线孔或盲孔（单侧、双侧）
	第 6 码位	平面、曲面加工中的外部键槽
	第 11 码位	直径尺寸小于等于 400mm
	第 12 码位	长度尺寸大于 1100mm、小于等于 1700mm
机轴码域三组	第 1 码位	机轴
	第 2 码位	外部基本形状中的单一轴线（双向台阶）
	第 4 码位	内部基本形状中的通孔（光滑，单、双向台阶）
	第 6 码位	平面、曲面加工中的内部花键或内部花键及外部键槽
	第 11 码位	直径尺寸小于等于 400mm
	第 12 码位	长度尺寸小于等于 1700mm
机轴码域四组	第 1 码位	机轴
	第 2 码位	外部基本形状中的单一轴线（双向台阶）
	第 4 码位	内部基本形状中的无轴线孔或盲孔（单侧、双侧）
	第 6 码位	平面、曲面加工中的花键或花键及外部键槽
	第 11 码位	直径尺寸小于等于 400mm
	第 12 码位	长度尺寸小于等于 1700mm

3.2 零件分组

根据上面特征码位码域的设计，结合现场调研情况，设计人员将收集到的机轴分为四组。具体分组情况如表19－5所示。

表19－5 机轴分组

零件类别	组别	零件型号	特征码号	典型零件型号
机轴	1	SCU－75	320224	SCU－75
	2	SCMA－400	320226	YBMA－400
		SCMB－500	320227	
		SCMC－700	320225	
	3	SCT－200	320825	SCT－200
		SCV_1－200	320824	
		SCV_2－200	320824	
	4	SCRC－55	320311	SCI－175
		SCN－100	320414	
		SCS－200	320425	
		SCI－175	320423	

3.3 成组工艺设计

成组工艺设计是实现工艺标准化的主要方法，是以结构相近的若干零件组成的零件加工族为工艺对象。基本操作上可以采取虚拟零件法和复合工艺路线法等方法。

在上一环节中，设计人员根据码域把零件分组后，发现同一组内的零件的加工工艺路线相差不大。因此，决定本次工艺设计采用复合工艺路线法来进行。下面设计人员对机轴进行了成组工艺设计。

机轴在零件分组中共分为四组。通过企业现场调研、征求方法中心工艺专家的意见，综合分析收集到零件的加工工艺，在典型零件的基础上，最终得出四组零件的复合加工工艺路线。

（1）机轴第1组以零件SCU－75为基础，最终确定复合加工工艺路线为：A534—B810—SC123—6H83—SC123。

（2）机轴第2组以零件YB MA－400为基础，最终确定复合加工工艺路线为：WS26—A534—B810—Z3063—SC123—Y63—MQ1350—B810。

（3）机轴第3组以零件SCT－200为基础，最终确定复合加工工艺路线为：WS26—A534—B810—SC123—深孔钻—WS61—SC123—WS61—SC123—B810—Y63。

（4）机轴第4组以零件SCI－175为基础，最终确定复合加工工艺路线为：A534—B810—SC123—YB6016—喷丸机—6H83—SC123—B810。

根据机轴各组复合加工工艺路线最终确定各组主样件。图19－5是机轴第3组的主零件样型。

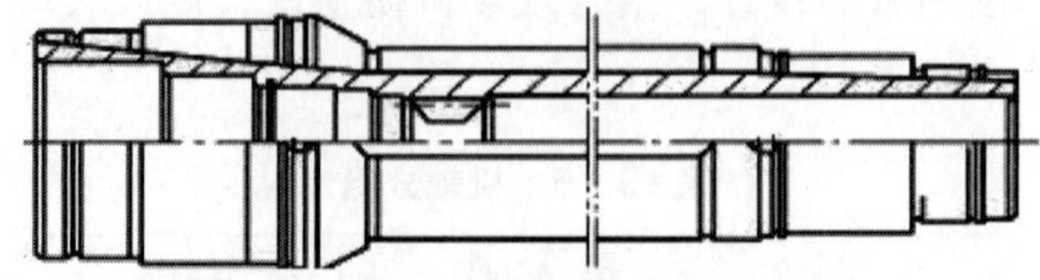

图19－5　机轴第3组的主零件样型

其外部基本形状为双向台阶且有环槽，内部基本形状为单向台阶通孔，平面、曲面加工为内部花键及外部键槽，材料为40CrNiMo（高淬透性钢），直径尺寸为190mm，长度尺寸为1150mm。

随后，设计人员根据主样件编制了各零件组工序卡片，即：设计主样件工艺过程的工艺路线和相应的工序内容，并在此基础上，编制了工艺过程工序卡片，形成标准工艺。由此得到了满足全组零件的成组工艺，从而极大地减少许多重复性劳动。

最后，设计人员将工序卡片内容输入计算机系统数据库中，建立了工艺数据或数据文件，以存储工艺数据和规范，供日后调用。

经统计，GT的应用使新设计的零件数减少50%，图样总数减少20%，生产准备时间缩短30%，总设计周期缩短30%，为企业带来了较大的经济效益。

4. 思维拓展

成组技术极为省时省力，又能创造巨大经济效益，可以被广泛应用于现代企业的管理过程中。下面举例说明其适用的范围，以及在应用中的注意事项。

4.1　GT在现代企业中的应用

最常使用GT且效果明显的应用，当属其在产品设计、工艺规程设计以及生产管理中的应用。

（1）成组技术在企业产品设计中的应用。

在产品设计中应用成组技术，首先要将企业中已设计、制造过的零部件编码成组，建立起设计图纸和资料的检索系统。

当为新产品设计零件图纸时，设计人员可以将设计零件的构思，如零件的结构形状、尺寸大小等，转化成相应的分类代码，然后按该代码对其所属零件组的设计图纸和资料进行检索，从中选择可直接采用或者稍加修改便可采用的零件图。只有当原有的零部件图纸均不能利用时，才重新设计新的零部件图纸，可以节省很多设计时间。

（2）成组技术在企业工艺规程设计中的应用。

利用成组技术的计算机辅助工艺规程设计，可以有效避免因工艺规程过于多样而影响产品质量和生产秩序的问题。采用成组工艺后，利用产品零件编码系统来识别产

品的工艺特征，将特征类似的零部件进行工艺过程的统一和优化。如此一来，便可缩减生产方法准备的工作量和期限，减少工艺的种类及工艺装备，提高零件的生产率和加工质量，降低生产成本。

(3) 成组技术在企业生产管理中的应用。

很多企业的生产管理是按产品进行分工，按型号进行管理的。每个型号都有自己的一套生产计划，生产任务紧张时，矛盾就非常突出，重复性工作量大，生产效率低。

而采用成组技术后，生产过程得到优化，原来以产品封闭式的车间组织的生产方式变为以零件封闭单元组织的生产方式，如此一来，加工周期缩短，成组加工批量扩大，企业可以获得更好的经济效益。

4.2　传统成批生产与 GT 生产的差异

很多人误将传统成批生产与 GT 生产等同起来，其实二者之间存在很大的差异：前者是一种浪费的大库存式生产，而后者却是实实在在的省工生产。具体说明如下。

(1) 传统的成批生产计划管理方式。

传统的成批生产计划管理采用的是“库存控制”方式。这种方式的主要特点是：每一种自制零件都有自己的投产间隔期和投产批量。图 19－6（a）反映了属于同一零件组中的两种不同零件 A 与 B 按库存控制方式投产的情形。

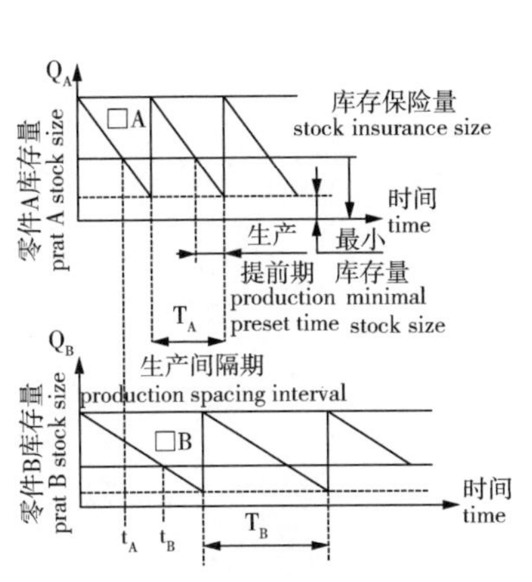

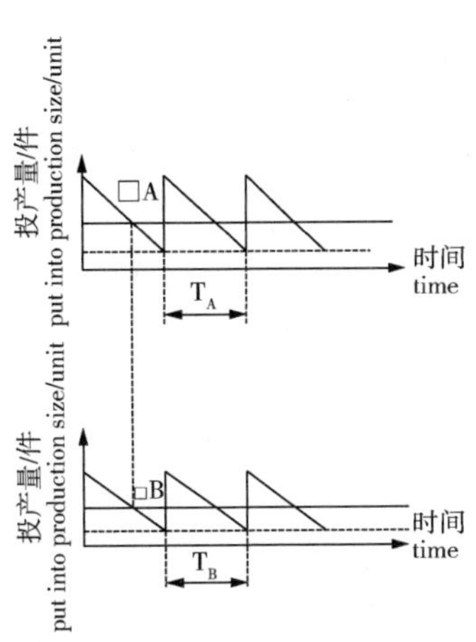

图 19－6　两种生产方式的对比

(a) 传统的库存控制投产方式；(b) 短间隔期、小批量生产管理方式

由图 19－6（a）可知，两者各有自己的投产间隔期 T_A 和 T_B，以及各自的投产批量 Q_A 和 Q_B。每种零件也各有自己的库存保险量。当某种零件的库存量下降至库存保险量水平时，仓库便通知计划部门重新补充。属于同一个零件组的零件 A 与 B 显然不可能在同一投产间隔期内一同投产，自然也无法保证零件组共用工艺装备在同一次调整中完成加工；而各自分开加工则必将造成巨大的时间损失，这显然是与 GT 原理背道而驰的。

(2) GT 条件下的短间隔期、小批量的生产管理方式。

在成组技术条件下，应采用短间隔期、小批量的生产控制方式。间隔期越短批量越小，则其效果便越好。短间隔期、小批量控制方式的特点在于：对于同一零件组的每种零件，必须采用同样的投产间隔期和投产提前期。

由图 19－6（b）中可看到，零件 A 的重新投产点 *OA* 与零件 B 的重新订货点 *OB* 在时间上是重叠的。这就保证同一零件组的零件可以在同一投产间隔期一同投产。而且在这种控制方式下，各种零部件的自制批量，完全是按照计划出产的产品对零部件的配套要求而定的。

技术 20：均衡化

> 对生产过程进行全方位协调，实现资源和速度的全面同步。

1. 技术定义

生产线平衡就是对生产环节中各道工序的负荷进行均衡，使得各工序的作业时间基本相同。其目的就是要通过平衡生产线，使得生产环节更容易实现“一个流”。

在流程化作业方式下，各工序的生产速度需保持一致。这就要求分配到各生产线的工作人员技能、作业时间、工序排列等要素之间保持协调。实施均衡化生产可以产生以下效果：

（1）容易暴露出生产过程中的问题点。

（2）快速适应市场与生产计划的变更。

（3）缩短整体流程运作的周期。

（4）缩短产品组装时间，减少产品积压。

（5）实现生产线的平衡，提高生产线的工作效率。

（6）有利于安全生产。

（7）减少管理成本和损失。

2. 标准应用

不恰当的作业环节和节拍，会导致工序负荷不均匀，引起工时的浪费和在制品的堆积，甚至是生产的停滞。但是，如果能够通过方法或组织措施来调整产品在各道工序的加工时间，确保控制生产过程的各环节具有大体相等的生产率，使得闲置时间最少，就可能实现均衡化生产。下面介绍如何实现均衡化生产。

2.1 生产节拍的计算

流水线的工序节拍，也就是依次生产两件相同制品之间的时间间隔，是流水线上最重要的工作参数。在确定节拍时，可参照以下依据：

（1）计划生产期内的产量（日产量、月产量、年产量等），包括计划出产量和预计废品量。

（2）有效工作时间，也就是实际生产时间除去法定休息时间、早晚生产准备时间和生产停顿时间。

生产线的节拍就是有效工作时间与计划生产期内产量之间的比值。计算公式如下：

$$流水生产线的节拍 R = \frac{F_e}{N} = F_o \cdot \frac{\eta}{N}$$

式中：R为流水线节拍（分/件），F_e为计划期有效工作时间（分），N为计划期制品产量（件），Fo为计划期制度工作时间（分），η为时间有效利用系数（0.9～0.96）。该系数需考虑设备检修、设备调整、更换工具的时间以及操作人员班内休息的时间。

2.2 生产需求的确定

生产节拍协调后，接下来，生产管理人员还要做好其他方面的安排。

（1）计算设备需要量和设备总负荷系数。

实施工序同期化管理后，还要依据确定的工序时间来计算各道工序的设备需要量。公式如下：

$$S_i = \frac{T_i}{R}$$

式中：S_i为第i道工序所需设备数，$T_\eta i$为第i道工序的单件时间定额，R为流水线节拍。

一般来说，计算出来的设备数量是整数的话，就有实际设备数：$S_{ei} = S_i$。

如果计算出来的设备数量不是整数的话，取整数+1，这样有实际设备数：$S_{ei} \succ S$。

设备负荷系数为：

$$K_i = \frac{S_i}{S_{ei}}$$

式中：K_i为设备负荷系数，S_{ei}为第i道工序的实际设备台数。

然后，再计算流水线总设备负荷系数。公式为：

$$K_i = \frac{\sum_{i=1}^{m} S_i}{\sum_{i=1}^{m} S_{ei}}$$

设备负荷系数直接决定了流水线的协调和连续程度。

（2）计算操作人员需求量。

除了计算设备需要量和设备总负荷系数外，还要计算操作人员需求量。个人需求量主要分为以下两类：

①以手动和使用手工工具为主的流水线的人员需求量。

②以设备自动加工为主的流水线的人员需求量。

两种方式的人员需求量的计算公式分别是：

$$P = \sum_{i=1}^{m} P_i$$

$$P_i = S_{ei} \times G \times W_i$$

式中：S_{ei}为第 i 道工序所需的实际设备台数；G 为日工作班；W_i 为第 i 道工序每个操作人员的设备重复定额。

得到上述需求信息后，生产管理人员还需要对当前生产流程的均衡性加以计算与分析。

2.3 生产线均衡性评估

进行生产线均衡性分析主要基于以下两个方向：

（1）把握生产工程的作业时间，检查所有生产线的各工程整体时间的平衡度。

（2）加强改善作业时间长的瓶颈现象。

然后，在这两个方向的指引下，确认生产线平衡的状态。下面介绍两种常用的均衡性评估方法。

（1）速度柱形图。

在生产线平衡的分析过程中，最常用的速度曲线图为速度柱形图。这里，介绍速度柱形图的制作方法。

速度柱形图的基本制作步骤如下：

①先准备好图表用纸。

②横轴以 1 厘米左右为宽，等间隔划分，按工序的顺序记录工序名。

③在各工序下面记录操作人员、净时间和其他事项。

④在纵轴上注明时间刻度。

⑤用柱形图表示各个工序的净时间。

⑥确认经实践证明为最长的工序，在它对应的时间刻度处，画一条长的直线。

⑦用虚线记录效率时间。效率时间（P）的计算公式如下：

$$P = \frac{\text{一天的实际劳动时间} - \text{准备和收拾的时间}}{\text{一天必要生产量}}$$

⑧画上斜线（走势线）。

图 20－1 为典型的速度柱形图。

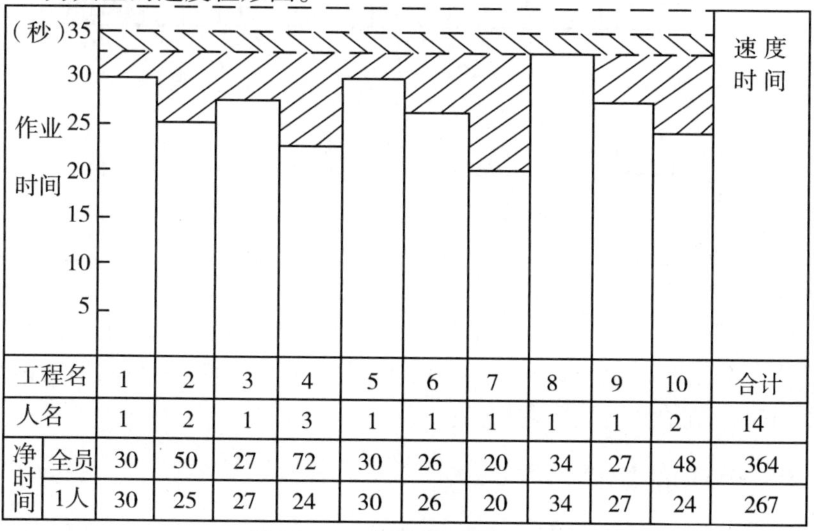

工程名		1	2	3	4	5	6	7	8	9	10	合计
人名		1	2	1	3	1	1	1	1	1	2	14
净时间	全员	30	50	27	72	30	26	20	34	27	48	364
	1人	30	25	27	24	30	26	20	34	27	24	267

图 20－1 典型的速度柱形图

平衡损失率是用来衡量工艺过程均衡性的好坏的，以百分率表示。生产线平衡率的计算公式如下：

$$\text{平衡率} = \frac{\text{各工序时间总和}}{\text{总人数} \times \text{瓶颈工序工时}} \times 100\%$$

生产线不平衡损失率的计算公式如下：

$$\text{不平衡损失率} = 1 - \text{平衡率}$$

以图 20－1 的平衡柱形图为例，实际最长的工序作业时间为 34 秒，人员为 14 人，各工程净时间总计 364 秒。经计算，得出平衡率为 76.4%，平衡损失率为 23.6%。

（2）生产线均衡标准管理表。

生产线均衡管理表实际上就是将生产节拍与各个工序的时间进行比照、协调的一种方法。

生产节拍与瓶颈不重合时，就会产生非瓶颈工序的空闲时间。编制出生产线均衡标准管理表有利于将瓶颈工序、非瓶颈工序、生产节拍做直观的对比。生产线均衡管理表，如表 20－1 所示。

表 20－1　生产线均衡标准管理表

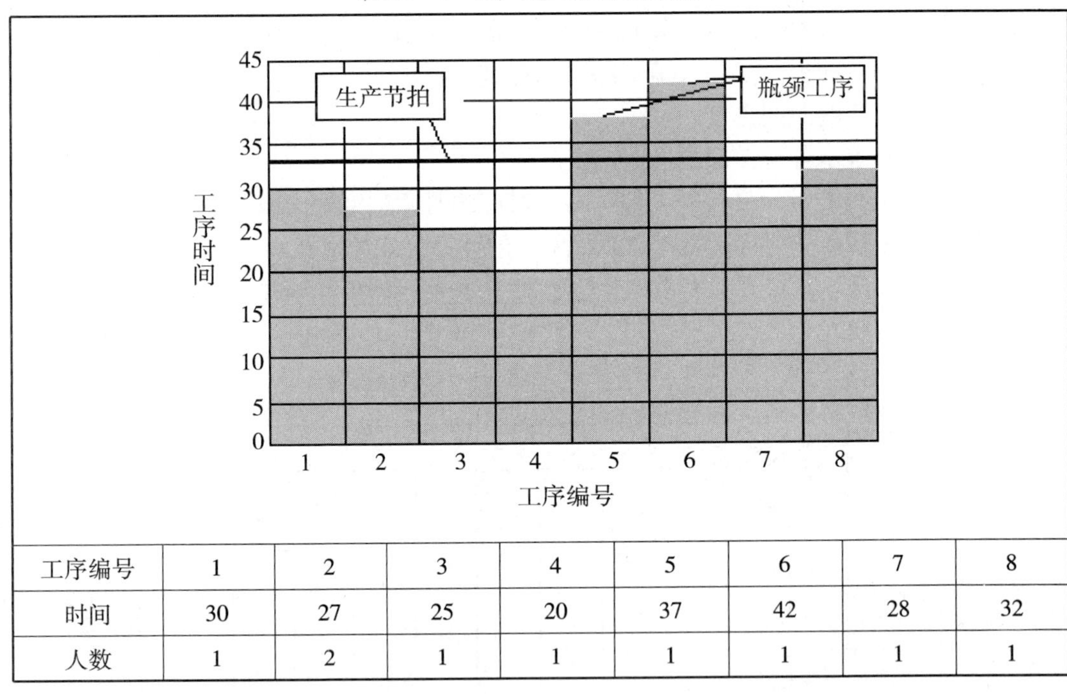

工序编号	1	2	3	4	5	6	7	8
时间	30	27	25	20	37	42	28	32
人数	1	2	1	1	1	1	1	1

由表 20－1 可以看出，超出生产节拍时间的工序 5、工序 6 为瓶颈工序。

对工序进行分割时，很容易出现瓶颈工序，解决办法就是对瓶颈工序继续进行分割，直到所有工序节拍都实现协调均衡。

2.4　生产节拍的协调

如果发现当前生产线并不均衡，就可对生产节拍进行协调。其基本操作原理是把

整个加工工艺流程细分为多个小工序，再把小工序加以组合，形成大工序，使这些大工序的单件作业时间接近或等于节拍或节拍的倍数。同时，还要通过在关键工序采取措施，来协调各个节拍的工序。协调工序节拍操作可参照以下措施：

（1）提高设备机械化、自动化水平，减少工序作业时间。

（2）改进操作方法和工作地的布置，减少辅助作业时间。

（3）建立在制品储备。

（4）详细地进行工序的分解与合并。

（5）提高操作人员的操作熟练程度和工作效率。

（6）增加工作人员，安排多能工，完善作业人员的组织结构。

如图20－2所示，生产管理人员对生产线上的每道工序进行改善，协调每道生产工序的加工时间，实现整个生产流程运作的同步性和一致性。

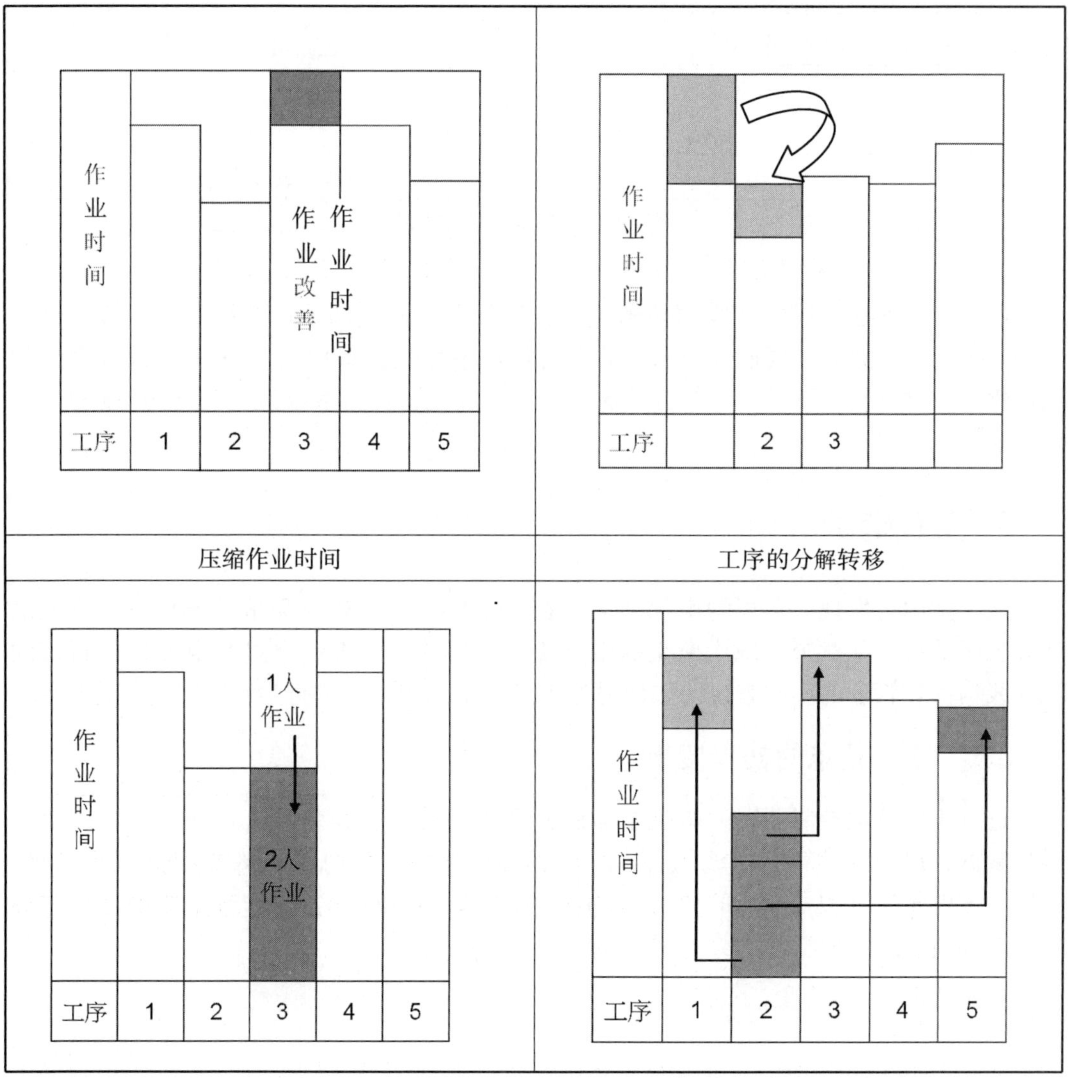

作业时间
作业改善
作业时间
工序 1 2 3 4 5

作业时间
工序 2 3

压缩作业时间

工序的分解转移

1人作业
2人作业
作业时间
工序 1 2 3 4 5

作业时间
工序 1 2 3 4 5

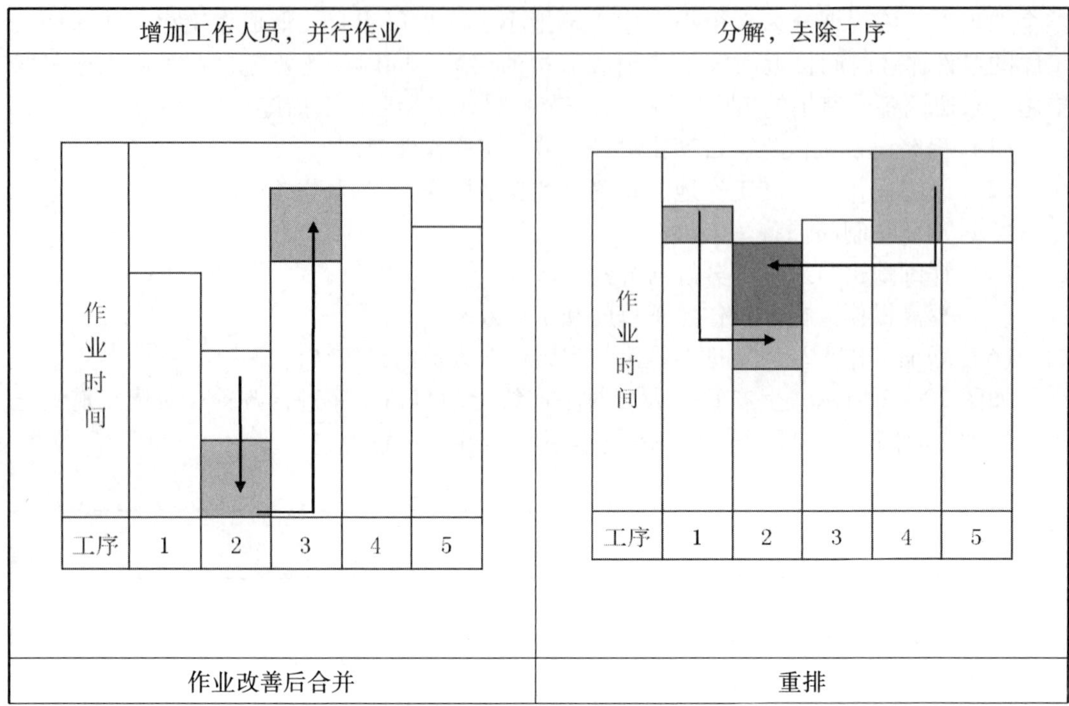

图 20 - 2　改善工序节拍

通过这些方法进行生产线的平衡改善，使整个生产线的生产节拍达成一致。进行工序节拍保持一致后，要确保流水线的设备负荷系数达到 0.85 ～ 1.05，这才算合格的均衡化。在这种情况下，可组织连续流水线；而在设备负荷系数为 0.75 ～ 0.85 时，可组织间断流水线。

3. 实践指南

从上文中可发现，实现均衡化的关键在于如何在当前生产需求的条件下，去准确计算工序节拍，并对未实现均衡化的生产工序加以改善。下面通过某电子厂进行装配流水线均衡化管理的实例来说明如何通过工序节拍调控，来进行生产线的均衡化作业。

3.1　工序信息的初步搜集

进行工序节拍控制的第一步是全面展开调查，准确搜集装配流水线上的相关生产信息数据，以便于计算流水线上各道工序的时间定额。信息调查人员根据调查结果，绘制了该电子厂某型号产品的加工工序图（如图 20 - 3 所示）。

工序号	工序名称	可分解工步	工步名称	必须提前的作业
1	电机固定	A	电机固定	–
2	风轮固定	B	风轮固定	A
3	固定瓷灯座、卡线	C D	固定瓷灯座	A
4	常闭常开温控固定	E	常闭常开温控固定	C
5	拼合	F	拼合	D
6	瓷灯座接线	G	瓷灯座接线	E
7	拉簧固定	H	拉簧固定	–
8	包线、卡电容接线柱	I J	卡电容接线柱	E G
9	接线	K	接线	I J

图 20－3　某型号产品的工序划分

此外，调查人员还针对这些工序搜集了其他方面的现场信息，如表 20－2 所示。

表 20－2　电子厂某型号产品加工信息

工序号	可分解工步	工步平均测试时间 T（s）	工序时间定额 T_i（s）	工位数 S_{ei}	工序负荷系数 k_i
1	A	30.56	33	2	0.87
2	B	8.74	11	1	0.58
3	C	30.20	56	3	0.98
	D	19.04			
4	E	27.38	31	2	0.82
5	F	21.52	23	2	0.61
6	G	13.94	15	1	0.79
7	H	14.44	6	1	0.84
8	I	21.30	28	2	0.74
	J	3.86			
9	K	39.84	46	2	1.21

3.2　基本参数计算

得到上述信息数据后，即开始计算以下参数。

(1) 流水线负荷数 $K_i=\frac{\sum_{i=1}^{m}S_i}{\sum_{i=1}^{m}S_{ei}}=\frac{(\frac{259}{19})}{16}=0.852$

(2)不平衡损失=(瓶颈工时×合计人数)-各工序时间合计÷=(23×16)-259=109s。

(3)流水线平衡率=各工序时间合计÷(瓶颈工时×合计人数)$=\frac{259}{(23\times16)}\times100\%$ =70.4%。

(4)流水线不平衡损失率=1-流水线平衡率=1-70.4%=29.6%。

(5) 产能=每天工作时间÷瓶颈工时×（1+宽放率）

=6.75×3600÷23×（1+0.1）=1162.174（宽放率取0.1）。

针对以上分析，可采取以下措施来实现工序同步化：

(1) 电机固定和风轮固定合并为一道工序。

(2) 拉簧固定与照明瓷灯座接线次序交换，并与拼合列为一道工序。

(3) 将包线单独列为一道工序。

(4) 卡电容接线柱与接线合为一道工序。

(5) 以上工序均采用熟练工，定额设置为节拍或节拍的整数倍，负荷为1。

(6) 调整其他未变工序的工时定额，使其尽量达到满负荷。

3.3 改善前后的均衡化分析

实施上述操作后，列出改善前和改善后的工序信息，并对其加以分析。工序均衡化前后对比分析如表20-3所示。

表20-3 工序均衡化分析

<table>
<tr><th>工序名称</th><th>工步平均时间（s）</th><th>原工位数</th><th>同期化程度</th><th>新工序号</th><th>新工序时间</th><th>新工位数</th><th>同期化程度</th><th>现定额</th></tr>
<tr><td>A</td><td>30.56</td><td>2</td><td>0.80</td><td rowspan="2">1</td><td rowspan="2">39.30</td><td rowspan="2">2</td><td rowspan="2">1.03</td><td rowspan="2">38</td></tr>
<tr><td>B</td><td>8.74</td><td>1</td><td>0.46</td></tr>
<tr><td>C</td><td>30.20</td><td rowspan="2">3</td><td rowspan="2">0.86</td><td rowspan="2">2</td><td rowspan="2">49.24</td><td rowspan="2">3</td><td rowspan="2">0.86</td><td rowspan="2">51</td></tr>
<tr><td>D</td><td>19.04</td></tr>
<tr><td>E</td><td>27.38</td><td>2</td><td>0.72</td><td>3</td><td>27.38</td><td>2</td><td>0.72</td><td>28</td></tr>
<tr><td>F</td><td>21.52</td><td>2</td><td>0.57</td><td rowspan="2">4</td><td rowspan="2">35.46</td><td rowspan="2">2</td><td rowspan="2">0.93</td><td rowspan="2">38</td></tr>
<tr><td>H</td><td>13.94</td><td>1</td><td>0.73</td></tr>
<tr><td>G</td><td>14.44</td><td>1</td><td>0.76</td><td>5</td><td>14.44</td><td>1</td><td>0.76</td><td>15</td></tr>
<tr><td>I</td><td>21.30</td><td rowspan="2">2</td><td rowspan="2">0.66</td><td rowspan="2">6</td><td rowspan="2">21.30</td><td rowspan="2">1</td><td rowspan="2">1.12</td><td rowspan="2">19</td></tr>
<tr><td>J</td><td>3.86</td></tr>
<tr><td>K</td><td>39.84</td><td>2</td><td>1.05</td><td>7</td><td>43.70</td><td>2</td><td>1.15</td><td>8</td></tr>
</table>

注：同期化程度=工序平均时间÷（工位数×工时定额）

根据上述数据计算改善实施后的各项系数，具体如下：

（1）流水线负荷系数＝0.919。

（2）不平衡损失＝20s。

（3）流水线平衡率＝91.9%。

（4）流水线不平衡损失率＝8.1%。

（5）产能＝1162.679。

通过分析工序节拍，该企业轻而易举地对各道工序进行了均衡化管理，实现了整条生产线的均衡化生产，大大提高了产能。

4. 思维拓展

生产均衡化的实现会使生产现场的作业规律化，便于实现定置管理，并且可以作为生产现场效率提高的标志。此外，也能够有效防止生产过剩造成的浪费和生产能力不足导致的原材料供应失调等问题。

但是，生产管理人员的工作目标不能仅限于内部生产的均衡化管理，而应更进一步拓展开来，例如，实现内外生产的均衡化、实现柔性的均衡化管理等。

4.1 内外生产均衡化的协调管理

内外生产的均衡化实现了供需与产销的联合，是保证企业准时生产和及时出货的必要条件。

企业在达成制造均衡化后，还会面临与供应和销售相关的均衡化管理问题。例如，供应商无法准时提供所需原料导致企业停工待料；销售商无法及时销售产品或者不按时提走货物导致库存等，这些都需要进行内外生产的均衡化管理。

（1）生产与供应管理的均衡化。

进行生产与供应的均衡化管理时，可以从以下四个方面进行：

①制造商对供应商予以协助，帮助供应商降低成本、改进质量、加快产品开发进度。

②通过建立相互信任的关系提高效率，降低交易成本和管理成本。

③用长期的信任合作取代短期的合同。

④采取比较多的信息交流。

其具体方法和内容如图20－4所示。

在均衡化管理的过程中，尤其要注意以下问题：

①生产与供应单位的信息交流和共享，对有关成本、质量要求信息、生产计划等方面的信息要保持持续的沟通，并确保信息传递的一致性。

②将供需关系采用并行工程的形式，将客户在原材料质量和功能方面的需求传送至供应商，并建立联合小组共同解决相关问题。

③供应商与制造商制定固定性的沟通日期，并使用电子数据交换等先进方法实行快速的数据传输。

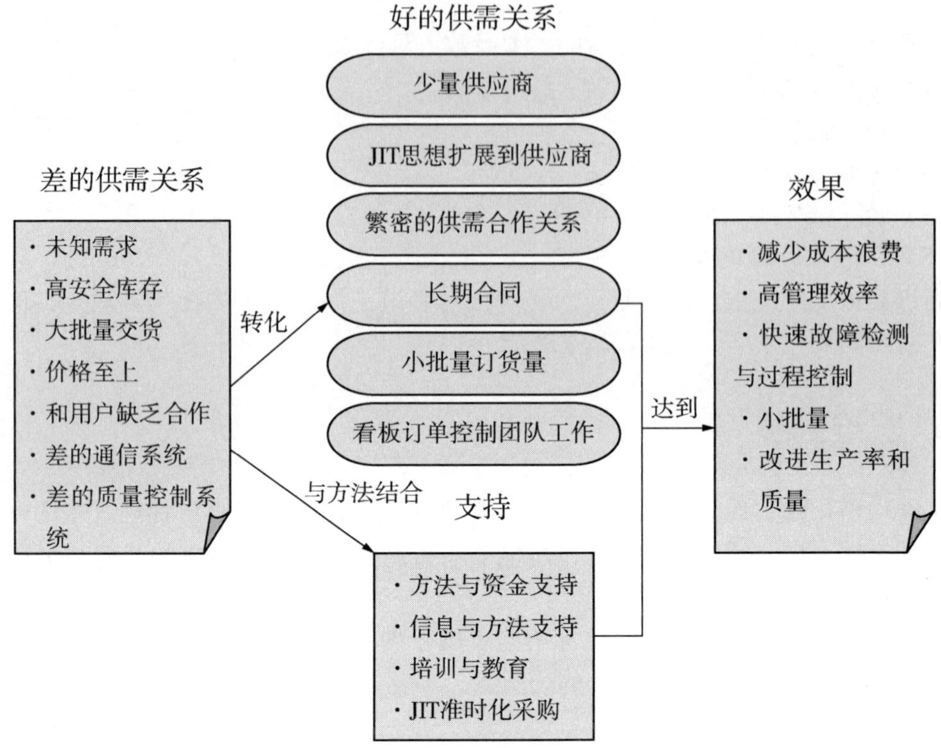

图 20－4　生产与供应均衡化的方法及具体内容

（2）生产与销售的均衡化。

生产与销售的均衡化就是要求销售部门的销售行为与生产部门协调一致，及时与生产方沟通市场与销售信息，通过订单及销售报表等方式向生产部门提供相应的产品需求数据，以便生产部门根据市场需要及时准确地生产出市场所需产品，在不影响销售的情况下实现零库存目标。

生产与销售的协调方式如图 20－5 所示。

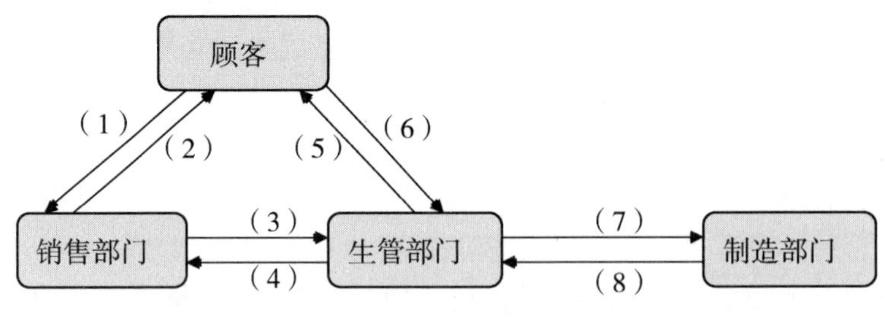

（1）订单下达　　（2）交期回复
（3）订单通知　　（4）交期确认/通知
（5）交期变更通知　　（6）交期变更确认
（7）制造命令　　（8）生产变更通知

图 20－5　生产与销售的协调方式

生产与销售的均衡化流程图如图 20－6 所示。

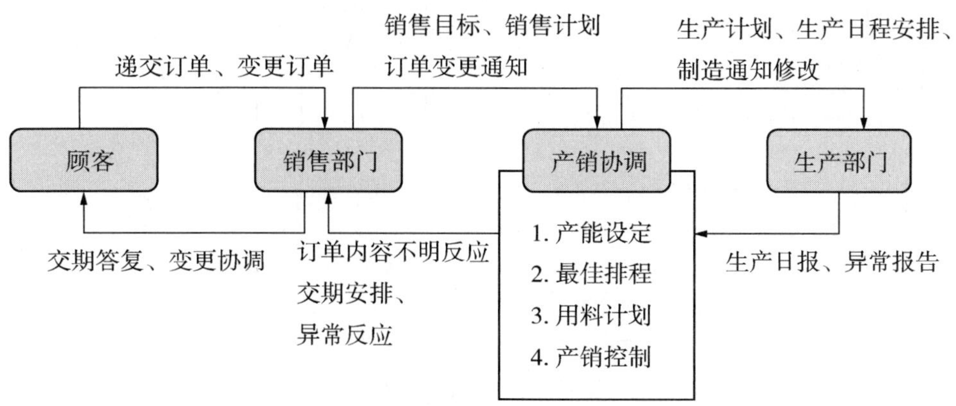

图 20－6　生产与销售的均衡化流程图

通过设定标准的供需、产销均衡化流程，实现生产、供应、销售三者的均衡化管理，可以最大限度地保障作业单位的快速流通，推进实现整个企业运作的均衡化。

4.2　柔性理想节拍标准

随着信息方法的飞速发展，企业面临的环境发生了重大的变化，产品的生命周期越来越短，替代品产生的速度越来越快。柔性化的生产就是在这种情况下应运而生的。柔性化产生的背景演示，如图 20－7 所示。

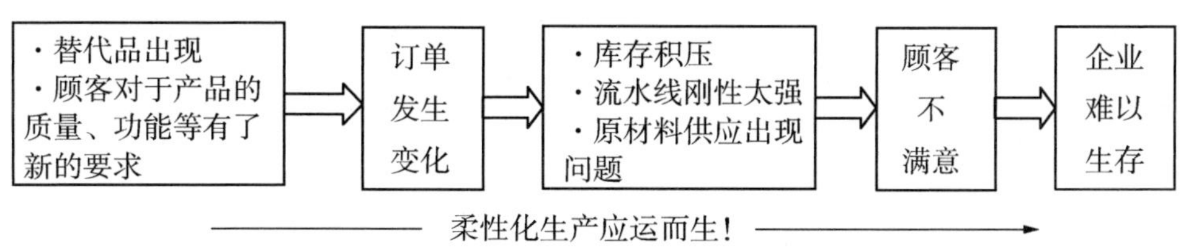

图 20－7　柔性化产生的背景

柔性即可调性。设置具有柔性理想节拍的装配线，是指根据生产需要来调整、配置装配线，实现按比例需要组织装配生产，即：需求量少时能够少生产，需求量大时能够多生产。如此一来，便可以在装配线效率提高的同时，随时缩短生产线的长度。柔性化生产应对需求变化的示意图，如图 20－8 所示。

由图 20－8 可以看出，生产节拍发生了变动，但是新节拍却能够满足生产需求，生产线的配置本身并没有发生变化。

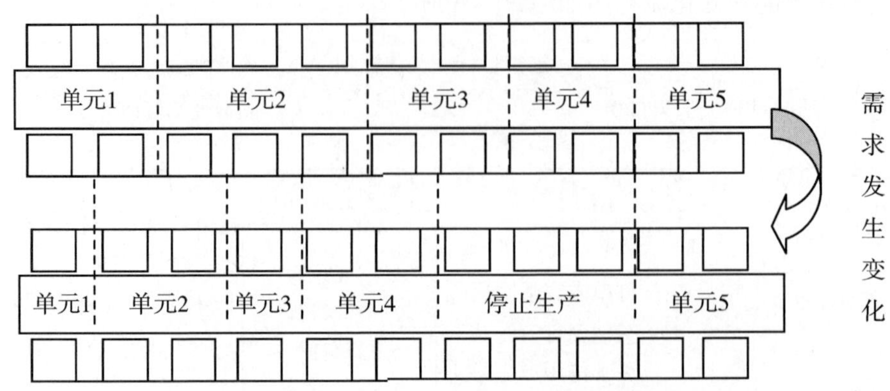

图 20－8　柔性化生产应对需求变化示意图

总之，均衡化管理强调的是整个生产运作过程的全方位协调，使所有的资源和生产速度实现均衡，最终达到提高整体生产效率和产品质量的目的。

技术 21：自动化

实现人与设备的有机结合，能够对问题或故障作出快速响应。

1. 技术定义

传统的生产线管理常常存在很多问题，如经常发生设备故障和异常停产；发生异常不能立即得到解决；作业偏离标准不能立即停产，导致出现大量不良品；作业转换的时间太长；等等。如果不能很好地解决上述问题，就很难保证工作质量和效率，最终影响企业利润目标的实现。

而自动化的采用则可以有效解决上述问题，确保企业生产产生良好效果。我们这里所提及的“自动化”就是要将重点放在如何及时中断生产线上，当生产发生异常和生产完毕时，生产线能够自动停止运转。其特点主要表现在以下方面：

（1）减少操作人员：如果设备可以在出现问题时自动停机，那么企业就没有必要专门设置生产监管人员；而且实现自动化后操作人员可以操作更多数量的设备，这也有助于企业削减操作人员数量，从而降低生产成本。

（2）增强对市场需求的适应性：每生产完所需零部件后，生产就会自动停止，而且产品都是合格的；生产线也可以马上转换生产，对需求变化的适应能力得到加强。

（3）尊重人性：在自动化生产管理中，更加强调人解决问题的能力，人在生产中的作用得到了加强，也增强了对人性的尊重。

可以说，自动化管理更有效地将人从生产作业中解放出来，并实现了人与机械的完美结合，是一种备受推崇的精益化管理技术。

2. 标准应用

自动化生产的出现源于丰田创始人佐吉制造的自动织布机。其织布机有一个装置可以发挥这样的作用：该装置一旦发现断掉的纺线，就会强迫自动织布机自动停止工作，等监控人员接好纺线后才可以继续生产，避免了瑕疵重复出现。后来，丰田公司改进了这种方法，利用自动停止装置有效地避免了不合格品的重复生产。

事实上，织布机上所安装的纺线控制装置就是一种自动停止装置。由于错误产生的初始阶段痕迹颇轻，很难让人发现。而安装自动停止设备，则可以强制停工让员工注意到错误并改正，这在一定程度上避免了重复错误导致的浪费，及时、有效地控制

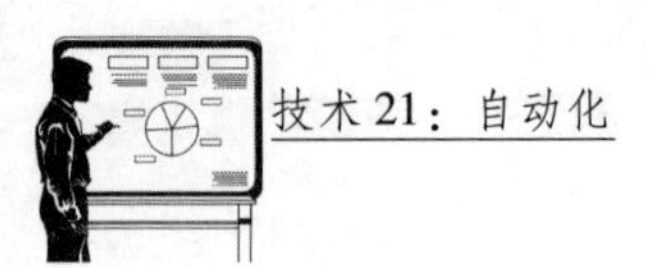

不合格品继续流转；同时也大大缩短了处理生产异常的时间，使生产运作效率进一步提高。

那么，应如何实现自动化生产呢？下面介绍一下实现自动化的一般过程，并特别介绍自动装置的设计。

2.1 自动化的实现过程

那么，在实践中应该如何实现自动化呢？下面我们就来讨论生产线发生异常时停产的方法，以及适合自动化操作人员的作业方法等。

（1）及时处理停产问题。

生产异常时对生产的停止无非是等待人的处理或自动停止。因此，企业管理人员要赋予每一名操作人员更多的权利和责任，以更及时地处理发生的问题。

为了生产节拍的一致，管理人员不可以过短地压缩作业时间，例如操作人员完成某工序需要60秒的时间，而节拍时间是55秒，那么实际生产中完成一次生产就会出现5秒的等待，绝不可以为了节拍而压缩其作业时间，否则不仅会造成无法完成作业的后果，还会导致发生异常时不能及时处理的情况。

在生产中，前工序的问题往往在后工序中暴露出来。因此，操作人员发现问题要立刻停止生产，并将问题向前工序反映，直至问题解决后才可以继续生产。如果前工序发现本工序已经出现问题，也要立刻停产，要保证交付给后工序的是合格产品。

（2）自主停产。

操作人员经过长时间的操作，对现场发生的问题最有发言权，所以要培养每名操作人员发现和解决问题的能力，并且保证其发现问题后有立刻停产的权利。

但是我们可能会产生这样的疑问：生产线上一名操作人员如果自主停产，那么其他工序的操作人员也要随之停止工作，这个问题应如何解决呢？

解决这个问题时，不妨借鉴丰田汽车公司的做法。在生产流水线上的每一道工序旁作出标记，区分出各个标记区域应该完成的工作，在工作区域的末端设置一条停产线。

为了避免自主停产给流水线上的其他工序造成影响，在需要停产时不能马上停产，而要在一个生产节拍时间正好结束的时候停产。也就是说，当产品运行到停产线时，操作人员就可以实施自主停产，然后迅速解决问题。这样一来，便能够在不影响其他工序的前提下，实施好自主停产。

（3）利用机械设备。

为了配合操作人员更好地对生产进行控制，可以借助于机械设备进行——通过安装传感器及相应开关等来探测异常情况，一旦发现异常即自动停止生产线，防止缺陷进入到下一个生产工序，避免制造出一系列的缺陷产品。

例如，丰田汽车公司在生产线上安装蝶形螺母时，将使用的工具悬挂在操作人员上方的轨道上，和操作人员一起移动。工具的吊带一旦超过轨道的一定位置，生产线便会自动停下来。

当然，为了安抚操作人员的抵触情绪，管理人员需要将设置此类设备的目的向员

工事先说明——自动化运作的目的是减轻操作人员的负担，并实现生产的高效。

另外，员工在生产过程中，不可能时时刻刻都全神贯注地投入到工序中，这时就容易因人的疏忽导致不良品的产生，此时采用自动化的方式进行防错控制，也可以确保操作人员进行安全、准确的生产。

2.2 自动装置的设计

事实上，自动化操作是指以各种光学、电学、力学、机构学、化学等原理来限制某些动作的执行或不执行，以避免错误的发生。为此，有必要设计一些自动化装置，如失效—安全装置、自动化防错装置。设备上的“失效—安全装置”主要有以下几类，如表 21－1 所示。

表 21－1　失效—安全装置技术的应用

序号	技术类型	应用方法
1	互锁顺序	保证在前一个操作顺利完成前，下一个操作不能开始
2	预警与中断	在危险设备入口处安装感应装置，当设备感应到有手等异物时，停止冲压等操作
3	产品安装中断	于制具上安装感应装置，当感应到产品未正常安装时，不进行下一步冲压工序，减少不良品产出
4	防错型工件夹紧装置	保证工作的一部分只能被固定在一个位置
5	限位机械装置	用来保证工具不能超过某一位置或数量

而自动化防错装置有很多种类型，应用于设备上的常见自动化防错装置有以下几类，如表 21－2 所示。

表 21－2　自动化防错装置

序号	技术类型	应用方法
1	传感器感应检测	机加工自动线根据不同产品型号的外形变化，传感器将感应到的信息反馈给后面的加工工序，使后面的工序自动调用对应的加工程序，实施相应的加工内容
2	导向挡块	区分零件的输送导向
3	光栅防错	通过光栅的检测控制，达到工件是否摆放到位的防错
4	夹具防错	通过控制装配零件在夹具上的摆放是否到位来防错
5	颤动功能	通过颤动机的颤动，判别零件的方向正确与否处，只有零件处于正确的位置方向时，才能进入送料轨道；位置方向错误的零件则掉入零件颤动料箱里，从而达到预防零件的进给方向错误，避免工件报废的目的

自动装置的启用，可以确保机器设备出现问题时自动停产，而无须设置专人看管；同时，也可以使人们迅速来到现场解决问题，从而保证作业行为的有序开展，保证作业质量和效率。

3. 实践指南

自动化管理是一种最为省力的精益化管理技术，操作难度不大。上文中介绍了自动化管理的一般性过程和基本装置设计，下面就来介绍自动化管理的成功推行实例。

3.1 丰田公司的安灯系统

安灯系统是丰田公司在设备中安装一旦发现异常就使设备强迫运转的装置。在人员设置方面，授权作业人员一旦发现异常，就要及时按下按钮或者拉动绳索（被丰田公司称为“安灯绳”），使得整条组装线被强迫停止工作。安灯绳被拉动后，所有员工发现异常指示，全体进入异常排除阶段。

安灯系统运作流程如图 21 - 1 所示。

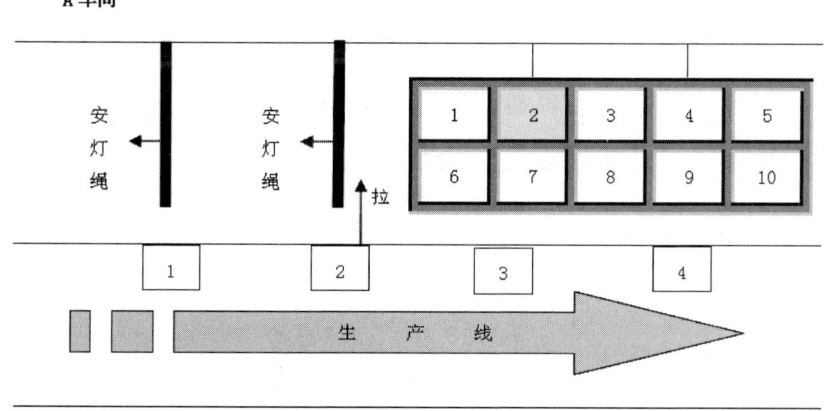

图 21 - 1 安灯系统运作流程

如图 21 - 1 所示，处于 2 号工序的操作人员拉动安灯绳，所对应的预警装置 2 号位置亮起黄灯，但是整条工作线仍旧持续作业，管理人员必须在 2 号工序点上的半成品送往下个工序点（即 3 号工序点）之前作出反应，否则预警装置 2 号位置就会由黄色转变为红色，同时这道组装线会自动停止生产。

安灯制度快速响应作业故障，阻止不合格的半成品进入下个生产阶段，大大降低了不合格品的数量，所得的利润反而比那些一味追求高效生产，不舍得让生产线停下来的企业要高得多。

3.2 某公司的自动化控制装置

某公司是一家糕点生产公司，其作业过程存在两大难题：一是生产时的水量控制问题；二是产品冷却时间控制问题。前者控制不当，直接影响糕点的正常批量生产；后者导致操作人员不易把握糕点冷却的具体时间，不得不频繁地查看冷却情况。

为此，该公司引进了两种自动化控制设备，其应用原理示意图如图 21－2 所示。

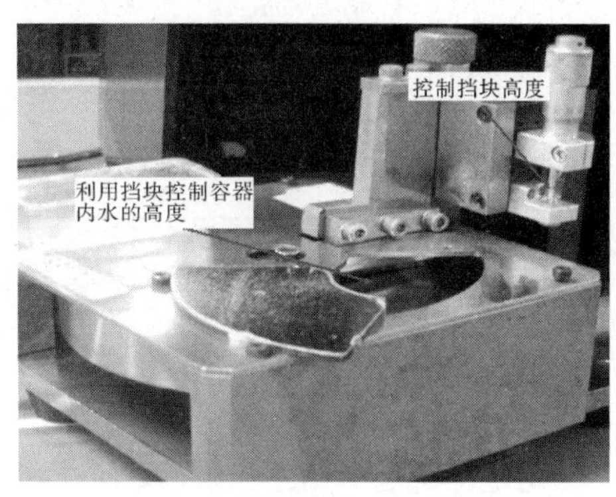

（a）

（b）

图 21－2 某公司引进的自动化控制设备及应用原理示意图

图 21－2（a）用分隔不同区域的方式来控制水量，避免了水量不恰当的现象发生。图 21－2（b）通过亮灯和声音的方式，来提醒操作人员冷却放置时间结束。

这样一来，操作人员只需事先设定注水量，那么在注水时便不必特别关注水量多少，只要达到规定的水量，注水工序将自动停止；如果出现注水工序异常而未得到控制，那么下一工序将不被启动。

此外，也不必再担心产品冷却放置时间长短的问题，只要看到亮起显示灯，听到提醒铃音，即可确认产品冷却放置工序结束，由此大大减少了关注力的投入，节省了操作时间。

4. 思维拓展

虽然自动化的实现并非难事，但是，很多企业在生产实践中却并不顺利，并常常出现这样那样的问题，最终导致自动化管理不自动——虽然增加了自动装置，但产品质量问题如旧，故而造成了巨大的经济损失。这里必须提醒推行人员注意以下问题，并对其予以高度重视。

4.1 传统自动化和丰田自动化的差别

很多人误将丰田自动化与传统自动化管理相提并论，这导致自动化生产的实施障碍重重。实际上二者之间有很大的区别，具体如表 21－3 所示。

表 21－3　自动化之间的区别

类型 区别点	传统自动化	丰田自动化
设备停机	设备的运转和暂停都由人控制	如发生异常，设备自己停机
生产状态	发生问题后，如果人不及时停机，将继续生产不合格产品	发生问题后，自动停止生产，并且不会把不合格产品传递至后工序
解决问题	查找问题产生的原因较慢，而且难以找到真正的根源	设备停机后人员可以立即到现场检查问题的根源
消除浪费	各种浪费随之产生	节省人力和工时

4.2　实现自动化目标的秘诀

自动化的实现看似简单，但实则繁杂，为什么很多企业学习丰田公司的管理模式，学习自动化管理，却没有达到预期效果？也许仅仅是因为以下某些方面没有做好，而导致其为实现自动化管理所付出的努力付储东流。

（1）亲自到现场查看。

自动化不是形式，不是摆设，管理人员要实施走动式管理，才能获得事半功倍的效果。

通用汽车公司在刚刚仿效丰田公司实施安灯制度时，管理人员经常不在车间，常常跑到别的房间去打牌或者抽烟，使得通用汽车公司安灯装置被拉亮后，却没有管理人员在现场作出响应，质量问题总是无法快速得到解决，员工只能继续将生产线快速运转起来，以继续生产，安灯制度也因此名存实亡。

像通用汽车公司这样实施安灯制度的方式，等于仅仅由于质量问题而暂停了生产线，但并没有对质量问题进行解决就继续生产。

事实上，在实施自动化生产时，企业应在暂停过程中进行完整的问题审核工作，作出改善后，再让生产线继续运转。如果管理人员能够经常亲自到现场查看，那么便能够及时解决问题。

（2）加强员工的自动化意识。

在安装自动化装置后，为实现自动化的良好推行，还应积极加强员工的自动化意识，否则没有人执行的自动化管理就仅仅是空壳的自动化机器。

瑞特汽车材料公司的企业经理，在一位自动化管理经验丰富的朋友的指点下实施安灯制度。这位经理仿照丰田的安灯制度，安装了昂贵的识别灯控制箱，但是实施的结果却不尽如人意。

当那位朋友再来拜访时，他问道："我用不菲的价钱安装了识别灯控制箱，可是为什么却运作不成功？"这位朋友答道："你误会我的意思了。"随后他把这位经理带到附近一家超市，买了一把红色旗子、一把绿色旗子以及一把黄色旗子，解释道："实行安灯制度并不是购买时髦的技术，只有让员工知道'使问题浮现以便快速解决问题'的重要性，安灯制度才是有效的安灯制度。”

也就是说，加强员工的自动化意识才是实施自动化的关键。对此，可以通过展板宣传或者开会介绍宣传等方式来实现。

（3）使用正确的装置。

通过安装防错装置，使用正确的对策处理所有的问题，不仅可以快速响应质量事故，还可以有效地响应质量事故。

丰田汽车公司在所有设备上都安装了防错装置，仅仅在前车轴组装线就安装了27个防错装置。每当员工操作失误、可能造成质量问题时，组装线就会停止，并发出警报声。

总之，一旦出现质量问题就要保证及时停线，停线之后就要针对具体问题进行具体分析、解决。

只有安装正确的防错装置才能快速响应生产问题，使质量问题不再重复产生。

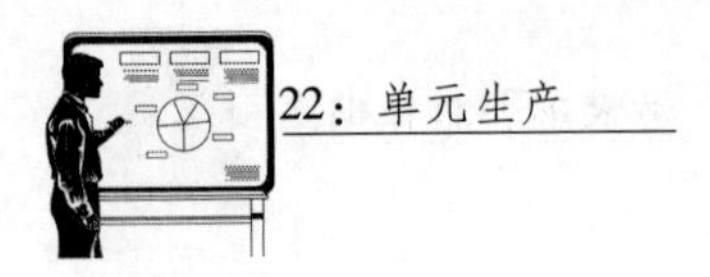

技术22：单元生产

> 缩短生产周期，减少搬运成本，满足柔性生产需求。

1. 技术定义

单元生产模式脱胎于苏联斯·帕·米特洛凡诺夫提出的成组技术（GT）。欧美国家在20世纪50年代开始研究这一技术的具体实施方案，并于20世纪60年代开始全面推行。所谓“单元生产”，是指将生产线按照流程布局成一个完整的作业单元，操作人员在单元内进行“一个流”作业。单元生产的优势体现在以下几个方面：

（1）缩短生产周期。

（2）增强生产应变能力。

（3）有效压缩库存量。

（4）使物流和生产信息传递流畅。

（5）有利于多能工的培养。

（6）减少搬运成本。

在企业实施单元生产方式时，需要综合而细致地分析企业的内外部环境。例如，外部市场需求的变化对单元生产的影响；在制品数量的设定对单元生产的影响等等，这些都是单元生产所要研究的问题。

实现单元生产，必须建立在“一个流”、拉动看板、成组技术等一系列精益化管理技术得以成功应用的基础上，这些内容在前文中已有介绍，所以，这里我们仅介绍实现单元生产的主要载体——单元生产线。

2. 标准应用

单元生产是精益化的核心思想之一，是解决多品种、小批量带来问题的最有效工具，而单元生产线则被誉为“看不见传送带的生产方式”。它的应用，从现场生产线设计层面上促进了拉动式生产的实现。

2.1 单元生产的实施准备

在实施准备阶段的主要工作是进行应用性分析、实施对象的现状调查、价值流图分析等。这里主要介绍如何进行应用性分析。对此，可以通过分析管理资源变量、环境变量、生产管控变量这三个决策变量，以便深入了解影响单元生产的具体因素。

（1）管理资源变量。

单元生产中管理资源的可变性一般来自如下方面：

①对于应用自动化的态度。

②产品的市场占有率。

③主营产品的市场地位。

④工人数量等。

（2）环境变量。

关于环境资源的决策变量，一般是指单元生产的产品在市场中的销售增长状况。

（3）管控变量。

生产中的控制变量，一般包括两个方面的内容：

①产业模型（生产控制系统）。

②生产相关变量。

此外，还有一些变量也在推行单元生产中有着重要的影响，如产品的多样性、是否开辟新的市场、是否增加生产量等。

2.2 生产单元的构建

目前，制造单元的划分方法有两类：基于工件几何特征的单元划分方法和基于工件工艺特征的单元划分方法。

（1）第一类方法主要采用各种编码系统对工件进行识别分类，并将机床划分成相应的制造单元。

（2）第二类方法以零件—设备矩阵为依据，对系统中的工件和设备进行划分。目前大部分研究工作都采用这一类划分方法。

生产单元的构建是建立在GT（成组技术）基础上的，是基于零件加工流程的分组方法。它利用企业产品中诸多零件的加工工艺的内在相似性，按照其加工工序的特征，提出零件—设备关联矩阵，然后通过对此矩阵的分析，得到最终的分组结果：零件族和设备族。表22－1是初始的加工设备和零件的关联矩阵。

表22－1 初始零件—设备关联矩阵

设备编号	零件编号							
	1	2	3	4	5	6	7	8
1	1	1	0	0	1	0	0	1
2	0	0	1	1	0	0	1	0
3	1	1	0	0	1	1	0	1
4	0	0	1	1	0	0	1	0
5	0	0	1	1	0	0	1	0
6	1	1	0	0	1	1	0	1

注：“1”表示工件加工经过设备；“0”表示工件加工不经过设备

经成组技术和矩阵运算后，零件—设备关联矩阵如表22－2所示。

表22－2 单元构建后零件—设备关联矩阵

设备编号	零件编号							
	3	4	7	1	2	5	6	8
2	1	1	1	0	0	0	0	0
4	1	1	1	0	0	0	0	0
5	1	1	1	0	0	0	0	0
1	0	0	0	1	1	1	0	1
3	0	0	0	1	1	1	1	1
6	0	0	0	1	1	1	1	1

如表22－2所示，零件1、2、5、6、8和设备1、3、6构成一个制造单元，而零件3、4、7和设备2、4、5构成另一个制造单元。

单元构建的目标是最小化对角块中“0”个体的数量，最小化对角块外“1”个体的数量，即最大化制造单元内设备的利用率，最小化生产单元间的处理（零件搬运、加工等）费用。

2.3 生产单元的配置

生产单元内的配置对象主要是设备和人员。

（1）对生产设备的配置。

明确设备需求的配置划分是单元生产规划中的重点。通常情况下，规划人员会按往年生产的产品种类、数量，以及系列代表产品的成组工艺及工时定额，来计算机床负荷、设备年时基数和机床台数。

①生产单元内全部零件在某种机床负荷（总工时）的计算。

公式如下：

$$T_f = \sum_{1}^{m} t_d \cdot Q_n$$

式中：T_f 为生产单元内全部零件在某种机床上的全年工时，t_d 为零件加工单件工时，包括单件时间和分摊在每个零件上的准备—终结时间，Q_n 为某种零件的年需要量，m 为使用该机床的零件总数。

需要注意的是，由于应用成组单元的形式加工，采用特别的治具和成组工艺调整，同类零件加工更换花费的准备—终结时间就可以减少，故而当采用流水式的成组生产单元时，单件核算时间更接近于单件时间。

②设备年时间基数（设备能力）的计算。

公式如下：

$$P = (365 - 52 - n)m \cdot K_t \cdot K_2$$

式中：P 为设备年时间基数，n 为节假日，m 为工作班制时间，K_t 为设备大修系数，K_2 为操作人员出勤率。

设 $n=7$，计算所有值：

$m=(8+7)$（两班制，白班工作 8 小时，夜班工作 7 小时）

$K_t=95\%$

$K_2=95\%$

③机床台数的计算。

公式如下：

$$C_r=\frac{T_f}{P}$$

将所需的每种机床都计算出来，再根据分组的矩阵进行单元划分。

接下来，就可以进行设备负荷的调整平衡。通常可以采取以下措施来调整平衡设备的负荷。

一是扩大生产单元生产对象的范围，让每个单元生产多个相近的加工族。

二是修改单元工艺规程（如改变加工方法或者合并工序等），去掉个别负荷低的机床或提高其负荷率（如去掉低负荷的机床，由邻近的单元合作等）。

三是两个生产单元都需要的机床，若仅由一个单元使用负荷会不足，就可以考虑让两个生产单元共用该台设备。例如，将某 A 生产单元中的平磨工序调到 B 生产单元加工，B 生产单元中的立铣调到 A 生产单元，C 生产单元和 B 生产单元的插削调到 D 生产单元等。

在平衡设备负荷时，要考虑生产周期的问题。为此，要尽量保障单元内物流流动的通畅，尤其是在通过关键机床时。在关键机床前后的工序，其安排的机床应有较低的负荷率（也就是有能力完成更多的加工工作量），这会有利于减少关键机床的停歇时间，提高关键机床的负荷率，确保生产线运作流畅。

（2）设定单元内的人员。

单元内的主要人员是设备操作人员和配料人员。

理论上，各类设备上的操作人员的需要量按下式计算：

$$P_K=\frac{T_c}{t\cdot R}$$

式中：P_K 为某工种机床操作人员数量（人），T_c 为某种设备加工零件的全年劳动量（台时），t 为操作人员的实际年时间基数，R 为多机床看管系数。

操作人员的实际年时基数受各种因素影响，一般取 $t=2200$ 小时。

不过，由于生产单元的人员组合搭配变动性很大，因此需要遵循柔性派工的原则来设定生产单元的人数。例如，不同的运行规则下的单人单元、U 形生产线单元等，人员的设定规则不一。此外，还要考虑人机结合的状态。

在实际运用中，可根据不同的需要作出相应的安排。总的来说，可参照以下几种方法来计算操作人员的数量，如表 22－3 所示。

表 22－3　计算操作人员数量的方法

序号	方法说明
1	根据硬件、产品类型计算出大概固定小组的大概人数。这是一种常用的方法，固定的小组人数便于生产管理，产品类型变化较大时，所定的人数并不合理，为使生产线达成平衡，在对应组之间，可做适当的人员调动
2	根据既定的货期或每日出产量计算生产线所需人数。按单元线产量计算人数的方式通常用来应急使用。如某产品货期到期，现有产线的人力不足，只有增加人手以达成货期。这种方式由于不确定人力，容易打乱全盘计划
3	根据工序人员的分配计算生产线所需人数。由于产品种类的变化，在上述两种计算方法都不适用，但是作业总人数不变的情况下，根据产品种类的变化，合理调动人数，结合各个工序组不同的达成率，计算生产线所需人数

团队中的操作人员必须能够操作单元内至少几台，甚至所有设备。许多生产管理的职责由该团队来承担。

而“水蜘蛛”（配料人员）则通过使用搬运工具，在各个工序之间输送下工序必要的半成品，保证整个单元线工序步调的平稳。除了为每个单元送货外，“水蜘蛛”还要传递生产和物料的信息。例如，当其从超市里取走一箱物料时，他会把信息卡片放在物料看板上，库管人员看到卡片积聚到某个水平时，就会向供应商订货。

需要注意的是，单元规划之始一般是在原车间两班制不变的情况下组织生产单元，选择的设备都是万能设备，不存在多机床管理，操作人员随设备位置变动而被分配到单元去，所以，生产操作人员的总人数不变，而辅助人员和管理人员却比原来减少了。

2.4　设计单元生产线

生产单元划分、配置结束后，即可开始设计单元生产线了。这里，规划人员必须选择最适宜的运行规则和路线。

（1）运行规则的选择。

在前文中说过，单元生产分为三种形式，在推行单元生产的过程中，要确定每个单元的运行形式——分割式（无传送带生产方式、U 字形生产方式），一人完结式（工作台生产方式），巡回式（单人货摊式巡回生产方式、一人巡回生产方式），看哪种适合单元的生产实际。

为此，可将三种生产方式在作业人数、制程形态、生产形态等方面进行对比，如表 22－4 所示。

表 22－4　生产方式对比表

生产方式 对比项目	1 人式	分割式	巡回式
作业人数	1 人	复 数	复 数
制程形态	独自完成	制程切割、分工完成	独自完成
生产形态	“一个流”	设定标准手持的个数	订定后面操作人员超越前面操作人员时的处理标准
订单量变动应变方式	增减细胞生产线的个数	调整作业人数，增减细胞生产线个数	调整作业人数，增减细胞生产线个数

单元生产的最高形式是一人完结式，但是一人完结式也有其自身的缺点，具体如下：

①需要更多投入：机器设备、工具甚至场地。

②需要更有才能的员工：员工必须掌握生产流程的所有技能。

而巡回式则不需更多投入，但是多人共用一套生产线。分割式不需掌握全部技能，但是却必须实施“一个流”与流水化布局。

三种生产方式的实施效果和成本对比如表 22－5 所示。

表 22－5　三种方式的成本效果对比表

生产方式	效果（在制品、灵活性）	投入成本（人、机器、场地）
一人完结式	高	多
巡回式	中	中
分割式	低	少

三种方式各有各的优点，企业可以根据不同的阶段以及不同的情况选择适合的方式，如图 22－1 所示。

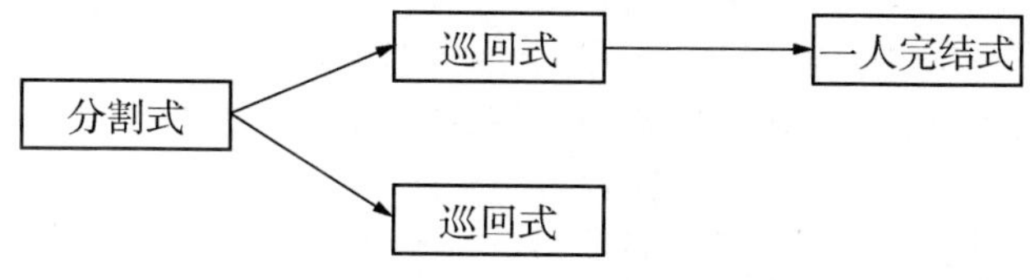

图 22－1　单元形式的发展转换

如图 22－1 所示，单元生产的推行一般都从分割式单元形式开始逐步发展。因为分割式形式投入少，人员需求也不高。接下来有两种发展选择：

①分割式向巡回式发展。需要对操作人员进行多能化培训。

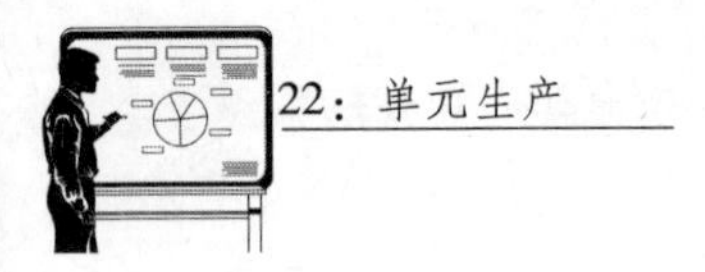

②分割式发展为巡回式，再转为一人完结式。需要为每一位操作人员配置一条生产线。

通常只有机器设备相对于人员有剩余或者机器设备特别廉价时，才考虑转化为一人完结式。

（2）送料路径的设定。

基本运行规则确定后，即可开始设计送料路径。

事实上，在设计整个厂区内的库位时，即可开始考虑运送途径的问题，以从布局规划之初确保送料路径的便捷。一般可遵循以下原则来设计库位：

①生产线围绕在库房周围，物料就近送达。

②频繁使用的物料距离最近，大件物料距离最近。

③库位储存量设计到最低，大包装物料一般设计为两排。

④大部分物料放在外库，由供应商每两小时送一次。

⑤物料检验主要在外库进行，入厂前已完成，大部分物料可直接供上料使用。

⑥对质量稳定的供应商的供料，可考虑实行免检制度。

这种库位设计方法如图 22－2 所示。

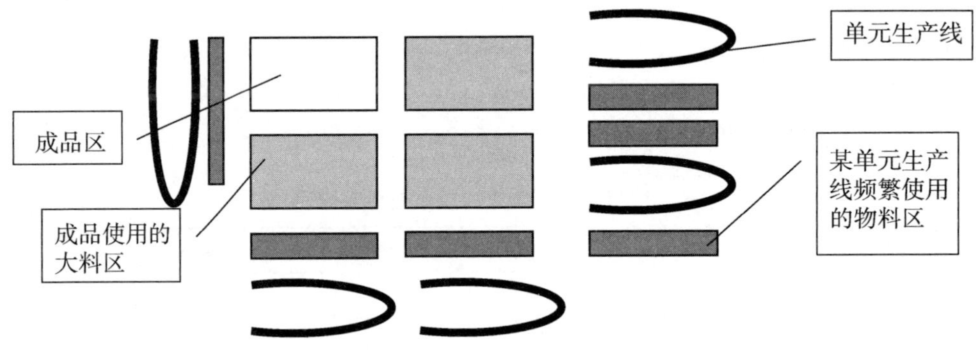

图 22－2　整个厂区内的库位设计示意图

单元化物流系统要求将物料从零件超市适时地送到每个单元的操作员手里，这就需要为配料员设计运输通道、路线，选择运输方法等。

当库位和生产线布置完毕后，即可进行物料运送路径的设计。这要综合物料提取工作内容和时间，设计步骤如下：

①根据每条生产线的班产量测算所需物料量。

②根据物料大小选择不同规格的物料盒。

③根据料盒盛放容量、物料消耗速度设定上料频率。

④根据最短上料时间设定每条生产线的上料节拍。

⑤根据上料路线不重复原则设定上料路径。

图 22－3 为物料超市和单元线之间的理想路径图。

设计好的单元化物流系统会以一种有规律的方式停车卸货、装货，适时地完成空集装箱、需求信号和已完成产品的流动管理。

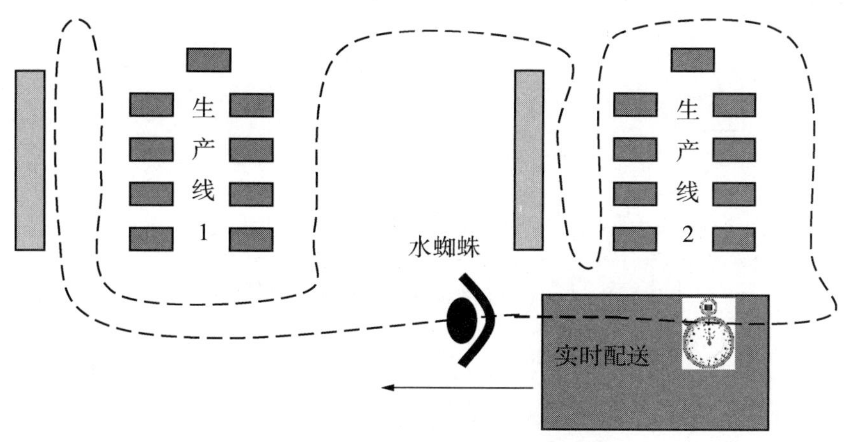

图 22－3　物料运送路径示意图

（3）主要的单元生产线类型。

单元生产线主要有三种类型：屋台式单元生产线、追逐式单元生产线、分割式单元生产线。下面分别介绍这三类单元生产线的特征。

①屋台式单元生产线。

屋台式单元生产指的是一位操作人员单独负责一条生产线。屋台式单元生产是典型的单人作业方式。图 22－4 为典型的屋台式单元生产线示意图。

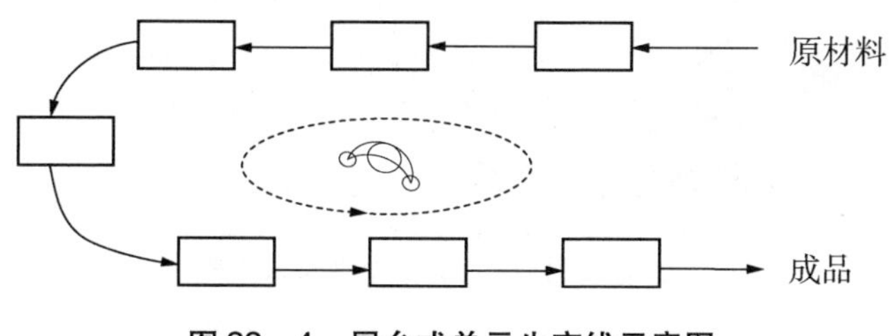

图 22－4　屋台式单元生产线示意图

屋台式单元生产要求操作人员按照工艺流程把原材料加工成产品，并且加工时产品单件流动。操作人员生产时在工序间按生产顺序移动，这样的话生产线布局就不可能是传统的直线式（因为在直线式生产线条件下，当操作人员完成一件产品后要回到第一道工序就要浪费大量的时间）。因此，合理的布局应该为 U 形布局，其首工序和尾工序位置很接近，能解决时间浪费的问题。

②追逐式单元生产线。

追逐式单元生产线在实际运转时，与屋台式单元生产线的相同点是：一个操作人员独立完成一件产品的加工；区别点是：追逐式单元生产线上有多名操作人员在同时作业。追逐式单元生产线在实际生产时的景象就像是在互相追赶，所以被叫做“追逐式”单元生产线。图 22－5 为典型的追逐式单元生产线示意图。

追逐式单元生产线的优点在于提高了设备的利用率，并且在工作中有利于形成良性竞争的工作氛围，可以更好地提升生产效率。

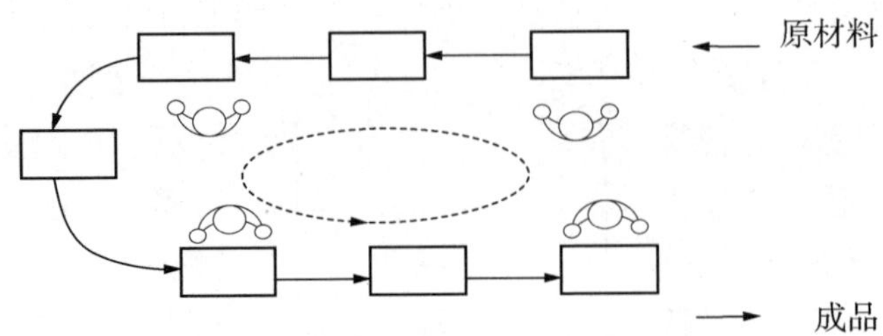

图 22-5　追逐式单元生产线示意图

但是问题也随之而来，那就是操作人员的作业水平必须统一，否则会造成生产的混乱。所以，在实际生产中，管理人员要统一考察员工的作业水平，将水平相近的员工安排于一条生产线上，从而有效解决这个问题。

③分割式单元生产线。

分割式单元生产线的产生可以有效解决员工作业技能不全面的问题。在此生产方式下，多名操作人员共用一条生产线。与追逐式单元生产线不同的是，整个作业流程不是由一人完成，而是由多人共同完成，一名操作人员只完成其能熟练操作的工序。这样一来，便弥补了作业技能不全面的不足，也有利于提高整体生产效率。图 22-6 为分割式单元生产线示意图。

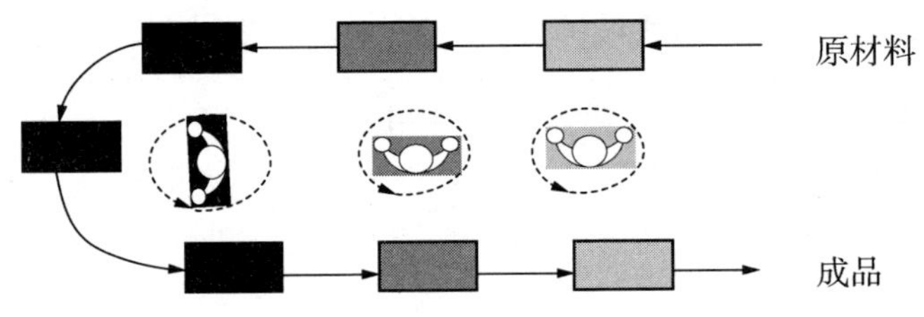

图 22-6　分割式单元生产线示意图

分割式单元生产线降低了对操作人员多能化的要求，使得操作人员专注于几个工序的操作，有利于其专项技能的提升，并且会提高员工团队合作的能力。

如图 22-6 所示，操作人员只完成靠近自己位置的同种颜色的工序即可。不过，如何安排操作人员和设备的位置则成为一大管理难点——管理人员不妨尝试做不同的组合，选择一个最优效率的形式，再进行稳定生产。

2.5　单元生产的效果评估

单元生产的实施需要不断验证其操作效果，并不断改善，这样才能让单元生产模式日趋完善。为此，生产管理人员必须建立起单元生产评估体系。确定单元生产评估体系的主要步骤如下：

（1）确定需求指标。单元生产线评价指标一般涉及人均产出、生产线效率、产能柔性、产品不合格损失、自动化难易程度、员工积极性等方面的内容。生产管理人员应该根据实际情况选择适合自身的单元生产评估指标，或者根据实际状况调整这些指标。

（2）确定需求特性的权值。需求特性指标可通过确定特性之间的相对重要系数来设定。人们通常使用5级评价法的方法来设计，如图22－7所示。

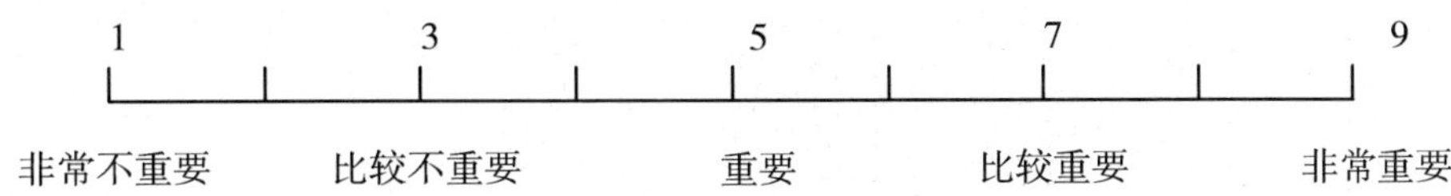

图22－7　5级评价图示

QFD重要度为单行数值之和，如表22－6所示。

表22－6　指标权值计算

—	人均产出	产线效率	产能柔性	产品NG损失	自动化难易程度	员工积极性	QFD重要度
人均产出	–	2	0	0	2	1	5
产线效率	0	–	0	0	0	0	0
产能柔性	2	2	–	0	2	2	8
产品NG损失	2	2	2	–	2	2	10
自动化难易程度	0	2	0	0	–	2	4
员工积极性	1	2	0	0	0	–	3

（3）确定方法特性。衡量生产线的本质属性时，方法特性比需求特性更为深入。其确定方法与确定需求特性的方法相类似，所确定的指标如表22－7所示。

表22－7　单元生产线的方法特性指标

成本			效率					柔性		品质		管理	
↓	↓	↓	↓	↑	↓	↓	○	↑	↑	↓	↑	○	↑
人力	设备	维护	Pitch Time	工时平衡率	换模时间	WIP	物流	产能柔性	方法扩展柔性	不良率	检出能力	人员技能要求	激励制度

其中：“↓”表示该指标越低生产线绩效越好；“↑”表示该指标越高生产线绩效越好；“○”表示该指标需要用描述性语句来衡量生产线绩效。

（4）评估两种特性的相关度。使用品质功能展开中的931打分法（强性关系为9，中等关系为3，弱性关系为1）来建立需求和方法两种特性指标的量化关系。建立需求与方法特性的相关度的一般模式如表22－8所示。

表 22-8 需求与方法两种特性相关程度评估信息

方法特性 需求特性	成本			效率					柔性		品质		管理	
	↓	↓	↓	↓	↑	↓	↓	○	↑	↑	↓	↑	○	↑
	人力	设备	维护	Pitch Time	工时平衡率	换模时间	标准在制品	物流	产能柔性	方法扩展柔性	不良率	检出能力	人员技能要求	激励制度
产能柔性						3	1		9	1				
人均产出	9			9	9	3					1			9
产品 NG 损失							3	1			9	9	3	
自动化难易程度			3	3				1		9				
产线效率		3	9			9		1			9			
员工积极性													9	9

（5）确定产品特性。产品特性是指所有因产品变化而变动的生产特性。为方便定量评价，一般选取几个可量化且有历史记录的指标，如需求量、需求波动大小、工序数目、耗料比例、机故率等。

（6）确定方法特性权值。首先计算方法特性的绝对权重。计算公式如下：

技术特性 A 的绝对权重 $= \sum_{j}$（技术特性 A 与需求特性 j 的相关度 × 需求特性 j 的权重）

计算出结果后，还要对结果进行修正。利用产品信息的调整系数，对结果进行修正，再依据权重大小，将方法特性分为 1～5 级。

（7）评估生产线方法特性。对生产线的方法特性进行打分，根据管理人员的主观经验，对需进行绩效评估的生产线在各方法特性上的表现，进行 1～5 分的打分（5 分为最好，1 分为最差），并填写在表格的评估栏内。

（8）综合数据，得出结果。将上面的信息进行汇总，所有方法特性的得分与权重之积相加的和，就是最后的评估结果——生产线方法竞争力得分。分数越高，表示其生产线绩效越好。

单元生产的推行必须经历“从无到有，从生疏到熟练，从产生脱离到进行改善，再到运行通畅”的过程。这就需要推行人员能够积极参与其中，不断地实施改善。

3. 实践指南

毫无疑问，单元生产模式的建立，离不开“一个流”、自动化等方面的实现，而其

自身实施的一个重点就是如何做好单元生产线的布局。下面以某企业的实际案例来具体阐述如何进行单元生产线布局，以诠释其对推动精益生产与改善的有效性。

3.1 插件段工艺流程及布局分析

PLC（可编程控制器）厂插件段的基本工艺流程如下：预加工→手插件→波峰焊接→折板→切板→二次作业→ICT 测试→刷胶→烘干→接装板。

插件段的预加工点独立于线外，对将要投入生产的原材料、元器件进行初步预加工；而后是 4 条生产线，2 条生产线共用 1 个锡炉和 1 个热风炉，其中手插件和二次作业段都是流水线体；折板点、切板点和接板点均设 1 人，共同负责 2 条线；ICT 测试点实行 1 人 2 机作业。

其平面布局图如图 22－8 所示。

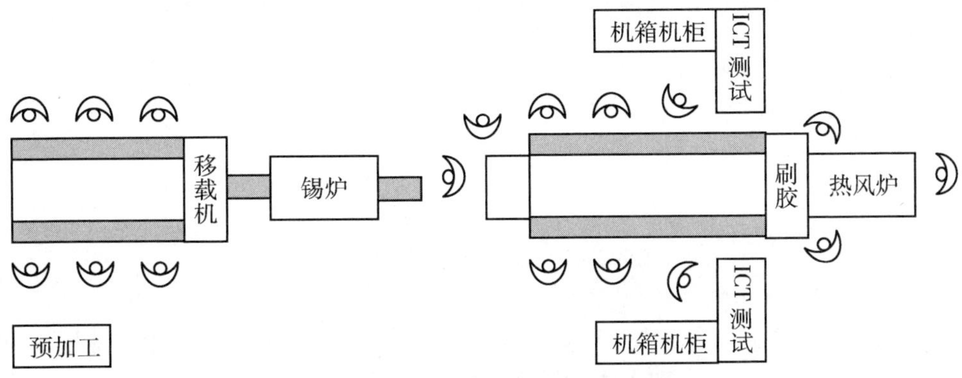

图 22－8　PLC 插件段当前平面布局图

改善小组观察图 22－8 后发现，各工序的衔接并不顺畅，折切板、接装板、测试人员的移动距离过多，动作浪费非常严重；同时，二次作业段流水线体的存在，又导致发生一定的 WIP 堆积，难以实现单件流。这些都严重制约了生产效率的提高。

3.2 插件段生产效率分析

改善小组进行实地观察后，初步找出影响生产效率的主要原因。为方便观察和绘图，改善小组将问题与原因进行了编号。

①生产效率较低。

②线体利用不合理。

③换模时间过长。

④作业动作不标准。

⑤WIP 数量过多。

⑥作业内容单调。

⑦人力不足。

⑧占地面积过大。

⑨物料摆放混乱。

⑩操作人员态度懒散。

随后，改善小组对各要素之间的关系进行了系统梳理，最终形成了以下结构模型，如图 22 －9 所示。

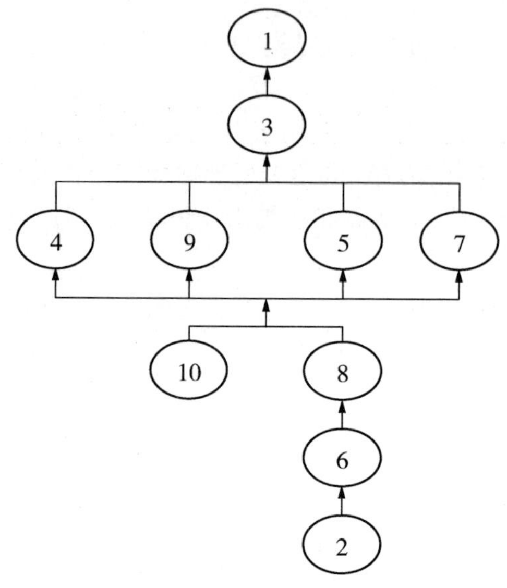

图 22 －9　各要素的逻辑关系图

由图 22 －9 可看到，②线体利用不合理是导致该系统效率较低的根本原因。同时，基于产品的特点及“在不增加人力而达到降低成本、提高效率”的目标要求，改善小组建议插件段导入细胞式单元生产模式。

3.3　改善对策

考虑到制程比较相似且较长，而厂内又设有很多大型自动化设备，改善小组认为，可以依照当前的工艺流程进行局部单元的划分与布局，并制定了以下改善对策：

（1）进行工位合并。

对于适合单元生产方式的多样机种，可对加工制程进行分析后，实施工位合并，以减少人体动作；同时也要考虑工位合并后操作上的顺畅度和简易度。

故而，改善小组将动作相对简单、关联性较强的工位进行了合并：卡框架、插零件、检查卡具焊板各工位合并为手插件工序；折板、切板工位合并为折切板工序；正检、背检工位合并为正背检工序。

（2）实施内部布局。

随后，改善小组按照流程的顺序，紧密配置了设备和工作地点，且将生产单元内的设备安排成 U 形布局，大大节省了机台之间的移动时间，有效缩短了点胶、取板和画线的时间。

（3）实施工序改善。

关于工序改善，改善小组决定从以下三个方面入手：

①对瓶颈环节 ICT 测试点进行人机联合分析，确保合理分配；同时提前备好测试治具，以有效降低实际测试时间。

②规范刷胶点作业程序，将作业指导书有序分类、放置，以便于作业人员拿取。

③在接装板点，将所需器材、工具就近放置，减少走动距离，节约工时。

改善前后各工序标准工时、人力需求比较如表 22 – 9 所示。

表 22 – 9　改善前后各工序标准工时、人力需求的比较

以单个线体为例		前标准工时/S	后标准工时/S	前人力需求/个	后人力需求/个
改善前	改善后				
上框架 插零件 检查卡具焊板	手插件	14.65 13.31 14.25	38	1 1 1	2
折板 切板	折切板	13.25 14.97	24	0.5 0.5	2
正检 背检	正背检	13.67 14.92	25	1 1	1
ICT 测试	ICT 测试	32	25	1	1
刷胶	刷胶	26.5	25	1	1
接装板	接装板	13.1	12	0.5	0.5

（4）导入单元工作桌。

实施工位合并后的手插件点，每位操作人员所负责的工序增多，这意味着所用物料也随之增多，故而需考虑如何在有限的工作区域内合理布局，以方便操作人员的取放作业及备料人员的上料作业。

为此，改善小组决定导入单元工作桌，并在流水线体周围按非字形布置工作桌，利用线体传动带将框架送入锡炉，既节省了人力，又可将预加工工序纳入生产线内，以便更快地备料，缩短换模时间。

随后，改善小组设计了新的生产布局图，如图 22 – 10 所示。

在这种布局下，前一工序的人员可以负责对一个机种插件，单线上至少可同时流动 2 个机种，而由于单个机种的周期时间增加，后一工序的人员完全有能力一人负责 2 个 ICT 机台的检测工作。这样一来，在相同时间内，机台嫁动率将大大提高，同时又避免了出现堆板的现象。

3.4　改善结果比较

根据改善前的流程运行资料和相关理论公式，改善小组对改善后的各指标进行了预计，并与改善前的各项指标进行了对比，结果如表 22 – 10 所示。

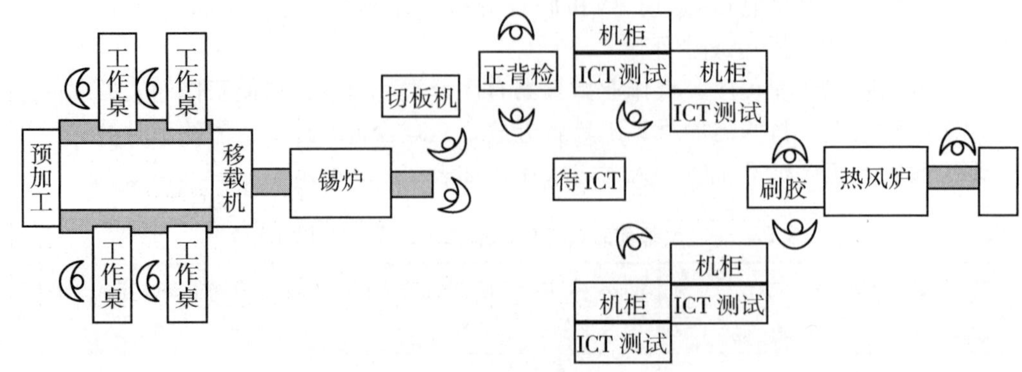

图 22－10　PLC 插件段改善后的平面布局图

表 22－10　改善前后的效果比较

	单件标准工时/s	人力/个	单线时产能/（个·h^{-1}）	人均产能/（个·人$^{-1}$）	线平衡
改善前	170.62	8.5	112.5	13.24	62.73%
改善后	149	6.5	144	22.15	91.69%
比较	下降 12.67%	下降 23.53%	提高 28%	提高 67.30%	提高 46.17%

4. 思维拓展

单元生产推行并不简单，它的实现必须确保企业已经具有一定的应用基础，否则其实施往往会流于形式而难以成功。

4.1　单元生产的应用基础

把一条产能高的生产流水线分成若干个小型的单元式生产，当产量和品种发生波动时，就可以像细胞分裂或者死亡那样依生产需求加以变换——这就是单元生产的柔性生产特性。

一个完善的单元流生产模式，需要较好的环境和多种生产方法加以配合。在这方面要考虑的问题包括人、机、产品、环境等因素的组合方式、设备特性，以及相应的生产方法手段等。

（1）适用性的界定。

单元生产并不适合所有的生产行业和企业，在实施这种模式的时候，首先要评定单元生产的适用性，结合人、机、工艺三种综合因素进行分析，作出针对性的设计和选择。

对六种生产方式进行特性分析比较后，会有如下发现，如表 22－11 所示。

表 22－11　传送带方式和单元化方式的定量分析表

<table>
<tr><th></th><th>传送带</th><th>无传送带</th><th>U字形生产线</th><th>工作台生产</th><th>工作台巡回</th><th>巡回</th></tr>
<tr><td rowspan="4">生产能力</td><td colspan="3">产生组合方面的损失</td><td colspan="3">没有组合方面的损失</td></tr>
<tr><td colspan="4">岗位定置，较少发生无效活动</td><td colspan="2">在机床之间来回行走，发生浪费性活动</td></tr>
<tr><td></td><td></td><td>来回移动产生损失</td><td></td><td></td><td></td></tr>
<tr><td></td><td colspan="2">互相协作，降低损失</td><td></td><td></td><td></td></tr>
<tr><td rowspan="3">质量</td><td colspan="3">作业员承担整个流程的质量责任</td><td colspan="3">作业员承担产品的质量保证责任</td></tr>
<tr><td colspan="2">由第三方检验</td><td></td><td></td><td></td><td></td></tr>
<tr><td></td><td></td><td colspan="4">自检验</td></tr>
<tr><td rowspan="2">物流</td><td>传送带进行物料搬运</td><td colspan="2">手工搬运</td><td>无搬运</td><td colspan="2">机车搬运</td></tr>
<tr><td></td><td></td><td>大件物料供给困难</td><td>可多地点搬运物料</td><td></td><td></td></tr>
<tr><td>占用地</td><td>空间效率一般</td><td>空间效率一般</td><td>空间效率高</td><td>空间效率高</td><td>空间效率较高</td><td>空间效率较高</td></tr>
<tr><td rowspan="6">变换能力</td><td colspan="6">增产时</td></tr>
<tr><td colspan="3">组合发生变化</td><td colspan="3">组合不发生变化</td></tr>
<tr><td colspan="3">不熟练工人也能应对变化</td><td colspan="3">掌握全流程的熟练人员才能应对变化</td></tr>
<tr><td colspan="6">减产时</td></tr>
<tr><td colspan="3">组合发生变化</td><td colspan="3">组合不发生变化</td></tr>
<tr><td colspan="3">需要进行操作培训</td><td colspan="3">不需要进行操作培训</td></tr>
<tr><td>成本</td><td>投资大</td><td></td><td></td><td>每个工作台都配置工具</td><td></td><td></td></tr>
</table>

各种生产方式的特点各不相同。在进行单元生产设计时，要以灵活的方法，根据人、机、产品、环境等因素选择最佳的方式以及方式组合，并考虑企业是否能够实现这种生产组合方式。

（2）设备特性。

单元生产对设备有很强的特性要求，它不但要求设备简易、灵活、自动，而且还要考虑设备与人的需求相结合。

一般情况下单元生产设备的选择要依据单元生产的特性来设定，如图 22－11 所示。

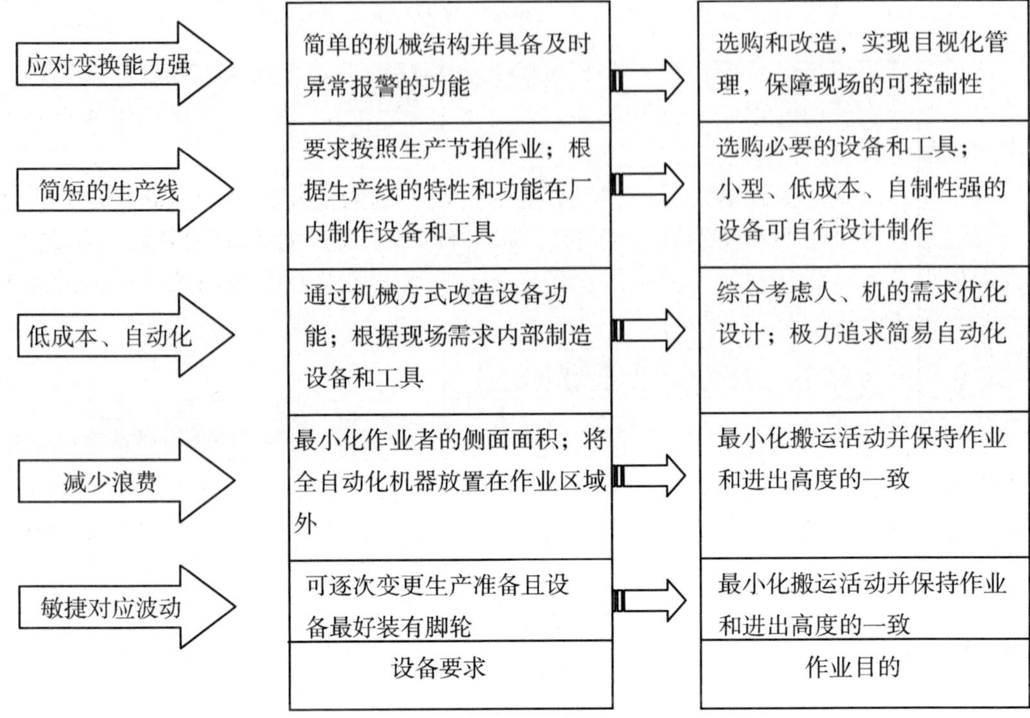

图 22－11　单元化设备的要求

（3）标准化作业。

单元生产中的标准作业是注重将人、机、物料、工艺方法等进行协调配置，以期达到高效作业的标准化方法。作业标准化是消灭一切生产浪费，在规定时限内生产定量产品的基础；同时，也是同步化生产体系中制造、改善、管理的基础。实施标准化作业的条件和要素如表 22－12 所示。

表 22－12　实施标准化作业的条件和要素

序号	条件	要素
1	以人为出发点	生产节拍
2	实地测量、现场制定	生产工艺流程
3	不断改进	WIP

（4）同步化生产节拍。

单元生产模式需要与同步化生产方法紧密配合。同步化包括多品种同步化以及工艺流水线的同步化，是缩短作业切换时间的关键点。

同步化生产要求在某一零件的加工流程中，前工序的加工一结束，就立即转到下一道工序去。这种生产同步化是实现 JIT 生产（准时生产）的一个基本原则。

（5）简易自动化。

简易自动化在单元生产中的实施一般分为四个阶段，即：改善生产装备、机械化分析、根据作业需求实现局部自动化、逐步扩展自动化。

通过简易自动化，充分发挥作业人员的智慧和能动性，优化人机结合，推动作业简单化、便捷化，以实现工艺同步化、工艺流水化。因此，简易自动化被作为单元生产中的重要指导思想。

需要注意的是，实施单元生产，不可能通过对当前的运作方法的点滴改良累积获得，有时它更需要对生产进行革命性的改善。所以，在依序做好上述基础工作之外，推行人员也决不可忽视对员工变革意识的培育，以促使全员乐于参与改善，推进对单元生产系统的改革。

4.2 推进单元生产系统的改革

事实上，前文所论述的仅仅是如何创建单元生产线。而要让这条生产线发挥更大的价值，让企业生产发展为真正的单元生产方式，就必须推进单元生产系统的改革。具体而言可以从以下方面入手：

（1）员工意识的彻底改革。

实施单元生产，不可能通过对当前的运作方法一点一点地累计改良获得，它需要对生产进行革命性的改革。这一改革首当其冲的是员工的意识。对此可以从以下四方面入手：

①明确单元生产的方向。

②全员的意识形态改革。

③选准人才，培育人才。

④培养自主管理的意识。

（2）建立基本的工作环境。

在正式推行单元生产之前，需要按照单元生产要求对工作环境进行改善，这与员工意识改革是同样重要的工作。

工作环境包括硬环境和软环境。硬环境是指生产的可视环境，如车间清洁、有序、整齐等，这通常是通过推行5S（整理——Seiri、整顿——Seiton、清扫——Seis、清洁——Seiketsu和素养——Shitsuke）活动实现的。软环境是指员工的作业技能素质、生产知识以及团队间的协作水平三个方面。

（3）单元生产的组织建设。

实施大批量生产的企业通常采用的是金字塔式的组织结构，这种组织形式严重束缚了中基层员工的自主改善能力。而多品种、小批量的单元生产方式则注重作业的持续改善，鼓励员工自主改善。所以，企业必须建立起以适应单元生产方式为目的的组织机制和评估体系。

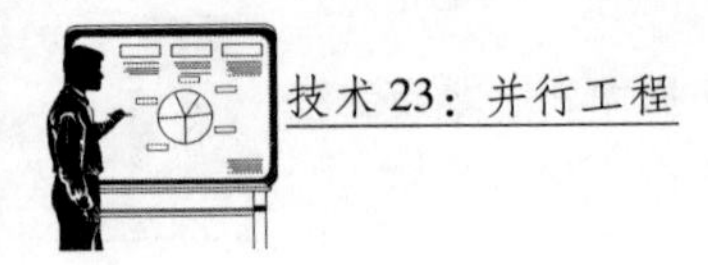

技术 23：并行工程

多环节齐头并进，缩短整体生产运作周期，提高市场响应力。

1. 技术定义

1988 年，美国国家防御分析研究所（IDA—Institute of Defense Analyze）完整地提出了并行工程（CE—Concurrent Engineering）的概念，即："是对产品及其相关过程（包括制造过程和支持过程）进行并行、集成化处理的系统方法和综合技术。它要求产品开发人员在一开始就考虑产品整个生命周期中从概念形成到产品报废的所有因素（包括质量、成本、进度计划和用户要求），并强调各部门的协同工作，通过在各决策者之间建立有效的信息交流与通讯机制，综合考虑各相关因素的影响，使后续环节中可能出现的问题在早期设计阶段就被发现，并得到解决。"

并行工程的特点如图 23－1 所示。

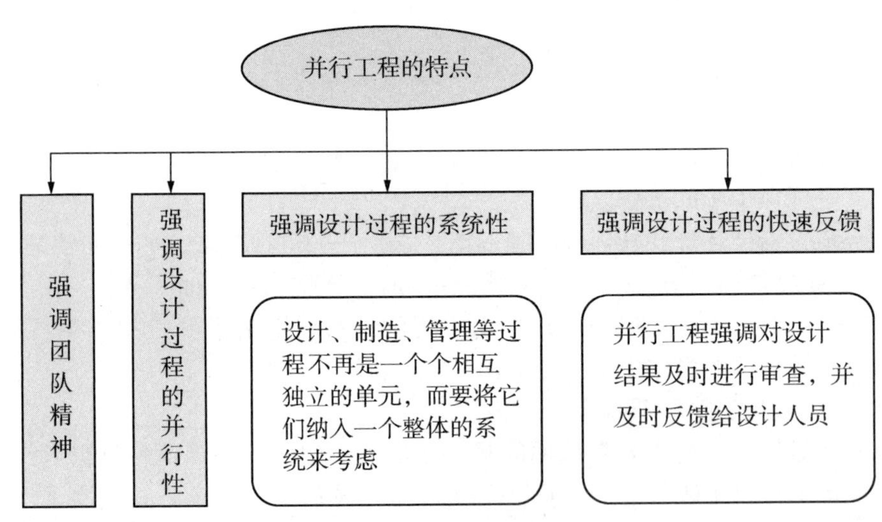

图 23－1　并行工程的特点

有效实施并行工程可以实现以下目标：

（1）使产品在设计阶段便具有良好的可制造性、可装配性、可维护性及回收再生等特性。

（2）保证产品质量，避免大量返工的周折。

（3）最大限度地减少重复设计工作，从整体上控制并降低运作成本。
（4）尽早发现问题，并迅速解决问题。
（5）减少流程运作时间，缩短产品设计、生产准备、制造和上市周期。

2. 标准应用

在面对不断加剧的市场竞争所带来的压力以及顾客对产品质量、成本和种类的高要求的情况下，企业不妨尝试改变传统的串行生产模式，采用基于并行工程的开发模式。并行工程的实施需遵循四个步骤，其操作程序如表23－1所示。

表23－1 并行工程的实施步骤

序号	步骤	操作内容
1	建立并行工程运作环境	在并行工程设计过程中应以具有柔性和弹性的方法，针对不同的产品开发对象，采用不同的并行工程手法，逐步调整开发环境，建立起产品开发人员都能瞬时地交换信息的环境
2	成立工程设计组织机构	一般由三个层次构成： （1）最高层由各功能部门负责人和项目经理组成，管理开发经费和开发进程 （2）第二层由主要功能部门经理、功能小组代表构成，定期召开例会 （3）第三层是作业层，由各功能小组构成
3	选择开发工具及信息交流方法	选择一套合适的产品数据管理系统，将所有与产品有关的信息和过程集成在一起，对产品从概念设计、计算分析、详细设计、工艺流程设计、制造、销售、维修直至报废的整个生命周期的相关数据，予以定义、组织和管理，使产品数据保持最新、一致、可共享及安全
4	进行结构性规划	（1）把产品设计工作过程细分为不同的阶段 （2）当出现资源不可共享的情况时，可以采用并行工程方法 （3）当后续阶段的工作必须借助前阶段的工作结果时，可以先对前阶段的工作作出假设，二者才可并行
5	执行并行工程设计的任务	并行工程设计完成后，经验证合理后即可正式实施，执行之前所设计的任务，是并行工程运作的主体部分

下面分别对上述步骤的具体操作加以阐述。

2.1 建立并行工程运作环境

建立适宜的运作环境是并行工程实施的重点环节。这主要包括硬件环境和软件环境两个方面。

（1）并行工程的硬件环境。

并行工程的硬件支持环境包括各种计算机设备（微机、工作站等）、网络设备、接口设备、多媒体交互设备、数据库以及能够操作这些设备的人员等。硬件环境的核心是分散式计算机网络，提供协同的基础条件。这些网络及其功能包括以下方面，如表 23－2 所示。

表 23－2　并行工程的硬件环境及功能

序号	硬件环境网络	功能说明
1	快速产品设计和开发网络	将不同部门的产品设计的各种工具和经验，如实体建模、虚拟现实效果、结构设计、加工和制造虚拟仿真等加以集成，采用协同工作方式，快速设计和开发产品
2	制造资源信息网络	在这个网络上提供企业的制造资源和专有技术，以便择优组合，建立动态联盟，快速设计、开发和制造产品。同时，还可以利用它建立可靠的供应链或进行高效率的营销活动
3	制造网络	该网络以独立制造中心（加工中心）为核心，充分利用各种先进设备

（2）并行工程的软件环境。

并行工程的软件环境包括适应协同工作的企业业务组织与管理模式以及与计算机相关的技术，如 CIMS（计算机集成制造系统）、CAD（计算机辅助设计）、CAPP（计算机辅助工艺设计）、CAM（计算机辅助制造）、虚拟现实、仿真技术、ERP（企业资源计划）、PDM（产品数据管理）等。其中比较重要的几个方面如表 23－3 所示。

表 23－3　并行工程的软件环境及功能

序号	软件环境网络	功能说明
1	企业的业务组织与管理模式	并行工程基于全面质量管理理论，是一种自上而下、全面铺开的管理方法，其工作方式以多功能协同工作小组形式为主。为适应这种新的工作方式，企业的业务组织与管理形式应做相应改变，组织机构从层次式变为平面式：既注重企业内部的集成，又重视企业与外部供应商、经销商、客户等在产品全生命周期中的集成。这种新的模式需要企业上下业务重组，转变观念，简化各种过程，强调人的作用，注重团队精神，讲究整体效益
2	产品数据管理技术与企业资源计划	通过 PDM 与 ERP 系统的集成，把产品的制造加工、工艺设计、生产调度、库存管理以及成本核算和零部件采购等生产活动的信息显示在计算机屏幕上，以便全面确定产品开发的合理性、可行性和利用率；而 CAD/CAE/CAM 软件也为并行工程的运作提供了良好的前提条件

续表

序号	软件环境网络	功能说明
3	产品建模技术	统一的产品建模技术是实现并行工程集成的关键，它是一个几乎包括产品任何方面信息的核心数据库。在多应用的工作环境中，产品模型专门为授权用户和所有过程提供数据资源，如特征尺寸、材料性能、零件之间的配合关系、约束和设计规则、工艺工装信息、质量保证数据、市场有关信息等
4	虚拟设计与制造技术	虚拟技术的核心是利用高技术组织仿真和虚拟现实。产品在开发设计阶段，借助于建模与仿真技术，可以及时地、并行地模拟出产品未来的制造过程乃至产品全生命周期的各种活动对产品设计的影响，并预测、检验、评价产品性能和产品的可制造性

当工程设计小组建立后，小组成员即可从已建立的环境中，选定适用的开发工具及信息交流方法。选择工具和方法时，要根据实际需求而定，无须选择过多无用的工具，以免造成资源浪费。这一步骤的操作相对简单，不再赘述。

2.2 建立并行工程设计小组

组织内全员以小组的形式参与产品开发的并行工程设计。工程设计小组需经过管理人员授权并确定相关职责，主要包括以下人员，如图 23－2 所示。

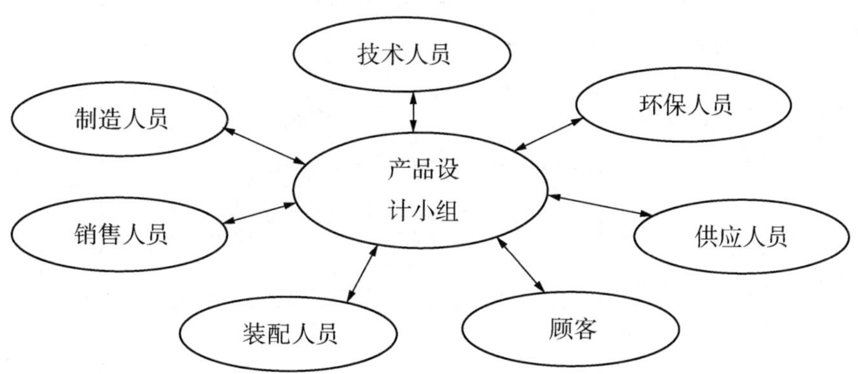

图 23－2 产品设计小组的成员组成

小组的相关职责包括以下方面：

（1）确定内、外部顾客及顾客要求，理解顾客要求和期望。

（2）评定所提出的设计、性能要求和制造过程的可行性。

（3）确定成本、进度和限制条件。

小组间的联系如下：

（1）顾客、内部、组织及小组内的子组之间。

（2）联系方式可以是举行定期会议，联系的程度是根据需要联系。

2.3　并行工程的结构性规划

并行工程是一种系统集成的管理技术，从产品、人员、信息等各方面都体现了集成化的发展。并行工程包括四个模块，具体如表 23－4 所示。

表 23－4　并行工程的四大模块

序号	模块	内容
1	产品概念设计	对产品设计要求进行分组描述，并对产品批量、类型、可制造性和可装配性进行评价，继而选出最佳方案，指导概念设计
2	结构设计及其评价	将产品概念设计方案予以结构化，对各种方案进行评价和决策；选择最佳结构设计方案或提供反馈信息，指导产品的概念设计和结构设计
3	详细设计及其评价	根据结构设计方案，对零部件进行详细设计，并对其可制造性进行评价，即时反馈修改信息，指导特征设计
4	产品总体性能评价	该阶段产品信息较完善，对产品的功能、性能、可制造性和成本等采用价值工程方法进行总体评价，并作出反馈

这四个模块并行操作，可节省从产品研发到出厂的时间。并行过程的基本运作模式如图 23－3 所示。

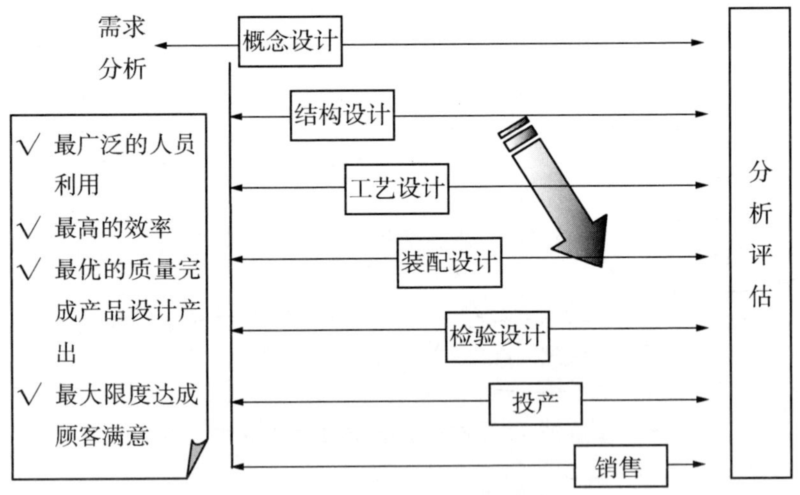

图 23－3　并行工程的基本运作模式

在并行工程下，企业通过全员的共同参与，使概念设计、结构设计、工艺设计、装配设计、检验设计等产品设计过程同步进行，以最广泛的人员利用、最高的效率、最优的质量来完成产品设计产出，最大限度地达成顾客满意。

2.4 执行并行工程设计的任务

并行工程设计小组可以同步进行产品开发和过程开发，在此过程中需要考虑以下因素，如图 23－4 所示。

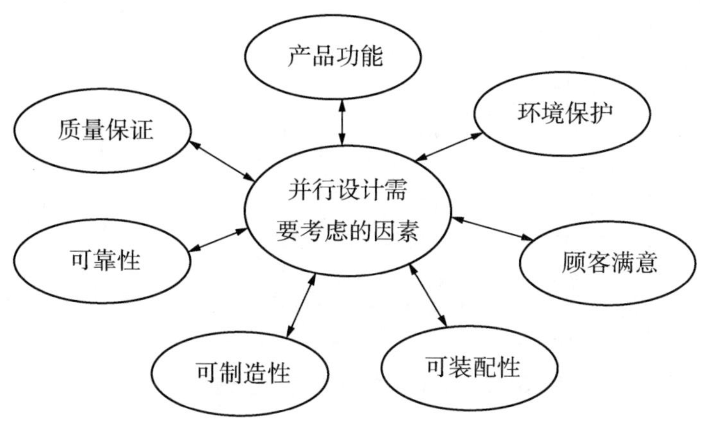

图 23－4　并行工程设计时需要考虑的因素

为满足这些因素要求，在并行工程设计时就需要履行以下任务：

（1）确认顾客的需要和期望。

（2）各个部门共同进行初始可行性分析，以评审制造过程可能发生的潜在问题。

（3）讨论最终产品形式的设计特征、质量策划过程的各个要素。

（4）共同获取有价值的信息以确保优先考虑可能需要特殊的产品和过程控制的特性。

（5）对输出进行评价，并将评价结果反馈至设计小组。

3. 实践指南

运行并行工程的关键在于早期的并行设计，在考虑设计时必须遵循一个理念：如何让两个或两个以上的工序环节并行操作，以消除等待的浪费，缩短整体生产周期。下面介绍某企业在进行汽车车身壳体的制造时应用并行工程的过程。

3.1 背景

该企业一直采用串行生产模式，在进行汽车车身壳体的制造时，从产品设计到生产出货需要经过以下流程，如图 23－5 所示。

根据调查，该流程中造型及总布置平均耗时 1.5 天，各总成结构设计平均耗时 2 天，壳体结构工程分析平均耗时 3 天，工艺工装设计平均耗时 4.5 天，生产制造平均耗时 21 天，销售及服务通常需要历时 32 天。为了在保证质量的前提下缩短生产期，生产规划人员决定开展并行工程。

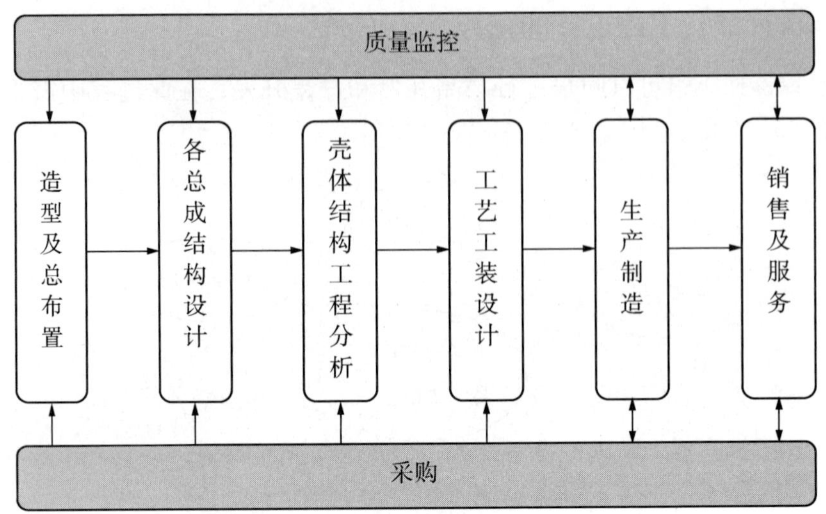

图23－5　某企业的汽车壳体制造流程图

3.2　并行工程的设计

决定采用并行工程后，生产规划人员与相关人员组成了并行工程小组，对从设计到出售的整个流程进行了改善设计。具体操作如下：

（1）在壳体项目开始生产时，销售人员就与生产规划人员不断进行交流，及时获取设计思想，反馈自己负责模块的意见。

（2）在适宜的阶段，开始分总成的设计。

（3）在结构工程时，生产规划人员利用共享设计平台，跟踪结构设计的进度等信息，经常建模，并不断更新资料，基本实现与结构设计同步完成的目标。

（4）车身的工艺、工装设计和结构工程同步进行，通过试操作等活动及时反馈工艺、工装设计中存在的问题，在设计完成时就解决了存在的工艺问题；工艺、工装的技术准备和相应的生产准备工作也基本同步完成。

3.3　并行工程的实施效果

根据这一思路，并行工程开始有条不紊地施行起来，实施结果如图23－6所示。

与之前的串行工程相比，生产质量和数量、工艺等条件是完全相同的。但是，“各总成结构设计”并未等到“造型及总布置”工序完全结束便已开始运作，至“各总成结构设计”工序结束，产品开发总时间不到3天。后续环节也依照这种模式运作，至生产制造完成，送至销售及服务环节，生产时间为25天，与原来实施串行工程时相比缩短了7天。

可见，如果生产规划人员能够根据企业的实际情况，考虑如何开展并行工程，做好产品规划，尽可能让产品规划与产品生产同步进行，那么自然可以使整个生产周期大大缩短，交货期也随之有了保证。

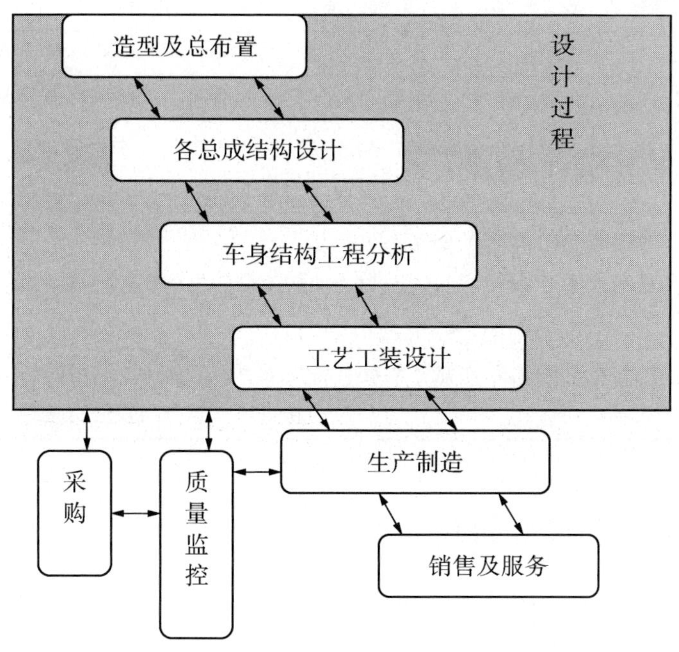

图23－6　改善后的汽车壳体生产制造流程

4. 思维拓展

随着市场竞争的日益激烈，做好产品开发过程的规划，选择与设计适宜的生产管理模式，已成为生产规划人员的重要功课之一。无数实践证明，并行工程在某些领域里可以发挥出巨大的价值；而且，其应用也并不局限于生产制造业，还可以应用到更为广阔的领域。

4.1　并行工程在制造业中的应用

并行工程是在CAM、CAPP等技术支持下，将传统的串行工作在时间和空间上进行交叉、重叠处理。如此一来，可以缩短产品上市时间，而且并行工程可以反向运作——依照从销售、生产到产品设计……的反向次序，从整体上压缩生产开发周期。

而在此过程中，要注意并行工程的适用性，以借之实现预期的生产目标。其适用的层面、适用类型和特点，如表23－5所示。

表 23－5 并行工程的适用层面、类型和特点

适合层面	生产类型	特点
产品质量	适用于任何类型的生产	质量较好，生产前期已注意到产品的制造问题
生产成本	适用于任何类型的生产	产品的易制造性提高，生产成本较低；设计成本较高，但可通过较低的制造成本和较短的投产周期效益来弥补
生产柔性	适用于小批量、多品种生产和高新技术产业的产品生产	在以上两种类型的生产中，使用并行工程生产柔性好
产品创新	适用于新产品制造和产品更新升级	较快速推出新产品，能从产品开发中学习及时修正的方法及创新意识，新产品投放市场快，竞争能力强

4.2 并行工程的可用领域

并行工程最先产生并被应用于传统的制造工业中，如今并行工程已经在越来越多的领域得到应用，并取得了显著效益。

（1）并行工程在生产制造中的应用。

在产品研制过程中，采用并行工程的群体协同作业，充分考虑工艺、制造、材料等下游的各种因素，注重人和技术的有效结合，在保证产品质量的同时，缩短作业时间。例如，美国洛克希德（Lockheed）导弹与空间公司（LMSC）在新型号导弹开发时，采用并行工程，终将产品开发周期缩短了 60%。

（2）并行工程在建筑业设计过程中的应用。

并行工程在建筑业设计过程中的应用，主要是建立并授权多专业工作小组进行并行规划，对设计过程和建筑过程中的下游相关环节进行识别，减少或消除整个过程中的不增值活动，并使用建模工具进行建模、改善设计，以此满足建筑设计与建筑过程的质量与安全要求，保障整体运作的经济性。

（3）并行工程在软件开发过程中的应用。

开发活动规划人员可以结合并行工程环境下的设计时间估计、项目规划、团队组织方面的情况，快速高效地制订开发计划，设定软件开发步骤的起始时间，合理分配各项资源，从而达到缩短项目开发时间、提高资源利用率的目的。

并行工程可以快速开发适销对路的产品并投放市场，降低生产制造成本，提高企业的生产柔性，从而大大增强企业的市场竞争能力。在未来，并行工程将向全球化方向发展，以支持动态联盟跨国界的全球合作，而且更多地会与计算机网络、分布式数据库等技术紧密地结合在一起，以最快的速度，协调分布在全球的各成员进行异地合作开发，来赢得市场机遇。

技术 24：快速换模

> 加快产线切换速度，减少设备闲置时间，缩短生产周期。

1. 技术定义

在市场需求变化迅速的条件下，生产企业必须做好生产的转换工作，否则在激烈的市场竞争中将难以立足。如果因生产转换造成大量工时的浪费，降低作业转换速率，那么势必会影响产品的交货期。因此，对于作业切换时间，要尽量予以削减。

快速换模（single minute exchange of die，简称 SMED）法由日本的新乡重夫首创，主要通过在换模过程中简化、协调操作等方式，以在单分钟（少于 10 分钟）内完成换模，是一种能够减少更换工装、材料时间，持续改进生产准备的技术。

实施 SMED 有以下好处：

（1）提高设备利用率及稼动率，减少等待浪费。

（2）减少在制品量，降低库存水平。

（3）提高生产效率，缩短交货期。

生产线切换主要可以划分为内部切换时间和外部切换时间。在拉动生产方式下，生产线的换模只需要将所需原材料送到生产线上依步骤生产就能顺利地完成，因此生产线的切换属于外部转换，不需要停机，转换时间较短。但是，在生产线内部模具、刀具和工装夹具等的切换必然造成停机，生产也将会中断。使用该工具的关键点在于区分内部作业转换和外部作业转换，并将内部作业转换尽可能地变为外部作业转换，然后尽可能地缩短内、外部作业转换时间。

2. 标准应用

SMED 的发展有四个阶段：①将切换时间缩短一半；②切换时间缩短到 10 分钟之内；③3 分钟内完成切换；④1 分钟内完成切换。而观察其核心，均旨在缩短作业转换的时间，这是企业生产规划管理与实践中最为重要的一个问题。下面重点介绍快速换模的实施以及快速换模的执行思路。

2.1 快速换模的实施步骤

生产线快速换模的实施步骤如表 24 – 1 所示。

表 24 -1　快速换模的实施步骤

序号	阶段	内容
1	生产调查	进行前期调查，观察工序作业时间和转换情况
2	内外转换作业的划分	区分转换的内部作业和外部作业，将内部工序转化为外部工序，并将外部工序从生产准备工作中分离，缩短内部作业转换的工序，改善外部作业转换的工序
3	标准化工作	将新的生产准备程序标准化

快速换模前要进行调查，还要搜集生产信息，计算换模时间。

（1）生产调查。

实施快速换模前，一定要进行产前信息搜集观察转换工序。表 24 -2 为生产准备观察表。

表 24 -2　生产准备观察表

日期：
机器：　　　　　　　　　　由
观察者/操作工：　　　　　　变为

序号	工作步骤	秒表读数			分类				对时间浪费的备注
		小时	分钟	秒	内部	外部	等待	走动	
1									
2									
3									
4									
5									
…									
	合计								

以某单元车间的挤压机切换为例进行生产调查，如表 24 -3 所示。

表 24 -3　某挤压机换模的生产准备观察表

日期：2008 年 1 月
机器：挤压机　　　　　　　　换模前：每日活动
观察者/操作工：　　　　　　　换模后：

序号	工作步骤	秒表读数			分类				对浪费的注解
		小时	分钟	秒	内部 1	其他	等待	走动	
1	停止挤压机，升高潜槽								

续表

序号	工作步骤	秒表读数			分类				对浪费的注解
		小时	分钟	秒	内部 1	其他	等待	走动	
2	支架，开门，切割钢条			9					
3	卷盘管			8					
4	再次开门			3					
5	戴手套			12					
6	打开防护罩			3					
7	拆卸润滑板			5					
8	取走钢条			5					
9	放钢条于支架			5					
10	转至挤压机后方			6					
	合计								

（2）内外转换作业的划分。

得到基本生产信息后，即可开始计算换模时间，再进行内外转换作业的划分，将内部的换线时间与外部换线时间区分开来，以期缩短换线时间。在这一步骤中主要有三步：

①分析第一步收集到的当前数据。

②确定在停机前后有哪些事情可以做。

③制作工具更换流程记录表，供每个参与的人员使用。

内外转换作业的划分如表 24－4 所示。

表 24－4　某挤压机换模的内外转换作业划分表

日期：2008 年 1 月 机器：挤压机 观察者/操作工：					换模前： 换模后：				每日活动
序号	工作步骤	秒表读数			分类				对浪费的注解
		小时	分钟	秒	内部	其他	等待	走动	
1	停止挤压机，升高潜槽			×					可将开门设为外部作业
2	支架，开门，切割钢条			9	×		×		等待滑槽升起的浪费
3	卷盘管			8	×		×		移动的浪费
4	再次开门			3			×		重复操作的浪费
5	戴手套			12			×		
6	打开防护罩			3	×				移动的浪费

续表

序号	工作步骤	秒表读数			分类				对浪费的注解
		小时	分钟	秒	内部	其他	等待	走动	
7	拆卸润滑板			5	×				
8	取走钢条			5	×				
9	放钢条于支架			5	×				搬运的浪费
10	转至挤压机后方			6	×				搬运浪费，如有两人可向外转移
	合计								

在此过程中，将内部作业转移到外部可以进一步缩短换线时间。减少内部工作是为了发现并排除换线过程中的浪费；而减少外部作业则是为了在缩短内部换线时间后进一步减少机器运行期间支持人员的工作量。其具体操作可参照表 24－5。

表 24－5 内外转换作业的划分

项目	说明
将内部作业转移到外部	基本程序如下 （1）对内部的活动进行严格的检查分析 （2）考察第一步发现的机会 （3）集思广益地讨论新的办法和创意 （4）工具标准化 （5）工具预热，确保每件物品在正确的时间摆放在正确的位置
减少内部工作	常规的方法是利用如下手段排除换线中的浪费 （1）平行作业 （2）旋转式一次锁定方法 （3）触摸式夹钳系统 （4）工具放置的方法/位置统一 （5）工具的尺寸统一 （6）螺钉头尺寸统一 （7）详细的工具更换表 （8）改良设置等

续表

项目	说明
减少外部作业	通过如下手段改良外部工作构成 （1）把工具存放在机器旁边 （2）在机器旁边设手工工具台 （3）把规尺存放在机器旁边 （4）备好工具更换准备的核查清单 （5）提供详细的工具更换流程记录单

实施换模操作后，要进行评估；如确认其满足预期目标，则根据操作过程，编制标准文本文件，正式实施标准化管理。

2.2 换模时的工作分配

作业切换是同一单元或者设备生产几个品种的一个障碍。同时，因为换模过程没有直接价值的产生，所以在单元生产中需要尽力缩短换模时间。在生产线切换过程中的切换时间示意图，如图 24－1 所示。

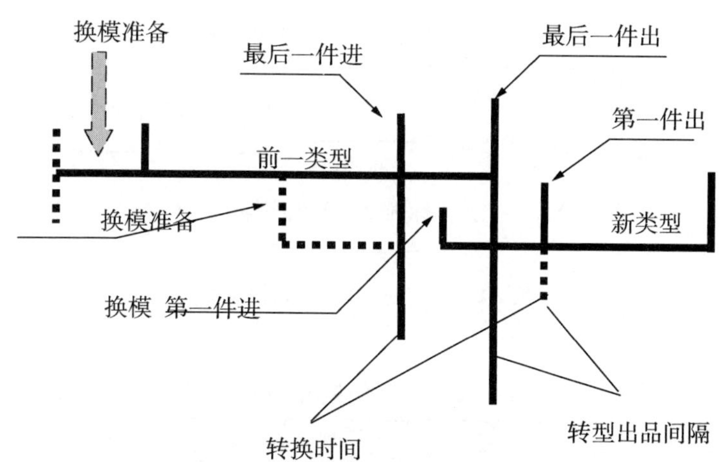

图 24－1 生产线切换及时间示意图

由图 24－1 中可以看出，不同品种的换模浪费时间就是转型出品间隔时间，造成这些损失时间的是换模、换件等一些操作，如图 24－2 所示。理想的状况是换模时间接近“0”，也就是上一产品刚完结时，新品已将产出。

精益单元生产的目的就是要最大化地压缩生产线切换的时间，减少浪费。其中转换的内容一般有四个方面，如图 24－3 所示。

这些切换所造成的损失，远比其他原因所引发的问题要多。例如，等待时间多、熟悉过程长、出品周期长、流水线不平衡、质量不稳定等，都会造成单元生产管理上的困难，因此必须为各部门规划好具体的工作内容。

各相关部门在生产换模时的工作分配情况如表 24－6 所示。

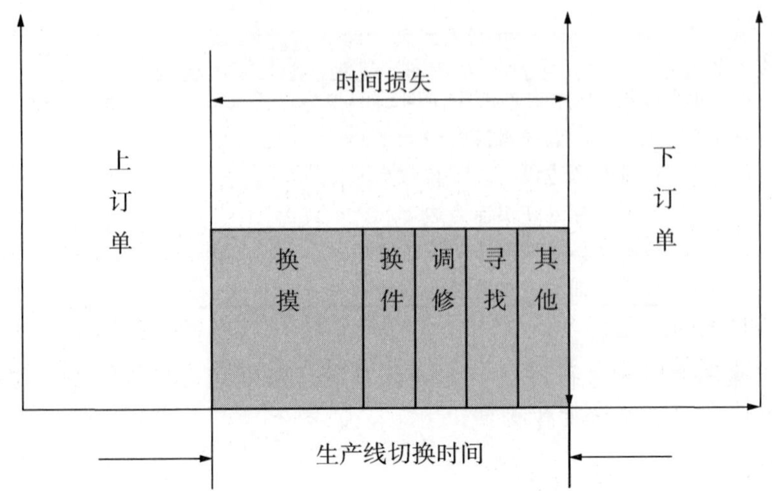

图 24－2　生产线切换的时间损失

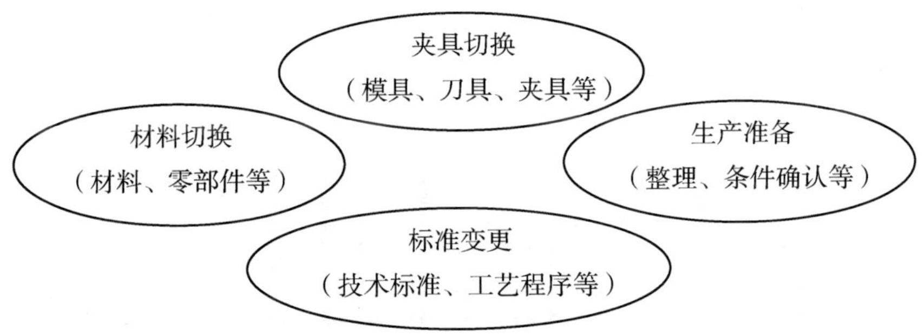

图 24－3　生产作业的切换类型

表 24－6　生产换模中的工作分配

责任人	工作内容
技术 PE（工艺工程师）	主要做单元品种生产，并与单元操作人员一起改善并确定制作方法
	制作产品生产前所需的设备及产品样本
	记录工作检查信息，总结生产过程中发现的问题、生产要领及质量要求，确定生产防御措施，核实各项技术资料等
组长	给操作员合理地分配工作，并拟订出各制程的次序
	确定各制程所需的机械及辅件
	结合生产目标、单量、货期等条件，作出小组生产计划等

续表

责任人	工作内容
流程 PE	新品种辅导及总结，即由数名 PE 同时进行新品辅导，使质量及其他问题即刻得以发现及处理，使员工的等工时间减至最少
	检查产品试验的质量报告以及工艺的变化情况
	对新品开工过程作出总结，确定作业标准以及现场管理技术跟进等

要做到零时间的产品切换，必须由多部门配合形成完善的产前准备。在此之前进行的换模时间数据的收集，是为了确实了解实际的切换发生时间，找出问题的根源，清除障碍，使切换时间缩至最短。

2.3 缩短切换时间的思路

在前文中介绍了作业切换中的时间间隔概念，其实这部分时间中又分为内部切换时间和外部切换时间。内外部时间的区分涉及一个概念——停机，也就是在换模时必须停机，这导致待工损失较大。内部切换需要停机，而外部切换无须停机。

实际上，在整体缩短转换时间时，需要将外部作业、内部作业、调整作业有效划分，如图 24－4 所示。

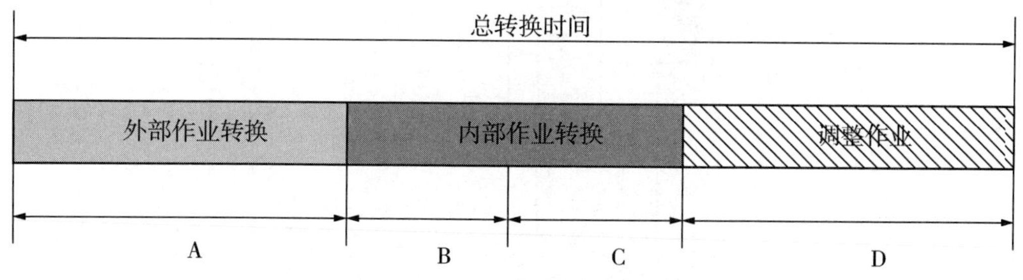

图 24－4 作业转换时间分布

依据图 24－4 中的分布，作业转换思路如下：

（1）明确区分内部作业转换和外部作业转换。

（2）将内部作业转换 B（可转换的作业）转化为外部作业。

（3）缩短内部作业转换。

（4）缩短调整作业 D。

（5）缩短外部作业转换 A。

（6）标准化新的生产准备程序。

经过这些转换，尽量压缩内部切换，如图 24－5 所示。

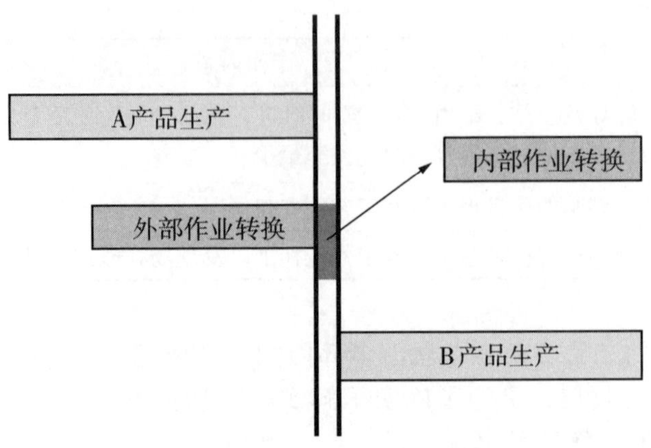

图 24－5　改善后的作业切换

作业转换时间完成改善前后，效益对比如图 24－6 所示。

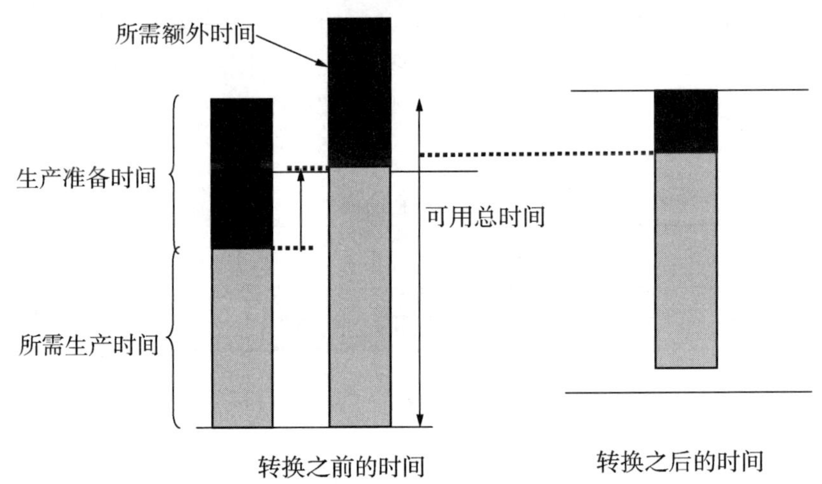

图 24－6　切换前后时间对比

减少生产准备时间意味着在相同时间内能满足更多需求，实现单元的精益生产。最后通过标准化，将单元的换模固化，形成整个作业切换的改善体系，如图 24－7 所示。

切换过程基本分为两个阶段，即：首先区分内外转换，然后将内部作业转换转化成外部作业转化，以减少停机时间。

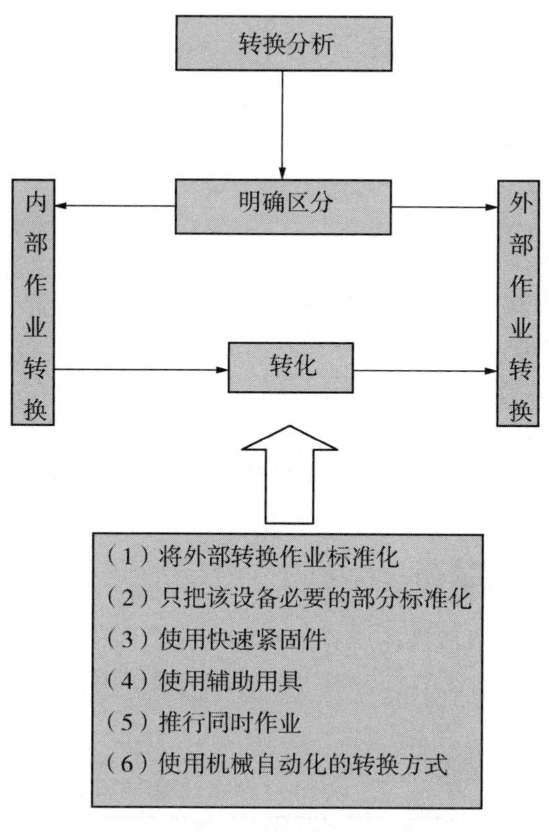

图 24－7 作业转换改善体系

3. 实践指南

SMED 是一个非常好的精益改善理念和技术，它能帮助企业节省时间，增加产能，以及能延迟或取消设备投资，有人将其称为“企业精益化管理的一柄利剑”。下面通过对一家生产卫浴产品企业的实际案例分享，来说明 SMED 的应用。

3.1 背景分析

该企业主要生产卫浴产品，其产品系列较多，有时一个产品甚至多达 15 个系列。这便要求在生产中频繁更换模具，但是这又很容易造成大批设备停机待转产，造成极大的产能浪费，同时也存在质量和安全方面的隐患。因此，该企业考虑如何通过快速换模技术来转变这一现实困扰。

首先，生产规划人员收集了大量的换模资料，并理清了企业当前的换模过程。

（1）停机，准备换模具。

（2）到工具区拿取换模工具。

（3）到模具区拿取新模具。

（4）回到机器处，换下旧模具。

（5）放置新模具，并进行清洗。

（6）拿取垫块和螺丝。

（7）锁紧螺丝，固定模具。

（8）调整冲压机头。

（9）到半成品区拿取半成品。

（10）试生产样品。

（11）精调冲压机头位置，使样品合格。

（12）重新生产样品。

（13）走到检测区，检测样品合格率。

（14）完成换模，开始生产。

这样的过程活动每天几十次发生在生产线上，为改进完善这一过程，生产规划人员决定根据三个步骤来操作。

3.2 区分为内外部活动

这一步的主要任务是清晰描述所有活动，区分出内部活动与外部活动。很显然，上述活动都是在停止机器运作的状态下进行的，都属于内部活动。经测量，其数据显示如表 24－7 所示。

表 24－7 改进前的换模过程分析表

序号	当前工艺流程	当前时间（S）	
		内部时间	外部时间
1	停机，准备换模具	20	0
2	到工具区拿取换模工具	95	0
3	到模具区拿取新模具	125	0
4	回到机器处，换下旧模具	185	0
5	放置新模具，并进行清洗	125	0
6	拿取垫块和螺丝	105	0
7	锁紧螺丝，固定模具	245	0
8	调整冲压机头	95	0
9	到半成品区拿取半成品	115	0
10	试生产样品	15	0
11	精调冲压机头位置，使样品合格	155	0
12	重新生产样品	15	0
13	走到检测区，检测样品合格率	155	0
14	完成换模，开始生产	—	-
总计		1450	0

从表24－7中可以看到，整个换模过程的时间为24.17min，也就是说，这台冲压机在这么长的时间里必须处于停机状态。掌握了这一基本情况后，即可考虑如何将时间控制在更少的范围内。

3.3　将内部设置转化为外部设置

将内部设置转化为外部设置，是指以不需要停机就可以进行的活动，来取代那些需要停机才能进行的活动。在具体实施中，该企业进行了如下操作：

（1）减少内部设置的操作时间。

做好完备的前期准备，如工具、部件；操作指示；升降工具；预装配、预设定、预清洁、预热；统一的部件以及标准的存放、周转。例如，取拿新模具、清洁新模具、取拿试产部件等等，都可以在不需要停机时准备好。

（2）实施动作精益，并简化锁固工序。

减少“转身—拿取”动作，设计单个动作一次放好；使用装配架、模板、标准工具和配件等。例如，设计一些不需要螺丝、螺栓的锁紧方法，如图24－8所示。

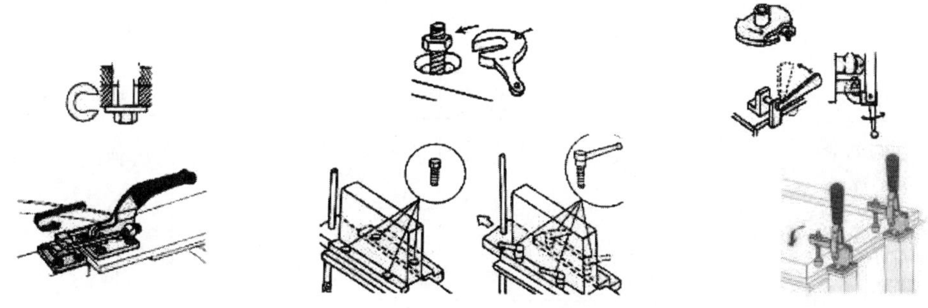

图24－8　不需要螺丝、螺栓的锁紧方法

3.4　换模改进方案的实施及效果

通过上述分析，生产规划人员将部分原本属于在停机时才能进行的活动转化成了不需要停机、预先就可以准备好的活动，同时与设备部等相关部门沟通，共同对操作动作进行了改进，并简化了锁固工序的操作。

经过这一系列改进，取得了不小的效果。表24－8是改善前后的换模时间对比表。

表24－8　改进前后的换模时间对比表

序号	改进前的工艺流程	改进前的时间（S）		改进后的工艺流程	改进后的时间（S）	
		内部时间	外部时间		内部时间	外部时间
1	停机，准备换模具	20	0	停机，准备换模具	20	0
2	到工具区拿取换模工具	95	0	到工具区拿取换模工具	0	95

续表

序号	改进前的工艺流程	改进前的时间（S）		改进后的工艺流程	改进后的时间（S）	
		内部时间	外部时间		内部时间	外部时间
3	到模具区拿取新模具	125	0	到模具区拿取新模具	125	0
4	回到机器处，换下旧模具	185	0	回到机器处	0	60
				换下旧模具	125	0
5	放置新模具，并做好清洗	125	0	放置新模具，并做好清洗	0	125
6	拿取垫块和螺丝	105	0	拿取垫块和螺丝	0	105
7	锁紧螺丝，固定模具	245	0	固定模具	230	0
8	调整冲压机头	95	0	调整冲压机头	85	0
9	到半成品区拿取半成品	115	0	到半成品区拿取半成品	0	115
10	试生产样品	15	0	试生产样品	15	0
11	精调冲压机头位置，使样品合格	155	0	精调冲压机头位置，使样品合格	155	0
12	重新生产样品	15	0	重新生产样品	15	0
13	走到检测区，检测样品合格率	155	0	走到检测区，检测样品合格率	15	140
14	完成换模，开始生产	—	-	完成换模，开始生产	-	-
总计		1450	0		785	640
改善后的换模时间为：13.08m						

从上述数据可以看出，通过简单的前期准备，换模时间由原来的24.17分钟缩短为13.08分钟，时间缩短率达54.12%。当然，这还只是SMED管理的第一阶段，但它帮企业节省的时间、增加的产能，将促使该企业的生产规划人员继续努力，力求将SMED的时间控制在更短的时间内。

4. 思维拓展

快速换模的核心在于如何实现在最短的时间里完成换模。一些刚刚决定导入SMED技术的人员常常会为“不知从何下手”以及实施过程中遇到的一些问题而苦恼。下面汇总了人们在长期实践中总结的缩短换模时间的秘诀以及常见换模问题的解决方法，以供读者参考。

4.1 缩短换模时间的六大秘诀

常常有人抱怨快速换模的实现难度较大，实际上，如果人们掌握了以下秘诀，便

可以大大缩短换模时间，SMED 将不再是难事。

（1）外部转换作业标准化。

将准备生产模具、工具和材料的操作充分程序化，且必须达到标准化。并把这些标准化的东西写在纸上、贴在墙上，以便操作人员掌握和自我训练。

（2）将设备局部标准化。

理论上，如果能将生产模具的大小和形状完全标准化，就会缩短作业转换时间。考虑到成本太高的问题，在实际操作中选择只把作业转换中需要的设备功能标准化。将模具高度标准化的操作示意图如图 24－9 所示。

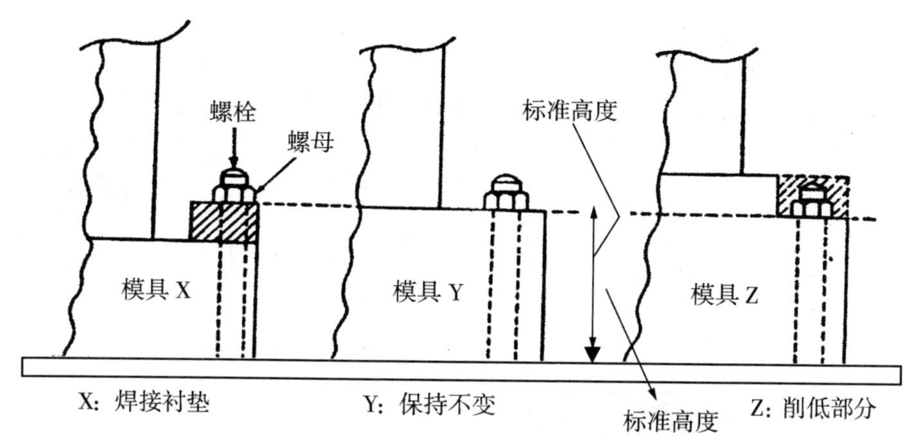

图 24－9　将模具高度标准化的操作示意图

图 24－9 是使用模具高度的标准化去掉更换紧固件，缩短切换时间的案例。例如，在冲压机或者铸造机的单元线中，使用调整垫或者削低的方式将模具进行标准化，就省掉了行程的调整。

此外，还可以将工具多功能化，实现不同类型模具换模的统一，如夹具的统一。不同设备的夹具示意图如图 24－10 所示。

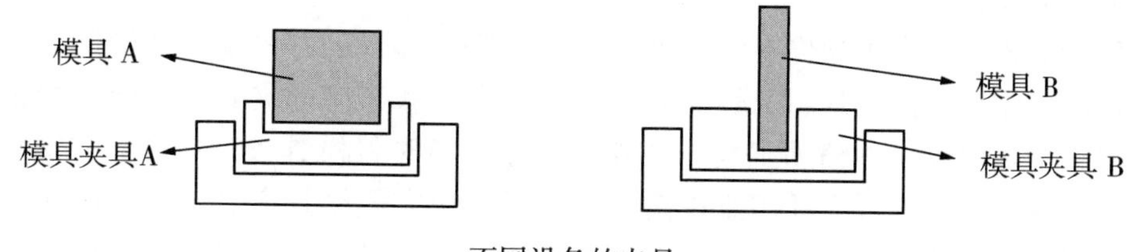

图 24－10　不同设备的夹具示意图

将夹具重新设计后，形成能供两种或者多种模具使用的多功能夹具，如图 24－11 所示。

通过将夹具重新改造，实现了多种模具的标准化，减少了使用多种夹具的选择时间。

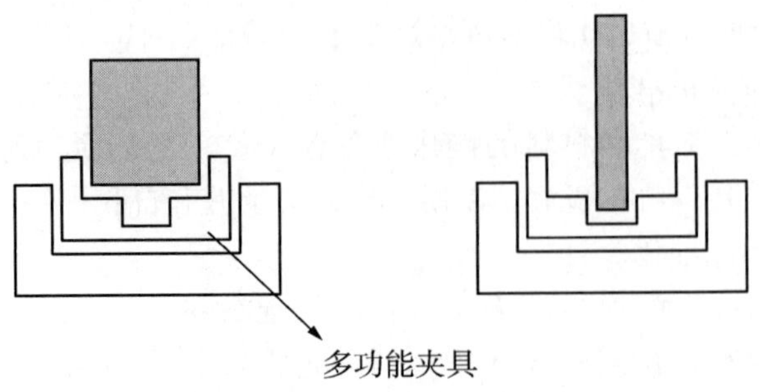

图 24－11　夹具的统一标准化

（3）快速紧固件的改换。

使用快速的紧固工件，缩短必要的模具切换时间，如图 24－12 所示。

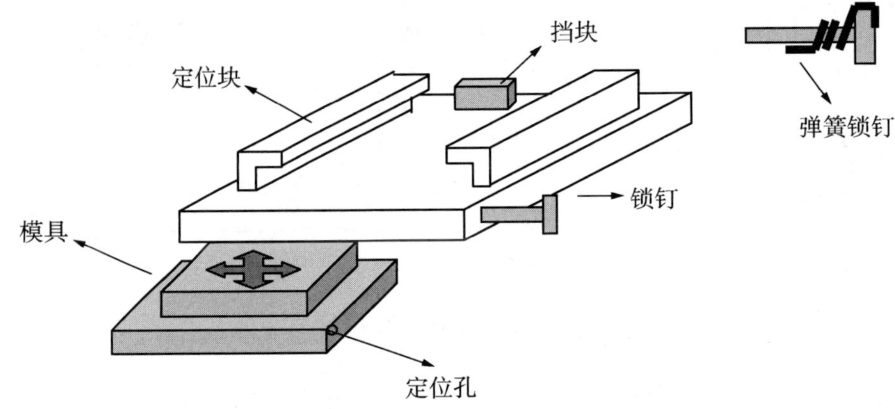

图 24－12　快速紧固件的改善

如图 24－12 所示，使用弹簧锁钉代替一般的螺丝锁钉，达到了方便快捷的目的，减少了换模的时间。

（4）添加辅助工具。

在生产过程中，直接操作有时会耗费很多时间，如果能够添加一些辅助的工具则会便捷很多。例如，把模具、工具直接安装到压力机和车床的夹具上，会耗费很多的时间，那么不妨设计一种辅助工具，在外部作业转换时将模具、工具等事前安装到辅助工具上。这样，在进行内部作业转换时，便可很快完成模具安装。如使用回转式台车时，可以提前将模具准备好，等到需要时，只要转动台车上部分就完成模具切换。图 24－13 为回转台。

（5）推进同行作业。

同行作业是指同时进行操作多个转换操作，以排除浪费动作，减少换模工序，缩短工作时间。例如，在压力机和成型机单元线生产中，中间有许多部位要结合，假若由一名操作人员来操作这种设备进行作业，就需要花费很长的时间；但是若由两名操作人员同时作业，就能排除不合理的动作，缩短作业转换时间。这样虽然作业转换所

需要的总劳动时间没有改变，但是设备的实际运转时间却增加了。如果一个小时的作业转换时间缩短到三分钟的话，第二名作业人员在这次作业转换中只花费了三分钟时间。因而，专门进行作业转换的人员要在冲孔压力机上进行训练，并与该机的操作人员通力协作。

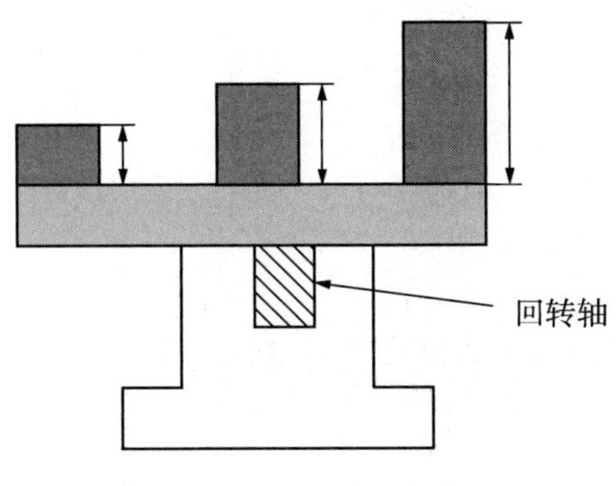

图 24－13　回转台示意图

（6）利用机械自动转换。

在安装模具时，可以使用一些设备（例如油压或气压设备）一次紧固几个地方，或者一些模具的高度可以利用电动手段来调整，实现生产换模的自动化操作，但是这种方法的操作成本太高，不推荐实施。

4.2　常见换模问题的解决方法

换模过程中有四个问题是最为常见的，为解决这些问题，可以采取以下方法，如表 24－9 所示。

表 24－9　换模过程中的四个问题及对应的解决方法

序号	问题	解决方法
1	换模时取物料时间偏长	（1）做好物料的定置管理 （2）借助轨道或物料车快速传递物料
2	换模时取工具时间过长	（1）工具定位放置 （2）操作人员在换模前后要检查工具的状况 （3）培养操作人员使用、装接工具的能力
3	基层管理人员和操作人员工作态度散漫	（1）编制换模时间表和责任表 （2）确定阶段性的换模目标 （3）培养员工的积极性和主观能动性
4	操作人员不知道换模的对象	（1）换模前要及时通知操作人员下一个产品的类型 （2）操作人员要确定所有工具齐全 （3）按照换模时间表换模

需要注意的是，快速换模绝对不是简单的技巧问题，关键在于人们的思维能力是否能够思考出更多改善作业时间的方案。上述秘诀和方法仅仅是一种经验，还有更多更有效的方法需要真正的操作人员结合当时当地的实际情况去思考。

技术 25：防错法

> 降低失误发生率，提高工作效率，减少资源浪费。

1. 技术定义

在生产过程中，操作人员不时会因疏漏或遗忘而发生作业失误，由此导致的质量缺陷在质量问题中所占的比例很大。如果能够有效防止此类失误的发生，则质量水平和作业效率都会得到大幅提高。Poka－yoke（防错法）的核心思想就是对过程进行设计，使得失误不会发生或者及早得到检测并纠正。

防错法的作用如下：

（1）防止作业人员因疏漏或遗忘而发生作业失误。

（2）削减返工次数，消除由于返工所致的时间和资源浪费。

（3）提高质量水平，减少因检查而造成的浪费。

2. 标准应用

实施防错管理的最终目的是要“消灭把缺陷传递给顾客”、减少加工废品、提高产品质量、降低制造成本。要达到这一目标，必须有合理的加工工艺和高精度的专用设备，并在生产过程中合理使用防错设备或检测技术，以发现错误，减少浪费。为此，生产管理人员必须明确防错法的应用原理、运用步骤、防错管理的等级以及防错装置的类型等，以在生产中采取最简单有效的防错方法。

2.1 防错法的应用原理

防错法的有效运用需要做好很多工作，这些工作的开展需要有一定的理论基础。防错法所运用到的主要原理如下：

（1）相符原理。

发现生产中是否相符的状态，以防止错误的发生。例如，按照形状的不同来实现：将个人计算机与监视器的连接线设计为不同的形状，以使其能够更方便地连接起来。

（2）顺序原理。

将所做的工作任务以“编号”的方式完成。例如，流程单上记载工作顺序，按照数字编列以更好地执行；许多档案放在同一个资料柜内，每次查阅后再放回时容易放

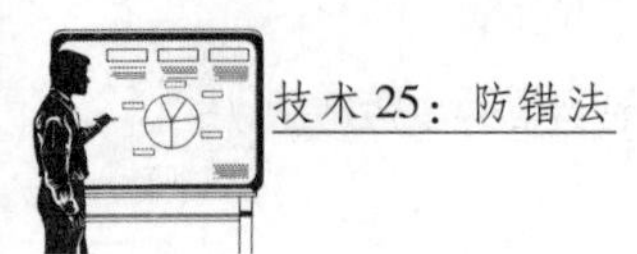

错地方，则可以通过做好编号来实现改善。

(3) 自动原理。

以各种电学、力学、机构学、化学等原理限制某些动作的执行或不执行，以避免错误的发生。例如，抽水马桶的水箱内设有浮球，水升至某一高度时，浮球推动拉杆就自动切断水源；电梯超载时，门关不上，电梯不能上下，警告钟也鸣起。

图 25－1 为某皮革厂裁皮工序进行防错法实践的实例：该工序改善前计数器可以统计裁皮刀数，但没有自动提示装置，根据防错法思想，在作业台设置了自动装置，当裁皮刀数达到指定数量时就会自动响铃，以提示操作人员。

图 25－1　防错法的自动化原理的应用

(4) 隔离原理。

用分隔区域的方式，来避免造成危险或错误现象发生。例如，将危险物品放入专门的柜子中，并加锁置于特定位置。

(5) 层别原理。

为避免工作发生错误，以不同颜色代表不同意义或工作内容，设法加以区别。例如，文件夹用红色代表紧急文件，用白色代表正常文件，用黄色代表机密文件。

2.2　防错法的运用步骤

一般情况下，防错法的实施流程如下：

(1) 明确需要防错的对象。

(2) 明确需要防错的对象所应该具有的功能。

(3) 掌握该功能的现状。

(4) 掌握该功能的现状及问题点。

(5) 针对该功能的问题点，提出有效的防错措施。

(6) 防错措施的设计、开发、试运作与修改。

(7) 将防错措施予以标准化。

在实施防错措施时，可以采用以下方法：

(1) 发现不合格品，同时将产生不合格的原因找出来。

（2）列出所有可能发生的错误。

（3）确认发生可能性最大的那个错误。

（4）针对该错误，提出多种解决方案。

（5）预测每一种解决方案的实施效果。

（6）选择其中最好的解决方案。

（7）制订一份详细的执行计划。

（8）汇总防错的结果，分析防错实施带来的潜在效益。

（9）更新防错执行后的相关资料。

2.3 防错管理的等级

根据防错的效果，防错技术可分为如下三个等级：

（1）不制造缺陷的防错，即不可能制造出坏产品，可能发生损坏的产品数为零。

（2）不传递缺陷的防错，即不可能将坏产品传递到下一工位，预先假设所有产品是坏的，然后逐一审核通过，可能损坏的产品数为 1。

（3）不接受缺陷的防错，即后续工位不接受坏产品，预先假设所有产品是坏的，然后逐一审核通过，可能损坏的产品数大于 1。

第一种防错技术是最理想的管理状态，它是一种主动、最经济、可预见并防止错误的控制技术。例如，加工前的探头探测、导向限位、传感器感应等的防错措施能达到这一目标。

但是，由于可能出现的缺陷或造成的原因不同及机床功能布局等原因，采用其他两种防错技术也不可避免，不过，这二者却是最被动、最昂贵的防错措施。例如，钻孔工位在本工位对刀具加工后的断刀检测能达到不传递缺陷的目标，而钻孔工位后面的探测工位的探测防错就只能达到不接受缺陷的目标，这一防错措施损坏的零件数就大于 1。

2.4 防错装置的类型

防错装置主要是针对生产设备、物料、人工三个方面而设置的。以汽车配件的制造过程为例，在设备上设置的防错装置主要有以下几种类型，如表 25 - 1 所示。

表 25 - 1 汽车配件制造过程中的防错装置类型

类型	说明	具体装置说明	
定性防错	通过图像识别技术，光电、限位、接近开关的逻辑控制技术等来完成防错	即时摄片比较	区分装配零件的方向是否正确
		传感器感应检测	传感器将感应到的信息反馈给下一工序，使下一工序可以调用对应的加工程序
		加工孔探测	攻丝后的工位对加工孔进行断刀检测及切屑冲洗
		硬探头	检测零件的型号，如用硬探头探测缸孔，区分不同容积的缸体
		夹具防错	控制装配零件在夹具上的摆放必须到位

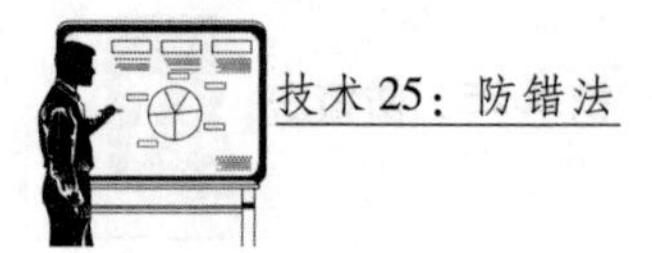

续表

类型	说明	具体装置说明	
定量防错	通过测量探头感应或经过气电转换的测量技术来达到防错的目的	红宝石探头探测数据反馈	通过红宝石探头探测已压装气门座圈的内径，区别零件的型号大小
		泄漏测试	发动机缸盖、缸体的油道以及水道的在线测试等，控制泄漏件流入下一道工序
		扭矩控制	对于螺栓固定的拧紧程度，可以通过扭矩枪来控制
		BTS刀具长度检测	防止错误长度的刀具安装在刀库中，防止加工过程中的断刀现象，减少加工首件或加工过程中的废品出现
		定位面气孔压力检测	确认工件正确到位
颤动功能防错	通过零颤动机的颤动判别技术，识别产品合格与否，来达到防错目的	判别零件的方向正确与否，只有零件处于正确的位置方向时，才能进入轨道，如缸体凸轮轴衬套的方向验证，防止衬套压反	

而物料防错装置主要有两大类：一是工件盛放器具的防错，如对加工成品的盛放，可以采用定置法来防错，防止因发生碰撞而受损；二是色标防错，如为区分不同区域的零件，可以对盛放器具进行色标防错。

而人工防错主要是从三个方面入手，具体如下：

（1）建立标准的操作SOS：如下线零产品、废料、零件等按照各类零件的处理规范，加贴不同颜色的识别标签等。

（2）安装防错：操作人员按照操作规范进行调整，如核对零件型号、长短等，预防出现由调整差错而造成产品不合格。

（3）工件目检、测量防错：操作人员按照检验频次目检、测量在制品缺陷，将不合格品加以剔除。

需要注意的是，所有防错装置的设计都应坚持以下工作规则（见表25－2），从而确保防错装置真正得到有效应用。

表25－2　防错装置的工作规则

防错思路	目标	方法	评价
削除	消除可能的失误	产品及制造过程的重设计，加入防错装置	最好
替代	更可靠的过程替代目的过程以降低失误	用机器人技术或自动化生产技术	较好

续表

防错思路	目标	方法	评价
简化	使作业更容易完成	合并生产步骤，实施改善	较好
检测	缺陷流入下工序前进行检测并剔除	用计算机软件在操作失误时予以警告	较好
减少	将失误影响降至最小	用保险丝进行过载保护	好

3. 实践指南

在精益化管理中最强调的一个事实就是：将错误扼杀在摇篮里，避免因错误而造成浪费。而防错装置是实现产品零缺陷、避免错误发生、保证产品质量的必需介质。下面假设两种情境，来说明如何进行防错装置设计，以利于生产精益化改善。

3.1 以接触法设计防错装置

根据检测装置是否与产品接触，可以发现产品形状、尺寸位置、装配是否异常，如有限位销、干涉装置、触发开关等装置都是用于防止漏加工和装配的错位或设备动作失控情况发生的。

图 25－2 所示为防止汽车左、右刹车钢丝夹装错的防错方法。

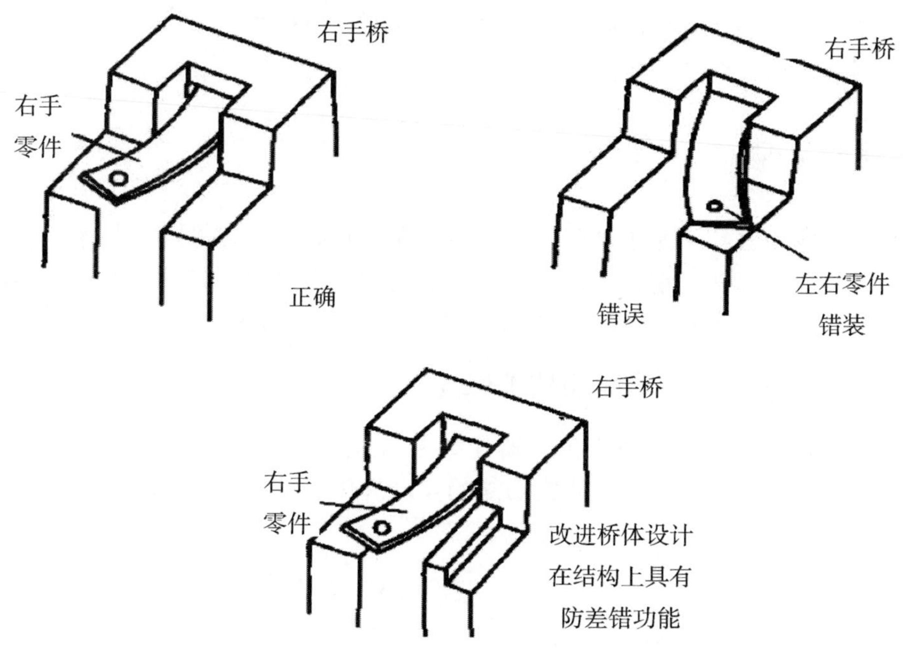

图 25－2　汽车左、右刹车钢丝夹防装错装置

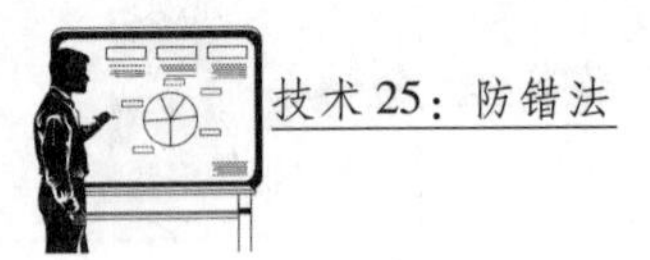

这种防错装置实际上是通过改进产品结构来实现的。

3.2 以定值法设计防错装置

定值法即设定某操作需要重复的次数或零件需要累计达到的数量时，检查所设定的次数或数量是否得到满足。图 25－3 的防错装置，其目的就是确保焊接工序将六个焊点全部完成。

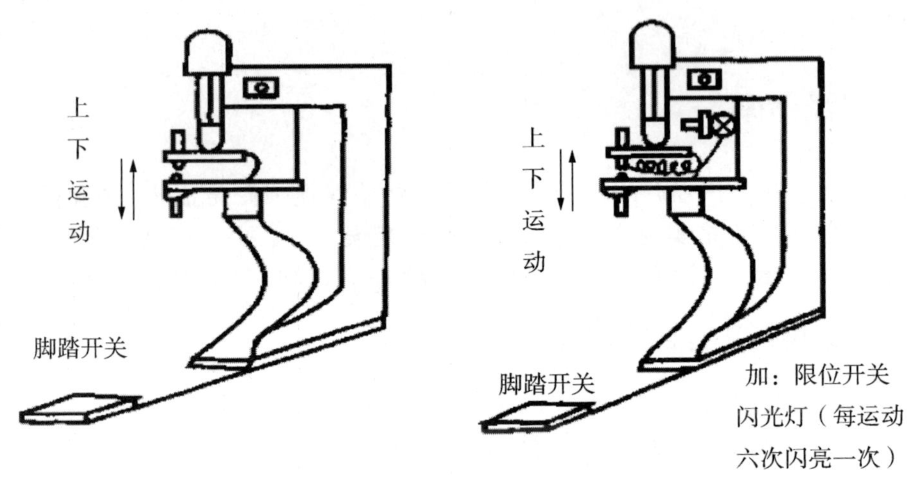

图 25－3　焊机运动次数控制

如图 25－3 所示，在电焊机上加上了限制开关，使焊头每上、下运功六次，闪光灯亮一下，表示六个焊点全部完成。

4. 思维拓展

可以说，防错法是一种建立在人类错误研究的基础上的一种改善技术，它所设计的系统让使用者不容易犯错误，而且非常易于使用。不过即便如此，这种简单的改善技术在实际应用时仍需多加注意，才能确保其达成理想的效果。

4.1 实现防错装置功能的技术保证

防错装置关键在于大量使用传感器代替人为控制。现在，随着科学技术的发展，创造的一系列的传感器，为防错装置功能的实现提供了技术保证。各类检测器具及其功能如表 25－3 所示。

表 25－3　各类检测器具及其功能

检测器具＼检测功能		压力	温度	电流	震动	循环	时间	定时	情报
温度计	温度表		○						
	热电偶		○						
	热敏电阻		○						
	恒温器		○						
计数器	计数器					○			
	预定计数器					○			
	步进继电器					○			
	纤维传感器					○			
时间表	时间调节器						○		
	延时继电器						○	○	
	定时单元							○	
	计时开关						○		
压力表	压力表	○							
	压力传感器开关	○							
电流表	带表继电器			○					
	电眼			○					
振动传感器					○				
信息措施	蜂鸣器								○
	灯								○
	闪光灯								○

此外，还有依据接触和非接触分类的检测器具。各类检测器具及其功能如表 25－4 所示。

表25－4　各类检测器具及其功能

检测器具 \ 检测功能			确定是否			确定位置	测量	重迭	形状	外物	损伤	色泽不全
			通过		断开							
			线	面								
接触方法	限止开关		○		○	○	○					
	触动开关		○		○	○	○					
	接触开关		○		○	○	○	○				
	差动变压器		○		○	○	○	○				
	三路千分尺						○					
	液位继电器					○						
非接触方法	光电开关	直射	○		○	○	○					
		反射	○		○	○	○	○			○	○
	射线传感器	直射	○		○	○	○					
		反射	○		○	○	○				○	○
	接近开关		○		○	○	○					
	纤维传感器		○		○	○	○	○				○
	面积传感器		○	○								
	位置传感器											
	尺寸传感器											
	位移传感器		○			○	○	○			○	○
	金属通道传感器		○	○						○		
	颜色记号传感器		○			○						
	丝扣传感器						○					
	射流传感器		○									
	振动传感器		○		○	○						
	双进传感器		○					○				
	焊接位置传感器					○	○		○			

就其结构和功能而言，防错装置有简单的，也有复杂的；有单独使用的，也有附属于机器设备工装中的，还有些防错功能就体现于产品的结构设计之中。企业可以根据具体需求和实际情况来进行防错装置设计。

4.2　对防错装置的必要验证与认证

在很多企业中，防错装置一经设计完成，便迅速投入使用。虽然其起到了一定的防错作用，但是，其功能准确率却并不理想。

其实，在防错装置设计完成后，还应对防错装置本身进行功能准确率的验证。只有通过 PPAP（生产件批准程序）方式验证后，方可将该防错装置正式投入使用。

同时，还要对整个防错系统加以认证，主要包括以下两项工作：

（1）确认防错系统运转正常。

在实际生产中，对防错装置必须进行定期的维护与认证。例如，在汽车缸体、缸盖出厂前需进行泄漏量检测，而对泄漏测试机则必须每天进行核定与认证；同样，生产线上的各种防错装置也需进行定期的维护认证，确保防错功能正确运作。

（2）确认人为因素处于受控状态。

对防错系统的认证过程，要确保以下三个方面都处于受控状态：一是认证检查记录必须存档，如有差错，必须采取必要的措施进行规范的修正；二是操作人员经过防错培训，并且培训内容记录已存档；三是确保认证流程处于受控状态。

在应用防错法的过程中，如果人们能够根据实际的生产状况，设计出最适宜的防错装置，同时确保防错系统的有效、正常运作，那么便可以真正起到防错的作用，大大减少失误浪费、保证产品质量，并确保生产运作的有效性。

第四部分

持续改善

精益化管理最核心的思想是精益思维，也就是一种持续改善、精益求精的思考力。无论人们掌握了或已经实施了哪些技术，都仅仅是一门技术而已，它们在实施后也不可能一成不变。所以，在精益化管理过程中，更为关键的是如何获得一种主动思考和改善的能力。本部分将从改善的角度提供五个小技术，以启发读者的改善思维。

提示：本部分管理内容、难点和策略

■ **持续改善的管理内容**

- □ 人员调配、统筹与优化
- □ 保证设备的高使用率与低损耗
- □ 及时发现浪费现象
- □ 尽快消除浪费点
- □ 坚持持续的问题改善

■ **日常管理与改善协调的困境**

- □ 经常出现缺位，人员调配难度大
- □ 设备磨损率大，操作人员责任缺失
- □ 不知道如何发现问题点
- □ 发现浪费但后期容易遗忘
- □ 改善活动浅尝辄止或缺少持续性

解决方案

对改善对象、改善方法进行管理，实现全面、持续的改善

管理思路	管理切入点	管理解决方案
培养多能工	□ 让培训机制科学化 □ 严格管控培养过程	□ 按工序合并、补位要求制订培养计划 □ 培养效果评估与多能工安排
＋ TPM	□ 培养全员维护的氛围 □ 健全员工责任意识 □ TPM实施过程控制	□ 宣传TPM的重要性 □ 保全职责的明确区分 □ 导入并推进TPM活动
＋ 大野耐一圈	□ 了解常见的浪费现象 □ 按操作原理查找浪费源	□ 定点核查现场浪费 □ 近距离探究浪费源
＋ 3U-MEMO法	□ 核查3U事件的发生率 □ 填写问题发生的实况 □ 标注临时性改善思路	□ 设计3U-MEMO表格 □ 关注优先关注点 □ 填写程序说明与后续管理
＋ PDCA循环	□ 理解和运用PDCA程序 □ 持续改善与效果固化	□ 逐步展开PDCA循环 □ 准确评估改善效果，持续进入下一循环

技术 26：培养多能工

有助于满足人员快速补位的要求，以及合并相关工序，缩短生产周期。

1. 技术定义

多能工就是一个操作人员能够负责两个以上的工序作业。精益生产要求操作人员一人负责多个制程，以适应生产量变动及少人化的需要。

培养多能工具有以下益处：

（1）从 IE（工业工程学）的角度看，企业运用多能工后可以取消传送带、合并工序，将生产线改为单元生产线模式，大大增加在标准作业时间内增值活动的比例。

（2）从员工的角度看，员工掌握了更多的劳动技能，其能力和价值在提高，经济收入也随之提高。

（3）从企业的角度看，既能够保持生产量，确保生产速度更适应客户的需求变化，又能使成品库存大大降低，员工数量减少而且稳定。

可以说，多能工的存在无论是对于整体，还是个体，都是非常有益的。也正是基于此，培养多能工才被作为企业精益化管理中的一项重要技术。

2. 标准应用

多能工的培养可以在企业的各个层次开展，如建立统一的多能工培养活动组、部门内部的多能工培养、班组内的多能工培养。

企业要发动各级员工积极开展多能工培养活动，使企业员工的整体素质得到提高；并且，在保持生产量的基础上，节省生产空间和劳动力，使工序的利用和平衡能力更高，最终达到提高生产效率的目的。

2.1 制订多能工培养计划

多能工培训的前提是“专”，即员工专于某一设备或工序的操作，达到专业水平。不然，盲目开展多技能培训，员工操作技能不扎实，生产隐患大，得不偿失。这里我们介绍多能工计划的制订与记录方法。

（1）调查在生产现场作业中被视为“必要的技术或技能”，列举并记录到多能化计划表上。

（2）把生产现场和操作人员姓名记录到横轴上。

（3）评价每个操作人员所具有的技术力或技能，并使用所规定的记号来记录。

（4）制定各操作人员未训练项目的培训计划，包括训练项目、训练时间及考核方式等。

（5）随着训练的进展而增加评价记号。

对于多能工培训计划的制订，应考虑以下方面，如表 26－1 所示。

表 26－1　多能工培训计划制订的三个方面

三个方面	具体说明
培训内容	视生产的需求而定。首先，保证各个工序都有相应的多能工，以保证任何突发情况都能有效应对；其次，尽量选择有能力同时掌握多项工种的员工进行培训，针对每个人的特长进行工种分配
培训时间	尽量使用正常工作时间进行培训，可由现场作业情况进行具体安排；随时对空闲员工进行穿插式培训，或者在每天每周的固定时间进行培训
培训考核方法	明确培训考核标准，确认培训效果。常见的培训方法有轮岗培训法、师带徒培训法、外部专家培训法等

2.2　多能工培养的过程推行

多能工培养是一个循序渐进、不断推行的过程，企业管理人员在此过程中要注意活动的持续性和长久性。

（1）建立多能工培养机制。

多能工培养需要健全的体制来保证。很多企业在多能工培养方面投入了大量资金，但效果却不容乐观，究其原因就在于企业的员工教育体制不完善。如果忽视人的作用，再好的设备也生产不出好的产品。

因此，企业要设立专门的人才育成小组，逐步培养出合格的多能工，以影响整个企业的员工；同时，保证多能工培养的长期性和制度化，使这一教育理念深入员工心中。

（2）多能工培养的现场实施。

多能工培养活动的执行最终要落实到员工身上，而很多企业现存的问题是实践性和可操作性不强，致使多能工培养效果不明显。所以，在做好培养规划后，企业必须开展必要的培养活动来保证人才育成的落实。

首先是通过初期教育活动，将已分解的操作要领告知操作人员，使之掌握基本的技术知识理论。

接下来，可以令该操作人员进入现场参观操作，使其加深对作业基准和作业顺序教育内容的理解。

在有其他多能工顶位时，可令受训员工进入工程中与操作人员一起进行实际操作，这样可以提高其作业的准确性和顺序标准化，同时也能使其更快地掌握正确的作业方法。

（3）多能工培养的评估与考核。

在多能工的学习过程中，培训人员要经常确认受训人员的作业方法与作业指导书的顺序方法一致，没有错误的作业动作，如发现，需及时予以纠正；检查成品是否满足品质、规格要求，有无作业不良造成的不良品。

当确认受训员工掌握了正确的作业方法，具备了正常作业流水线的速度，并达到此工序的作业基准，完全具备该工作的作业能力时，即可安排其进行单独作业，使其进一步熟练并达到一定程度的作业稳定性。

2.3　选择适宜的培养方法

生产单元的改革改变了生产中人机之间的关系，设备安排的变化，也表明操作人员需要学习不同设备的操作，以适应单元生产的作业流程。

（1）尝试操作不同的设备。

在批量生产中，同种加工设备放置在同一个地方，但当这些设备在单元生产中按照单元布局被重新安排时，设备可能成为不同生产单元中的一部分。

这时，就需要操作人员在生产流程中使用各种不同的设备，以消除这些人力、设备的浪费。在单元生产布局中，可以通过选用简单的自动化设备，使一名操作人员可以管理生产流程中的一系列的设备。例如，操作人员可以在向设备 A 投放材料的同时，完成设备 B 上的另一项操作。

（2）交叉培训。

按照生产单元的大小、设备的工作周期、产品系列的不同，一个生产单元可以由一个人或几个人共同管理。为了使操作人员能够快速地适应灵活的单元生产模式，可以通过交叉培训提高员工的适应能力。

如果一个操作人员在若干设备上得到培训，当生产单元发生变化时，操作人员就会有应对这种变化的能力——及时改变工作位置和工作模式。这样的可变性使得员工对他的团队以及企业更加有价值。

交叉培训是作业人员建立从事不同工种的信心的源泉。管理人员可以将培训成果通过目视图表公开，以识别和鼓舞员工掌握更多的技能，如表 26 -2 所示。

表 26 -2　交叉培训表

A 制程	车工	按钻机	焊接工	训练证书级别
孙志清	⊕	⊕	⊕	助理作业 / 训练师 / 独立作业 / 设置/换线
高丽	⊕	⊕	⊕	
罗海璐	⊕	⊕	⊕	
李敏	⊕	⊕	⊕	
袁海科	⊕	⊕	⊕	

在丰田生产方式下，多能工的培养方法被称为“工作岗位轮换制”。在丰田，多能工培养的具体方法如下：

①定期调动：指以若干年为周期的工作场所（主要指班、工段或部门）的变动，以及随之发生的工作内容、所属关系、人事关系等方面的变化。

②班内定期轮换：在班内的工序中进行变动。

③工位定期轮换：以 2～4h 为单位，有计划地进行作业交替。

④一天班长：轮流当班长，使每个人熟悉各个工种及其操作，并增强责任心。

此外，还可以为员工进行职业生涯设计，从而使员工乐于学习更多技能。并且对员工职业生涯的帮助也可以满足其成就感，有助于提高其工作的积极性。在实际操作中，管理人员要通过仔细观察和分析每一位员工的性格特征和技能水平，做到人尽其用，这样对员工个人的成长和企业的发展都是有好处的，是一个双赢的结果。

3. 实践指南

为提高员工工作技能，同时在个别岗位人员短缺时能及时补充人员，以保证生产正常运行，保证产品质量符合要求，绝大多数企业更乐于通过选择培养多能工这种管理方式来达成目标。培养多能工的关键在于管理方案的有效制定和严格执行。下面是某企业的多能工岗位技能培训方案。

3.1 设定培训目标

本年度的多能工培训与认证工作，预计在 2011 年 5 月底完成。首先，在各车间选取 30% 的优秀操作人员作为多能工培养对象进行培训。培训流程成熟后，每年参训人数以 4% 的比例递增，以多能工占生产人员总人数的 70% 为培训目标。

3.2 明确培训内容

培训内容主要为各岗位的作业指导书、设备操作规程（含安全操作规程）以及实践操作要领。

3.3 界定培训职责

培训负责部门、人员以及其负责的培训项目如下：

（1）综合部人力资源室负责制定多能工岗位技能培训方案，监督并配合各车间实施多能工培训工作。

（2）各车间负责确定本车间的多能工人选，根据多能工培训方案组织培训。

（3）技术部、参训人员所在车间共同确定培训讲师人选。培训讲师负责编写课件，按照培训计划组织授课，并编写所培训工种的技能考试卷。技术部负责对讲师的课件及考试卷进行审核。

（4）培训考核中的理论考核由所在车间及人力资源部共同进行，实践考核及多能工资格认证由多能工考核认证小组组织进行。

（5）参训人员所在车间负责配合组织培训及技能等级的认定工作。

3.4　安排培训时间

多能工培训工作从 2010 年 2 月开始，具体时间安排如下：

（1）培训计划编制及准备阶段。

2011 年 2 月 5 日，下发多能工培训工作方案，各车间对方案中的时间安排进行核定，同时编制本车间的具体培训计划。

2011 年 2 月 7 日，各车间上报多能工人员名单，确定本次培训人选。

2011 年 2 月 11 日，各车间将核定后的多能工培训计划上报人力资源部。

2011 年 2 月 13 日，人力资源部修订多能工培训计划。

2011 年 2 月 15 日前，召开多能工培训工作动员会，同时组建多能工考核认证小组。

（2）培训阶段。

2011 年 2 月 18 日启动多能工培训程序，4 月 17 日前完成第一阶段培训。

（3）考核认证阶段。

多能工考核认证与培训同时进行，培训结束后的 2 周内组织最终考核。

2011 年 4 月 31 日前，完成多能工培训的考核工作；5 月 15 日前，完成等级认证工作。

附：

表 26－3　多能工考核与认证标准

综合分数	认证结果
70 分以下（含 70 分）	认证不合格，不能担任多能工
71～80 分	C 级多能工，技能水平：熟练
81～90 分	B 级多能工，技能水平：非常熟练
91 分以上	A 级多能工，技能水平：精通
综合分数由理论考试、实践操作考试两部分组成，各部分所占比例为理论考试 30%，实践操作考试 70%	

（4）编制矩阵式顶岗计划。

多能工考核认证后，发放统一的资格认定证书。人力资源部于 5 月 20 日前，根据认证结果编制完成矩阵式顶岗计划。对认证为多能工的员工，根据等级每月给予对应的薪资补贴。

4. 思维拓展

培训多能工是现场管理的重要组成部分，企业只有懂得培养多能工，才能造就活用人才、储备人才、激发员工作热情和积极向上努力学习作业技能的良好工作气氛，这是企业兴旺发达的基础。为了更好地做好多能工培养工作，下面介绍多能工培养的注意要点，以及如何分配和使用多能工才能使之切实发挥作用。

4.1 培养多能工的注意要点

单工序操作与多工序操作的区别和特点如表26－4所示。

表26－4 单工序操作与多工序操作的区别和特点

名称	单工序操作	多工序操作
适合	大批量生产	多品种小批量生产
特点	一人一岗、专业操作	一人多岗、多技能操作
	人员作业适应性差	人员作业适应性强
	生产及人员难调整	生产及人员易调整
	操作人员易失去积极性	能发挥团队效应
	有时能达到省人化目的	能达到省人化目的

培养多能工要注意以下几个方面的要点，如表26－5所示。

表26－5 多能工培养要点

培养项目	说明
作业简单	使工序操作简单易掌握，包括更换和调整
适当指导	重点培养作业顺序和内容，简单易懂的作业标准书
标准作业	每个人都要具备多个岗位的标准作业操作技能
整体推广	培养多能工竞争意识，通过树立榜样和表彰先进提高员工积极性
制订计划	制订多能工培养计划，及早进行工序训练
改善设备	使设备更易操作和达到离人化，更少人工操作
保证安全	减少必要关注，不会因操作人员疏忽而造成伤害

需要注意的是，并不是向每个多能工分配尽可能多的工序，就一定能提高生产线效率，而应该通过有计划的分配，来提高整个生产线的利用率。

4.2 多能工的有效安排

由于多能工具有“一专多能、多专多能”的特性，因而企业可以在运营管理的多个方面合理而灵活地安排多能工，使之真正发挥价值。

（1）灵活安排生产作业。

多能工可以让生产作业安排得更灵活。当其他员工缺席时，拥有同岗位技能的多能工可以迅速补位；当企业订单突然加大，某些工序人手不足时，可以让多能工来缓

解人手不足的局面，保证生产的顺利进行。

（2）储备综合型管理人才。

多能工掌握的技能多，可以胜任的岗位多，熟悉生产现场情况，可将其作为储备人才来培养，晋升为组长、班长及中层管理人员，加强基层管理力量。这种内部选拔管理人员的方式，可以降低企业对外招聘管理人员的风险。

（3）实施单件流生产。

多能工可以使精益生产中的单件流生产得到实现，大大节省了人力资源的耗用量。以下图为例，多能工跟随物料一起移动，进行全流程作业，实现了 U 字形生产线中一人巡回生产。

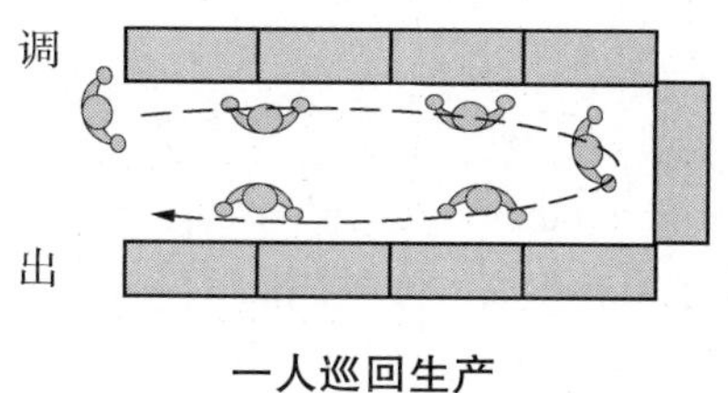

一人巡回生产

通过对多能工的培训，不仅能够实现作业人员的多能化，提高生产柔性，还能增加企业生产管理的人性化，避免了员工工作的疲劳和枯燥情绪，使员工在参与其他工序的过程中开阔视野。而培训后对多能工的有效安排，也将进一步强化多能工培养的效果。

技术27：全员生产保全

> 保证生产设备完好并随时可用，大大减少设备维护成本。

1. 技术定义

TPM（Total Productive Maintenance，全员生产保全）是以生产现场的全体操作人员为主体，对设备进行日常的维护和保养。TPM推行的重点就在“生产维修”及“全员参与”上。

通过建立一个全系统员工参与的生产维修活动，可以发挥以下作用：

（1）减少设备故障和设备磨损，减少设备问题带来的停工。

（2）提高设备寿命周期费用评价，控制设备使用成本。

（3）提高设备综合效率，使设备性能达到最优。

（4）使操作人员逐渐熟悉设备的性能，继而提高生产效率。

实践证明，实施TPM可以将设备的总效率提升50%～90%。对于以设备为主的企业来说，TPM将成为其必选的精益化管理技术。

为保障生产作业的顺利进行，实现TPM管理目标，企业管理人员应力主推进TPM自主管理，并建立健全自主管理体系。

2. 标准应用

TPM主要是指保全部门对设备的专业保全以及其他人员（特别是操作人员）对设备的自主保全。其中，自主保全被视为TPM管理中的重点。下面也将重点阐述自主保全的实施方法。自主保全的重点内容如表27－1所示。

表27－1　自主保全的重点内容

重点	含义
整理、整顿	7S活动的保持和延续
基本准备工作	设备正常运行的基本条件
可视化管理	使得对设备的管理更容易掌控
设备点检	对设备的基本情况进行检查
修理	主要指操作人员可以自主完成的小维修

自主保全要求操作人员自主地对生产实施进行全面的管理、维护和保养，实现企业全员参与设备维护。推行自主保全时，要遵循以下步骤：

2.1 划分保养活动的类别

为了达成保养目标，可以将保养活动分为以下两类：

（1）维持活动。主要针对故障的防止及故障后的机能恢复，可分为正常稼动和预防保养。

（2）改善活动。主要目标是延长设备寿命，缩短保养时间，甚至能达到免保养的程度。可分为改良保养（信赖性及预防保养性的改善）和保养预防（免保养的设计）。

只有两项活动齐头并进时，设备综合效率才能达到最高。在维持活动方面，主要以防止、测定、回复设备劣化为 TPM 活动的三要素，其中，劣化的防止活动较多，是保养过程中最基本的活动。

2.2 界定操作部门与保全部门的活动

在自主保养实施初期，如果没有明确区分操作部门及保全部门的工作范围，就很容易引发作业困扰：操作人员只负责设备保养的一些基本工作，实施自主保全活动后，保全部门还是坚持自己的工作职责。

在保养活动中，操作部门及保全部门的工作划分如图 27－1 所示。

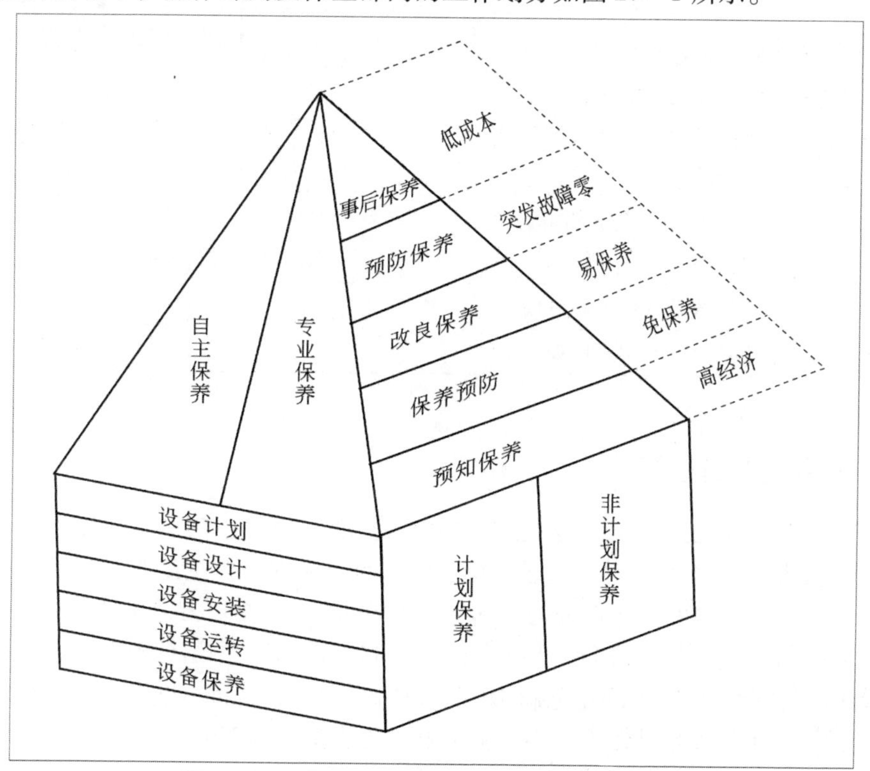

图 27－1　操作部门与保全部门的保养活动划分

两个部门所进行的保养活动具有以下差别：

（1）操作部门的保养活动一般偏重于设备劣化的防止，其次才是设备劣化的测定及恢复活动。

（2）保全部门的活动覆盖了整个保养活动过程，主要以劣化的测定及回复活动为主要重点。其中，定期保养、预知保养及改良保养等活动多涉及高度的技术要求，原本就在保全部门的职责范畴之内。此外，为操作部门的自主保养活动提供指导援助，也是保全部门的重点工作之一。

操作部门及保全部门的保养操作存在很大不同，下面将其加以细化归纳，如表 27－2所示。

表 27－2　两类部门的保养操作

项目	操作部门的保养活动	保全部门的保养活动
劣化的防止活动	正确的操作方法	点检的指导及日常点检的要求
	基本条件的整备	制定点检基准
	调整（主要是变换工程之调整）	制定给油基准，并告知油品颜色的变化状况
	故障及其他异常状况的记录	要求作业部门点检及给油，应朝简易化改善
	与保全部门共同商讨改善的对策	反省作业方式
劣化的测定活动	异常点检	保养技术的研究开发及保养标准的设定
	部分定期点检（靠感官来判定）	保养实绩的记录及保养效果的评价
	小整备（应急的处置）	协助设备设计部门开展工作
劣化的回复活动	遇到故障及其异常状况时，能正确且迅速地与保全部门联络	及时接受设备使用部分的援助请求，及时处理突发故障
	突发故障修理上的援助	实施设备定期保养
	小停止的改善及修理	

2.3　建立推进组织

在自主保全体制建立初期，要建立体制推进组织，设立专门负责人员，以便于监督和引导，加快自主保全活动的完善。图 27－2 是自主保全推进组织的基本结构。

在图 27－2 中，TOP 是企业的高层领导组成的社会 PM 委员会，通过来自社会的一些主流信息和方针，设定自主保全的大方向；MIDDLE 是企业的中层管理人员，也就是部门经理或者科室主管等，由他们组成部门级别的 PM 委员会，根据企业的总目标制定部门或者科室的目标；第一线是具体生产现场的人员，是直接接触设备的工作人员（如设备操作员），由其根据部门的目标细化本身的目标，进行自主保全的实际操作活动。

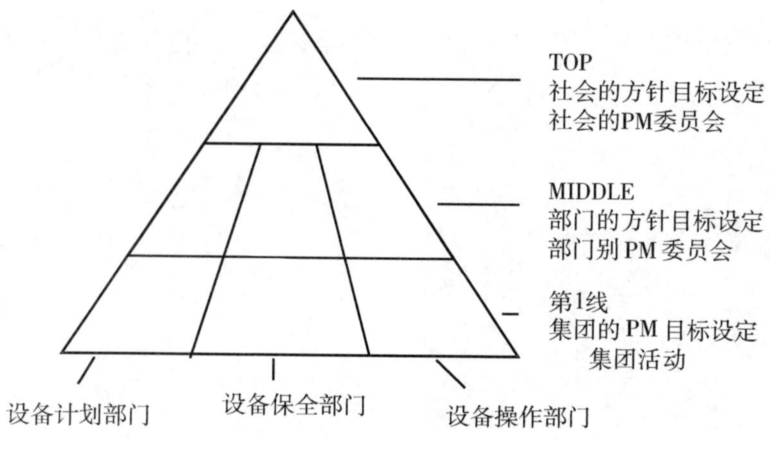

图 27－2　自主保全推进组织结构

2.4　自主保全的实施

在实施自主保全时，要遵循一定程序，然后循序渐进地推行。下面，我们依次来介绍各个步骤的具体操作。

（1）初期清扫。

这是自主保全的第一步，也是最基本的工作，其目的是培养设备操作员发现问题和解决问题的能力。设备操作员通过清扫设备，来熟悉设备的结构、运行机理和性能等基本信息，为日后很好地使用设备打下基础。初期清扫的主要任务，如表 27－3 所示。

表 27－3　初期清扫的主要任务

序号	清扫任务
1	设备操作员亲自动手
2	管理部门要将清扫归为日常工作的一部分，必要时可以进行考核
3	清扫前，要准备好相关的用具
4	对设备的清扫包括清扫附带设备，如电源线、连接线，保证设备性能的良好
5	对设备内部进行清扫时，要尽可能将设备予以拆分，以便更好地清扫
6	要保证清扫的持久性

在进行此项任务前，首先要建立基本的操作体制，如设计 TPM 专用看板、培训操作人员、制定问题清单、制定清扫责任制度等，来确保初期清扫的有效开展。图 27－3 为操作人员手动清扫的现场操作图。

图27－3　手动清扫

（2）处理重点部位。

容易发生事故的部位或在设备维护中容易疏忽的部位往往是设备的重点部位。做好重点部位的处理，往往使设备维护事半功倍，而且通过对重点部位的处理，也会使操作人员更加熟悉自己所操作的设备。在图27－4中，生产现场操作人员正在针对重点部位进行彻底清理。

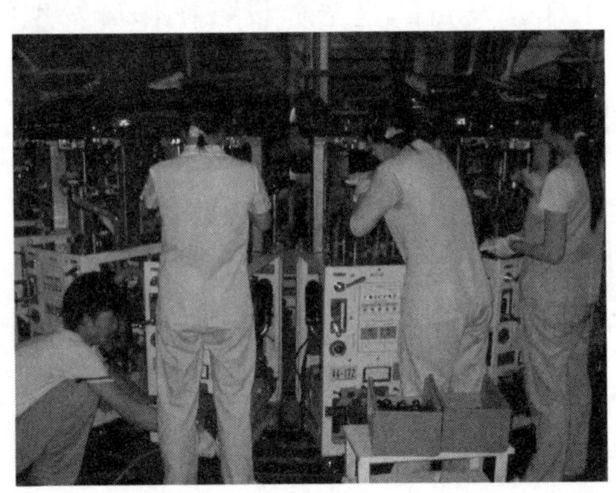

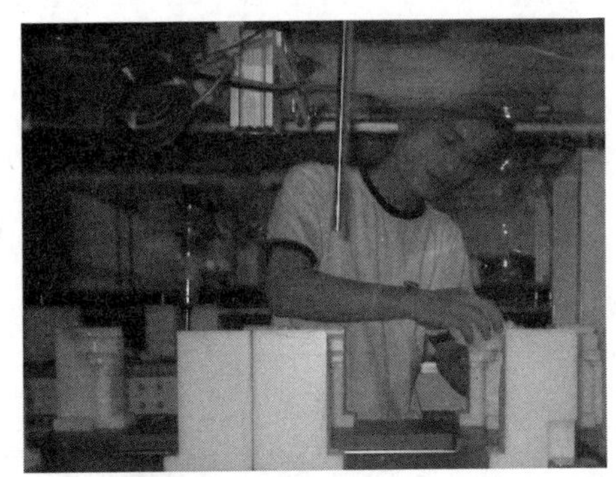

图27－4　重点部位的彻底清理

此项操作的重点如下：

①将关键设备进行隔离维护。

②将废弃设备进行改造。

③使用Know－how（探究源头）提问，彻底清除设备问题。

④彻底清理污染源。

（3）编制自主保全基准。

为设备的保全活动编制标准化文件，这样不仅可以巩固前期的工作成果，还可以为持续改善打下基础。表27－4为自主保全点检和修理作业的安全基准。

表27－4　保全点检和修理作业的安全基准

区分	作业基准	重点、补充
目的	防止点检、维修作业出现挤压、割伤、刺伤、触电、坠落等	
定义	（1）点检作业是指按标准对设备状态进行定期、临时性检查 （2）维修作业是指对设备故障、缺陷进行排除的作业	
保全点检和修理时应遵守的事项	进行保全点检和修理时要遵循一定规则 （1）作业时，选定作业指挥人员 （2）作业指挥人员要遵照指挥责任者的责任进行指挥 ①作业指挥员要处在便于观察整体及随时可以取得联系的位置 ②抢修作业指挥人员的左手臂须佩戴红色“指挥者”袖套 ③作业指挥人员负责确认高危作业申请单的办理 （3）保全人员要遵守以下的事项 ①服从作业指挥人员的指挥，而且与共同操作人员相互确认安全 ②作业前的会议中，如有不明之处，一定要请教明白 ③进行自我危险预知（KY）分析，与指挥人员一起讨论危险因素 ④正确使用保护用具、工具 ⑤作业之中感到“危险”时，应马上停止作业，并报告指挥人员，等待指示 ⑥切断电源时，指挥人员要拔下钥匙，亲自保管。贴上安全牌，所有作业人员要把安全牌挂在其牌周边部位 ⑦安全牌的取下，由挂上去的人负责。其他的作业人员不能擅自取下安全牌 （4）保全人员离开作业点或移动作业场所时，一定要向指挥人员或班长报告去向 （5）进行抢修作业时要在现场划定警示区域，以防无关人员进入 （6）切断动力源时，要确认排空残压的阀门关闭后才开始作业 （7）作业结束后，按指挥人员的指示确认是否有工具、部品和其他剩余的物品、安全栅栏的复位等，把作业周边的环境整理后，接收制造现场人员的确认	作业指示书的确认 作业开始前的KY/变更点的KY；按公司《劳动防护用品选用标准》使用保全保护用具 参考安全牌使用基准 废弃抹布要扔到指定的垃圾桶中

对于同一型号和类型的设备，只需编制一份制定保全基准即可。图27－5是某设备的自主保全基准。

日 常 点 检 表

日常点检表 （反射镜 注塑）

保养项目：清洁主轴伺服及其他附件

保养周期：每周一次

保养内容：打开机床侧盖，清洁主轴的伺服电机、皮带、皮带轮等上的铝屑杂物，仔细听主轴电机是否有异响

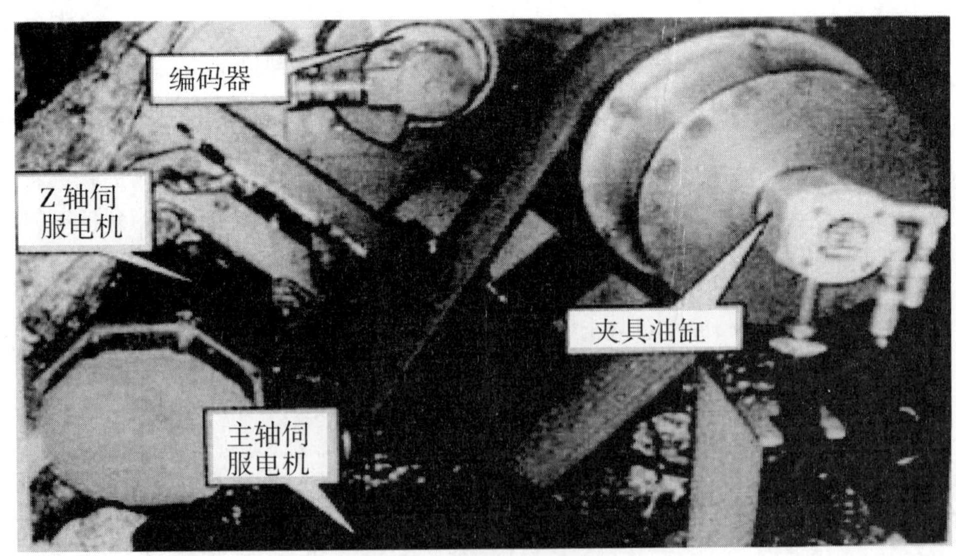

图 27－5　某设备的自主保全标准

（4）总点检。

总点检操作可以有效度量设备的劣化，具体操作如下：

①组长接受点检程序的培训，培训教材是维修主管编制的总点检手册。

②组长再把点检知识传达给小组成员。

③小组成员针对总点检中发现的问题，制定技术对策。

④在维修技术人员的援助下，由小组成员执行点检对策，改善劣化部位。

一般而言，自主保全的前三个步骤是恢复设备的基本状况，一般不会产生明显的成效。通过总点检，设备管理通常会有很大改观，例如，故障大大减少，设备综合效率大幅度提高。如果总点检操作结束后没有明显的改善，则说明在前三个阶段中没有使操作人员掌握好相关的技能。因而可以说，员工技能的训练是总点检过程中的关键点。

（5）自主点检。

到了自主点检阶段后，操作员可以依照检查标准来评价维修活动与设定的目标和结构的差别，并采取措施减小差别。表 27－5 是设备自主点检表。

表 27－5　设备自主点检表

部门：　　　　工序：　　　　设备编号：　　　　操作人员：

内容	1	2	3	4	5
传动系统无异常					
各手柄可以灵活使用，定位稳固					
设备刹车性能是否可靠					
设备油量充足					
光杆、丝杆无拉伤等损坏					
各轨道面无损坏					
零部件完整可用					
发现问题描述：	备注：				

当操作人员彻底掌握了总体点检的操作步骤后，各部门还要进行以下操作：

（1）维修部门要制定年维修计划时间表，编制维修标准。

（2）车间小组应将自己编制的点检标准与维修部门编制的点检标准进行对比，改正失误，补充不足，消除重叠。

（3）明确定义车间小组与维修人员各自的点检责任，在不同范围内，通过合理分工来完成全部点检工作。

自主管理就是要让操作人员自己管理自己的工作。在车间生产管理人员的领导下，通过上述自主管理流程，使员工自主管理更自觉、更有效。

自主管理阶段需要经过一个漫长的过程，需要操作员在具有基本自主意识的情况下，在实践中不断地进行改进、完善，最终才能实现对工作的自主监督。

2.5 专业保全的实施

专业保全是相对于自主保全而言的，指由企业设备管理部门对设备进行的专业维护。专业保全的目的主要有两方面：一是有助于提升设备运行的稳定性，二是在设备出现问题时可以快速有效地解决。

为有效地支援和配合自主保全活动，降低设备发生故障的概率，需建立专业保全体制。它是为了指导专业保全、提高设备运行稳定性的一系列体制，包括设备的保全标准和方法、建立保全记录和档案、编制保全计划、对专业保全的评价等。

建立专业保全机制的要点有以下几个：

（1）培训操作人员，使其掌握全面的基本技能：主要有发现问题的能力和配合专业人员解决问题的能力。

（2）专业保全人员应对问题的能力：包括遇到问题可以及时进行应对，专业人员的技能水平要确保有问题就可以解决。

（3）保全机制的不断完善：通过实践不断对机制进行评价和修正，使得机制更加适合作业的开展。

保全和生产的关系极为密切，二者相辅相成、缺一不可，所以操作人员和专业保全人员必须相互配合，才能更好地实现生产。生产部门在日常生产中要合理使用设备，尽量避免设备故障；而专业保全部门就要对设备进行有计划的保养和应急维护。总之，只有全员参与，才能保障保全活动的顺利开展。

3. 实践指南

TPM 主要通过企业各级和各部门员工对设备的有效管理，挑战故障为零、浪费为零、不良为零的高效生产。它的操作难度不大，又易于获得理想的效果，使得很多企业在精益化管理过程中非常乐于引进这一管理技术。下面以实例来说明 TPM 在企业中的应用以及所取得的成效。

3.1 背景分析

某企业是一家处于快速成长期的大型企业，为达到世界级一流水平，满足 100% 交

付能力，该企业决定先行夯实基础管理工作，大力开展 TPM 管理。

该公司的生产特点如下：

（1）所有设备在 24 小时满负荷运转，70% 的设备已运行了 15 年时间。

（2）工人的薪酬采用计件考核，极容易产生抢产拼设备。

（3）机械制造业基础比较落后，员工的技术水平较低。

（4）目前的生产特点是靠大量的人员，不是全自动设备。

与此同时，该企业的两大生产需求也非常突出：一是要适应“经济规模”的生产要求，安全、经济地保证设备正常运行，以满足 100% 交付能力；二是必须在生产的各个环节做到人人、事事、处处、时时、件件规范，从而确保产品质量达标。

但很明显，现状和需求之间随时可能出现不协调的情况。因此，在不增加成本的前提下，引入 TPM 法，充分利用现有设备潜力，对于该企业而言就显得尤为必要。

3.2 TPM 导入

为保证 TPM 管理的顺利进行，该公司专门成立了 TPM 推进小组，并设定机加工车间和设备维修车间为样板车间。图 27－6 是该公司当时为宣传 TPM 而布置的宣传栏。

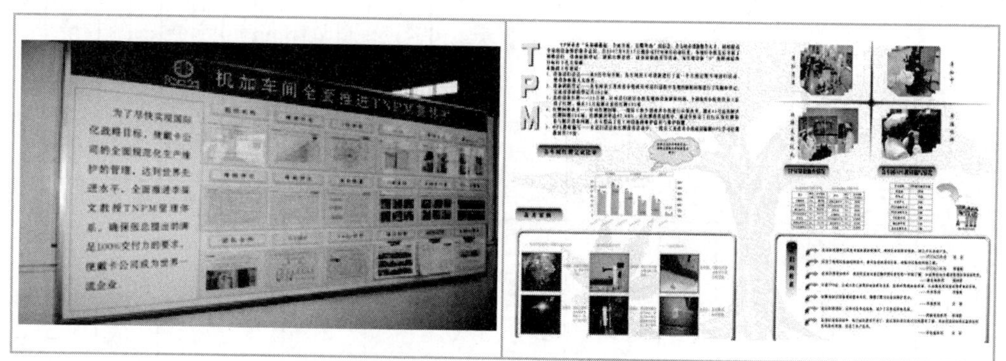

图 27－6 TPM 推行宣传栏

3.3 车间内部操作

为了更便于车间操作人员和维修人员的实际操作，TPM 推进小组特为两车间分别编制了设备点检指导书、设备定期检查、设备维修说明等文件。

表 27－6 为机加工车间的日常点检指导书。

设备日常点检标准作业指导书

表一）　设备名称、型号：普通车床CA6140　所属管理单位：柳州职业技术学院　代码：DJ001-01

标记符号：点检状态：○运行中 ■开机前　点检周期：S班 D天 W周 M月 Y年　编制：设备科

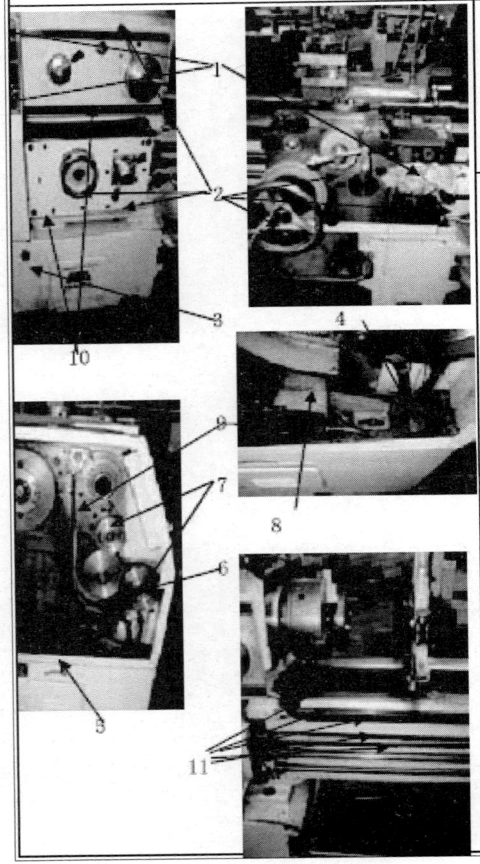

点检部位简图	点检位置	部件	图号	点检内容	点检方法	要求规格（标准值）	点检周期		点检状态	
							操作者	维护者	操作者	维护者
	电器开关、操作机构	电源总开关、按钮开关、开关锁、急停开关	1	外观	目视	无破损、固定无松动	1S		■	
				动作	手拭		1S		■	
		手柄、操作杆、手轮	2	外观	目视	无变形、无破损、无缺件、无松动	1S		■	
				动作	手拭	动作灵活、定位可靠、功能正常	1S		■	
	主传动、润滑机构	主油箱	3	油标视	目视	无破损、无漏油、视窗清晰	1S		■	
				油位	目视	在视窗范围内	1S		■	
			4	加油	油壶	缺油时添加46#机油			■	
		主电机	5	异响	耳听	无异常响声	1S		○	
				异味	嗅觉	无异常臭味	1S		○	
				振动	目视	无异常抖动	1M		○	
				温度	手拭	室温+40度	1M		○	
				外观	目视	无破损、固定螺栓无松动	1M		■	
				配线	目视	无松动，无裸线	1M		■	
		传动皮带	6	外观	目视	无异损、无开裂、无抽丝	1W		■	
				张力	目视/耳听	松紧度合适、无打滑、无异响	1W		■	
		传动齿轮	7	外观	目视	无异损、无缺块、无松动	1W		■	
				异响	耳听	运行无异响	1W		○	
		油泵	8	外观	目视	无漏油、固定无松动	1W		■	
				油压	目视	目视床头箱油窗有油流动	1S		○	
		油管	9	外观	目视	无异损、无松动、无漏油	1W		■	
		床头箱及进给箱	10	运行	耳听	无异常响声	1S		○	
		导轨、丝杆光杆、齿条	11	外观	目视	无研伤、无拉伤、无变形、无扭曲	1S		■	
				润滑	油壶/抹布	每班擦拭干净用机油涂抹1次	1S		■	

图 27－7 为设备维修车间的保全标准。

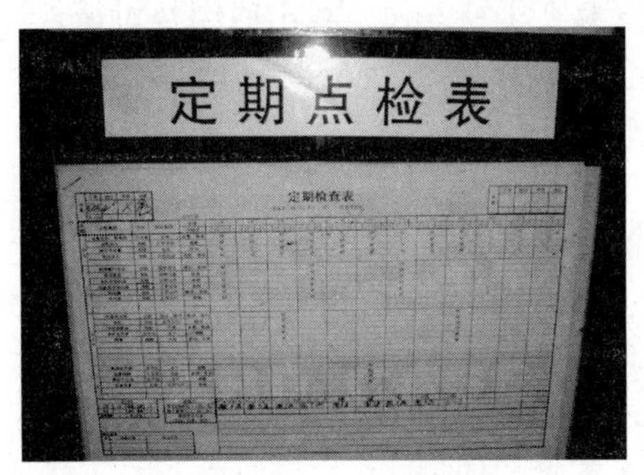

（a）定期保全基准明示表

保养项目：清洁主轴伺服及其他附件
保养周期：每周一次
保养内容：打开机床侧盖、清洁主轴的伺服电机、皮带、皮带轮等上的铝屑杂物，仔细听主轴电机是否有异响

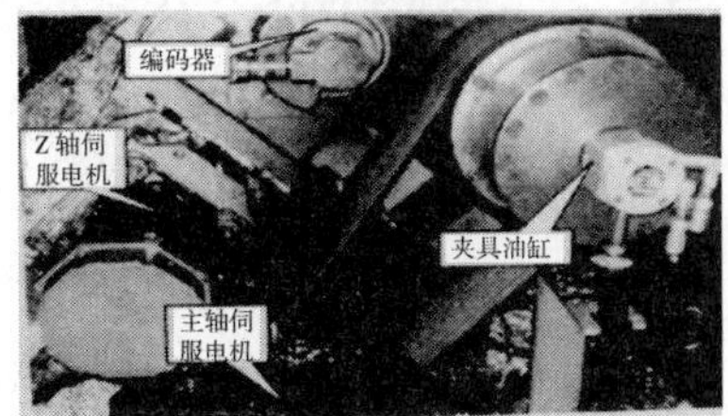

(b) 设备点检标准

图 27－7　设备维修车间的两份保全标准

TPM 推进在推进小组的助力下，在两车间人员的热情参与下，就此启动。

3.4　TPM 推进

该计划在两车间的实施非常成功。随后，推进小组决定迅速将这一技术正式推广至全公司。在推进小组的指导下，各部门纷纷制订推进计划，对员工进行培训，积极主动地开展 5S、清除浪费源和定置化工作。

截止到 TPM 正式推行后的第七个月，累计自查、联查整改项目共计 194 项，整改合格率达 92%，生产现场和办公环境的情况得到明显改善。

在这 6 个月里，该公司生产的产品总量达 300 万件，设备总效率为 87.22%，设备可利用率为 98.31%，企业生产效率得到了极大的提高。

4. 思维拓展

通过开展全员参与的自主保全活动，可以使设备资源得到有效合理的管理，使员工熟知设备管理技术，在很大程度上保障了企业生产作业的正常进行，同时会大大降低了企业设备管理成本。为了更好地实现 TPM，就需要了解 TPM 的三组关键词——“三位一体”“五层防护线”与“八定”。

4.1　TPM 的“三位一体”

所谓“三位一体”，是指岗位操作人员的日常点检、专业点检人员的定期点检、专业技术人员的精密点检三者结合起来的点检制度。

4.2　TPM 的“五层防护线”

第一层防护线：由岗位操作人员负责的日常点检。

第二层防护线：由专业点检人员负责的定期点检。

第三层防护线：由专业技术人员负责的精密点检。

第四层防护线：对出现问题进一步通过技术诊断等方式，找出原因及对策。

第五层防护线：每隔半年或一年进行的精密检测。

4.3 TPM推行的“八定”原则

（1）定人：确定操作人员中兼职和专职的点检人员。

（2）定点：明确设备故障点，明确需要点检的部位、项目和具体内容。

（3）定量：对劣化倾向的设备进行定量化检测。

（4）定周期：为不同设备及故障点设定不同的点检周期。

（5）定标准：明确给出每个点检部位是否正常的依据。

（6）定计划：制定作业卡，指导点检人员沿规定的路线进行作业。

（7）定记录：设计固定的记录格式。

（8）定流程：制定标准的点检作业和点检结果的处理程序。

4.4 成功推行TPM的六大要素

成功推行TPM必须要在六大要素上下功夫，这六大要素如下：

（1）取得高层领导的支持。任命一位TPM宣传员，由其负责向公司全体员工培训TPM知识，并使员工了解到“企业将全力推行TPM，员工应参与其中”。

（2）改进精神面貌。建立一支专业的设备管理队伍，团队成员由那些对问题部位有直接影响的人员（包括操作人员、维修人员、值班主管、调度员乃至高层管理员）组成，这支队伍必须具有较好的精神面貌，共同促进，共同提高。

（3）提高工作技能。不管是操作人员，还是设备维修人员，都要努力提高工作技能，没有好的工作技能，全员参与将是一句空话。管理人员可以鼓励员工从简单问题开始，保存其工作过程的详细记录，并针对性地改善问题，提高专业技能水平。

（4）改善操作环境。通过5S活动，确保操作环境良好，具有三个益处：一是可以提高员工的工作兴趣及效率；二是可以避免一些不必要的设备事故；三是现场整洁，物料、工具等分门别类摆放，可缩短设备调整时间。

（5）企业高层必须明确授权给员工可以自主进行设备维护，否则会导致员工做事缩手缩脚，不愿意承担责任，TPM形同虚设。

（6）做好打持久战的心理准备。TPM自身有一个发展过程，贯彻TPM需要约一年甚至更多的时间，公司管理人员和基层员工都需要做好心理准备。

技术 28：大野耐一圈

站在圈里发现现场浪费，为企业的日常改进提供一种有效方式。

1. 技术定义

大野耐一是丰田汽车公司前社长、丰田生产方式创始人。为了解决日本汽车业“二战”后的低迷状况，大野耐一做了大量的实际调查研究，提出日本汽车业三年赶上美国的口号，他强调实现这一蓝图的途径只有一个，那就是消除浪费、降低成本。

为了使公司各级员工全部参与到消除浪费的活动中，大野耐一创造性地拿粉笔在地上画了个圆圈，然后让管理人员站在其中，训练他们识别某个工作区域所存在的浪费，并逐渐全面推广。这就是后来被人们熟知的“大野耐一圈”。大野耐一圈示意图如下图所示。

大野耐一圈示意图

员工长期进行大野耐一圈的练习会增强问题意识和提高发现问题的能力，对生产现场的高效作业起到良好的促进作用。其关键作用有以下两点：

（1）提升员工素养。员工通过不断的练习，不断地发现并试图解决浪费现象，本身就是对员工发现问题、解决问题意识的一个培养，这将有助于员工养成良好的工作素养。

（2）优化现场工序。活动的开展将使得整个生产工序不断地暴露出浪费问题，通过解决这些问题将使工序合理、紧凑，将大大优化现场作业，提高生产效率。

2. 标准应用

“站在圈内仔细观察”是培训员工识别浪费非常有效的技术，也为时间有限的生产主管提供了了解现场的机会。当人们花上一段时间站在现场的大野耐一圈内时，会很容易发现生产现场中存在的诸多意想不到的浪费现象。

2.1 明确识别的对象

大野耐一圈的识别对象主要是现场的浪费。因此，首先要使员工有效识别浪费的类别。按照现代工业工程学科的定义，生产现场的浪费主要有以下八种：

（1）过量生产的浪费。

批量生产通常让人觉得生产效率很高，给人造成一种生产越多越好的错觉，而事实是：只有将产品销售出去，企业才能获得利润；如果大量产品堆积而无法销售，将造成极大的资源浪费。

观察人员应重点观察生产线上的成品或者半成品数量情况，以此评估在制品积压程度以及生产节拍的设定是否合理等问题。

（2）库存浪费。

库存浪费是一种更直接的浪费。过量的库存不仅严重影响企业资金的流动，而且会延缓新产品占领市场的机遇。

观察人员可以从以下方面核查是否存在库存浪费：产品是否占用大量空间，搬运时是否碍手碍脚；产品查找是否困难；搬运量是否较大；是否难以实现先进先出的作业；库存产品的防护是否到位，是否有存放损坏。

（3）搬运浪费。

产品在生产过程中需要在不同的工序间转移，原材料也必需搬运到相应的工序。搬运不可避免，但是低效的搬运无疑会增加工序的等待时间，造成生产效率低下的后果。

在这方面，主要识别是否存在以下现象：搬运路线是否较长；搬运人力需求是否很大；搬运次数是否过于频繁；搬运时间是否较长；等等。

（4）不良品浪费。

客户是不愿意花钱买不合格产品的。不良品的处理方式只有返工甚至报废，这将大大增加原材料、生产作业、管理等各项费用，影响到产品的成本和竞争力。

在这方面，主要识别是否存在以下现象：员工是否按照标准作业书操作；是否存在作业偷懒的行为；各环节交接是否流畅；过程检验是否严格到位；员工是否按照要求进行互检。

（5）加工的浪费。

生产线上所有的工序都应该是为产品的生产服务的，没有作用的工序应该予以剔除。多余的加工不但使产品成本偏高，更降低了生产率，造成的危害不容小觑。

为确认现场是否存在加工浪费，可以从以下方面核查：各个加工程序是否可以省略；有哪些工序是可以替代的；哪些工序之间是可以合并的；如果对部分工序进行重

组是否会提高效率。

（6）等待的浪费。

等待是现场最容易发生的浪费之一。无效等待严重影响工序间的流畅衔接，使产品的生产周期变长，所以要尽量减少等待时间。

对于这方面，观察人员应重点观察在生产现场中是否存在以下情形：员工必须花费一定的时间等待上一道工序完成后才能进行本工序；因为原材料供应不及时，员工不得不等待物料到位才能继续生产；在制品需要整批处理造成的等待……这些都属于等待的浪费。

（7）动作的浪费。

操作人员在具体操作方法上不尽相同，而观察人员的工作就是要通过观察，总结出最合理、最高效的操作方式。所以，应对工序中的每一个动作进行分析和研究，找到最合理的动作，剔除无效和低效动作造成的浪费。

在这方面，可以识别是否存在这样的现象：要达到同样作业的目的，会有不同的动作，哪些动作是不必要的呢，是不是要拿上、拿下如此频繁，有没有必要有反转的动作、步行的动作、弯腰的动作、对准的动作、直角转弯的动作等。

（8）管理的浪费。

管理浪费指的是问题发生以后，管理人员才采取相应的对策来进行补救而产生的额外浪费。

核查现场中是否存在此类浪费，应重点观察以下细节：是否存在因事先管理不到位而造成部门、工序之间难以协调的现象；在事情的推进过程中是否强化了管理、控制和反馈；管理是否缺少预见性，遇到突发问题是否措手不及；等等。

2.2 大野耐一圈的应用

为了有效识别现场的浪费，就要运用到大野耐一圈了。该手法强调现场的重要性，鼓励观察人员到现场去仔细观察并发现浪费，进而找到浪费的原因。观察人员在圈内的观察时间至少几十分钟，甚至长达几小时，直到他们找到浪费情况。在应用大野耐一圈的过程中，应遵循“一看、二问、三思”的原则。

（1）一看。

进入现场去近距离观察。观察的对象是前文所述的各种浪费。

（2）二问。

分为问操作人员和问自己。问操作人员以下问题：

①为何如此操作？如此操作有何依据？以此强化其遵守规范的意识。

②这样操作的目的是什么？以此强化其原点思考的意识。

③预期达到什么样的标准？以此强化其质量意识。

④是否存在异常？一旦出现异常，应如何处理？以此强化其对异常问题的及时处理意识。

问自己以下问题：为什么要这样操作？有没有更好的解决方法？以此强化自身的改善意识。

（3）三思。

三思主要包括思考原点、思考根源、思考方案。

①思考原点：针对看到的现象，返回原点进行思考。原点就是以客户需求为导向，用最少的资源，制造有价值的产品。如果一切行动与原点发生偏离，就会发生问题。

②思考根源：针对问题点，尝试用“五个为什么”法，思考问题产生的深层根源。

③思考方案：针对问题，思考可行的改善方案，确认是否能够采取ECRS改善四原则进行改善。

为辅助展开“三思”过程，观察人员可以预先设定自我练习表，以免出现观察事项的遗漏。

2.3 大野耐一圈的提案管理

观察人员发现浪费问题后，要针对公司存在的不足之处或问题做现状分析，规范填写“改善提案报告”，最后呈交至企业改善小组。“改善提案报告”的规范格式如表28－1所示。

表28－1 改善提案报告

<table>
<tr><td colspan="2">部门</td><td colspan="2">提交人</td><td>提交日期</td></tr>
<tr><td colspan="2"></td><td colspan="2"></td><td></td></tr>
<tr><td colspan="3">提案名称</td><td colspan="2">实施单位及人员</td></tr>
<tr><td colspan="3"></td><td colspan="2"></td></tr>
<tr><td>改善原因</td><td colspan="4">阐述改善的动机、原因：</td></tr>
<tr><td>改善前的情况</td><td colspan="4">阐述改善前的操作方法、效率与关键数据：</td></tr>
<tr><td>怎样改善</td><td colspan="4">改善的具体方法、过程以及费用：</td></tr>
<tr><td>改善效果</td><td colspan="4">改善后的效率及关键数据：</td></tr>
<tr><td>评定组意见</td><td colspan="4"></td></tr>
<tr><td>总经理核定意见</td><td colspan="4"></td></tr>
</table>

为了让改善提案清晰明了，除了规范填写“改善提案报告”外，观察人员还应尽量注意以下几点：

（1）现行方法应详细描述现状，必要时配以图表、样品或文字说明。
（2）改善方案应具体、可行，必要时配以图表、样品或文字说明。
（3）预期效果应尽量明确。
（4）现行方法、改善方案、预期效果如不足填写，可另附纸说明。
（5）观察人员将提案书面交改善小组，共同讨论提案的可行性。

3. 实践指南

在丰田公司，有许多关于大野耐一圈的故事，很多人都在大野耐一的指导下亲身体验、成功实现并在持续应用这种技术来观察现场。

3.1 大野耐一的教导

前任北美地区丰田汽车制造公司总裁箕浦照幸，曾直接向大野耐一学习丰田生产方式。而他在丰田公司最早接受的教育之一就是站在一个圆圈里。箕浦照幸曾对人说起大野耐一的教导：

大野耐一先生要我们在企业的地板上画一个圆圈，他告诉我们："站在那个圆圈里，观看操作流程并自行思考。"

大野耐一先生早上进来，要求我站在那个圆圈里，直到晚餐时间。其间，他曾进来一次，问我在观看什么，当然，我回答了，我说："流程中有太多问题……"但是，他并没有听我的回答，他只是在观看。

等接近晚餐时，他又进来看我，但并没有花任何时间给我反馈意见，只是温和地说："回家吧。"

那么，大野耐一到底教导了箕浦照幸什么呢？实际上，他在教导箕浦照幸自主思考自己所观察到的事物，亦即深入观察、提出质疑、作出分析与评估的能力。这一点对于大野耐一圈使用者而言是至关重要的。

3.2 机床前的大野耐一圈

某企业是一家专门制作汽车空调管路的公司，其生产现场正遇到一个棘手问题：一台弯管机在折弯时，总是不能作出符合要求的最后一个弯。

为解决这一问题，一位维修人员在很长一段时间里，安静地站在机床前观察着。

终于，他发现在机床主轴抖动的同时，加工部位的附件也会随之抖动。于是，他决定将加工部件加以紧固，等确保紧固件不松动时，再去考虑是否需要调整程序的问题。

将松动的位置进行了紧固后，他要求操作人员进行试加工，产出了一件合格品。为了确认产品加工的稳定性和一致性，他要求操作人员："连续加工 20 件，验证一下设备的可靠性。"

前 10 件产品生产一切正常，产出后验证合格。但是，自第 12 件产品开始，又检出了不合格品。

这位维修人员决定按程序单段执行，对照检具一一检测。通过再一次的近距离仔细观察，他发现，原来是在最后一道工序时出现了零件松动的问题，由此导致角度发生变化。而角度之所以发生变化，是因为一套模具在另一套模具尚未紧固的情况下已经松开，工件有瞬间的自由状态。

找到问题的根源后，维修人员马上让操作人员停止试验，修改程序。试加工后，操作人员又连续加工了 30 件产品，这些产品均为合格品。

可见，现场观察力之于大野耐一圈的应用是至为重要的。不过，这种观察力不是每个人都具备的，企业管理人员和员工需要长期严格的自我练习，才能让自己更快地发现现场问题，更准地找出原因所在。

4. 思维拓展

站在圆圈内进行观察，可以使观察人员更了解现场的运作状态，如发现问题，亦可以迅速而准确地找出原因所在，并迅速地采取处理措施。而观察人员成功应用这一技术，必须抓住应用该技术的两个关键点，并训练自己的观察力。

4.1 成功应用大野耐一圈的关键

很多企业应用大野耐一圈时往往流于形式，未能取得理想的结果。其实，要想成功应用大野耐一圈，必须把握以下两个关键点：

（1）自我练习，坚持到底。

开展大野耐一圈活动需要持续很长的时间，而站在圈内一定时间后，人们往往觉得已经发现了问题所在，认为不需要继续观察了，其身体也开始疲劳，于是考虑是否可以结束此次观察。

切记：此时仍然要继续观察，如果刚刚发现的问题是比较大的问题，那么接下来继续观察的目的就是要发现细节上存在的浪费。

当人们观察更长的时间后，便会有更多的发现。而且，只有经过长时间的、多次的练习，人们才能真正掌握观察的技巧，更容易找到问题及根源。

（2）科学设置观察点。

观察点的设置也是影响活动效果的一个因素。

圆圈的位置视野要开阔，要既便于全面观察全貌，又便于局部仔细观察，这样才能起到良好的活动效果。

4.2 工作/工作地分析的自我练习

为了获得最为真实的观察结果，观察者应做好对工作或工作地的分析，准确识别特定的区域、部门或现场存在的问题。通常情况下，人们可以借助一些指南性表格来进行。表 28 -2 是某电视机厂加热支脚工作的工作地分析指南。

表 28 - 2　某电视机厂加热支脚工作的工作地分析指南

<table>
<tr><td>地点：××车间</td><td colspan="2">时间：××年××月××日</td><td>分析人：×××</td></tr>
<tr><td colspan="4">描述：加热断头，将棒插入漏斗中</td></tr>
<tr><td colspan="4">个人因素</td></tr>
<tr><td colspan="4">姓名：XX　年龄：35 岁　性别：男　身高：171cm　体重：63kg
积极性：低　工作满意度：低
文化程度：高中　适合程度：中
个人安全措施：护镜、耳塞</td></tr>
<tr><td colspan="3">任务因素</td><td>依据</td></tr>
<tr><td colspan="3">零件是如何进出的
从传送带到插入机，到热封，到传送带</td><td>流程程序图</td></tr>
<tr><td colspan="3">涉及哪些动作
重复的抓、举起、走动</td><td>录像分析、动作经济学原则</td></tr>
<tr><td colspan="3">是否设有夹具？是否实施了自动化
固定漏斗；基本过程是自动化，而手工操作不是自动化的</td><td>—</td></tr>
<tr><td colspan="3">是否借助了其他工具
无</td><td>工具检验检查表</td></tr>
<tr><td colspan="3">现场布局是否合理？是否出现大范围的存取行为
否；是，有多余的走动和伸缩</td><td>工作站评价表</td></tr>
<tr><td colspan="3">手指或手腕是否有一些笨拙动作？出现的频率如何
否</td><td>风险指数表</td></tr>
<tr><td colspan="3">是否有提举动作
是，需要举起很重的玻璃漏斗</td><td>NIOSH（职业安全卫生）提举分析</td></tr>
<tr><td colspan="3">操作人员是否会出现身体疲劳
是</td><td>心率分析、工作—休息宽放</td></tr>
<tr><td colspan="3">是否要操作人员自主作出决策
很少</td><td>—</td></tr>
<tr><td colspan="3">每个周期多长？标准时间是多少
约 1.5 分钟，此为标准时间</td><td>时间研究，MTM（方法时间检查）检查表</td></tr>
<tr><td colspan="3">工作环境因素</td><td>工作环境检查表</td></tr>
<tr><td colspan="3">车间照明情况如何
充足而不耀眼</td><td>IESNA（北美照明工程协会）推荐亮度值</td></tr>
</table>

续表

<table>
<tr><th>工作环境</th><th>工作环境检查表</th></tr>
<tr><td>噪声水平是否可以接受
否，需要使用耳塞</td><td>OSHA（职业安全与健康标准）水平</td></tr>
<tr><td>是否位于高温环境下作业
是</td><td>WBGT（综合温度热指数）法</td></tr>
<tr><td>是否处于震动状态
无</td><td>ISO（国际标准化组织）标准</td></tr>
<tr><th>管理因素</th><td rowspan="4">备注
用眼定位，传送带和机器要更近些，很热</td></tr>
<tr><td>是否设计了薪酬奖励制度
无</td></tr>
<tr><td>是否有工作轮换制度？是否有工作规模大型化
是；否</td></tr>
<tr><td>是否为操作人员提供培训
是</td></tr>
</table>

注：表 28－2 中主要关注的是重物提升、热应力和曝噪等因素。为避免遗漏，观察者需要事先列明自己每次查看时所需查看的事项

需要注意的是，在收集定量数据时，观察人员必须亲临现场，观察员工、任务、工作场所及周围环境，并鉴别可能影响员工行为或绩效的管理因素。

技术 29：3U－MEMO 法

> 记录现场 3U 事件，保留生产管理与改善的依据和入手点。

1. 技术定义

在处理浪费问题时，人们经常会遇到这样的情况：想解决刚刚发现的问题，却不能清楚地记起问题的详细情况。这种问题的出现就是因为缺乏必要的记录和归纳，导致问题或问题的细节被遗忘。例如，一名车间管理人员发现了一个浪费问题，但由于要处理的事情很多，随后又发生了遗忘，这对精益化管理而言是一种极大的智慧资源浪费。此时就要运用到 3U－MEMO（改善备忘录）法了。

3U－MEMO 的具体内容有以下三点：

（1）不合理的现象（Unreasonableness）。如一些需要密封保存的产品在包装之后送到仓库，而仓库管理人员为了检查成品的类别和数量又将包装打开，检查之后再次包装，这无疑造成了工时、包装原料的浪费。

（2）不均匀的地方（Unevenness）。如在整个生产线上，某个环节的员工很忙碌，而有的人员却很清闲；有些设备的使用很频繁，有些却长期处于闲置状态，造成了生产能力的浪费。

（3）不节省的环节（Uselessness）。以车床车轴的工序为例，为车一根细轴提供的原材料是一根很粗的坯料，这就造成了坯料的浪费和工时的增加。

企业可以绘制 3U－MEMO，以便于生产管理人员在现场中发现问题并及时记录下来；待想解决问题时，即可依据记录分析问题，为解决问题打好基础。

2. 标准应用

3U－MEMO 改善备忘录，通过记录异常问题，持续地推进和跟踪问题的解决情况，可以帮助企业逐步积累产品和流程的改善经验，使企业管理系统化、标准化和步骤化，并成为企业持续改善的宝贵知识财富。

2.1　3U－MEMO 的表格形式

3U－MEMO 的格式不固定，管理人员可以根据个人习惯制定。但是其形式一定要有利于发现浪费现象、有利于记录浪费现象、有利于解决浪费问题。一般格式如表 29－1所示。

表 29－1　3U－MEMO 的表格形式

编号：		部门：		工序：
发现问题日期：			发现问题人员姓名：	
发现问题地点：			问题类型： □不合理　□不均匀　□不节省	
问题描述：				
现场图：				
改善要点：				

2.2　3U－MEMO 填写程序说明

3U－MEMO 表格中各部分的填写内容说明如下：

（1）编号：按照管理人员的个人习惯和企业的生产习惯编订文件的号码。

（2）部门：发生问题点的单位名称。

（3）工序：出现问题的环节或工序。

（4）发现问题日期：发现问题的当天日期，最好标注具体的时间。

（5）发现问题地点：发现问题的具体位置，如车间、某机器设备旁等。

（6）发现问题人员姓名：问题点发现人及所属部门。

（7）问题点描述：详细描述问题点。

（8）现场图：可以给出现场实际照片，也可以手绘简图。

（9）改善思路：及时记录自己当时考虑到的改善要点。

问题发现人员详细填写该表，切莫漏项。

2.3　3U－MEMO 实施的后续管理

企业在长期开展 3U－MEMO 记录工作后，随着发现浪费现象的增加，备忘录的数量会逐渐增加，改善经验也会慢慢积累，管理人员找出浪费、改善浪费现状的能力也会大大提高，这个时候，企业的高层管理人员就需要加强相关的知识管理和人才培养。

经验的积累需要经过系统的归纳总结才能成为管理科学。企业只有对前期所积累的经验和知识进行系统的分析、总结，才能使日后解决相似问题时标准化、步骤化。

3. 实践指南

在现场巡查时，如果发现不合理、不均匀和不节省等问题，管理人员要及时按问题轻重缓急的次序，在备忘录上记载下来，以备随后进一步分析。下面来看某企业管理人员3U－MEMO中的几页，如表29－2、表29－3和表29－4所示。

3.1 关于不合理现象的MEMO

表29－2 关于不合理现象的MEMO

<table>
<tr><td>编号：YKN125</td><td>部门：品质部</td><td>工序：老化试验</td></tr>
<tr><td colspan="2">发现问题日期：2010.2.5</td><td>发现问题人员姓名：王涛（品质部）</td></tr>
<tr><td colspan="2">发现问题地点：
质量检测室</td><td>问题类型：
□不合理　□不均匀　□不节省</td></tr>
<tr><td colspan="3">问题描述：
来料前供应商已经做过老化试验，但是按照制度要求仍然要求再做一次老化试验，可能会造成不必要的浪费</td></tr>
<tr><td colspan="3">现场图：
</td></tr>
<tr><td colspan="3">改善思路：
确认供应商的老化测试过程是否符合要求，如符合本厂检测要求，则取消重复试验</td></tr>
</table>

3.2 关于不均匀现象的 MEMO

表 29－3 关于不均匀现象的 MEMO

<table>
<tr><td>编号：YKN256</td><td colspan="2">部门：装配部</td><td>工序：装配</td></tr>
<tr><td colspan="2">发现问题日期：2010. 5. 2</td><td colspan="2">发现问题人员姓名：郑爽（人力资源部）</td></tr>
<tr><td colspan="2">发现问题地点：
装配车间 1、装配车间 2</td><td colspan="2">问题类型：
□不合理 □不均匀 □不节省</td></tr>
<tr><td colspan="4">问题描述：
同样工种的员工，部分车间的人员非常忙碌，而部分车间的人员却无事可做，等待工作安排</td></tr>
<tr><td colspan="4">现场图：
 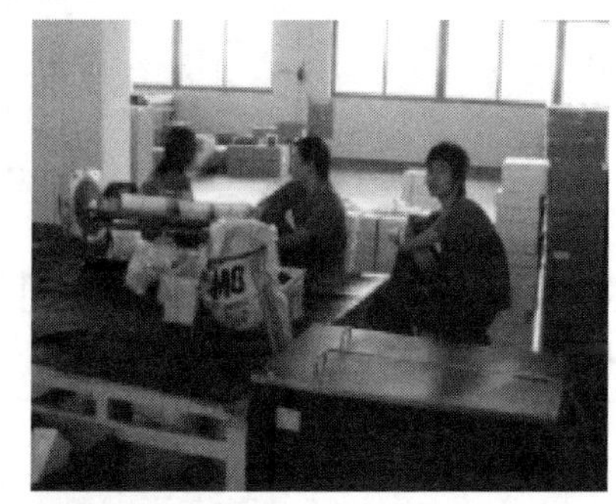</td></tr>
<tr><td colspan="4">改善思路：
每日下班前向需求部门确认次日的人力需求情况，人力留用、人员闲置情况，妥善安排次日人力</td></tr>
</table>

3.3 关于不节省现象的 MEMO

表 29－4 关于不节省现象的 MEMO

<table>
<tr><td>编号：YKN167</td><td colspan="2">部门：运输部</td><td>工序：运输</td></tr>
<tr><td colspan="2">发现问题日期：2010. 4. 5</td><td colspan="2">发现问题人员姓名：李响（运输部）</td></tr>
<tr><td colspan="2">发现问题地点：
仓库—生产车间</td><td colspan="2">问题类型：
□不合理 □不均匀 □不节省</td></tr>
<tr><td colspan="4">问题描述：
产品储备过多，拿取不便，导致运输效率较低；搬运路线曲折、过长，从车间到仓库的直线距离是 1 千米，但是此次搬运的实际搬运路线长约 2. 8 千米，耗费大量搬运人力</td></tr>
</table>

续表

现场图：

改善思路： （1）由市场部与客户协调交货时间，缩短产品在厂周期 （2）加强仓库的立体空间利用率，拓宽运输通道，便于大型运输工具通过 （3）运输前，与直线距离比较，全力疏通并优化运输路线

4. 思维拓展

3U－MEMO 的应用非常简单，人们发现问题后，只需随手在备忘录上加以记录即可。当然，如果人们能够更加关注应用中的微小细节，那么这个小小的备忘录也会发挥出重大的价值。

4.1 应用 3U－MEMO 时的优先关注点

不同的生产现场有其不同的特点，所存在的问题及环节也有所不同。在此罗列了几个容易存在问题的环节，大家不妨对其予以优先关注。

（1）人多的位置。

（2）出现人员闲置处。

（3）在制品较多的环节。

（4）人机接触处。

（5）物流频繁的位置。

（6）生产准备时间较长处。

4.2 冲出 3U－MEMO 使用的疲惫期

在使用 3U－MEMO 一段时间后，人们很容易陷入心理疲惫期，备忘录被束之高阁，或者仅是勉强记录而疏于改善。其实，3U－MEMO 的使用人员应谨记以下两点：

（1）持之以恒的 3U－MEMO，才会汇总更多的改善点。

如果人们每天都去现场，每天都有新的发现，每天做好 3U－MEMO，毋庸置疑，长期坚持下来后，人们最终将观察到不少改善点，而这些改善点就意味着收获无数可喜的成果。

（2）3U－MEMO 只是记录短时发现，而不代表改善。

虽然备忘录上记录了问题点、人们对问题根源的分析和改善策略，但它仅仅是一种观察和短暂思考，不能确认它是否能够成行，更不会因它而带来明显的改善。

因此，在使用 3U－MEMO 过程中切莫忘记：记录之后更重要的是验证思路的可行性，去协调资源进行有效的改善。

技术 30：PDCA 循环

> 通过循环操作，可以解决问题并推进管理水平的持续提高。

1. 技术定义

PDCA 循环本是产品质量控制的一个原则，但是它不仅能控制产品质量管理的过程，同样可以有效控制工作质量和管理质量，并实现工作和管理的持续进步。

作为科学的工作程序，PDCA 循环最早由美国贝尔实验室的休哈特博士于 20 世纪 30 年代提出，后经戴明博士在日本推广应用。所以，又被称为“戴明环”。所谓 PDCA，是 Plan（计划）、Do（实施）、Check（检查）、Action（处理）四个英文单词的首字母组合，具体含义如下：

P——确定方针和目标，确定活动计划。

D——实地去做，实现计划中的内容。

C——总结执行计划的结果，注意效果，找出问题。

A——对成功的经验加以肯定并适当推广、标准化；对失败的教训加以总结，将未解决的问题放到下一个 PDCA 循环。

这四个要素的循环是 TQM（全面质量管理）运行的基本方式，也体现了精益生产所要求的精益求精的核心思想。使用戴明环有以下优势：

（1）适用于日常管理，且同时适用于个体管理与团队管理。

（2）戴明循环的过程就是发现问题、解决问题的过程。

（3）适用于项目管理。

（4）有助于质量问题持续改进提高。

（5）有助于供应商管理。

（6）有助于新产品开发的质量管理。

（7）有助于质量测试管理。

PDCA 循环工作法的操作可分为四个阶段、八个步骤，这样便将每一步都予以细化处理，更有利于彻底实施工作改善。

2. 标准应用

PDCA 循环的四个阶段、八个步骤示意图，如图 30－1 所示。

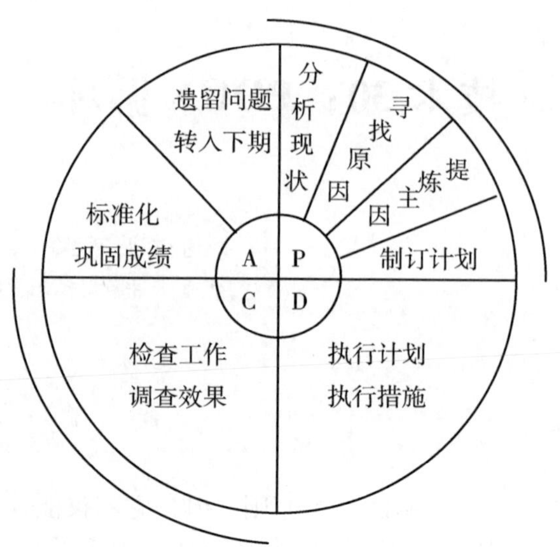

图 30－1　PDCA 循环的四阶段、八步骤示意图

企业改善是一个永无止境、精益求精的过程，PDCA 循环有助于企业实现这一管理思想。

2.1　Plan 阶段：分析原因，制订计划

在 P 阶段的主要任务是分析现状查找原因，为以后的改善工作制订详细计划。这个阶段可以进一步细分为四个步骤来完成。这个过程本身也是一个小的 PDCA 循环。Plan 阶段中的 PDCA 循环如图 30－2 所示。

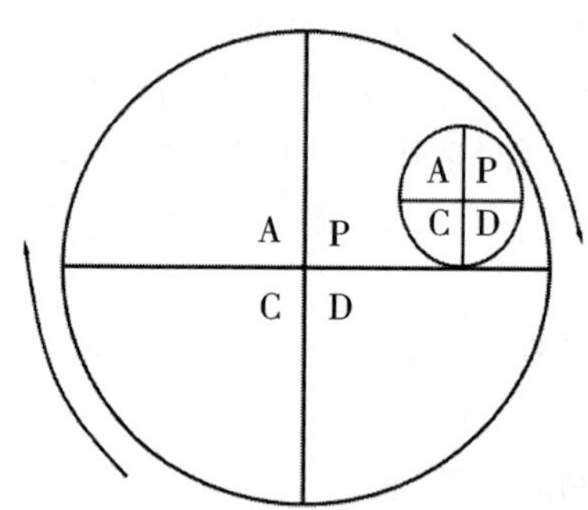

图30－2　Plan 阶段的 PDCA 循环图

（1）分析现状，找出问题。

通过运用质量工具就目前的现状进行分析，找出问题。如将造成产品不合格的众多缺陷按其发生的次数进行排列，然后通过排列图找出引起不合格的主要缺陷。某产品质量缺陷排列图如图 30－3 所示。

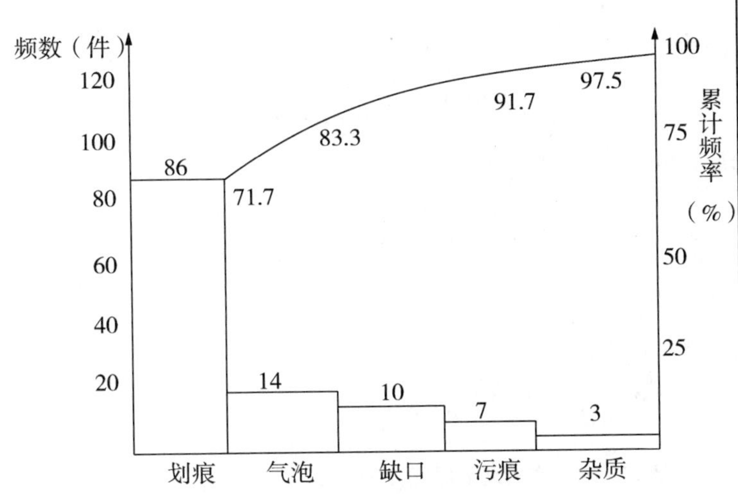

图 30－3　某产品质量缺陷排列图

由此，便可找到引起该产品不合格的主要缺陷是划痕和气泡。但值得注意的是，排列图只是找到了质量问题的主要缺陷，还未对该问题进行详细的描述。

这里可以借助 5W1H 对造成此问题的情况进行全面描述。问题描述表如表 30－1 所示。

表 30－1　问题描述表

问题描述		说明
何事	有什么现象	
何地	发现了问题	
何人	同这个问题有何关联	
何时	从何时开始、何时重复发出	
为何	问题是重要的	
如何	用%、PPM、时间等术语量化	

在进行问题描述时，要注意以下几个问题：

①不要将问题表述成原因。

②避免问题式的或方案式的表述。

③尽可能地用事实去定义问题。

④这个问题是不是急待解决的或实际存在的。

将问题描述出来后，需要进一步分析其产生的原因。

（2）分析产生问题的原因。

这个过程主要是针对上面找出的问题进行原因分析，通常需要借助常用的几大质量工具来进行，如因果图等。产品划痕原因分析如图 30－4 所示。

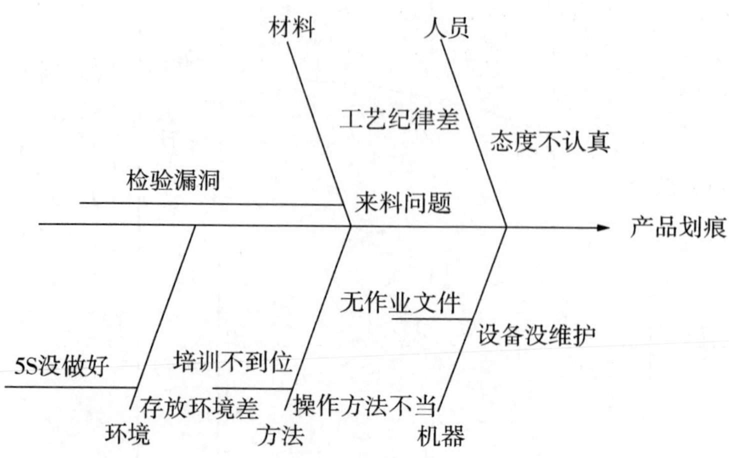

图 30 –4　产品划痕原因分析

从图 30 –4 中可以看出，造成产品划痕的原因有很多，但是还需要进一步使用质量工具进行分析哪个才是主要的原因。

（3）找出问题发生的主要原因。

只有找出造成产品有划痕的主要原因，才能对症下药彻底解决问题。由于造成产品划痕的可能原因已经用因果图列举出来，这里可以使用关联图分析各原因之间的关系，然后找出主要原因。划痕分析关联图如图 30 –5 所示。

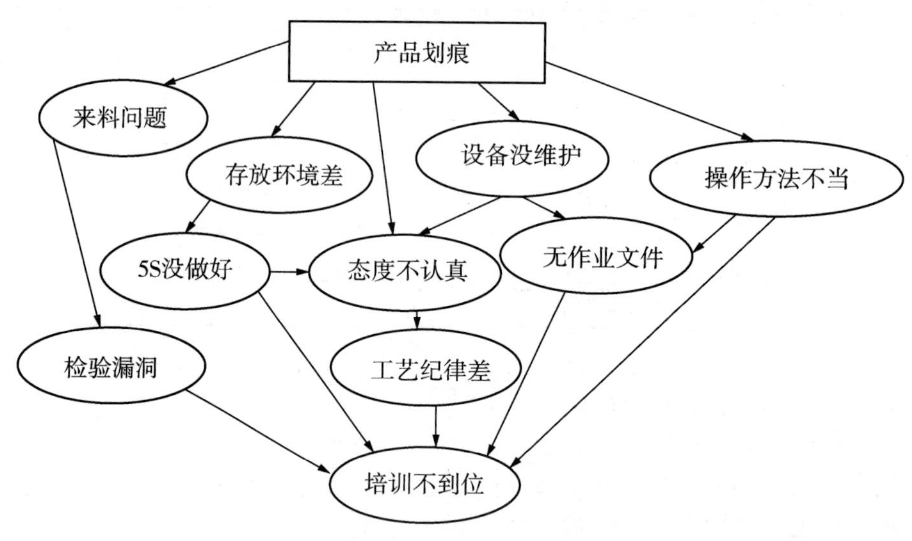

图 30 –5　划痕分析关联图

从图 30 –5 中可以看出，造成产品划痕的原因指向了五个方面。在各个原因之间，态度不认真有 3 个箭头输入，即有 3 个问题是由它引起的。我们再来看，培训不到位

有 5 个箭头输入，但却没有箭头输出，这说明它是末端因素，也就可以判断它是造成产品有划痕的关键原因。找出关键原因后，就需要制定详细的计划进行纠正。

（4）制定措施计划。

针对主要原因，管理人员可以采用头脑风暴法获得多个解决方案，经过验证评估后，从而选择最佳的备选方法。解决方案应该限制在 10 个以内，可以使用解决方案评估表进行筛选。解决方案评估表如表 30－2 所示。

表 30－2　解决方案评估表

方案一：　　　　　　　　　　负责人：QC 小组

策略	评估
意见：	

通过解决方案评估表，QC 小组针对培训不到位这一问题，确定几种改善方案，然后进行综合评估，选出最佳实践方案。如果在评估讨论中发现好的建议和想法，应及时加入到改善方案之中。

2.2　Do 阶段：执行改善计划

这个阶段的主要任务是按照已经确定的改善方案，有条理地执行计划。这是整个 PDCA 循环的关键，需要依靠完善的项目管理制度和比较熟练的技术手段来完成。如果这两方面做到位，达到预期目标就有保证。针对培训不到位这一问题，可根据培训流程图实施计划。培训流程图如图 30－6 所示。

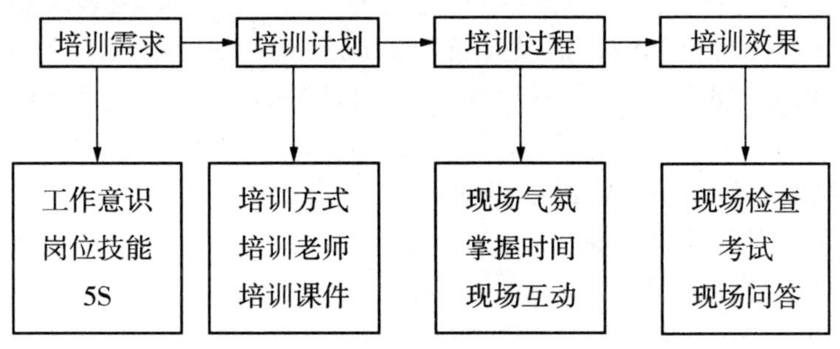

图 30－6　培训流程图

管理人员可依据流程图展开相应的培训。在具体的培训中，要有详细的培训计划表。培训计划表如表 30－3 所示。

表 30－3　培训计划表

序号	培训内容	培训对象	时长	培训方式	讲师	预期效果
1	来料检验的标准	IQC	2 课时	讲授	品管工程师	熟记检验标准条款
2						
3						
…	……	……	……	……	……	……

这个阶段结束后，要对此阶段的培训结果进行严格的检查。

2.3　Check 阶段：检查验证执行结果

在 C 阶段主要是对比执行结果与预期目标是否一致，通常情况下，该阶段就是一个评估结果的过程。培训效果检查表如表 30－4 所示。

表 30－4　培训效果检查表

序号	检查内容	检查方式	检查结果	与预期目标相比
1	工作意识	调查问卷		
2	岗位技能	现场操作/考试		
3	5S 知识	考试		

通过使用各种质量手段对结果进行对比评估，如果结果与预期目标有差距，要返回 D 阶段，重新执行。如果执行效果很好，可以进入总结阶段。

2.4　Action 阶段：总结经验，循环改进

本阶段的主要任务是针对检查的结果进行总结，将成功的经验编制成相应的标准文件，推广到整个公司或部门，把没有解决的或新出现的问题转入下一个 PDCA 循环中，以达到持续改进的目的，形成永无止境的循环改进过程。PDCA 循环改进图如图 30－7所示。

在具体总结的时候，可以按以下步骤实施：

（1）定义所需的标准和指标。

（2）确定相关联的测量方法。

（3）及时更新操作流程。

（4）确保针对新的改善活动的沟通或培训。

（5）向管理人员汇报改善情况。

（6）建议类似的措施可以推广到整个公司。

PDCA 循环作为企业精益化管理的一个基本工具，适用于管理的多个方面。每一个改善循环结束，工作和管理的质量就会提高一步，然后再进入下一个循环，这样不断

运转、不断提高，工作和管理质量就会逐步得到改善。

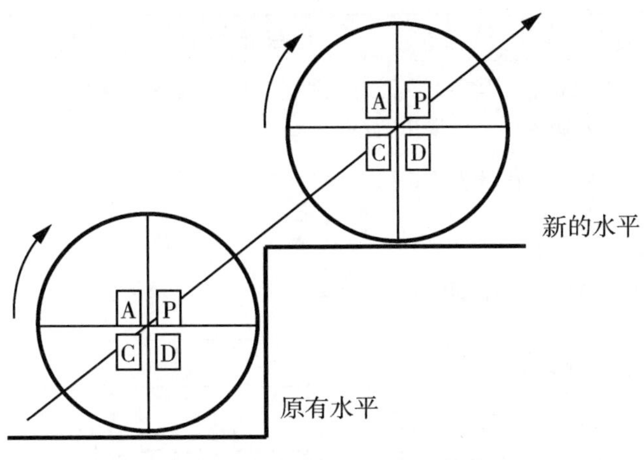

图 30－7　PDCA 循环改进图

3. 实践指南

PDCA 循环的基本原则就是“精益求精”。它通过每一次总结来巩固成绩，克服缺点，从而保证管理水平不断得到提高。PDCA 循环的这一特点，使之在企业精益化管理中得到了广泛的应用。下面来看某印刷厂的 PDCA 应用实例。

3.1　背景介绍

某印刷厂的主营业务是纸制品印刷，产品质量较好，在客户中有口皆碑，因而其销量远远高于其他同行业企业，尤其是到了销售旺季，常常会因生产任务非常紧张而造成部分产品不能按期交货。

不能按期交货并非一件好事，这是一个亟须解决的大问题。经调查，导致供货延误的一个主要原因是印刷效率低下。为了提高单机日产量，缩短生产周期，该企业的改善小组决定采用 PDCA 循环方法来解决这一难题。

3.2　编制改善计划

首先，改善小组进行了现状调查。经调查得知，印刷厂实行两班连续生产，如果仍然借助传统的加班措施是很难解决这个问题的。所以，只能从提高印刷效率方面下手。根据市场销售情况，每班单机日产量需达到 3500 平方米方能满足客户需求，而目前每班单机产量平均只有 2900 平方米。每个班组由 5 人组成，其中 1 人担任组长。

其次，进行原因分析。改善小组利用头脑风暴法进行了原因分析。原因如下：前期准备工作不充分，工单安排不合理，换色洗车次数较多，上版调试速度慢等。

随后，对上述因素进行要因确认，如表 30－5 所示。

表 30－5　要因确认表

项目	跟踪情况	要因确认
前期准备工作不充分	跟踪 6 单，其中 1 次无专色油墨，联系调墨师调墨 1 小时；1 次版房发版有误，延误 20 分钟	是
工单安排不合理，换色洗车次数较多	查阅 5 天内的操作记录，中途因更换色序、专色油墨等问题洗车 5 次	否
上版调试速度慢	跟踪 7 单，平均用时 52 分钟	是
其他	未发现异常	否

由此界定出两个要因，接下来，改善小组据之制订了改善计划。要因解决计划表如表 30－6 所示。

表 30－6　要因解决计划表

要因	措施	计划用时
准备不充分	制定分工明细表，由印刷组组长负责领取原稿、样品；其他四人分别负责提前备版，准备纸板原料、油墨以及其他辅助材料	8 分钟
上版调试速度慢	对印刷人员进行集中培训，并进行理论和实践考试，以提高印刷人员的技能水平，提高上版调试速度	21 分钟

3.3　按计划执行

计划阶段结束后，印刷人员立即按照计划，并结合该班组的分工情况，各自准备原稿、样品、物料等。此外，各印刷组组长提前领取了原稿、样品，实施现场校样签字；经检验合格后，批量生产方告开始。

3.4　检查改善情况

经核查，前期准备工作共计 6 分钟，达到目标（8 分钟），未出现延误生产问题；不过，上版调试时间为 33 分钟，虽然较之前 52 分钟的耗时量有所提高，但仍未达到预期的目标值（21 分钟），需要将其纳入下一循环的改善活动，实施难点攻克。

3.5　改善结果的处理

处理阶段的主要工作是对已取得成功的改善部分予以标准化，并将准备工作分工明细表和现场签样审核规定，分别纳入工序控制标准和首件签样管理制度中，并严格遵照执行。而对于上一个 PDCA 循环的遗留问题——“上版调试速度较慢，未达到目标值”，改善小组则将其转入到下一个 PDCA 循环中继续处理。

4. 思维拓展

企业的精益化管理是一个不断完善的、永无止境的过程，PDCA 循环有助于人们实现这一管理思想。如果人们掌握这一技术，企业推行精益化的道路就会平坦许多。为了更好地应用这一技术，必须了解、抓住这一技术的关键特征，并掌握让 PDCA 循环发挥价值的方法。

4.1 PDCA 循环的关键特征

PDCA 循环具有三个重要特征，这三个特征也是该技术应用过程中必须控制的关键点，对精益化管理目标的实现起着举足轻重的作用。

（1）持续循环。

PDCA 循环不是经过一次循环就可以彻底解决问题的，而是周而复始地进行循环。解决一个生产和管理问题之后，仍然会不断出现新的问题。但是，如果人们能够持续使用这一技术，就会使企业现场管理日趋完善，离精益化管理目标越来越近。

（2）大环套小环。

企业的改善工作可以分为多个等级和层次，如果整个企业的改善是一个大的循环，那么各个生产部门也有小的循环，也就是大环套小环的形式，如图 30－8 所示。

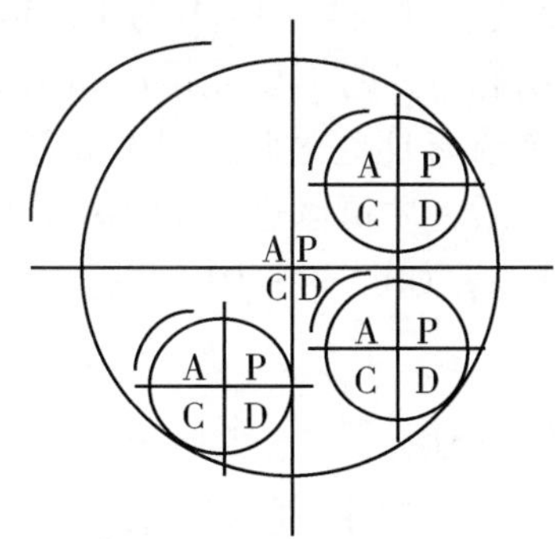

图 30－8　PDCA 循环的大环套小环

也就是说，对企业的精益化管理也可以考虑通过无数个小 PDCA 循环来实现。

（3）阶梯式上升。

整个企业的改善水平随着 PDCA 的不断循环会得到提升。每循环一次就会取得一部分成果，改善水平就会得到提高，是一个不断发展和提升的过程，就像上台阶一样，如图 30－9 所示。

不过，这也提醒人们，在使用 PDCA 循环时应注意单位时间内的标准化管理（SD-CA），从而使改善效果得以稳定。

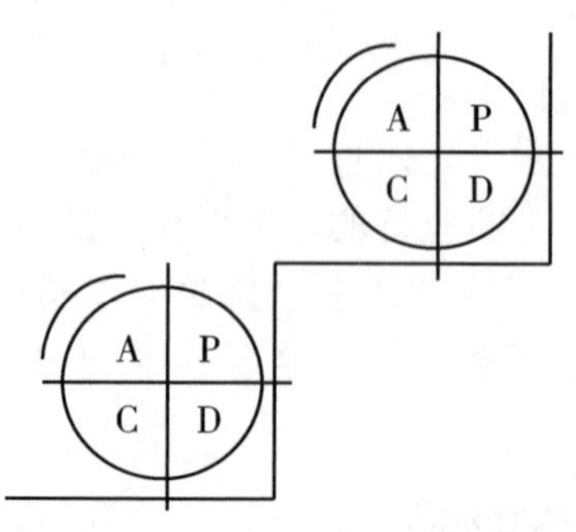

图30－9　PDCA 循环的阶梯上升

4.2　将 PDCA 与 SDCA 相结合

与 PDCA 相比，SDCA 循环的知名度要低很多，但事实上其作用并不逊于 PDCA。SDCA 也是四个英文单词的首字母缩写，其含义如下：

S（Standard）：标准，即企业为提高产品质量、管理水平而编制的各种管理文件。

D（Do）：执行，即执行管理文件。

C（Check）：检查，即对管理文件的执行过程进行审核和各种检查。

A（Action）：总结，即通过对执行效果的评审，作出相应处理。

SDCA 的第一个步骤是标准化，这是与 PDCA 的主要区别。由于任何一个新的工作流程，其初期都处于不稳定的状态，这时需要先采用 SDCA 循环将现有的过程标准化并加以稳定，再通过 PDCA 循环来改善这些过程。SDCA 重在保持，PDCA 重在完善，只有当标准存在并得到固化、稳定后，才可以进入 PDCA 循环。

SDCA 与 PDCA 的区别与联系，如图 30－10 所示。

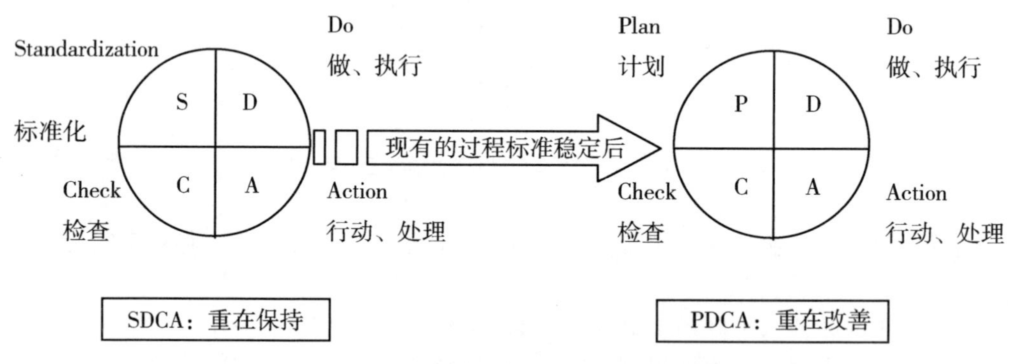

图 30－10　SDCA 与 PDCA 的区别与联系

由于 SDCA 和 PDCA 分别对应着企业管理的“维持”与“改善”两个方面，虽然应用时机不同，但却是相辅相成、缺一不可的。没有 SDCA 循环，改善的成果就无法得到巩固；没有 PDCA 循环，企业管理优化就无法实现，而只能停留在现有水平上。

因此，只有 SDCA 与 PDCA 得以有效结合，使二者不断循环，才能使生产流程的质

量得到持续的巩固和提高。SDCA 与 PDCA 的结合，如图 30 - 11 所示。

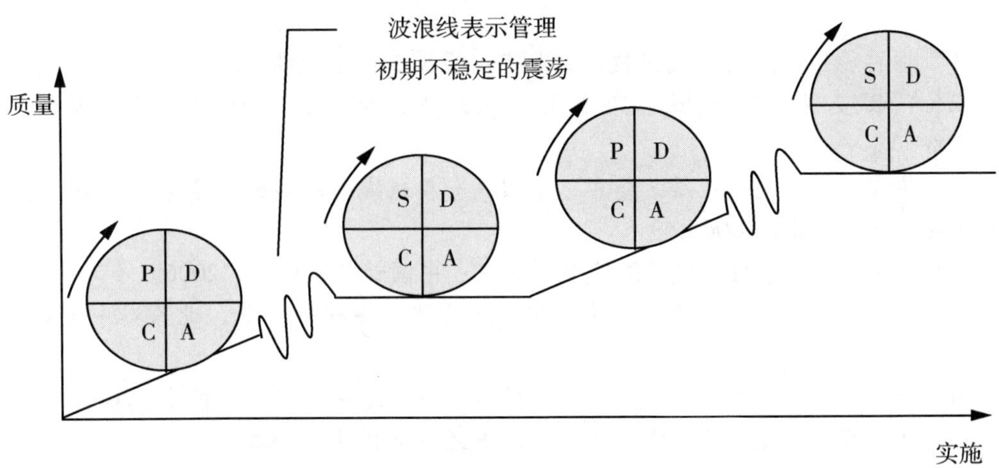

图 30 - 11　SDCA 与 PDCA 的结合

由图 30 - 11 中可以看出，企业的 PDCA 改善循环并不是以直线状态提高，而是必须经过 SDCA 循环，使精益改善成果在一段时间内得以稳定后，才可以进行下一阶段的 PDCA 改善，才能使企业管理水平得到稳步提高。

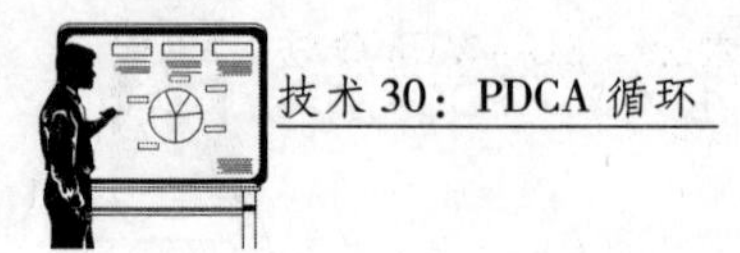

参考文献

[1] 许香穗，蔡建国．成组技术．北京：机械工业出版社，2003

[2] 门田安弘．新丰田生产方式．王瑞珠，李莹译．河北：河北大学出版社，2008

[3] 杰弗瑞·莱克，戴维·梅尔．丰田汽车精益模式的实践．李芳龄，译．北京：中国财政经济出版社，2006

[4] 李娟，刘旭．精益化装配管理．北京：中国计量出版社，2006

[5] 凯特，劳克尔．精益办公价值流．张晓光，谢安平，译．北京：中国财政经济出版社，2010

[6] 酒卷久．佳能细胞式生产方式．杨洁，译．北京：东方出版社，2006

[7] 崔继耀．单元生产方式．广州：广东经济出版社，2005

[8] 刘胜军．精益一个流单元生产．深圳：海天出版社，2009

[9] 尼贝尔．方法、标准与作业设计．王爱虎，等译．北京：清华大学出版社，2007

[10] 孙亚彬．精益生产实战手册．深圳：海天出版社，2006

[11] 佃律志．图解丰田生产方式．滕永红，译．北京：东方出版社，2006

[12] 桑德斯，麦科密克．工程和设计中的人因学．于瑞峰，卢岚，编译．北京：清华大学出版社，2009

[13] 陈荣秋，马士华．生产与运作管理．北京：高等教育出版社，2007

[14] 阮宝湘，郡祥华．工业设计人机工程．北京：机械工业出版社，2005

[15] 丁玉兰．人机工程学．北京：北京理工大学出版社，2005

[16] 党新民，苏迎斌，蓝旭日．制造业效率提升技法·企业 IE 应用手册．北京：北京大学出版社，2008

[17] 大野耐一．大野耐一的现场管理．崔柳，等译．北京：机械工业出版社，2006

[18] 大野耐一．丰田生产方式．谢克俭，李颖秋，译．北京：中国铁道出版社，2006

[19] 詹姆斯·沃麦克．丰田精益生产方式．沈希瑾，等译．北京：机械工业出版社，2008

[20] 王俊杰．精益生产理论与实务．北京：中国劳动和社会保障出版社，2006

[21] 李东升．标准作业．北京：中国计量出版社，2006

[22] 王庆生．精益生产工具手册．深圳：海天出版社，2009

[23] 傅传雄．标准工时制定与工作改善．厦门：厦门大学出版社．2010

[24] 福友 IE 研究会．IE 的运用．厦门：厦门大学出版社．2007